Gérard CONIO

Molière

Etude de *Tartuffe, Dom Juan*

MARABOUT

Introduction

Cet ouvrage contient deux études sur les grandes pièces de Molière que sont *Tartuffe* et *Dom Juan*. Ces deux pièces n'ont pas été réunies par hasard. *Dom Juan* a été écrit rapidement pour remplacer *Tartuffe* qui venait d'être interdit. Non seulement Molière n'y atténue pas sa dénonciation de l'hypocrisie, mais il pousse cette dénonciation encore plus loin. Car ces deux pièces sont d'abord un engagement résolu dans le combat politique du temps. Et Molière réussit l'exploit d'écrire des œuvres de circonstance qui s'avèrent en même temps des chefs-d'œuvre universels d'une étonnante modernité.

Pour chacune de ces pièces sont fournies les informations nécessaires sur le contexte, un résumé, une analyse de la structure dramatique, une analyse textuelle scène par scène, des questions de synthèse et des éléments sur les principales interprétations. Une bibliographie en fin d'ouvrage permet à ceux qui le souhaitent d'aller plus loin.

Rien ne remplacera la lecture et la représentation d'une pièce et il n'est pas question de s'y substituer. Nous souhaitons, au contraire, inciter notre lecteur à lire et relire, à voir et revoir ces pièces inépuisables. Nos analyses ont seulement pour but de l'aider à en saisir la complexe et profonde richesse.

Sommaire

Un sommaire plus détaillé se trouve au début de chaque partie.

TARTUFFE

Dites lui seulement que je vien
De la part de Monsieur Tartuffe,
[pour son bien.

Sommaire

3. Résumé et structure dramatique

4. Analyse textuelle

5. Questions de synthèse

6. Questions d'interprétation

- La bibliographie relative à cette pièce se trouve en fin d'ouvrage.
- Dans nos références, le numéro suivant le nom de l'auteur renvoie au numéro dans cette bibliographie. Le numéro de page correspond au début de la citation.

1

Molière à l'époque de Tartuffe

Les Plaisirs de l'île enchantée

De Vaux-le-Vicomte à Versailles

La première représentation de *Tartuffe* eut lieu à Versailles le 12 mai 1664 dans le cadre des fêtes dites *Les Plaisirs de l'île enchantée* données par Louis XIV, officiellement en l'honneur des deux Reines, sa jeune épouse, l'infante d'Espagne, Marie-Thérèse, et sa mère, Anne d'Autriche, officieusement, en hommage à sa maîtresse, Mlle de la Vallière.

Ces fêtes ont inauguré l'installation de la cour à Versailles, mais aussi la nouvelle politique culturelle de Louis XIV qui voulait prétendre au titre de mécène des lettres et des arts. Au début du règne du jeune roi, ce rôle avait été le monopole de Fouquet, le Surintendant des Finances. Ce ministre possédait une immense fortune personnelle. Il avait fait bâtir un somptueux château à Vaux-le-Vicomte. On sait que le Roi avait conçu une vive amertume et une cuisante jalousie devant cette demeure fastueuse et un train de vie qui éclipsait le sien, le luxe insolent étalé lors d'une fête donnée en son honneur ayant mis le comble à son déplaisir.

Il l'avait manifesté en ordonnant une enquête, confiée à Colbert sur les comptes de Fouquet. Fouquet avait été arrêté le 5 septembre 1661, condamné, emprisonné à vie. Colbert avait remplacé Fouquet aux Finances. Et Louis XIV avait alors décidé de faire construire à Versailles un château encore plus grandiose que celui de Vaux-le-Vicomte, d'y donner des fêtes encore plus éclatantes que celles de Fouquet. Il s'était substitué à celui-ci comme protecteur des écrivains, des poètes et des artistes auxquels Fouquet avait distribué ses largesses.

Molière fit partie, avec La Fontaine, de ce « sérail » artistique du fastueux seigneur de Vaux. Il avait fait jouer le 17 août 1661, la comédie *Les Fâcheux* lors d'une fête donnée par Fouquet en l'honneur du Roi. Il redonnera *Les Fâcheux* à Versailles, le cinquième jour des *Plaisirs de l'île enchantée*.

La contribution de la troupe de Molière au succès de ces sept journées de réjouissances et de divertissements a été décisive et marque son apogée dans les faveurs du Roi. Le 28 février 1664 le Roi et Madame avaient été parrain et marraine du premier enfant de Molière et d'Armande Béjart à qui ils avaient donné le prénom de Louis.

On verra que si Molière devait cette position à son génie d'« amuseur », il ne se limitera pas à un art simplement destiné à plaire. La création de *Tartuffe* et les remous qu'elle allait entraîner montreront que désormais le fondateur de *L'Illustre Théâtre*, avec l'assentiment discret du Roi, aspirait à donner à son œuvre une signification plus profonde et plus large, répondant à un enjeu politique et social.

Un auteur bien en cour

Le premier jour des festivités, Molière et ses comédiens figurent dans le défilé d'ouverture. Ils y représentent, montés sur le char d'Apollon, divers personnages allégoriques. Le soir, ils prenaient part au divertissement des *Saisons*. Le second jour, la troupe de Molière donna en soirée *La Princesse d'Elide* dont le sujet, inspiré d'une comédie espagnole de Moreto, *Dédain pour dédain*, était fort adroitement tourné puisque, tout en rendant hommage aux deux reines, toutes les deux originaires d'Espagne, il regorgeait d'allusions flatteuses aux amours de Louis XIV et de Louise de la Vallière.

Cette liaison n'avait pas été sans provoquer de violents conflits entre le Roi et sa mère qui avait demandé à Bossuet de ramener Louis XIV à plus de vertu et de piété. Le célèbre prédicateur prêcha trois sermons du Carême pleins de sévères et foudroyants avertissements qui épouvantèrent Mlle de la Vallière mais eurent peu d'influence sur le Roi. Le jeune monarque était surtout désireux de mener une vie de plaisirs. Cette situation engendra une tension permanente entre le parti de la Reine mère appuyé sur les dévots et le Roi, pressé de se libérer de toute contrainte. Des motifs politiques vont se greffer sur cet antagonisme centré sur la vie privée du souverain. Tous ces facteurs joueront leur rôle aussi bien dans les sources d'inspiration de *Tartuffe* que dans les réactions passionnées que cette pièce va susciter.

Le troisième jour, Mlle Du Parc, Mlle de Brie et Mlle Molière, Armande Béjart que Molière avait épousée deux années auparavant [1] récitèrent des vers à la louange de la reine mère. Le 11 mai, la troupe était encore à l'honneur et donnait *Les Fâcheux*, une pièce que Louis XIV appréciait particulièrement car il avait suggéré à Molière la scène du chasseur et le comédien n'avait pas manqué de faire gloire au roi de cette « collaboration » dans son épître dédicatoire.

Enfin, le 12 mai, Molière fait jouer la première version de *Tartuffe* en trois actes. Cette comédie satirique, qui peignait sans complaisance l'hypocrisie d'un faux dévot, divisa le public. Le Roi et la jeune Reine, ainsi qu'une partie des spectateurs la jugèrent « divertissante », tandis que la Reine mère et son entourage manifestèrent leur irritation. Bientôt des pressions très fortes s'exercèrent sur le Roi, venant du parti dévot, et l'obligèrent, à regret, à en interdire les représentations publiques.

Molière ne tomba pas en disgrâce pour autant car sa pièce avait secrètement l'approbation du Roi qui n'était pas encore en mesure d'imposer sa loi au très puissant parti dévot. Le lendemain, dernier jour des fêtes, sa troupe donnait une comédie-ballet dont il était, bien sûr, l'auteur, *Le Mariage forcé*.

---

1. Rappelons cette coutume du Théâtre Français d'appeler une comédienne, bien que mariée, « mademoiselle ».

Le 4 août 1665, la troupe de Molière, qui avait été jusque-là sous le patronage de Monsieur, Frère du Roi, prend le titre de troupe du Roi et reçoit une pension de 7 000 livres.

La première de *Tartuffe* a donc une signification aussi ambiguë que la pièce elle-même. D'une part, elle est l'objet d'une interdiction, ce qui peut être considéré comme un échec, d'autre part, elle est un moment marquant des *Plaisirs de l'île enchantée* dont l'éclat était dû à Molière et à sa troupe qui en avaient eu le monopole, au moins pour la partie théâtrale de ces manifestations prestigieuses. A l'issue de cette glorieuse semaine, Molière pouvait estimer qu'il avait triomphé des comédiens rivaux de l'Hôtel de Bourgogne, qui depuis plusieurs années s'efforçaient de lui disputer les faveurs du public, de la Cour et du Roi.

La rivalité avec l'Hôtel de Bourgogne

Les aléas d'une carrière

Pour bien situer et comprendre la place de *Tartuffe*, dans la carrière de Molière, il importe de rappeler les principales étapes qui, avant de parvenir à ce moment crucial, ont marqué son ascension.

Lors de ses pérégrinations provinciales, la troupe de Molière avait obtenu en septembre 1653 la protection du prince de Conti, gouverneur du Languedoc. Monseigneur de Conti était alors premier prince du sang et troisième personnage du royaume après le Roi et Monsieur, Frère du Roi. Cette période faste dura trois ans, jusqu'en 1656.

Une quittance de Molière, datée du 24 février 1656, fait état d'une subvention de 6 000 livres. Mais la même année, le Prince de Conti, étant tombé malade, fut converti par Pavillon, évêque d'Aleth. Il prit un directeur de conscience, dut abjurer, semble-t-il, à regret, sa passion pour le théâtre et devint un ennemi des comédiens qu'il avait jusque-là soutenus. Il entra dans la Compagnie du Saint-Sacrement, que nous retrouverons à propos de *Tartuffe*.

Le 16 décembre 1656, la troupe donne à Béziers *Le Dépit amoureux*, la deuxième pièce de Molière. Le 22 décembre 1656, l'Assemblée des Etats du Languedoc supprima la subvention. Enfin, en mai 1657, une lettre du prince de Conti enjoignait aux comédiens de quitter le nom de « Troupe du Prince de Conti ».

Devenu bigot, le prince de Conti participera activement à la campagne que la société à laquelle il appartenait menait contre le théâtre. Il écrira même un *Traité de la comédie* qui parut peu de temps après sa mort en 1666. Ce n'étaient pas les premiers ennuis de Molière avec la Compagnie du Saint-Sacrement dont un membre, le curé Olier, l'avait expulsé en 1643 de la paroisse de Saint-Sulpice.

Chassé de la province, Molière revient à Paris en octobre 1658 et la chance lui sourit de nouveau, avec la protection d'un personnage encore plus considérable que le prince de Conti, puisqu'il s'agissait de Monsieur, frère unique du Roi. Monsieur ne paiera pas la pension promise, mais il présentera la troupe à son frère le Roi.

Le 24 octobre 1658 est une date mémorable dans l'histoire du théâtre français. Le Roi assiste à une représentation ennuyeuse de *Nicomède* de Corneille. Tout le monde bâille. Mais Molière présente ensuite un divertissement de son cru, *Le Docteur amoureux*. C'est un triomphe.

Le Roi, conquis par le talent de ce comédien, qui a su assimiler de façon personnelle l'art du célèbre Scaramouche, donne l'ordre que la troupe s'établisse au Petit-Bourbon, en alternance avec les comédiens italiens.

Désormais les succès de Molière vont lui attirer l'hostilité des comédiens du Marais et surtout de l'Hôtel de Bourgogne.

La salle du Petit-Bourbon ayant été démolie, la troupe, qui porte le titre de troupe de Monsieur, s'installera le 20 janvier dans la salle du Palais-Royal.

Le 26 décembre 1662, Molière donne dans ce lieu la première de *L'Ecole des femmes*. Ce premier chef-d'œuvre dans le genre de la grande comédie qu'il a créé établira de façon définitive la réputation de Molière comme le plus grand auteur comique de son temps.

L'Ecole des femmes connaîtra un succès immédiat, éclatant et durable dont témoignent le nombre élevé des représentations et le chiffre important des recettes, inscrits sur le registre de La Grange, le comédien qui tenait le journal de la troupe. Ce triomphe vaudra à Molière une violente cabale inspirée par ses rivaux, les comédiens de l'Hôtel de Bourgogne.

La querelle de *L'Ecole des femmes*

Au moment où Molière écrit *Tartuffe*, il sort de la querelle de *L'Ecole des femmes* qui l'a occupé toute l'année 1663 et le début de 1664.

Les détracteurs de la pièce ont surtout attaqué Molière sur la question des bienséances, l'accusant d'obscénité.

Mais cette défense de la moralité dissimulait des antagonismes plus profonds et plus graves. De même, si les comédiens de l'Hôtel de Bourgogne, spécialisés dans la tragédie, étaient outrés de voir Molière leur ravir les faveurs du public, cette rivalité recouvrait, en fait, une différence de style. Molière a introduit dans le jeu des acteurs la notion de naturel qu'il opposait à la manière compassée et pompeuse de ses rivaux.

A cela s'ajoutait le fait que la tragédie était en train de passer de mode. L'irrésistible progression de Molière, exactement proportionnelle au déclin de la troupe de ceux que l'on appelait les Grands Comédiens, traduisait un phénomène d'ordre historique, la substitution de la comédie à la tragédie dans l'expression des passions et des pulsions les plus obscures et les plus troubles de l'âme humaine. L'apport de Molière au théâtre a consisté à atteindre à la hauteur de la tragédie avec les moyens de la comédie. Il a su garder au genre comique la saveur de ses origines populaires tout en lui conférant la noblesse, la profondeur et la subtilité de la grande littérature. C'est pourquoi dans ses meilleures réussites, comme *L'Ecole des femmes*, *Tartuffe* ou *Le Misanthrope*, il est à la limite des genres.

On peut voir plus qu'un symbole dans le fait que Molière ait dû sa reconnaissance à une farce de son invention jouée à la suite d'une grande tragédie de son auteur préféré, Pierre Corneille, qui avait endormi l'assistance.

Molière qui avait pendant si longtemps servi l'œuvre de Corneille, changera complètement de cap et en orientant l'art dramatique vers une nouvelle voie, s'écartera de ses anciennes amours.

La querelle de *L'Ecole des femmes*, opposant deux esthétiques, mettra aux prises l'auteur comique aux partisans des frères Corneille liés aux comédiens de l'Hôtel de Bourgogne.

Le principal adversaire de Molière dans cette querelle était un jeune auteur nommé Donneau de Visé qui inséra ses attaques dans un libelle intitulé *Nouvelles nouvelles*, publié le 9 février 1663. Molière répliqua en faisant imprimer sa pièce le 17 mars 1663 et en la faisant précéder d'une dédicace à Madame, Henriette d'Angleterre, épouse de Monsieur, frère du Roi, ce qui attestait publiquement la faveur dont il jouissait auprès de la Cour.

Puis il répond sur le fond en faisant représenter le 1er juin 1663 sa *Critique de l'Ecole des femmes*.

Le même Donneau de Visé fait rebondir la dispute par une *Critique de la critique* sous le titre de *Zélinde ou la véritable histoire de l'Ecole des femmes* qui sera imprimée mais jamais jouée.

Se trouvant en difficulté sur les questions qu'ils avaient soulevées et qui touchaient à l'art du théâtre, les ennemis de Molière se tournèrent vers la vie privée de l'auteur. Un auteur débutant, nommé Boursault, protégé de Pierre Corneille, fit représenter à l'Hôtel de Bourgogne une charge assez grossière intitulée *Le Portrait du peintre ou la Contre-critique de l'Ecole des femmes*. Elle contenait, entre autres, une « Chanson de la coquille » dirigée contre Madeleine Béjart qui avait été la compagne de Molière et qui était l'une des comédiennes les plus talentueuses de sa troupe.

Le mariage de Molière avec Armande Béjart, de vingt ans sa cadette, fut la cible des ragots et des calomnies. Non seulement on brocarda la conduite légère de Mlle Molière, mais on répandit même le bruit que Molière avait épousé la fille de sa maîtresse et peut-être même sa propre fille. Montfleury, l'un des principaux acteurs de la troupe de l'Hôtel de Bourgogne lança même dans ce sens une dénonciation directe adressée au Roi.

Molière se défendit avec beaucoup de dignité contre la bassesse de ces insinuations. Dans *L'Impromptu de Versailles*, se mettant lui-même en scène, il déclare :

> **« Qu'ils disent tous les maux du monde de mes pièces, j'en suis d'accord. Qu'ils s'en saisissent après nous, qu'ils les retournent comme un habit pour les mettre sur leur théâtre, et tâchent à profiter de quelque agrément qu'on y trouve, et d'un peu de bonheur que j'ai, j'y consens : ils en ont besoin, et je serai bien aise de contribuer à les faire subsister, pourvu qu'ils se contentent de ce que je puis tout accorder avec bienséance. La courtoisie doit avoir des bornes, et il y a des choses qui ne font rire ni les spectateurs, ni celui dont on parle. Je leur abandonne de bon cœur mes ouvrages, ma figure, mes gestes, mes paroles, mon ton de voix, et ma façon de réciter, pour en faire et dire tout ce qu'il leur plaira, s'ils en peuvent tirer quelque avantage : je ne m'oppose point à toutes ces choses, et je serai ravi que cela puisse réjouir le monde. Mais, en leur abandonnant tout cela, ils me doivent faire la grâce de me laisser le reste et de ne point toucher à des matières de la nature de celles sur lesquelles on m'a dit qu'ils m'attaquaient dans leurs comédies. »**

Molière a fait représenter *L'Impromptu de Versailles* devant la Cour le 19 octobre 1663, quand la querelle de *L'Ecole des femmes* battait encore son plein.

On retiendra de cet épisode que Molière a été attaqué dans ses mœurs et dans sa vie conjugale selon un amalgame malveillant entre la vie et les œuvres. Cette confusion volontaire le poursuivra toujours et renforcera l'accusation d'immoralité qui sera à l'origine de la campagne acharnée que le parti dévot va bientôt déclencher contre lui.

2

L'Affaire *Tartuffe*

De *L'Ecole des femmes* à *Tartuffe*

La querelle de *L'Ecole des femmes* s'achevait par la victoire de Molière sur la troupe rivale de l'Hôtel de Bourgogne. En invitant l'auteur d'une comédie si contestée à être le principal maître d'œuvre des *Plaisirs de l'île enchantée*, le Roi lui marquait publiquement sa préférence. Mais bientôt, Molière allait s'attirer l'hostilité de gens autrement puissants que des comédiens mus essentiellement par la jalousie : celle des membres d'une organisation qui rassemblait des hommes d'ordre et de pouvoir soucieux d'épurer les mœurs et de réformer la société, la Compagnie du Saint-Sacrement.

Déjà *L'Ecole des femmes* avait prêté aux accusations d'irreligion, de libertinage. Loin de s'amender, Molière va aggraver son cas avec *Tartuffe* qui s'inscrit dans le prolongement direct de la querelle de *L'Ecole des femmes*.

Il y a déjà du Tartuffe dans Arnolphe, personnage de *L'Ecole des femmes*. Ce vieux barbon cherche à assouvir ses ardeurs libidineuses sur sa pupille Agnès, tout en se prétendant le garant de la moralité la plus scrupuleuse. Les sermons qu'il lui tient, les maximes de la femme mariée qu'il lui inculque renvoyaient aux censeurs cléricaux des associations de piété leur image.

La cabale des dévots

En mettant en scène dans *Tartuffe* un scélérat qui, sous les dehors de la dévotion la plus démonstrative, cherche à suborner la femme de son bienfaiteur, Molière réglait ses comptes avec ceux qui se réclamaient de la défense de la religion pour le calomnier et le perdre dans l'opinion de ses protecteurs et surtout du Roi. Mais dans ce combat, Molière aura précisément le Roi pour allié, parce que cette campagne de moralisation inspirée par l'entourage de la Reine mère avait pour but de garder le jeune monarque en tutelle.

Les circonstances dans lesquelles *Tartuffe* fut représenté pour la première fois avant d'être interdit sous la pression des dévots ne sont pas étrangères au contenu de la pièce.

Certaines concordances montrent bien la connivence qui pouvait exister dans cette perspective de démystification entre le Souverain qui aspirait à régner selon son bon plaisir et le comédien aux prises avec une cabale qui menaçait l'existence même du théâtre et en premier lieu du théâtre comique.

Le Prince de Conti, qui, dans son *Traité de la Comédie*, dira de *L'Ecole des femmes* qu'« il n'y a rien de plus scandaleux », était un ancien Frondeur mal repenti et très suspect à Louis XIV.

Les sermons de Tartuffe, à la suite de ceux d'Arnolphe, pouvaient sonner comme une copie ironique des sermons que Bossuet, membre éminent de la Compagnie du Saint-Sacrement, adressait au jeune Roi.

Enfin, on peut penser, à propos de certaines situations de *Tartuffe*, au Surintendant des Finances, Fouquet, condamné pour concussion et pour rébellion. Fouquet, en effet, était affilié à la Compagnie du Saint-Sacrement qu'il subventionnait grassement. Il avait eu, en outre, l'audace de faire la cour à Mlle de la Vallière, aimée du Roi.

Coupable ou non des crimes dont on l'accusait, victime de l'ambition de Colbert, l'ancien mécène était hors d'état de nuire au moment où Molière concevait la figure emblématique de son imposteur. Mais, même s'il ne se distinguait pas par un excès de dévotion, il présentait beaucoup de traits qui l'apparentaient à cette caste de commis de l'Etat et de grands seigneurs qui cherchaient à confisquer le pouvoir à leur profit.

La cabale des dévots ne visait pas seulement Molière, elle agissait conformément à un vaste plan d'ensemble cherchant à gangrener tous les rouages de la hiérarchie dans l'intention d'affaiblir le pouvoir du Roi et de gouverner à sa place.

Chronologie de l'affaire *Tartuffe*

Dans ses *Témoignagnes sur le théâtre*, Louis Jouvet a fort bien résumé la chronologie de ce qui va devenir « l'affaire *Tartuffe* » :

> **« Il y a, permanente, une querelle de *Tartuffe*, une affaire *Tartuffe*. Elle a commencé le 12 mai 1664 lorsqu'à Versailles au milieu des *Plaisirs de l'Ile enchantée*, la Cour put applaudir une pièce nouvelle, en trois actes, *Tartuffe*, de M. de Molière.**
>
> **La pièce fut interdite, et ne se joua qu'en privé, en « visite », à Villers-Cotterets, par ordre de Monsieur, frère unique du Roi, à la fin septembre; puis au Raincy, par ordre de Mgr le Prince de Condé et pour la Princesse Palatine, le 29 novembre 1664.**
>
> **Un an plus tard, on rejouera *Tartuffe* au Raincy le 8 novembre 1665. Molière, entre-temps, fera jouer *La Princesse d'Elide* (9 novembre 1664); il écrira *Dom Juan* (15 février 1665), *L'Amour médecin* (20 septembre 1665); puis *Le Misanthrope* (4 juin 1666), *Le Médecin malgré lui* (8 août 1666), *Le Sicilien* (10 juin 1667). Le 5 août 1667, seconde tentative, il reprend sur son théâtre *Tartuffe*, rebaptisé *Panulphe*, comédie en cinq actes. Ce sera une soirée unique, car la pièce est interdite à nouveau le lendemain. Cependant, en septembre 1668, on la joue au Château de Chantilly, pour Mgr le Prince de Condé.**
>
> **Molière écrit alors *Amphitryon* (15 janvier 1668), *Georges Dandin* (10 juillet 1668), *L'Avare* (9 septembre 1668).**
>
> **C'est seulement le mardi 5 février 1669, au théâtre du Palais Royal que *Tartuffe* est enfin joué régulièrement par permission royale.**
>
> **Pendant quatre ans, huit mois, vingt-trois jours, Molière a attendu. Pendant quatre ans, huit mois, vingt-trois jours, il a écrit et créé neuf pièces, et *Tartuffe* n'a pu**

être joué que six fois. La pièce maintenant est représentée sans arrêt, du 5 février au 9 avril 1669, trente-quatre fois : vingt-huit représentations au Palais Royal et six visites. La première recette est de 2680 livres, la plus forte qu'ait réalisée Molière. Le dimanche précédent, *Le Misanthrope* n'avait fait que 750 livres. La Troupe du Roy rouvre son théâtre avec *Amphitryon*, le 30 avril. Le 5 mai, on rejoue *Tartuffe*, on le rejouera vingt-deux fois en 1669, dix-huit en 1670, neuf fois en 1671, trois fois en 1672.

Pendant quatre ans, huit mois, vingt-trois jours, la pièce a rayonné du mystère des choses interdites, déchaînant la curiosité et les partisans qui déforment, grossissent, amplifient des détails qu'ils connaissent mal, et créent, autour du *Tartuffe*, cette auréole souffrée dont l'odeur vient encore jusqu'à nous.

L'affaire *Tartuffe* est née. »

(Jouvet, 15, p. 70)

Ce mystère dont fait état Jouvet n'a jamais été totalement éclairci. Pourquoi cette pièce si longtemps interdite a-t-elle finalement reçu l'autorisation du Roi, un Roi qui, pour son compte, n'y était pas du tout opposé, bien au contraire ? Quelles raisons ont poussé Molière à s'obstiner tellement pour faire représenter une comédie qui lui valait tant d'ennuis ? Qu'est-ce qui l'attachait si passionnément à son sujet ? Quelles concessions a-t-il dû consentir pour persuader son royal protecteur ? En quoi ce changement d'attitude s'explique-t-il par le contexte historique, par l'évolution de la situation politique au cours de ces quatre ans, huit mois et vingt-trois jours ? Et enfin, et surtout, quelles forces ont joué contre ce spectacle ? Pour répondre à cette dernière question il faut en savoir un peu plus sur cette mystérieuse Compagnie du Saint-Sacrement qui était à l'origine de l'interdiction.

La Compagnie du Saint-Sacrement

Une association de bienfaisance

La Compagnie du Saint-Sacrement de l'Autel avait été créée en 1627 par le duc de Ventadour. Son but était la propagande de la foi et l'épuration des mœurs. Elle s'occupait aussi des bonnes œuvres, en particulier elle veillait à ce que les prisonniers soient bien traités. Mais les bienfaits réels qu'elle pouvait faire étaient rarement sans contrepartie. Le principe de cette société était l'échange de services et la solidarité entre ses membres.

Elle recrutait ses membres dans l'artistocratie et dans la grande bourgeoisie, et, bien entendu, parmi les prélats.

L'une des missions de la Compagnie était la lutte contre les hérétiques et les libertins. Elle agissait dans le secret et ne divulguait pas les noms de ses adhérents.

Une société secrète

Il faut rappeler que la France avait refusé l'établissement de l'Inquisition décidée par le Vatican au Concile de Trente. L'Eglise romaine compensa cette lacune en organisant des sociétés secrètes pour appliquer sa politique de répression à l'égard des dissidents de toute sorte. Cette fonction de police constituait sous le paravent des œuvres de charité la véritable mission de la Compagnie. On enregistre à son actif de nombreux actes de délation ayant entraîné la condamnation et l'exécution de personnes accusées d'avoir manqué de respect envers la religion. Pourtant plusieurs scandales éclatèrent qui obligèrent la Compagnie à se dissimuler davantage, car elle rencontrait de fortes oppositions au sein même du clergé. A Caen, en 1660, un certain abbé du Four dénonça publiquement les intrigues de la Compagnie. Il déclarait que cette société secrète était une « cabale ». C'est donc au nom même de la religion que des ecclésiastiques condamnaient l'action de la Compagnie accusée de se servir de la défense de la foi comme prétexte pour couvrir de tout autres ambitions.

Très vite, il apparut, en effet, aux chefs de l'Etat, le cardinal Mazarin, d'abord, puis Louis XIV, que cette société constituait un danger pour la paix publique et pour la sécurité du régime. Les plus influents de ses membres ne cherchaient rien de moins qu'à utiliser la puissance occulte de ses réseaux de solidarité pour servir leurs ambitions politiques.

L'épreuve de force

Mazarin ordonna une enquête qui aboutit à l'interdiction des sociétés secrètes par un arrêt du Parlement du 13 novembre 1660. Mais le Président du Parlement, Lamoignon, est lui-même un membre important de la cabale. Loin de sévir, il organisera donc le repliement dans la clandestinité. Anne d'Autriche, la mère de Louis XIV, protégeait les dévots. Ces deux personnages joueront un rôle essentiel dans l'affaire *Tartuffe*. Les *Annales de la Compagnie* rapportent que la Reine mère pria une religieuse de transmettre à la Compagnie le message suivant : « Ma Mère, si vous connaissez des gens de la Compagnie du Saint Sacrement, dites-leur qu'ils se cachent mieux que jamais, parce que le cardinal de Mazarin est bien en colère contre eux. »

Un comité de liaison secret est constitué, Bossuet en fait partie. Bossuet est l'un des principaux confrères et nous le retrouvons dans toutes les batailles menées par la Compagnie.

L'arrestation de Fouquet sera un coup dur porté à la Compagnie qui s'emploiera sans succès à sauver cet allié précieux. Tout laisse à penser que les deux affaires sont liées. Colbert, le successeur de Fouquet, continuera envers les dévots la politique de méfiance inaugurée par Mazarin.

Louis XIV avait, semble-t-il, conscience du danger représenté par ces dévots qui infiltraient son entourage immédiat.

Cléante dira à Orgon pour le mettre en garde contre Tartuffe :

> **« Ces gens qui, par une âme à l'intérêt soumise,**
> **Font de dévotion métier et marchandise,**
> **Et veulent acheter crédit et dignités**

> **A prix de faux clins d'yeux et d'élans affectés,**
> **Ces gens, dis-je, qu'on voit d'une ardeur non commune**
> **Par le chemin du Ciel courir à leur fortune,**
> **Qui, brûlants et priants, demandent chaque jour,**
> **Et prêchent la retraite au milieu de la cour,**
> **Qui savent ajuster leur zèle avec leurs vices,**
> **Sont prompts, vindicatifs, sans foi, pleins d'artifices,**
> **Et pour perdre quelqu'un couvrent insolemment**
> **De l'intérêt du Ciel leur fier ressentiment... »**

Cette description correspond assez exactement aux accusations lancées contre les membres de la Compagnie par l'abbé du Four et reprises dans une satire d'un poète de Caen, Garaby de la Luzerne, qui portait ce titre : « Les Pharisiens du temps ou le dévot hypocrite ». Ce texte est resté inédit du temps de Molière, mais l'auteur du *Tartuffe* a pu en prendre connaissance.

Le *Mémoire* de l'abbé du Four reste cependant la principale source d'information « officielle » dont le dramaturge a pu s'inspirer. Publié en 1660, l'année de l'interdiction, il constituait un dossier accablant et parfaitement documenté.

Mais un manuscrit clandestin, appelé communément *Le Livre abominable*, courait également sous le manteau et la rumeur l'attribuait à Molière lui-même. Il contenait les principaux éléments qui allaient composer le personnage de Tartuffe. Impitoyables pour les autres, ces dévots sont laxistes pour eux-mêmes, ils se soutiennent et constituent un véritable clan.

La convergence entre cette campagne de dénonciation des « dévots hypocrites » et les directives du pouvoir n'était sans doute pas le fait du hasard. Le libelle de l'abbé du Four, tout comme la pièce de Molière quatre ans plus tard ne furent sans doute pas tout à fait spontanés. L'un comme l'autre servaient les intérêts du pouvoir décidé à se défendre contre ce complot permanent d'un parti aux ordres de Rome.

On trouve dans les mémoires du Père Rapin une information précieuse pour éclairer les tortueux dessous de l'affaire Tartuffe. Il faisait état des intrigues de la « secte des dévots » qui s'étaient rendus odieux « par l'affectation qu'ils eurent de donner ou de faire donner des avis aux ministres par des voies choquantes et nullement honnêtes; ce qui irrita le Cardinal et l'obligea dans la suite à rendre ces gens suspects au Roi, lequel, pour les décrier, les fit jouer quelques années après sur le théâtre par Molière, le plus célèbre comédien de son temps. »

Citant ces sources, Georges Couton, dans les précieuses notes de son édition de La Pléiade, ajoute :

> **« C'est dans ce contexte qu'il convient de replacer la pièce et le personnage de Tartuffe. Le faux dévot a beaucoup de traits que les ennemis de la Compagnie relevaient chez les confrères : c'est un dévot professionnel, "homme d'œuvres" qui centralise et distribue les aumônes aux prisonniers. Il exerce dans la famille d'Orgon une manière de police des mœurs, qui ne recule pas devant la dénonciation; cela ne l'empêche pas de pratiquer la morale laxiste. Il entend arriver par l'Eglise... »**

La pièce de Molière fourmillait d'allusions précises à la secte. On y relève, entre autres, une coïncidence, signalée par Couton, qui ne pouvait être le fruit du hasard et ne pouvait passer inaperçue. Dans la scène 1 du quatrième acte, pour répondre aux objections de Cléante, Tartuffe assure qu'il a reçu la donation d'Orgon parce qu'il l'utilisera « *Pour la gloire de Dieu et le bien du prochain* » (v. 1248). Or cette formule était exactement la devise de la Compagnie qui prétendait œuvrer « *Pour la gloire de Dieu et le bien du prochain* ».

On imagine donc la stupeur et la fureur de tous ces dévots plus ou moins faux et plus ou moins comploteurs quand, dans la soirée du 12 mai 1664, ils se virent portraiturer sur la scène. On imagine aussi la jubilation malicieuse du Roi devant ce coup publiquement porté à ses ennemis. Il devait en résulter une épreuve de force qui durera quatre ans, huit mois et vingt-trois jours, le temps qui sépare la première représentation du premier *Tartuffe* en trois actes de la première représentation de la version définitive que nous connaissons, en cinq actes.

Les trois versions de *Tartuffe*

La première version de 1664

La première version du *Tartuffe* portait pour titre *L'Hypocrite*. C'était, à un détail près, le titre de la satire de Garaby Luzerne, le détail étant le mot « dévot » que Molière avait pris la précaution d'effacer.

Avant même que la pièce soit représentée à Versailles, les membres de la Compagnie avaient été avertis par leurs espions de ce qui se tramait contre eux. Les *Annales de la Compagnie du Saint-Sacrement* de d'Argenson, principale source sur les activités de la société, rapportent qu'au cours d'une réunion, en date du 17 avril 1664, « on parla fort ce jour-là de travailler à procurer la suppression de la méchante comédie de *Tartuffe*. Chacun se chargea d'en *parler à ses amis* qui avaient quelque crédit à la cour pour empêcher sa représentation. »

Les « fuites » s'expliquent par des lectures du *Tartuffe* qui avaient été données avant cette date, l'une devant le Roi, l'autre chez Ninon de Lenclos, courtisane célèbre par son libertinage de pensée plus encore que de mœurs.

L'efficacité des pressions exercées montre la puissance de la Compagnie. Sur les instances de la Reine mère, M. de Péréfixe, l'archevêque de Paris qui avait été le précepteur de Louis XIV, ce même prélat avide de bonne chère[1], peut-être à l'origine de la scène du « pauvre homme », fait remontrance au Roi des mauvais effets que cette comédie pourrait produire sur les esprits. Le 17 mai, la *Gazette* félicitait le Roi de cette interdiction. Pourtant, un autre témoignage, contenu dans l'édition des *Plaisirs de l'île enchantée*, le livret des festivités versaillaises, atténue la signification de cette interdiction.

1. Voir la scène 4 du premier acte de *Tartuffe*.

Il y paraît nettement que le Roi prit cette décision à contrecœur : « il se priva soi-même de ce plaisir » et même « il défendit cette comédie jusqu'à ce qu'elle fût entièrement achevée et examinée par des gens capables de la juger ». Que peut-on en déduire sinon qu'à cette date le Roi n'est pas en mesure d'imposer sa volonté à un courant d'opinion modelé par ces messieurs du Saint-Sacrement, ceux-là mêmes qui sont incriminés dans la pièce et surtout qu'il hésite à se dresser contre le désir de sa mère, la très autoritaire Anne d'Autriche.

Molière ne se tiendra pas battu pour autant. Il avait des partisans qui comptaient parmi ce que la cour comptait de plus élevé et de plus libertin.

Est-ce un hasard si les représentations « privées » de *Tartuffe* mentionnées par Jouvet dans sa chronologie de l'affaire, ont été données devant le Grand Condé, célèbre pour son impiété, devant la princesse Palatine, réputée libertine.

Non contents d'avoir fait interdire la pièce, les confrères s'empressèrent d'exploiter leur avantage. Ils suscitèrent un pamphlet signé par Pierre Roullé, docteur en Sorbonne et curé de Saint-Barthélemy, qui l'adressa au Roi le 1er août 1664 sous le titre *Le Roi glorieux au monde*. Il « glorifiait » le Roi d'une décision aussi pieuse que sage en qualifiant l'auteur de la pièce interdite dans ces termes :

> **« Un homme, ou plutôt un démon vêtu de chair et habillé en homme, et le plus signalé impie et libertin qui fut jamais dans les siècles passés, avait eu assez d'impiété et d'abomination pour faire sortir de son esprit diabolique une pièce toute prête d'être rendue publique en la faisant exécuter sur le théâtre, à la dérision de toute l'Eglise et au mépris du caractère le plus sacré et de la fonction la plus divine... à dessein d'en rendre l'usage ridicule, incompatible, odieux. »**

Ainsi le curé Roullé suggère que, dans son *Hypocrite*, Molière a représenté un prêtre et a donc voulu jeter le discrédit sur « la fonction la plus divine ». On brûlait alors pour moins que cela et, sans la protection du Roi, Molière risquait dans cette affaire sa liberté et sa vie : « Il méritait », poursuit Roullé, « par cet attentat sacrilège et impie, un dernier supplice exemplaire et public et le feu même, avant-coureur de celui de l'enfer... ».

Pour parer au danger, Molière va préparer sa défense. D'abord, il adresse un placet au Roi. Pourtant, il ne demande pas pardon pour son « crime » comme le souhaiterait le terrible curé Roullé ; il se plaint au contraire des persécutions qu'il a eues à subir de la part de ces mêmes « hypocrites » qu'il avait peints sur la scène :

> **« Je l'ai faite, Sire, cette comédie, avec tout le soin, comme je crois, et toutes les circonspections que pouvait demander la délicatesse de la matière; et, pour mieux conserver l'estime et le respect qu'on doit aux vrais dévots, j'en ai distingué le plus que j'ai pu le caractère que j'avais à toucher. Je n'ai point laissé d'équivoque, j'ai ôté ce qui pouvait confondre le bien avec le mal, et ne me suis servi dans cette peinture que des couleurs expresses et des traits essentiels qui font reconnaître d'abord un véritable et franc hypocrite.**
>
> **Cependant toutes mes précautions ont été inutiles. [...] Les tartuffes, sous main, ont eu l'adresse de trouver grâce auprès de Votre Majesté; et les originaux enfin ont fait supprimer la copie, quelque innocente qu'elle fût, et quelque ressemblante qu'on la trouvât. »**

Ainsi l'accusé retournait l'accusation contre ses détracteurs. Molière était certainement courageux, mais il est douteux qu'il eût aspiré à la palme du martyre, fût-ce pour la liberté de pensée qui lui était chère. S'il a l'audace de s'adresser au Roi sur ce ton, c'est parce qu'il est sûr d'être entendu, c'est parce qu'il *sait* que le Roi, au fond, est de son côté.

Ce même mois d'août, l'auteur de *L'Hypocrite* va tenter une démarche habile pour se prémunir contre les foudres ecclésiastiques. Le légat du pape, le cardinal Chigi, étant venu négocier des affaires importantes avec le Roi de France, Molière lui donna lecture de sa pièce.

Fin courtisan et, de plus, homme de goût, le cardinal, connaissant les convictions intimes du Roi, approuva Molière qui ne manquera pas de se recommander de cet avis autorisé pour se laver des accusations portées par le curé Roullé.

Cependant le parti dévot, soutenu par la Reine mère, était encore trop fort pour que le Roi puisse le braver ouvertement. De son côté, Molière a amendé son œuvre pour la rendre moins choquante. *L'Hypocrite* qu'il fait représenter au Raincy devant Condé a déjà cinq actes au lieu de trois. La première version s'achevait sur le triomphe de l'Hypocrite au troisième acte. En faisant rebondir l'intrigue dans les deux derniers actes, Molière donnait à cette sombre histoire de trahison et de complot un dénouement heureux.

Il faisait ainsi coup double. Il atténuait la vigueur et le pessimisme de la satire, mais il laissait prévoir aussi qu'un jour viendrait où les hypocrites seraient vaincus. L'hommage à la sagesse et à la puissance du Roi contenu dans l'épilogue était riche de signification politique.

La deuxième version de 1667

Le 5 août 1667, Molière donnait sur son théâtre du Palais-Royal une deuxième version de *Tartuffe*. Sa comédie s'appelait *Panulphe ou l'Imposteur*. Le changement de titre indiquait la volonté de l'auteur de rendre sa comédie plus « présentable ». Déjà l'essentiel des remaniements consentis par Molière semblent aller dans deux sens : empêcher que l'on attribue à son « imposteur » la qualité d'un homme d'Eglise et surtout insister sur l'individualité de son personnage et sur la valeur seulement anecdotique du sujet. Il fallait pour désarmer les critiques, ôter à l'un et à l'autre tout caractère représentatif. Panulphe était homme d'épée, son « imposture » ne concernait que lui.

En dépit de ces précautions, les gens avertis reconnurent Tartuffe dans Panulphe et surent lire sous l'histoire d'une imposture particulière une hypocrisie qui était la marque distinctive de la redoutable confrérie.

Le Roi était aux armées, en Flandre. Il avait probablement donné à Molière avant de partir des assurances verbales qui expliquent la liberté que celui-ci avait prise de faire représenter la pièce, alors que l'interdiction qui pesait sur *L'Hypocrite* n'était toujours pas levée.

Le public ne s'y laissa pas tromper, les membres de la secte non plus. La Compagnie avait été officiellement dissoute en 1666, ce qui explique aussi, peut-être, la décision de Molière. Mais le parti dévot montra, en la circonstance, qu'il était toujours vigilant et actif.

Le lendemain de la représentation le président de Lamoignon prononça l'interdiction de *Panulphe*, signifiée par huissier aux comédiens. Le 11 août l'archevêque de Paris menaça d'excommunication quiconque verrait ou entendrait cette pièce diabolique. Ainsi, même les lectures ou représentations privées étaient devenues impossibles[1].

Molière réagit en prenant de nouveau le Roi pour arbitre. Le 8 août, deux comédiens de la troupe, La Grange et La Thorillière partirent pour Lille où se trouvait le Roi. Ils étaient porteurs d'un placet adressé par Molière à son protecteur. Le Roi ne put les recevoir mais leur transmit des promesses rassurantes, leur donnant à espérer qu'ils pourraient jouer la pièce.

Molière tenta également sans succès de fléchir le président de Lamoignon. Celui-ci coupa court brutalement autant que dévotement à l'entretien, ce qui inspira à Molière le jeu de scène qu'il prêtera à Tartuffe qui met fin pareillement à sa conversation avec Cléante à la première scène du quatrième acte, dans la version définitive.

Cette unique représentation de *Panulphe* a donné lieu à un document important, une *Lettre sur la comédie de l'Imposteur* qui contenait un résumé et une analyse de la pièce telle qu'elle avait été donnée dans cette deuxième version. Ce texte prouve que *Panulphe* différait très peu du *Tartuffe* que nous connaissons, celui de la dernière version, de 1669.

La version définitive de 1669

Finalement *Tartuffe* fut représenté le 5 août 1669, dans la salle du Palais-Royal. La situation politique avait évolué. La Reine mère était morte et les dévots avaient perdu avec elle leur plus ferme soutien. Le Roi avait conclu en janvier 1669. avec le Pape, la Paix de l'Eglise, un accord qui réglait toutes les questions religieuses. Désormais Louis XIV avait les mains libres. La Compagnie n'était plus appuyée par le Vatican. Elle était, en outre, en butte à l'hostilité croissante de Colbert.

Enfin, Louis XIV n'entendait pas être entravé dans ses amours avec Mme de Montespan comme il l'avait été avec

---

1. Seul le Grand Condé osa braver l'archevêque. Il fit représenter *Panulphe* à Chantilly, en septembre 1668.

Mlle de la Vallière que les sermons du terrible Bossuet avaient fait fuir dans un couvent, d'où son royal amant l'avait, d'ailleurs, tirée.

L'autorisation de représenter *Tartuffe* coïncide avec l'accession de Louis XIV à la puissance absolue.

Molière avait pour sa part fait de nouvelles concessions par rapport à la deuxième version. Il avait atténué ses attaques contre la casuistique, écourté ou supprimé certaines tirades qui sentaient par trop le soufre. L'affaire Tartuffe était terminée. *Tartuffe* pouvait commencer enfin à vivre sa propre vie.

3

Résumé et structure dramatique

Résumé de l'action

L'histoire d'une manipulation

Orgon, riche et honorable bourgeois, a introduit sous son toit un personnage nommé Tartuffe qui a entièrement gagné sa confiance. Non seulement celui-ci profite sans scrupules des largesses d'Orgon, mais investi par ce dernier d'un pouvoir absolu, il exerce sur les membres de la famille une véritable tyrannie.

La clé de cette étrange situation tient dans un mot : *la dévotion*. Orgon et Tartuffe sont tous les deux des « dévots », mais Orgon est sincère, alors que Tartuffe est un faux dévot, un aventurier qui simule la dévotion pour assouvir son ambition personnelle.

Par les marques extérieures d'une piété et d'une humilité exemplaires, Tartuffe a réussi à se faire passer auprès d'Orgon pour le porte-parole de la volonté divine, un « saint homme ».

Le ressort de l'action est donc, pour une part, dans l'habileté de Tartuffe qui se sert de la religion pour abuser de la crédulité de son hôte. Mais le support psychologique de l'intrigue repose essentiellement sur le caractère passionné, impulsif, emporté d'Orgon, victime d'une bigoterie qui n'est que le masque de son égocentrisme.

Ayant percé à jour les faiblesses de son bienfaiteur, Tartuffe se sert de celui-ci pour satisfaire des besoins et des intérêts qui n'ont rien de spirituel. Tout au long de la pièce il usera de son influence sur Orgon afin de le dépouiller et de le supplanter. *Tartuffe* est avant tout l'histoire d'une manipulation.

La famille d'Orgon est divisée entre partisans et adversaires de Tartuffe. Ceux-ci sont majoritaires, Orgon ne disposant que de l'appui de sa mère, Madame Pernelle, encore plus imbue que lui des mérites du faux apôtre.

Dans l'autre camp se regroupent la deuxième femme d'Orgon, la jeune et belle Elmire, Damis, le fils aîné du premier mariage d'Orgon, Mariane, fille également de ce premier mariage, Cléante, le frère d'Elmire, et enfin Dorine, la suivante.

Le triomphe de l'hypocrisie

Le conflit éclate à l'occasion de la décision d'Orgon de donner sa fille Mariane en mariage à Tartuffe. Pourtant Mariane est promise à son fiancé Valère à qui elle est liée par un amour partagé. Mais cet argument est de peu de poids devant le désir passionné d'Orgon de s'attacher Tartuffe par des liens irréversibles. Au nom de la soumission à la toute-puissante autorité paternelle, Orgon exige de sa fille qu'elle épouse Tartuffe.

Jugeant impossible de fléchir son mari, Elmire demande alors à Tartuffe par l'intermédiaire de Dorine un entretien « privé » pour l'exhorter à prouver sa bonne foi en renonçant à un mariage qui ferait le malheur de Mariane. Tartuffe profite de l'occasion et du caractère confidentiel de la rencontre pour jeter le masque et faire ouvertement des avances indécentes à Elmire. Il emploie toutes les ressources de la rhétorique dévote pour inciter l'épouse de son bienfaiteur à l'adultère. Celle-ci cherche à tirer parti de la situation et propose à Tartuffe un marché : elle ne dira rien à son mari de cette tentative de séduction à condition que Tartuffe fasse pression sur Orgon afin de hâter le mariage entre Mariane et Valère.

Mais Damis a été témoin de la scène. Il sort de sa cachette pour dénoncer Tartuffe. Elmire s'éclipse, trop consciente de l'issue de l'explication entre les trois hommes.

Loin de chercher à se justifier, Tartuffe s'accuse au contraire de tous les péchés. Cette manifestation d'humilité persuade Orgon de la bonne foi de son protégé qu'il croit victime d'un complot. Il maudit et déshérite son fils et le chasse de sa maison. Tartuffe feint de pardonner à Damis par charité chrétienne et offre de s'en aller définitivement pour ne pas donner prétexte à la calomnie. Il se pose ainsi en victime et remporte un triomphe total. Orgon lui fait donation de tous ses biens.

Cléante tente de convaincre Tartuffe qu'en acceptant cette donation il dépossède une famille entière et risque par là même de perdre sa crédibilité en montrant au grand jour les vraies motivations de son comportement. Mais l'hypocrite est trop sûr de lui pour se laisser intimider et coupe court à la conversation.

Un coup de théâtre

Elmire décide alors de prendre Tartuffe à son propre jeu. Elle propose à son mari une preuve de vérité. Celui-ci accepte d'assister secrètement à un entretien au cours duquel Elmire fera à Tartuffe une fausse déclaration d'amour pour l'amener à se démasquer. Celui-ci tombe dans le piège. Lorsque le doute n'est plus possible sur les véritables intentions du faux dévot, Orgon apparaît et chasse Tartuffe. Mais celui-ci se rebiffe. La donation le rend maître des lieux. C'est à Orgon de sortir.

Atterré, celui-ci confie ensuite à Cléante que non seulement il a abandonné à l'imposteur tout ce qu'il possède mais qu'il lui a confié des papiers compromettants, concernant un ami poursuivi par la justice du Roi. Tenu au courant du renversement de situation, Damis accourt pour aider son père.

Madame Pernelle sera la dernière à ouvrir les yeux sur la vraie nature de Tartuffe. Elle ne se laissera convaincre que lorsqu'un huissier tout acquis à Tartuffe vient faire exécuter l'ordre de déménager la maison dans les plus brefs délais.

Orgon n'est pas seulement expulsé de chez lui, il est en outre menacé d'arrestation, car Tartuffe vient de le dénoncer à la police du Roi.

Un coup de théâtre apporte alors à la comédie un heureux dénouement. En allant dénoncer Orgon, Tartuffe s'est dénoncé lui-même. Le Roi a reconnu en lui un escroc recherché pour d'innombrables méfaits commis sous un autre nom. L'officier de police est donc venu arrêter Tartuffe et non Orgon. Le Roi a pardonné à celui-ci « l'offense secrète » inspirée par le noble souci de protéger un ami et il a annulé la donation. Mariane pourra épouser Valère.

La structure dramatique

Selon les règles de la doctrine classique, la structure d'une œuvre dramatique, comédie ou tragédie, est constituée de trois moments : l'*exposition*, au cours de laquelle on « expose » l'action, on présente les personnages et la situation où l'intrigue prend sa source, ensuite vient le *nœud*, la partie où l'action « se noue », où les conflits atteignent leur point maximal de tension, et enfin le *dénouement* qui apporte, le plus souvent, par un « coup de théâtre », la conclusion, malheureuse, s'il s'agit d'une tragédie, heureuse, s'il s'agit d'une comédie.

Lorsque la pièce est en trois actes, la répartition est aisée, car à chaque acte correspond l'un des moments de l'action. Si la pièce a cinq actes, comme c'est le cas pour *Tartuffe*, l'exposition s'étendra sur les deux premiers actes, le nœud sera développé, à travers une série de rebondissements, dans le troisième et le quatrième actes, le cinquième étant réservé au dénouement, qui, dans la plupart des comédies de Molière, surprendra par son caractère inattendu, soudain, romanesque, voire miraculeux.

Dans la version définitive de *Tartuffe*, ces trois grandes phases de l'action dramatique s'enchaînent en fonction du découpage en cinq actes.

Premier acte

Le premier acte expose la situation générale qui sert de cadre à l'action. On assiste à la présentation progressive des personnages à travers une série de portraits dressés les uns par les autres dans un contexte conflictuel. Nous apprenons la passion d'Orgon pour Tartuffe dont l'emprise est devenue une cause de tensions insupportables dans la famille.

Deux visions du monde sont aux prises : la vision « dévote » défendue par Orgon, Tartuffe et Madame Pernelle, et la vision « mondaine » qui s'exprime dans le mode de vie de tous les autres membres de la famille.

Deuxième acte

Le deuxième acte précise l'exposition de l'intrigue qui prend forme. La situation devient explosive lorsqu'Orgon décide, au mépris de la parole donnée à Valère, le fiancé de Mariane, d'unir celle-ci à Tartuffe. L'ensemble de la famille, à l'exception bien entendu de Madame Pernelle, se coalise pour faire échouer ce projet. Encore potentiel dans le premier acte, le conflit porteur de l'action dramatique éclate dans le second.

Troisième acte

Le troisième acte est centré sur la scène 3, la grande scène entre Elmire et Tartuffe au cours de laquelle celui-ci tente de séduire l'épouse de son bienfaiteur. Ici le conflit extérieur entre Tartuffe et la famille d'Orgon se double d'un autre conflit, intérieur, psychologique qui oppose Tartuffe à lui-même, les intérêts de l'hypocrite se trouvant en contradiction avec le désir sensuel qu'il éprouve pour Elmire.

La particularité de cet acte où le conflit se noue, est de contenir son propre dénouement. Mis un instant en difficulté par son impétuosité amoureuse, Tartuffe redresse la situation et remporte un triomphe total.

Dans la perspective d'une version en trois actes, on peut considérer le deuxième acte comme celui du « nœud » et le troisième comme celui du « dénouement », à condition d'admettre que Molière avait l'intention d'achever sa comédie sur la victoire de l'Imposteur.

Etalée sur cinq actes, l'action est fatalement appelée à connaître un rebondissement dans l'acte suivant. Le dénouement apparent du troisième acte apparaît donc comme un faux dénouement qui contribue à durcir encore le « nœud » des tensions entre les intérêts opposés.

Quatrième acte

Le quatrième acte est parallèle au troisième dont il est le reflet inversé selon une construction rigoureusement symétrique. La deuxième grande scène entre Elmire et Tartuffe, la scène 5 du quatrième acte est le pendant de la scène 3 du troisième acte.

Orgon a pris la place de Damis comme témoin secret de l'entretien amoureux. Les rôles sont intervertis : ce n'est plus Tartuffe, mais Elmire qui prend l'initiative. Victime de sa concupiscence, l'imposteur est démasqué. Sa victoire semble se transformer en échec lorsqu'Orgon, non sans peine, est enfin contraint de se rallier à l'évidence. Mais la défaite de Tartuffe n'est que momentanée : il n'a plus besoin de donner le change, puisqu'il est désormais maître de la situation, grâce à la donation qui le rend possesseur de tous les biens d'Orgon.

Ce double renversement repose sur un mécanisme théâtral dûment éprouvé qui consiste à multiplier les rebondissements et les effets de surprise. A l'issue de ce quatrième acte, la partie paraît définitivement gagnée pour le faux dévot.

Cinquième acte

Le cinquième acte apporte à la pièce un dénouement heureux autant que providentiel. Il répond à des motivations purement stratégiques car il s'agissait pour Molière d'obtenir l'autorisation si longtemps refusée, de désarmer ses ennemis, les dévots de la Compagnie du Saint-Sacrement, et de se mettre sous la protection du tout-puissant Louis XIV. C'est pourquoi celui-ci joue le rôle du *deus ex machina* qui, par sa clairvoyance et son amour de la justice, provoque la perte du méchant, de l'hypocrite.

La comédie s'achève donc heureusement grâce à un coup de théâtre qui n'obéit à aucune détermination interne, contrairement aux péripéties des deux actes précédents qui aboutissent en toute logique au triomphe de l'imposteur sur sa dupe.

On pourrait croire que le Bien ne triomphe que dans les contes de fées si cette fin ne trouvait sa caution dans la réalité politique dont elle est la traduction fabuleuse.

La leçon de la pièce est donc claire et l'hommage à Louis XIV qu'elle contient est loin d'être de pure forme. Seule la volonté toute-puissante et la clairvoyance du Roi sont capables de mettre en échec les ambitions du parti dévot.

La crédulité de ceux qui comme Orgon font confiance aux dévots constitue l'arme principale de ceux-ci et leur permettrait de faire régner l'ordre moral sur l'ensemble de la société si la vigilance et la lucidité du Roi n'étaient là pour les en empêcher.

Si *Tartuffe* a pu être représenté, c'est parce que le Roi avait réussi enfin à se libérer des influences qui limitaient jusque-là son pouvoir et son bon plaisir. Le dénouement final signifie à la fois une concession accordée aux circonstances au détriment de la cohérence intrinsèque de l'œuvre, mais aussi l'alliance entre Molière, le Roi et le public pour le triomphe de la nature et de la raison, ces piliers de la doctrine classique.

4

Analyse textuelle

PREMIER ACTE

SCÈNE 1

Vie mondaine et vie dévote

Cette scène est construite sur un triple mouvement. D'abord Madame Pernelle lance une offensive contre les membres de la famille d'Orgon, dont elle critique le train de vie qu'elle juge indécent. Damis réagit en prenant pour cible Tartuffe : « *Votre Monsieur Tartuffe est bienheureux sans doute…* » Cette répartie marque le passage à la deuxième partie centrée sur Tartuffe, présenté comme un modèle de moralité par Madame Pernelle, comme un parasite et un hypocrite par Damis, vigoureusement relayé par Dorine.

Exaspérée par ces reproches, Madame Pernelle coupe vertement la parole à Dorine : « *Taisez-vous et songez aux choses que vous dites.* »

Pressée de justifier Tartuffe et de reprendre le dessus, Madame Pernelle aborde un troisième thème qui n'est, en fait, que la reprise élargie et argumentée du premier : les médisances auxquelles donne lieu la conduite d'Elmire et des jeunes gens.

Cléante et Dorine dénoncent la tyrannie de l'opinion publique fondée sur l'hypocrisie et sur l'envie. Les unes, comme Daphné, moralisent pour dissimuler leurs propres vices, les autres, comme Orante, une vieille prude, veulent interdire à leurs prochains des plaisirs dont elles sont désormais privées elles-mêmes.

Madame Pernelle prononce alors une ultime tirade pour opposer l'exemple de piété offert par Tartuffe à la dissipation et à la frivolité de la vie mondaine menée par la famille de son fils. Il est évident que l'inspiratrice de ce désordre est à ses yeux sa belle-fille Elmire, qui, après les quelques mots qu'elle adresse au début à la mère d'Orgon, garde ensuite ostensiblement le silence tout au long de la scène.

Toute cette première scène est aussi gestuelle que verbale. Elle est emportée par le mouvement d'humeur, de mauvaise humeur, de Madame Pernelle.

Les invectives dont celle-ci accable sa servant Flipote, au début de la scène : « *Allons, Flipote, allons...* » et à la fin : « *Marchons, gaupe, marchons* », donnent le ton et le mouvement.

L'effet de reprise ainsi produit marque la gradation de l'impatience et de l'irritation de la vieille dévote, signes extérieurs de son intolérance.

On se représente très bien Madame Pernelle tournant en rond et traînant la pauvre Flipote dans un véritable tourbillon, tout en harcelant ses adversaires les uns après les autres, avec fureur.

Ce jeu quasiment chorégraphique, à la limite du ballet, traduirait scéniquement la logique obsessionnelle dans laquelle la passion dévote enferme Madame Pernelle ainsi qu'Orgon dans un piège savamment tissé par Tartuffe, mais constitué surtout par leur propre fanatisme.

Le silence d'Elmire

Les deux personnages qui dominent, en fait cette discussion, n'apparaissent pas : Tartuffe est absent et Elmire s'abstient. On devine pourtant que c'est entre eux que la partie va se jouer.

Au théâtre il est convenu d'admettre que la prise de parole équivaut à la prise du pouvoir. Celui qui garde la parole occupe le terrain et, en obligeant ses adversaires à l'écouter, marque par là même sa supériorité momentanée. Au théâtre la parole est action. Une alchimie spontanée tire la parole de son état de parole, au sens où Hamlet s'écrie avec dérision : « Des mots ! Des mots ! », et la transforme en événement qui modifie la réalité.

Pourtant, dans cette scène de *Tartuffe* le silence d'Elmire est peut-être plus significatif que les longs discours de Madame Pernelle.

Elmire juge inutile, en effet, de perdre son temps en vaines disputes. Cette réserve et cette sagesse la distinguent des autres membres de la famille. Elle partage avec son frère Cléante le goût de la modération, de la mesure, mais celui-ci est beaucoup plus raisonneur. Par sa discrétion, Elmire est l'un des personnages féminins les plus mystérieux du théâtre de Molière.

Sa seule répartie aux paroles bourrues de sa belle-mère est chargée de sous-entendus et suffit à caractériser ses relations avec son entourage :

« De ce que l'on vous doit envers vous on s'acquitte. »

Le sentiment du devoir, le respect des convenances, le souci de l'harmonie familiale guident sa conduite, mais Elmire est un personnage qui ne se livre pas, qui ne s'épanche pas, qui n'élève pas la voix et qui garde toujours la maîtrise d'elle-même.

Elle sait défendre en quelques mots sa dignité face à sa belle-mère, comme elle saura défendre le bonheur de Mariane contre l'absurde tyrannie d'Orgon. Le seuil invisible qu'elle pose devant elle pour se protéger des excès est fondé sur une philosophie de la vie pleine de scepticisme et de lucidité. Ainsi elle évitera de céder à la contagion de l'hystérie que fait régner Orgon, manipulé par Tartuffe, et elle restera grâce à son sang-froid la meneuse du jeu.

La cour du roi Pétaud

Certes, l'animosité de Madame Pernelle pourrait être attribuée à la traditionnelle jalousie des belles-mères. Il semble plutôt que la mère d'Orgon en veuille à Elmire d'avoir introduit chez son fils des mœurs dont la liberté tranche sur les habitudes antérieures de la maison. Il était donc grand temps qu'un Tartuffe vienne remettre de l'ordre dans cette « cour du roi Pétaud ». Madame Pernelle compare avec acrimonie la conduite d'Elmire à celle de la première femme d'Orgon :

> **« Votre conduite en tout est tout à fait mauvaise;**
> **Vous devriez leur mettre un bon exemple aux yeux,**
> **Et leur défunte mère en usait beaucoup mieux. »**

On peut donc supposer que, pour avoir gagné les bonnes grâces de Madame Pernelle, la première épouse d'Orgon était, sinon dévote, du moins beaucoup plus rigoriste et moins « mondaine » qu'Elmire. En tout cas, il est clair que les changements apportés par Tartuffe chez Orgon font suite à d'autres changements introduits dans un sens tout opposé par Elmire.

Veuf de son premier mariage, Orgon a épousé une femme beaucoup plus jeune que lui et cette différence de génération est capitale pour bien comprendre la signification idéologique de la pièce. Rappelons, en effet, que le conflit qui opposait Louis XIV aux dévots de la Compagnie du Saint-Sacrement était fondé sur une différence de conception de la vie qui tenait aussi à une différence d'âge.

Les dévots appartenaient à l'entourage de la reine-mère, Anne d'Autriche, qui les protégeait. Une nouvelle génération d'esprits libres, avides de goûter aux plaisirs de la vie était apparue à la cour, auprès du jeune Roi et prenait la relève de la génération ancienne attachée à des conventions bigotes, représentée par une société secrète qui cherchait à faire régner un ordre moral pour assurer son pouvoir. Les critiques adressées par Dorine à la prude Orante étaient applicables à cette classe de dévots visant à interdire les divertissements, le théâtre, à proscrire le luxe et jusqu'aux relations les plus innocentes de la vie de société.

Elmire est plus proche par l'esprit et par l'âge de Damis et de Mariane que de son mari Orgon. Il est aisé d'imaginer que forcé, contre son gré, de subir un mode de vie que la dévote Pernelle estime relâché, Orgon ait réagi en voulant imposer son autorité et en mettant sa famille sous le joug de Tartuffe, investi des pleins pouvoirs de directeur de conscience. La crise de *Tartuffe* repose aussi sur un conflit des générations.

Un pied-plat

Mais ce « pouvoir tyrannique » dont se plaint amèrement Damis est d'autant plus mal ressenti par la famille qu'il est exercé par un parvenu. Damis le traite, en effet, de « pied-plat », mot qui à l'époque désignait un rustre, un paysan. Il était donc humiliant pour un fils de la bonne bourgeoisie de subir les recommandations et les réprimandes d'un individu d'origine inférieure. On voit que la passion dévote d'Orgon et sa fascination pour Tartuffe le poussaient à enfreindre les préjugés sociaux et les usages du monde.

Il n'est pas étonnant que les personnages les plus montés contre Tartuffe soient Damis, le fils aîné, et Dorine, la suivante, qui prend à cœur les intérêts de la famille et, étant elle-même d'une catégorie subalterne, ressent comme un affront insupportable l'intrusion de quelqu'un qu'elle appelle sans ménagement « un gueux ». C'est Dorine, d'ailleurs, qui a le mieux percé à jour l'Imposteur lorsqu'elle dit : « *Je crois que de Madame il est, ma foi, jaloux*. »

C'est plus que n'en peut supporter Madame Pernelle qui l'interrompt violemment, comme si elle comprenait vaguement que Dorine venait de livrer un secret de Tartuffe qui deviendra l'un des principaux ressorts de la pièce.

Dorine appartient, bien entendu, à la race des « servantes de Molière » qui ont pour fonction de faire entendre à leur maître le langage de la raison. Mais, bien que Molière, plus loin, glisse cette indication pour atténuer les propos qu'il lui prête : *« C'est une servante qui parle »,* Dorine n'est pas exactement une servante. Elle est une « suivante », c'est-à-dire une sorte de dame de compagnie. Quand, pour lui rabattre le caquet, Madame Pernelle lui rappelle qu'elle n'est qu'une

« fille suivante », elle veut montrer à Dorine que celle-ci abuse de sa situation. Dorine tire justement sa liberté de parole de sa condition servile, un peu comme les bouffons du roi. Sa qualité de suivante explique cependant un ton et un langage plus relevés que ceux des « servantes » ordinaires.

Ainsi, au cours de cette scène d'exposition, l'agitation déployée par Madame Pernelle a eu pour effet de présenter au public les protagonistes de la comédie, les absents, Tartuffe et Orgon, aussi bien que ceux qui sont pris à partie par la vieille dévote.

Dès le lever du rideau, les spectateurs sont amenés à se familiariser avec le franc-parler et le bon sens de Dorine, l'impétuosité de Damis, la civilité de Cléante, la timidité de Mariane, la dignité d'Elmire. Mais ils découvrent en même temps les thèmes appelés à se développer et à produire de dramatiques conflits dans cette famille en crise.

Scène 2

Cette brève scène de transition entre Cléante et Dorine vaut surtout pour le portrait d'Orgon par Dorine, qui complète les informations données dans la scène précédente. Dorine raconte à Cléante la transformation qui s'est produite chez Orgon depuis qu'il a fait la connaissance de Tartuffe.

Une étrange passion

On comprend alors que la passion d'Orgon pour Tartuffe est un phénomène sans commune mesure avec l'ardeur moralisatrice de Madame Pernelle. Celle-ci, au fond, est surtout choquée par les libertés que prend sa nouvelle belle-fille et prêche pour un formalisme bigot superficiel dicté par le respect des habitudes acquises, des apparences, et par le goût pour l'ordre propre aux vieilles gens. C'est pourquoi Cléante l'appelle « une bonne femme », expression qui désignait à cette époque une femme âgée.

Il n'en est pas de même pour Orgon et là encore, Dorine va montrer sa finesse psychologique quand elle insiste sur le caractère particulier autant qu'excessif de l'attachement que celui-ci éprouve pour Tartuffe.

Dorine laisse entendre que les principes dévots qui semblent lier Orgon à Tartuffe ne sont qu'une couverture idéologique qui permet au premier de se donner à lui-même un alibi pour dissimuler à ses propres yeux des motivations moins avouables et, en tout cas, plus personnelles. Cet aspect a été utilisé par certains metteurs en scène pour suggérer des penchants homosexuels qui seraient la véritable explication du comportement étrange d'Orgon. Il est vrai que la description qu'en donne Dorine va dans ce sens. Cet honnête bourgeois a montré sous la Fronde un vrai courage pour servir son Prince, mais il est devenu comme un homme hébété :

> **« Depuis que de Tartuffe on le voit entêté;**
> **Il l'appelle son frère, et l'aime dans son âme**
> **Cent fois plus qu'il ne fait mère, fils, fille et femme.**
> **C'est de tous ses secrets l'unique confident,**
> **Et de ses actions le directeur prudent;**
> **Il le choie, il l'embrasse, et pour une maîtresse**
> **On ne saurait, je crois, avoir plus de tendresse; »**

Dorine, on le voit, ne fait même pas allusion aux convictions religieuses et morales dont se réclame Orgon pour faire de Tartuffe le maître de sa maison. Elle attribue à une fascination qui porte tous les signes de la passion amoureuse la folie qui s'est emparée de cet homme plein d'expérience, autrefois résolu, vaillant et raisonnable et dont le cerveau semble s'être brusquement ramolli sous l'effet d'une sorte d'envoûtement.

Il serait réducteur et appauvrissant, sur la foi de ce passage, de ne voir dans Orgon qu'un homosexuel qui s'ignore; il est cependant troublant de comparer la froideur qu'il témoigne à sa femme à la sollicitude démesurée qu'il manifeste à l'égard de Tartuffe. Ce contraste est fondé sur un ensemble de déterminations psychologiques complexes qui ne se ramènent ni à une pulsion sexuelle, ni à des principes d'ordre général.

SCÈNE 3

C'est de nouveau une scène de transition et de mouvement destinée à préparer la grande scène qui suit. Les propos rapides et désabusés d'Elmire confirment le jugement porté par Dorine sur Orgon. L'aveuglement de celui-ci n'est pas seulement figuré, le souci exclusif qu'il a de Tartuffe le plonge dans une telle « distraction » qu'il ne remarque même pas sa femme.

Cette anomalie sera portée jusqu'au ridicule dans la conversation que le chef de famille va avoir avec Dorine à laquelle il demande de lui rendre compte de ce qui s'est passé en son absence. De même, le bref échange entre Cléante et Damis rend plausible l'entretien entre Orgon et son beau-frère et introduit le thème du « mariage forcé » qui va occuper l'acte deux.

SCÈNE 4

La scène est construite sur un procédé comique souvent employé par Molière : la répétition de quelques mots qui révèlent chez le personnage une idée fixe l'enfermant dans une obsession proche de la folie.

Le pauvre homme

Coupant rudement la parole à Cléante venu à sa rencontre, Orgon s'empresse de questionner Dorine sur l'état de la maison pendant son absence. En fait, il n'a souci que de Tartuffe. Alors que Dorine l'informe sur la mauvaise santé d'Elmire, Orgon ne s'intéresse qu'à celle de Tartuffe. Il interrompt avec impatience les nouvelles peu rassurantes concernant son épouse pour demander : « *Et Tartuffe ?* » Et quand Dorine décrit complaisamment l'excellent appétit et le sommeil paisible dont jouit le dévot, Orgon s'exclame : « *Le pauvre homme !* »

L'effet comique repose non seulement sur les paroles d'Orgon mais sur le parallélisme entre les maux dont souffre

Elmire et la santé florissante de Tartuffe. C'est pourtant celui-ci que, sans raison, plaint Orgon. Il est vrai que le grossissement propre à la scène est ici porté à son comble. Mais ce refus de voir les choses telles qu'elles sont, cette volonté de leur substituer la projection de son propre désir traduit chez Orgon une sorte de délire produit par l'excès d'une passion qui engendre un véritable déséquilibre psychique et, en s'emparant de l'esprit du personnage, coupe entièrement celui-ci de la réalité.

Orgon est prédéterminé par la conviction que Tartuffe est un saint homme, digne de compassion. Sans doute cette conviction repose-t-elle moins sur la dévotion elle-même que sur la satisfaction égocentrique d'être le bienfaiteur de Tartuffe. Alors que les membres de sa famille affirment leur autonomie, leur liberté de choix, Tartuffe doit tout à Orgon et il étale avec humilité sa dépendance. Cette situation flatte l'orgueil d'Orgon. Il ne tiendra donc aucun compte des signes extérieurs qui lui prouvent le contraire de ce qui doit être pour lui l'ordre des choses et qui n'est que l'expression d'un égocentrisme exacerbé. Comme l'a fort bien dit Dorine, Orgon est « entêté ».

Non seulement il est entêté de Tartuffe, mais il est entêté en général, dans l'absolu. Cet entêtement s'est porté sur Tartuffe par hasard, par un concours de circonstances auquel l'habileté de Tartuffe n'est certes pas étrangère. Mais celui-ci n'aurait pas aussi bien réussi à hypnotiser sa victime s'il n'avait pas trouvé un terrain prédisposé.

Ainsi le comique résultant d'un procédé apparemment mécanique a une fonction plus profonde que celle de déclencher un rire spontané; il désigne un trait de caractère. C'est le caractère d'Orgon qui est, en soi, ridicule.

Orgon est victime d'un dysfonctionnement mental, une sorte de maladie psychique. Il est, a dit également Dorine, « hébété », cela signifie qu'il a perdu son bon sens; il est privé de ses facultés de jugement et d'esprit critique. On peut y voir une hypertrophie de la volonté de domination, peut-être trop longtemps tenue en échec, trop vivement « refoulée », à cause de la liberté qui règne dans sa famille depuis son remariage avec Elmire. La rencontre de Tartuffe a été le déclic qui a provoqué chez Orgon un violent « retour du refoulé ». Toute occasion lui est bonne désormais pour imposer aux autres son autorité.

Les sources historiques

On sait que Molière s'est inspiré dans cette scène de plusieurs sources historiques. On aurait cité pour la première fois l'expression « le pauvre homme », à propos du Père Joseph, l'éminence grise du cardinal de Richelieu. Apprenant tous les avantages dont jouissait le Père Joseph, au faîte du pouvoir et profitant de la faveur du cardinal, le père gardien d'un couvent de capucins se serait exclamé, à chaque fois, tout comme Orgon, « Le pauvre homme ! »

Madame de Sévigné, dans une lettre du 3 septembre 1677, applique le mot à Gabriel de Roquette, évêque d'Autun, souvent mentionné comme le modèle de Tartuffe : « Il a fallu aller dîner chez l'évêque d'Autun (le pauvre homme !) »

Enfin, de façon plus appropriée sans doute, on a également donné comme référence le mot qui aurait été prononcé par Louis XIV sur l'archevêque de Paris dont quelqu'un lui aurait décrit le somptueux repas.

A l'énoncé des plats, plus raffinés les uns que les autres, qui se succédaient sur la table de l'archevêque, Louis XIV se serait chaque fois écrié : « Le pauvre homme ! » Molière se serait souvenu de l'anecdote et en reprenant le mot dans sa pièce aurait rendu hommage à l'esprit du Roi.

Quelle que soit l'origine réelle de ce mot, l'important est l'usage qu'en fait Molière. Il ne l'applique pas gratuitement ou dans un but purement courtisan. Il s'en sert pour mettre en lumière le travers de son personnage qui est le personnage comique et ridicule de la pièce, alors que Tartuffe n'a rien de drôle et reste constamment trouble et inquiétant.

Scène 5

La scène 5, la plus longue du premier acte, avec la scène 1, est constituée par une discussion entre Cléante et Orgon, qui porte, bien entendu, sur Tartuffe. Excédée par l'aveuglement d'Orion, Dorine terminait la scène précédente sur une réflexion sarcastique :

> **« Et je vais à Madame annoncer par avance**
> **La part que vous prenez à sa convalescence. »**

Saisissant au vol cette raillerie de Dorine, Cléante essaie de ramener Orgon à un plus juste sentiment de la réalité. Croyant jouer sur l'amour-propre du chef de famille, il lui fait remarquer que sa lubie le rend la risée des domestiques :

> **« A-t-on parlé d'un semblable caprice ?**
> **Et se peut-il qu'un homme ait un charme aujourd'hui**
> **A vous faire oublier toute chose pour lui... »**

Le charme de Tartuffe

On remarquera que l'accent est mis là encore sur la personnalité de Tartuffe et sur le caractère singulier et excessif des sentiments qu'il inspire à Orgon.

Le mot « charme » est très fort et désigne un véritable envoûtement qui a privé Orgon de son libre arbitre. C'est un terme habituel du langage amoureux. On parle dans les tragédies de Racine du « charme » qui rend un personnage esclave de sa passion. D'ailleurs, Orgon ne proteste pas. Loin de se laisser impressionner, il va, au contraire, essayer de convertir Cléante à sa foi dans Tartuffe.

Il semble même se réjouir de l'occasion que lui offre son beau-frère de faire un néophyte de plus. C'est sur un ton de véritable extase qu'il parle de Tartuffe en tant qu'« homme », sans même se retrancher derrière des arguments de piété :

> **« Mon frère, vous seriez charmé de le connaître,**
> **Et vos ravissements ne prendraient point de fin.**
> **C'est un homme... qui,... ha ! un homme... un homme enfin. »**

On notera l'ambiguïté du mot « *ravissements* » qui possède une signification religieuse, dans le contexte du discours dévot, mais qui n'est pas dénué de connotation sensuelle. Le moins qu'on puisse dire, c'est que la passion dévote d'Orgon est fortement personnalisée. Mais le principal argument utilisé par Orgon est la tranquillité d'âme que lui procure l'influence bénéfique de Tartuffe :

> **« Qui suit bien ses leçons goûte une paix profonde,**
> **Et comme du fumier regarde tout le monde.**
> **Oui, je deviens tout autre avec son entretien ;**
> **Il m'enseigne à n'avoir d'affection pour rien ;**
> **De toutes amitiés il détache mon âme ;**
> **Et je verrais mourir frère, enfants, mère et femme,**
> **Que je m'en soucierais autant que de cela. »**

Un cynisme égoïste

Cléante ne peut s'empêcher de relever le cynisme égoïste qui perce à travers cette profession de foi très chrétienne. Il lance à Orgon une pointe dont celui-ci, emporté par son élan apostolique, ne remarque même pas l'ironie :

> **« Les sentiments humains, mon frère, que voilà ! »**

Ce vers 280 marque la fin de la première partie de cette scène, qui constitue l'introduction au débat au cours duquel Orgon va d'abord exposer l'apologie, ou plutôt le dithyrambe de Tartuffe, discours auquel Cléante répond en essayant de détromper son beau-frère en prouvant à celui-ci l'hypocrisie de son idole.

Au récit d'Orgon sur sa rencontre avec Tartuffe et sur les mérites de ce dernier succède le tableau par Cléante de la fausse dévotion. Puis Cléante se livre, dans une longue tirade, à un éloge de la vraie dévotion afin de montrer que le comportement de Tartuffe ne correspond pas du tout à ce modèle.

La dernière partie de cette scène expose les efforts de Cléante pour obliger Orgon à tenir la promesse faite à Valère de donner à celui-ci la main de Mariane. Orgon se dérobe aux questions pressantes de Cléante sur la date fixée pour les noces. Il refuse de s'engager et de donner une réponse. Cette attitude étrange laisse penser à Cléante que le mariage entre Valère et Mariane est compromis et qu'Orgon a quelque autre projet en tête. Ainsi, la fin du premier acte s'enchaîne naturellement avec l'acte 2 centré sur le mariage de Mariane.

DEUXIÈME ACTE

SCÈNE 1

La tyrannie d'Orgon

Dans cette scène, Orgon annonce à Mariane sa décision de la marier à Tartuffe.

Ce dialogue se déroule en quatre temps. D'abord, Orgon veut s'assurer de l'entière docilité de sa fille. Puis, satisfait des réponses obtenues, il la questionne sur Tartuffe (« *Fort bien. Que dites-vous de Tartuffe, notre hôte?* ») et, dans un souffle, avec une précipitation véhémente, il lui fait part de ses intentions. Le double « Eh? » du père et de la fille ouvre un échange d'interrogations entrecoupées et incohérentes qui marque la culmination de leur incompréhension réciproque.

La clarification se produit dans la partie conclusive de la scène, après qu'Orgon a répété le nom de Tartuffe avec une insistance encore plus péremptoire. La tentative de résistance de Mariane incite Orgon à redoubler d'autoritarisme paternel. Il est interrompu dans son élan par l'arrivée inopinée de Dorine qui écoutait à la porte et qui a décidé d'intervenir.

L'intrusion de Dorine est d'autant plus drôle qu'elle vient non seulement couper la parole à Orgon avec impudence, mais qu'elle montre l'inutilité des précautions prises par celui-ci pour que sa conversation avec Mariane soit à l'abri des oreilles indiscrètes.

Au début de la scène, Mariane, étonnée, dit à son père : « *Que cherchez-vous?* » Et Orgon répond, en regardant dans un petit cabinet : « *Je vois si quelqu'un n'est pas là qui pourrait nous entendre.* »

Ce petit cabinet jouera un rôle important dans la pièce, car c'est là que se cachera Damis pour épier la conversation entre Elmire et Tartuffe. Cette scène introduit une situation appelée à jouer un rôle déterminant dans la suite de la pièce, celle d'un entretien confidentiel surpris par un tiers. On retrouvera le même dispositif dans les deux scènes cruciales entre Elmire et Tartuffe.

Ainsi le discours que tient Orgon à Mariane annonce la déclaration d'amour de Tartuffe à Elmire. Dans les deux cas, un personnage avoue des intentions sur lesquelles il souhaite garder le secret parce qu'il est trop conscient de leur caractère illégitime ou licencieux.

Le mot d'« imposture » prononcé par Mariane devant le projet de son père renvoie évidemment à l'imposture qui est le sujet de la pièce, celle de Tartuffe. A trois reprises l'imposture est démasquée par la présence d'un témoin caché. Le rire provoqué par la déconvenue qui en résulte est bien au-delà du simple comique de la situation; il est porteur d'une leçon psychologique et morale.

Plus tard, au troisième acte, lorsque Tartuffe tentera de séduire Elmire, le spectateur ne pourra s'empêcher d'établir une relation entre la passion du faux dévot pour la femme de son hôte et celle qu'Orgon veut à toute force prêter à Mariane. De même l'impudence et la maîtrise de Tartuffe trancheront sur l'attitude sournoise du père qui, vis-à-vis de sa fille, a l'air d'un malfaiteur préparant un mauvais coup. Ce contraste suggère la substitution de pouvoir qui s'accomplira effectivement peu après, à la suite de l'explication avec Damis.

Un chassé-croisé des plus comiques

Mais le principal intérêt de cette scène est de faire ressortir la folie d'Orgon que l'on voit pour la première fois passer à l'acte. En proie à un emportement croissant, il ne se contente pas de dicter à Mariane les sentiments qu'elle « doit » éprouver pour Tartuffe; il lui attribue d'autorité les siens.

On pourrait presque dire qu'Orgon fait ici une déclaration d'amour à Tartuffe par Mariane interposée. Le parallélisme des situations permettra donc un chassé-croisé des plus comiques entre les personnages, puisque Tartuffe répondra à la sollicitude d'Orgon en essayant de le remplacer auprès d'Elmire.

On observe dans le dialogue un décalage croissant entre les deux interlocuteurs, malentendu si profond qu'il tarde à se dissiper. Mariane, éberluée, ne peut littéralement en croire ses oreilles et oblige son père à répéter des paroles qui témoignent d'une volonté délibérée d'ignorer tous les obstacles à sa lubie.

Dans l'esprit d'Orgon la logique de la passion s'est substituée à la logique de la raison. A cet égard il serait superficiel d'attribuer exclusivement ce comportement à l'influence de Tartuffe. Tartuffe, dans l'affaire, n'est que le révélateur des potentialités maniaques qui sommeillaient en Orgon et avaient besoin pour se réaliser d'une justification religieuse et morale. Dès lors toutes les injustices et les impostures sont permises, lorsqu'elles permettent d'atteindre ce qu'Orgon croit être le Souverain Bien.

C'est pourquoi il ne relève même pas le mot pourtant injurieux d'« imposture » et répond à Mariane en toute bonne foi :

« Mais *je veux* que cela soit une vérité. »

Orgon refuse de prendre en considération les sentiments de sa fille, il récuse la parole donnée à Valère parce que sous l'emprise de son idée fixe il a perdu la conscience de la réalité. Prisonnier d'une représentation abstraite et factice qui n'est, au fond, que l'alibi de son appétit de puissance et de son auto-satisfaction, Orgon ne se guide plus selon les critères habituels, « raisonnables » du vrai et du faux, du bien et du mal.

Dans la scène suivante, Dorine, avec son bon sens populaire, s'efforcera en vain de l'arracher à cet aveuglement.

SCÈNE 2

Dorine ne coupe pas seulement la parole à Orgon, elle la coupe surtout à Mariane, silencieuse tout au long de cette scène qui a cependant son avenir pour objet. Cet effacement de Mariane met d'autant plus en valeur, par contraste, la virulence de Dorine face à Orgon.

Le renversement des rôles

Exaspérée autant par la passivité de Mariane que par l'inconscience d'Orgon qui s'apprête à faire le malheur de sa fille, Dorine intervient pour défendre les intérêts de la famille. Elle va faire la leçon à son maître pour essayer de le ramener à la raison. Le comique de la scène repose sur ce renversement des rôles.

Alors que le père de famille vient justement de faire une démonstration brutale de son autorité paternelle, Dorine, en bravant cette autorité, en rélève à la fois la fragilité et l'absence de fondement moral.

Cependant, l'indignation qui anime la servante ne nuit pas à la clarté d'une argumentation qu'elle construit avec soin pour faire revenir Orgon sur sa décision.

D'abord, elle met en évidence le caractère extravagant et déraisonnable du projet de mariage entre Mariane et Tartuffe.

Après ce préambule ironique qui met Orgon en difficulté en l'obligeant à justifier l'injustifiable, Dorine, plus sérieusement s'attache à démontrer que Tartuffe n'a pas les qualités requises pour faire un bon mari : non seulement il est « bigot », mais surtout il est « gueux », il est sans fortune et sans situation sociale.

Il convient de remarquer que Dorine ne fait allusion à aucun moment au projet de mariage entre Mariane et Valère. Elle se place délibérément non du point de vue de la fille, mais du point de vue du père. C'est pourquoi elle insiste sur la mésalliance que constituerait une pareille union.

Un parasite bien né

Mais Orgon ne se laisse pas ébranler par les raisons qui d'ordinaire guident les pères soucieux de bien marier leurs filles. En cela il se situe à contre-courant des usages et des normes. Sa passion pour Tartuffe lui tient lieu de critère de valeurs. D'ailleurs, il précise aussitôt que Tartuffe *« est bien gentilhomme »*, c'est-à-dire noble. Orgon ajoute qu'il se propose d'aider son futur gendre à rentrer en possession des biens dont il aurait été spolié.

On est en droit de supposer que cette idée est le fruit d'un nouveau stratagème du parasite. Mais il peut s'agir tout aussi bien d'une initiative charitable d'Orgon. Il en va de même pour toutes les démarches de ce dernier en faveur de Tartuffe, auxquelles celui-ci n'a apparemment pas de part. On aborde ici un point central de l'interprétation de Tartuffe et de ses relations avec Orgon.

A propos de cette prétention à la noblesse, Dorine ne se fait pas faute de relever qu'elle est en contradiction avec l'humilité affichée par le dévot. Mais elle aurait pu adresser le même reproche à Orgon qui dans un même souffle se félicite de la misère et de la modestie de Tartuffe et le déclare « gentilhomme ».

La qualité de gentilhomme ne tenait, en effet, qu'à la naissance et ne pouvait être donnée par la charge ou la faveur du Roi. Ce n'est pas la seule fois où le comportement d'Orgon apparaît peu compatible avec la vraie dévotion. Dorine, peu après, le lui fera remarquer dans une répartie restée célèbre :

« Ah ! vous êtes dévot et vous vous emportez ? »

La revanche des femmes

Dorine évoque ensuite la menace du déshonneur et du scandale qui s'ensuivront pour la famille si Mariane, obligée d'épouser un homme qui n'est pas de son goût, le fait cocu. C'est l'un des rares passages où il est question du physique de Tartuffe. Dorine dit, en effet, à Orgon :

**« Parlons de sa personne, et laissons sa noblesse.
Ferez-vous possesseur sans quelque peu d'ennui,
D'une fille comme elle un homme comme lui ?
Et ne devez-vous pas songer aux bienséances,
Et de cette union prévoir les conséquences ?
Sachez que d'une fille on risque la vertu,
Lorsque dans son hymen son goût est combattu,
Que le dessein d'y vivre en honnête personne
Dépend des qualités du mari qu'on lui donne,
Et que ceux dont partout on montre du doigt le front**

> **Font leurs femmes souvent ce qu'on voit qu'elles sont.**
> **Il est bien difficile enfin d'être fidèle**
> **A de certains maris faits d'un certain modèle;**
> **Et qui donne à sa fille un homme qu'elle hait**
> **Est reponsable au Ciel des fautes qu'elle fait. »**

Dans la troupe de Molière, le rôle de Tartuffe avait été confié à du Croisy dont la complexion correspondait à la description que la même Dorine donnait du faux dévot à la scène 4 du premier acte :

> **« Gros et gras, le teint frais et la bouche vermeille. »**

Il est vrai que les indications données par Dorine dans la tirade qui précède restent vagues. On ne peut en retenir avec certitude qu'une évidente disparité entre Tartuffe et Mariane, mais il serait abusif d'en déduire que Tartuffe était vieux et laid.

L'important reste la répugnance de Mariane pour l'époux que son père veut lui donner.

Ce thème des mariages imposés et des unions mal assorties avait déjà été traité par Molière dans *L'Ecole des femmes*. Il le reprendra plus tard dans *Georges Dandin*.

Des maris et des cocus

Il faut rappeler à ce propos que Molière s'était marié le 23 janvier 1662 avec Armande Béjart, officiellement la sœur, mais plus probablement la fille de son ancienne maîtresse, Madeleine Béjart. La calomnie accusait l'auteur de *Tartuffe* d'avoir épousé sa propre fille.

Armande avait effectivement vingt ans de moins que lui. Est-ce un hasard si le mariage a eu lieu six mois après *L'Ecole des maris*, un mois à peine avant *L'Ecole des femmes*? Il est permis en tout cas de supposer que les préoccupations personnelles de Molière n'ont pas été étrangères au contenu de ces deux pièces.

Molière s'y élève contre les abus de l'autorité maritale et de l'autorité paternelle qui avaient cours à son époque.

Il soutenait que seules la tolérance et la confiance réciproque peuvent assurer le bonheur conjugal. Ainsi le vieil Ariste sera récompensé de sa douceur et de sa compréhension. En dépit de leur énorme différence d'âge, la jeune Léonor accepte de l'épouser. Il lui permet de mener une vie de plaisirs et de divertissements et de « fréquenter les belles compagnies »; aussi leur union s'annonce sous d'heureux auspices. En revanche, Sganarelle a sur l'éducation des filles les vues les plus rétrogrades. Il cloître sa pupille Isabelle qu'il veut forcer à l'épouser, mais celle-ci saura le berner et s'unir à celui qu'elle aime.

Le personnage de Sganarelle préfigure celui d'Arnolphe dans *L'Ecole des femmes*, qui enferme sa pupille Agnès dont il veut faire sa femme. En la tenant dans l'ignorance la plus totale, Arnolphe croit pouvoir éviter le sort de la plupart des maris : être cocu. Mais Agnès trouvera dans l'amour que lui inspire Horace, l'esprit nécessaire pour déjouer la surveillance de son tuteur.

Molière a toujours défendu les droits de la nature, des sens et du cœur, contre les fausses bienséances sociales et les intérêts de caste ou les arrangements hypocrites. Il revendique la liberté de choix face aux partisans d'une tradition autoritaire qu'il n'est pas difficile d'identifier aux positions adoptées par les dévots de la Compagnie du Saint-Sacrement.

La soumission aveugle qu'Orgon exige de sa fille s'apparente aux idées de Sganarelle et d'Arnolphe. Et quand Dorine déclare qu'*« une femme a toujours une vengeance prête »*, elle tient le même discours que Lisette, la suivante de Léonor qui, dans *L'Ecole des maris*, reconnaît aux femmes le droit de tromper leurs maris, quand ceux-ci se comportent en despotes :

> **« Et si par un mari je me voyais contrainte,**
> **J'aurais fort grande pente à confirmer sa crainte. »**

L'égocentrisme de la passion

Toutefois Orgon est mu avant tout par le désir de faire entrer Tartuffe dans sa famille et de s'unir à lui par des liens indissolubles. Mariane dans l'affaire n'est qu'un prête-nom, un intermédiaire obligé. Molière met ici à nu l'égocentrisme de la passion qui écarte d'emblée tous les obstacles qu'elle rencontre. C'est donc en toute bonne fois qu'Orgon vante à Mariane les joies pieuses du mariage avec Tartuffe.

Quand il aborde le sujet épineux de la parole donnée à Valère, il résout la difficulté sans état d'âme. Comme dans *Dom Juan*, le Ciel a réponse à tout; or le Ciel a choisi Tartuffe. Il n'y a donc pas d'hésitation possible entre ce saint homme et Valère, un libertin qui ne hante pas les églises :

> **« Enfin avec le Ciel l'autre est le mieux du monde,**
> **Et c'est une richesse à nulle autre seconde.**
> **Cet hymen de tous biens comblera vos désirs,**
> **Il sera tout confit en douceurs et plaisirs;**
> **Ensemble vous vivrez, dans vos ardeurs fidèles,**
> **Comme deux vrais enfants, comme deux tourterelles.**
> **A nul fâcheux débat jamais vous ne viendrez,**
> **Et vous ferez de lui tout ce que vous voudrez. »**

En dépit de certains commentateurs qui ont voulu voir absolument dans *Tartuffe* l'apologie de la vraie religion, il est difficile de ne pas déceler dans les insinuations doucereuses de ce passage, dans le choix des termes (« confit », « tourterelles ») et des intonations, une parodie qui ridiculise le discours dévot.

Orgon apparaît comme un croyant sincère mais contaminé par l'esprit du temps qui mêlait aisément la sensualité à la dévotion. Comme on l'aperçoit dans les peintures et les sculptures religieuses de cette époque, dans les Madeleine langoureuses et éplorées, les saint-Sébastien percés de flèches, une certaine complaisance voluptueuse n'était pas absente de cette propagande de la foi destinée à séduire autant qu'à « diriger » les âmes des fidèles.

Mais si cet aspect de la charge anticléricale désigne de toute évidence le laxisme encouragé par les jésuites, ordre « mondain », on ne peut manquer d'observer également dans le raisonnement une caricature des arguments tenus par les contempteurs du monde, pour inciter les pécheurs à fuir les tentations et à se retirer au « désert ». Pascal, ami des jansénistes, avec son fameux pari, a proposé une version attrayante de cette sorte de marché auquel Orgon fait allusion quand il présente Tartuffe comme un intercesseur précieux, dont « la richesse » est « *à nulle autre seconde* » puisqu'elle permet d'accéder aux joies éternelles.

La connotation satirique qui fait ici d'Orgon un personnage particulièrement ridicule, dans sa crédulité autant que dans son aplomb, est renforcée par un procédé emprunté à la farce.

Le mélange des genres

Molière a excellé dans tous les genres du théâtre comique qu'il a constamment menés de pair : farce, comédie de caractères et de mœurs, comédie-ballet... Dans une comédie sérieuse telle que *Tartuffe*, qui, souvent, est à la limite des genres et même touche au drame, il lui arrive, comme c'est le cas dans cette scène, de faire appel à des effets qui relèvent d'un comique de geste ou de situation pour mettre mieux en valeur la signification psychologique qu'il veut donner à la peinture de ses personnages.

Excédé par l'impertinence de sa servante, Orgon lui a ordonné le silence en menaçant de la battre. Il s'adresse à sa fille tout en ayant l'œil fixé sur Dorine qui ne peut s'empêcher de proférer des remarques à la fois insolentes et pleines de bon sens envers son maître. Elle répond donc à la place de Mariane qui se tait obstinément, ce qui redouble la colère impuissante d'Orgon, plus attentif aux réactions de la suivante qu'à celles de sa fille.

Il résulte de ce jeu de scène et de ces mimiques une vérité des caractères des trois personnages en présence, mais surtout de celui qui est au centre de l'action, Orgon. Tout en abusant de son autorité, le chef de famille démontre en même temps la réelle inconsistance de celle-ci. Le fait qu'un être subalterne et qui lui doit obéissance bafoue ses décisions et brave son pouvoir montre que ce pouvoir ne peut être pris au sérieux parce qu'il ne repose sur aucune légitimité morale, mais seulement sur le caprice et l'emploi arbitraire de la force.

Scène 3

La passivité de Mariane

Restée en tête à tête avec Mariane, Dorine lui reproche sa passivité. D'abord, elle chapitre Mariane et lui dicte sa conduite.

Pour l'inciter à la résistance, elle fait mine de douter de ses sentiments pour Valère :

« L'aimez-vous, je vous prie, ou ne l'aimez-vous pas ? »

Mariane proteste alors de son amour pour Valère. Mais elle considère également qu'il lui est impossible de désobéir à son père. Plutôt que d'épouser Tartuffe, elle préfère se donner la mort, mais elle se dit incapable d'agir. C'est à Valère d'intervenir. Pour sa part, elle en est empêchée par *« la pudeur du sexe »* et son *« devoir de fille »*. Cette dérobade porte à son comble l'irritation de Dorine que Mariane accuse de ne pas *« compatir aux déplaisirs des gens ».* Au lieu de plaindre Mariane, Dorine lui représente avec une ironie mordante les charmes et les avantages d'une union avec Tartuffe. Les supplications de Mariane, au lieu de l'apaiser, excitent sa verve. Ce nouveau développement va du vers 654 (*« Non, il faut qu'une fille obéisse à son père »*) au vers 674 (*»... Non, vous serez, ma foi tartuffiée. »*)

Finalement, touchée par le chagrin de Mariane qui, à nouveau, menace de mettre fin à ses jours, Dorine s'attendrit et s'emploie à la consoler et à la rassurer.

Le personnage de Dorine

Dans cette scène, comme dans la précédente, le personnage de Dorine prend une importance considérable par la force de contestation qu'elle exprime.

Même si dans les comédies antérieures, on trouvait des servantes ayant leur franc-parler, comme la Lisette de *L'Ecole des maris*, c'est avec Dorine que Molière dessine pour la première fois un caractère de femme du peuple de cette ampleur. Ce type de suivante, qui n'hésite pas à gronder son maître et à lui asséner des leçons de bon sens et de sagesse deviendra une marque spécifique du théâtre de Molière et mérite qu'on s'y arrête.

Il avait écrit ce rôle pour Madeleine Béjart qui, avec sa voix puissante de tragédienne devait déclamer ces longues tirades avec l'envolée nécessaire. Toutefois, il ne faut pas oublier que Molière détestait l'affectation et recherchait avant tout dans le jeu des acteurs la simplicité et le naturel. C'est ce que Louis Jouvet a le mérite de rappeler dans ses cours d'art dramatique où il analysait le personnage de Dorine en ces termes :

> **« Il ne faut pas que Dorine soit trop spirituelle. Le tort des servantes de Molière, ou plutôt des actrices qui les jouent, c'est qu'elles rajoutent de l'esprit. Elles lèvent le petit doigt, elles clignent de l'œil au parterre. Il y a ce côté très bête dans les soubrettes; alors que ce sont au contraire des *personnages pleins de cœur, pleins de bon sens, et très sains*, qui parlent comme parlent les gens de Molière, qu'on disait à cette époque "près de la nature". Ils ont une bonté et un bon sens qui viennent du cœur. Il ne faut pas faire d'esprit, c'est agaçant. Il faut dire cela avec tout son bon cœur, tout son bon sens. »**

La voix de la nature

Il serait très superficiel de ne voir en Dorine qu'une servante *« impertinente et forte en gueule »*, telle que la décrit Madame Pernelle dans la première scène du premier acte. Elle est beaucoup plus que cela. Dans cette famille bourgeoise en voie de désintégration, elle fait entendre la voix de la nature.

Il ne faut pas oublier, en effet, que Molière, en dépit de ses origines bourgeoises, n'écrivait pas pour les bourgeois, mais pour la Cour, pour les Seigneurs, pour le Roi. Il a, au contraire, tourné les bourgeois en dérision.

Dans son livre, *Morales du Grand Siècle*, Paul Bénichou a bien montré la fonction de cette satire de la bourgeoisie dans les comédies de Molière :

> **« La représentation caricaturale du bourgeois était de tradition dans la littérature comique. Le bourgeois fournissait à la comédie un type nettement délimité, avec ses défauts et ses ridicules : avarice, faiblesse de courage, jalousie, penchant, le plus souvent bafoué, à la tyrannie domestique, suffisance réjouissante, égoïsme et naïveté. Ce type, distinct à la fois de celui du gentilhomme ou plus généralement de l'homme de bonne compagnie et de celui du valet, a été utilisé très fréquemment par Molière depuis ses débuts et tient dans son théâtre une place considérable, la première peut-être. Le Sganarelle du *Cocu imaginaire*, celui de *L'Ecole des Maris*, Arnolphe, le Sganarelle encore du *Mariage forcé*, un dernier Sganarelle dans l'*Amour médecin*, Harpagon enfin, forment comme une longue lignée, à travers laquelle se retrouve, pour la plus grande confusion de la bourgeoisie, le même air de famille tour à tour rebutant ou burlesque, issu d'un mélange fondamental de passion possessive et de pusillanimité. »**

Le personnage d'Orgon déborde, il est vrai, ce cadre-là. Bien que l'on retrouve en lui aussi ce « mélange fondamental de passion possessive et de pusillanimité » dont fait état Bénichou, il est trop atypique pour qu'on le range strictement dans cette lignée. Mais par son attitude envers sa famille, en général, et sa fille, en particulier, il relève de ce que Bénichou appelle plus loin « l'esprit du propriétaire ».

C'est dans ce contexte que le personnage de Dorine prend tout son sens, en manifestant une supériorité naturelle en relation directe avec son infériorité sociale. Par sa vitalité, sa liberté de propos, sa franchise, et surtout sa clarté de jugement, Dorine ne tranche pas seulement sur Orgon, possédé, aveuglé par sa manie, mais elle se sépare nettement des autres membres de la famille.

La détestation de Tartuffe

Dans son explication de cette troisième scène, Jouvet insiste sur la détestation de Tartuffe qui anime Dorine. C'est, affirme-t-il, le principal mobile de son comportement.

On admettra en effet, avec Jouvet, que les moqueries qu'elle décoche à Mariane s'adressent surtout à Tartuffe. Elle ne peut supporter, comme le dit Jouvet, qu'on donne au faux dévot la fille de la maison.

Mais, au-delà des péripéties de l'intrigue, le personnage de Dorine a dans la pièce une fonction qui dépasse son action contre Tartuffe. On doit la situer plutôt par rapport à l'ensemble de la famille qu'elle sert que par rapport à l'intrus semeur de trouble. Celui-ci est, d'ailleurs, moins la cause de la discorde que le levain de ces passions bourgeoises. De même que Dorine s'opposait, dans la scène précédente, par sa santé morale, son sens des valeurs justes et simples, à Orgon dont par contraste elle mettait en évidence l'aveuglement burlesque, de même dans cette troisième scène, elle s'oppose à Mariane dont elle fait ressortir l'apathie, l'abandon aux circonstances, la sensiblerie inutile.

La signification du personnage de Dorine n'est donc pas anecdotique, pittoresque, mais centrale et structurelle, conformément au jeu des contraires par lequel Molière utilise les domestiques pour relever et corriger les travers de leurs maîtres. Si Dorine ne sait pas *« se tenir à sa place »* comme le lui reprochent Orgon et Madame Pernelle, c'est parce que sa personnalité la met dans la hiérarchie « naturelle », et non sociale, bien au-dessus de cette place.

Le sens des réalités

Le principal facteur par lequel Dorine se distingue d'Orgon et de Mariane dans ces deux scènes, c'est le sens des réalités. Le père et la fille se complaisent l'un et l'autre dans une représentation abstraite et factice qui n'est qu'un alibi de leur inertie et de leur égocentrisme.

Orgon croit avoir trouvé, grâce à Tartuffe, la sécurité morale. Il parle de la religion et du Ciel en termes de marché, avec la satisfaction d'un commerçant qui a réalisé une bonne affaire. Enfermé dans cette vision simpliste et rassurante qui lui donne bonne conscience, il fuit la réalité et refuse tout dialogue.

Bien que par sa timidité, Mariane semble différente de son père et de son frère Damis, sa douceur, comme leur violence, est au service du même irréalisme. Plutôt que de prendre ses responsabilités et d'affronter les situations difficiles de la vie, elle préfère se réfugier dans une délectation morose. Même son amour pour Valère, au lieu de mobiliser son énergie, ne l'incite qu'à s'apitoyer sur elle-même.

Tout son comportement témoigne du refus de mettre en question un ordre des choses injuste mais confortable car il sert de caution à l'immobilisme.

SCÈNE 4

La dernière scène du deuxième acte est une scène de dépit amoureux entre Mariane et Valère, sous le regard amusé de Dorine. Elle se divise en trois parties : le malentendu qui tourne vite à la mésentente, la brouille, enfin la réconciliation opérée par Dorine.

Le malentendu

Valère arrive, alarmé par la nouvelle du projet de mariage entre Mariane et Tartuffe. Un mot maladroit de Mariane va déclencher la querelle entre les amoureux. A la question de Valère sur ce qu'elle a l'intention de faire, elle répond : *« je ne sais »*, ce qui provoque la colère du jeune homme. Il lui conseille alors par dépit d'épouser Tartuffe, par dépit également, elle fait semblant de le prendre au mot.

La réponse de Mariane n'est pas aussi gratuite qu'elle le paraît. Elle traduit chez la jeune fille un état d'esprit qui a déjà provoqué, dans la scène précédente, l'irritation de Dorine. Mais l'attitude soupçonneuse de Valère en est aussi la cause. Dès son apparition il a laissé percer une méfiance qui jette un doute sur les intentions de sa fiancée. On peut supposer qu'en donnant la nouvelle comme un fait certain il a blessé la susceptibilité de Mariane.

On entre alors dans la spirale du dépit amoureux. Dorine se garde pour l'instant d'intervenir et attend avec curiosité l'issue de la dispute :

« Voyons ce qui pourra de ceci réussir. »

Le dépit amoureux

Le dépit amoureux est un thème souvent traité par Molière dont l'une des premières pièces porte ce titre. C'est un thème se rattachant à l'analyse d'un sentiment, la jalousie, qui a toujours été l'un des principaux ressorts du théâtre comique ou tragique, mais qui revêt une intensité particulière dans l'œuvre de Molière.

Dorine assiste à un duel verbal où chacun redouble de provocation et d'indifférence affectée vis-à-vis de l'autre.

Valère menace de se consoler auprès d'une autre femme. Mariane montre dans la discorde un entêtement qui contraste avec la docilité dont elle fait preuve envers son père. On devine alors dans son caractère une polarité extrême qui rappelle celle d'Orgon, la soumission et la douceur étant l'envers de l'orgueil et du désir de possession.

Finalement, après deux fausses sorties de Valère, Dorine rattrape le jeune homme pour éviter une rupture qui risquerait d'être irréparable.

La réconciliation

Dorine court de l'un à l'autre pour tenter de les réconcilier. Ils ne veulent d'abord rien entendre puis acceptent de se donner la main.

Ensuite Dorine dresse un plan de bataille pour empêcher ce *« fâcheux mariage »*. Elle conseille à Mariane d'essayer de gagner du temps par toutes sortes de subterfuges. Valère doit de son côté exiger d'Orgon le respect de la parole donnée. On remarque dans le discours de Dorine l'emploi répété du mot *« nous »* qui regroupe les adversaires de Tartuffe. L'espoir dans l'intervention d'Elmire annonce la manœuvre qui sera tentée à l'acte suivant.

A nouveau réunis, les amoureux ne peuvent plus se quitter. Dorine doit à présent insister pour qu'ils se séparent et quittent la scène chacun de son côté.

Cette dernière figure achève le pas de trois entre Dorine et les deux jeunes gens. L'art du théâtre fait appel ici aux ressources du ballet en jouant des symétries et des dissymétries entre les mouvements, en rythmant les alternances de coordination et de dissociation entre le geste et la parole.

La psychologie amoureuse

On a parfois reproché à cette scène sa gratuité. Sous son apparence épisodique, elle offre pourtant un raccourci de l'action dramatique tout entière dont elle réfléchit le sens dans une perspective en miroir. A aucun moment, on ne perd le sentiment qu'il s'agit d'un jeu sans conséquence, d'un badinage sans gravité, comme seul peut l'être le théâtre quand au lieu de se faire prendre pour la vie il réfléchit sa propre image. Ce jeu n'existe qu'à travers un double regard, celui de Dorine et celui du spectateur.

Pourtant, Dorine juge nécessaire de sortir de son rôle de témoin pour entrer dans l'action et dénouer d'autorité le piège des mots dans lesquels les amoureux se sont emmêlés. Le fond remonte vers la surface. Le drame affleure sous la comédie. Et le cercle vicieux de l'incompréhension réciproque reflète la fragilité fondamentale des relations humaines, ce qui, sous le thème de l'« imposture », est, peut-être, le vrai sujet de la pièce.

TROISIÈME ACTE

Scène 1

Damis, le fils d'Orgon, ayant appris le projet de mariage entre Mariane et Tartuffe, annonce à Dorine son intention de faire un esclandre et de mettre fin aux *« complots »* de l'imposteur. Dorine s'efforce de le calmer et de le raisonner. Elle lui démontre que ce n'est pas le bon moyen de s'y prendre. Mieux vaut laisser agir Elmire qui a une grande influence sur Tartuffe et pourra le convaincre de renoncer de lui-même à ce mariage. Damis déclare alors qu'il veut assister à l'entretien. Dorine essaie en vain de l'en dissuader.

Tel père, tel fils

Damis montre ici le même caractère impulsif, impatient et violent que son père. L'affrontement est donc inévitable entre ces deux natures également emportées. Le discours de Damis permet, comme dans un miroir, de mieux comprendre les ressorts de l'aveuglement d'Orgon. On y retrouve la même absence de jugement, le même égocentrisme. Exaspéré par ce qu'il considère comme une nouvelle traîtrise de Tartuffe, Damis se dit prêt à braver le pouvoir paternel :

> **« Que la foudre sur l'heure achève mes destins,**
> **Qu'on me traite partout du plus grand des faquins,**
> **S'il est aucun respect ni pouvoir qui m'arrête,**
> **Et si je ne fais pas quelque coup de ma tête ! »**

L'éclat du premier vers, l'allusion à *« la foudre »* de Jupiter, le pluriel de *« mes destins »* ne sont pas dénués d'intention parodique de la part de l'auteur.

La révolte du fils contre l'autorité du père s'exprime à travers la référence indirecte au chef des dieux. On remarquera la grandiloquence du propos qui marque le dépassement des limites, un débordement de fureur, mais aussi la certitude d'être dans son droit et de défendre son honneur. Le mot méprisant de «*faquin*» est significatif. Il était en usage pour désigner quelqu'un de servile. Au sens propre, un faquin est un valet. Mais il traduit surtout ce qu'il y a d'humiliant, d'indigne dans cette condition subalterne.

D'une part, Damis marque son intention d'officialiser le débat, de le mettre sur la place publique, de prendre l'opinion à témoin. D'autre part, on perçoit, à travers la suffisance du personnage, une volonté, chez ce fils de bourgeois, de singer les aristocrates.

On remarquera la répétition de l'adjectif possessif («*mes destin*», «*ma tête*») qui marque une certaine complaisance égotiste. Le dernier vers indique la conscience des conséquences possibles de ce *« coup »* qu'il prépare, mais aussi la volupté qu'il trouve dans cette bravade. On dirait que Damis se préoccupe moins du résultat de ses actes que du plaisir de se laisser aller à sa colère. Cette manière d'afficher son

« égo » sans se soucier des autres, cette prétention à plier les circonstances à sa volonté relèvent des mêmes traits de caractère que l'on trouve chez Orgon.

Le ridicule chez Molière provient toujours de l'excès, de la démesure, de ce que les Grecs appelaient l'« ubris ». Cet empire de la passion sur la raison est toujours une cause d'échec. Celui de Damis est déjà inscrit dans son attitude et dans ses paroles. La perspicace Dorine pressent tout de suite que le bouillant Damis risque de compromettre la réussite du plan qu'elle a conçu.

Elmire et Tartuffe

Pour convaincre Damis de se tenir tranquille, Dorine est amenée à lui dévoiler le projet d'intervention d'Elmire :

> **« Sur l'esprit de Tartuffe elle a quelque crédit;**
> **Il se rend complaisant à tout ce qu'elle dit,**
> **Et pourrait bien avoir douceur de cœur pour elle.**
> **Plût à Dieu qu'il fût vrai ! la chose serait belle. »**

Les propos de Dorine ont pour fonction de préparer les spectateurs à la scène suivante et achèvent le portrait de Tartuffe.

Dorine a deviné la vraie nature de l'intérêt que le faux dévot porte à Elmire. Il s'agit d'utiliser cette influence pour l'amener à renoncer à épouser Mariane. Les relations entre Elmire et Tartuffe sont donc le pivot de l'intrigue. Le chantage mutuel qui va s'ensuivre sera riche en rebondissements.

Cette description de Tartuffe est à mettre en rapport avec ce qui a déjà été dit de la sévérité avec laquelle il veille sur les fréquentations de l'épouse d'Orgon. Son rigorisme ne serait donc pas dicté par la dévotion mais par la jalousie et le désir de possession.

En tout cas, Dorine retient de cette observation le moyen de prendre l'hypocrite à son propre piège en exploitant son point faible.

En faisant miroiter à Damis la possibilité de démasquer Tartuffe, Dorine lui met, pour ainsi dire, l'eau à la bouche.

Mais elle-même envisage avec une délectation prématurée la défaite de leur ennemi.

On notera l'habileté avec laquelle la servante s'adresse à Damis pour le tenir à l'écart d'une entreprise qui, pour réussir, doit rester confidentielle. Tout en démontrant à Damis la nécessité du secret, Dorine flatte l'amour-propre de l'impétueux jeune homme. L'accent sur le « vous » met Damis au centre d'une affaire qui concerne d'abord et surtout sa sœur. Cet emploi du possessif répond à celui que l'on a constaté dans les paroles de Damis; il est destiné à confirmer chez ce présomptueux le sentiment de son importance afin de l'amadouer :

> **« Enfin votre intérêt l'oblige à le mander;**
> **Sur l'hymen qui vous trouble elle veut le sonder, »**

Mis dans la confidence, Damis refusera d'appliquer les conseils de Dorine. Il persiste à vouloir jouer un rôle. Il se cachera pour assister à l'entretien. En voulant le séduire pour le neutraliser, Dorine lui a suggéré involontairement un triomphe facile dont il pourrait avoir le mérite en se posant en justicier.

SCÈNE 2

L'ambiguïté de Tartuffe

Cette scène, dite « scène du mouchoir », est celle où Tartuffe fait sa première apparition. Ce retard n'est pas innocent, mais relève de la part de l'auteur d'une stratégie mûrement concertée. L'effet produit par l'entrée de Tartuffe est proportionnel à son absence pendant les deux actes d'exposition au cours desquels on n'a cessé d'entendre parler de lui sans le voir. L'attente a aiguisé l'intérêt du public pour ce personnage devenu familier tout en restant mystérieux. Loin, en effet, de répondre à la question que l'on se pose dès le début : « mais qui est Tartuffe ? », le déroulement de l'intrigue, en dépit des éclaircissements progressifs qu'il apporte, fait qu'on ne cesse, de plus en plus, de se la poser. Au lieu de se dissiper, l'inquiétante étrangeté qui enveloppe Tartuffe s'épaissit au fur et à mesure que le personnage semble se dévoiler. Cette ambiguïté n'est pas l'aspect le moins fascinant de la pièce.

Pourtant, Molière ne néglige aucun détail pour souligner l'ostentation avec laquelle Tartuffe étale sa piété. Dès les premiers mots que prononce le dévot, on est en pleine théâtralité. Pour ne rien laisser au hasard, l'auteur a, en effet, pris soin d'indiquer en tête de ces propos édifiants : « *Tartuffe, apercevant Dorine* ».

De ce fait, les paroles pleines de componction que le dévot adresse à son valet semblent plutôt destinées à la suivante qui l'attend pour lui transmettre le message d'Elmire :

> **« Laurent, serrez ma haire avec ma discipline,**
> **Et priez que toujours le Ciel vous illumine.**
> **Si l'on vient pour me voir, je vais aux prisonniers**
> **Des aumônes que j'ai partager les deniers. »**

On peut en déduire que, dès qu'il se sait observé, Tartuffe, aussitôt, en comédien consommé, compose son personnage. Ce jeu de scène ne porte pas seulement sur la duplicité de l'écornifleur, mais sur la fonction du « paraître » si importante à cette époque. La volonté de persuasion et de séduction qui s'y rattache concerne aussi bien une certaine pratique de la dévotion que l'illusion théâtrale.

La figure de Tartuffe devient alors emblématique d'une imposture qui ne se limite pas seulement aux données de l'intrigue. Imposture des signes qui s'ouvrent sur la pluralité des interprétations, imposture de l'apparence qui n'existe que par le regard d'autrui.

On relèvera, en outre, une certaine absence de liens logiques entre les parties de ce discours, notamment quand Tartuffe passe sans transition des allusions aux pratiques de macération à l'exhortation à la prière. On en retire une impression d'accumulation de pieux clichés qui renforce le caractère artificiel et « fabriqué » de cette homélie.

Dévotion et sensualité

En quelques mots, Tartuffe a condensé tout un précis de la vie dévote. La haire était un petit vêtement tissu de crin, que l'on mettait à même la peau pour se mortifier les sens. La discipline était un instrument de cordes nouées avec lequel on se flagellait pour prévenir les tentations charnelles ou pour s'en châtier. Il est vrai que les traités de dévotion mettaient en garde contre la possibilité d'effets inverses de ces flagellations qui risquaient d'exciter la sensualité au lieu de la brimer.

Le mot «*illuminer*» était un stéréotype du langage dévot; il se rapportait à une connaissance intuitive procurée par «*les lumières d'en haut*». Le croyant accédait par la prière à un savoir qui ne venait pas de la raison mais de la foi et qui ne pouvait être accordé que par la grâce céleste. C'est de ce savoir que le directeur de conscience prétendait être le détenteur.

Enfin, les aumônes aux prisonniers étaient une allusion à l'appartenance probable de Tartuffe à la Compagnie du Saint-Sacrement qui exigeait de ses membres l'aide spirituelle et matérielle aux détenus. On entre ici dans le domaine dit des «bonnes œuvres» qui supposait une charité démonstrative pour l'édification des foules et l'image de marque de la puissante confrérie.

Incapable de retenir son indignation devant ce qu'elle considère comme des simagrées hypocrites, Dorine s'exclame :

«Que d'affectation et de forfanterie!»

On retiendra ce dernier mot qui met l'accent sur l'arrogance de Tartuffe fondée sur la prétention d'avoir des relations privilégiées avec «*le Ciel*».

Tartuffe feint de ne pas avoir entendu les propos injurieux de Dorine; soucieux d'affirmer sa supériorité, il lui coupe la parole et lui administre, sur un ton apostolique, une leçon de pudeur. Tirant un mouchoir de sa poche il le tend à Dorine :

«... Couvrez ce sein que je ne saurais voir :
Par de pareils objets les âmes sont blessées,
Et cela fait venir de coupables pensées.»

Dans la deuxième scène du premier acte, Dorine avait déjà parlé d'un « mouchoir » que Tartuffe avait déchiré pour l'avoir trouvé entre les pages d'un livre saint. Il s'agissait de ce que l'on appelait « un mouchoir de cou », une parure féminine. A présent, Tartuffe lui tend un vulgaire mouchoir de poche.

Ce passage montre chez Tartuffe une grossièreté de manières qui s'oppose au raffinement et à la liberté de la vie de société que madame Pernelle reprochait à Elmire au premier acte. On peut l'interpréter soit comme un indice de l'origine plébéienne de Tartuffe, soit comme une marque de la rugosité que les dévots affectaient pour corriger les mœurs du temps.

En obligeant Dorine à « couvrir ce sein que je ne saurais voir », Tartuffe agissait conformément aux recommandations des prêtres qui menaient campagne contre les femmes et les filles trop décolletées. De nombreux membres du clergé s'élevaient contre cette « immodestie » qui incitait à la concupiscence. Certains allaient même jusqu'à conseiller de refuser l'absolution à celles qui portaient le sein découvert.

Dans sa réplique à Tartuffe, Dorine est comme toujours en avance sur les événements :

« Vous êtes donc bien tendre à la tentation. »

Tartuffe ne tardera pas à confirmer ce jugement en se livrant avec Elmire à des privautés incompatibles avec le rigorisme qu'il affiche ici. La contradiction entre le discours moraliste qu'il adresse à Dorine et les propositions qu'il fera à Elmire apparaîtra avant tout comme le signe évident de ce que Molière lui-même appelle son imposture.

Dès que Dorine lui demande un entretien avec sa maîtresse, elle constate un changement d'attitude qui vérifie ses soupçons. Le bon apôtre a du mal à dissimuler le contentement que lui cause l'idée de cet aparté. Il répond comme à regret, avec une résignation évangélique : « *Hélas ! très volontiers* ». Cependant, Tartuffe pourrait faire valoir que sa faiblesse devant les charmes de l'épouse d'Orgon justifiait sa crainte de la tentation et des « coupables pensées » qui viennent de « pareils objets ».

Au-delà d'une lecture simpliste, qui, à la limite, fait de Tartuffe un libertin camouflé sous le masque du dévot, comme le sera Dom Juan, il est permis d'entrevoir dans son comportement la traduction d'un rapport plus subtil et plus trouble entre la sensualité et la dévotion. Mais à travers l'antagonisme entre Tartuffe et Dorine, Molière abordait un sujet plus grave et plus général, celui de la notion même de péché.

Dans ce contexte la question de l'hypocrisie de Tartuffe devient secondaire. On assiste à l'affrontement entre deux conceptions de la vie. L'une, humaniste, centrée sur la confiance dans l'homme et dans la nature, l'autre, religieuse, fondée sur l'idée du mal qu'elle rattache à la dissociation entre l'âme et le corps. Les plaisirs des sens sont le principal objet de cette dichotomie. Ce qui est pour les « libertins » source de joie, d'équilibre vital, expression de santé physique et morale est pour les « dévots » synonyme de tentation diabolique, risque de damnation éternelle.

Scène 3

Cette scène est d'une importance cruciale pour la construction de l'intrigue aussi bien que pour la signification de la pièce. Sur les conseils de Dorine et par l'entremise de celle-ci, Elmire a demandé à Tartuffe *« un mot d'entretien »* en espérant user de son influence afin de le persuader de renoncer à Mariane.

On distingue quatre mouvements dans ce dialogue. D'abord, jusqu'au vers 896 inclus, un préambule dans lequel Tartuffe tout en restant fidèle à son image de dévot s'inquiète avec une sollicitude excessive de la santé d'Elmire.

On ne peut manquer de comparer les attentions de Tartuffe à l'indifférence dont Orgon avait fait preuve envers son épouse au premier acte, ce qui lui avait attiré les sarcasmes de Dorine.

On assiste ensuite, jusqu'au vers 933, aux vaines tentatives d'Elmire pour obtenir de Tartuffe des assurances sur le sujet qui la préoccupe. Au lieu de lui répondre, Tartuffe se livre à des avances de plus en plus audacieuses.

Cette partie, où chacun joue au plus fin avec l'autre, aboutit à la déclaration d'amour de Tartuffe en deux longues tirades qui mêlent bizarrement le discours dévot et l'expression de la passion. Ce moment culminant de la scène se situe du vers 933 au vers 1.000.

Elmire propose alors à son adorateur un marché : elle ne dira rien à son mari mais en revanche il exercera son influence sur Orgon pour presser *« l'union de Valère avecque Mariane »*. Mais Damis, surgissant de sa cachette, coupe brutalement la parole à sa belle-mère.

Le dévot amoureux

Au début, Tartuffe et Elmire font assaut d'amabilités. Les propos du dévot sont conformes à son personnage ; son humilité exagérée est bien dans le style ampoulé des cagots, qui est devenu pour lui une seconde nature. On perçoit toutefois un frémissement, une ardeur mal contenue qui perce maladroitement sous les compliments. Le désir de plaire lui inspire des redondances qui ne sont pas du meilleur goût :

> **« On ne peut trop chérir votre chère santé,**
> **Et pour la rétablir j'aurais donné la mienne. »**

Elmire répond avec esprit. Elle a intérêt à ménager un adversaire qui est en position de force. Mais parfois ses réparties laissent filtrer l'ironie.

> **« C'est pousser bien avant la charité chrétienne... ».**

Quand Tartuffe deviendra plus pressant, elle s'efforcera de le ramener sur le terrain de la dévotion et de lui rappeler l'image de sainteté qu'il s'est donnée et qu'il a tout intérêt à garder.

On sait grâce à Dorine que Tartuffe a *« douceur de cœur »* pour Elmire (vers 837). Il est donc compréhensible qu'il profite de l'occasion pour lui déclarer son amour. L'attitude de Tartuffe s'explique à la fois par le caractère confidentiel autant qu'inattendu de la démarche d'Elmire, renforcé par l'ambiguïté des propos qu'elle lui tient, soit pour l'amadouer, soit même pour le pousser à se démasquer.

Pour comprendre Tartuffe il faut se représenter ce que doit penser un amoureux qui depuis longtemps ronge son frein, quand il entend celle qu'il aime lui chuchoter en tête à tête, dans un rendez-vous secret, des confidences telles que :

> **« J'ai voulu vous parler d'une affaire,**
> **Et suis bien aise ici qu'aucun ne nous éclaire. »**

Ou encore :

> **« Pour moi, ce que je veux, c'est un mot d'entretien,**
> **Où tout votre cœur s'ouvre et ne me cache rien. »**

La méprise du dévot est donc naturelle ; la circonstance est trop favorable et répond trop à ses vœux les plus secrets pour qu'il réfrène ses sentiments. Il cède à une tendance qui est en chaque homme et qui consiste à prendre ses désirs pour des réalités. Il croit deviner sous les paroles volontairement ambiguës d'Elmire des sous-entendus pleins de promesses.

Quand Tartuffe s'exalte, se monte la tête et déclare peu à peu sa passion, il est sincère, il est *vrai*, parce qu'il est réellement épris d'Elmire.

S'il continue à invoquer le Ciel, ce n'est nullement par calcul ni par cynisme, mais par habitude de langage et de pensée. Ce bonheur qu'il a si souvent rêvé est soudain à sa portée par la grâce de celle-là même qui lui paraissait inaccessible. Comment ne se réjouirait-il pas de cette occasion inespérée que le Ciel ne lui avait jamais accordée *« jusqu'à cette heure »* ?

L'imposteur pris au piège

Cela nous oblige à revoir certaines idées préconçues sur Tartuffe, certains clichés qui ont encrassé la lecture de cette scène.

Il faut lire le texte. Que dit le texte ? Que dit Elmire ? Que dit Tartuffe ? C'est Elmire qui a pris l'initiative de cette rencontre. C'est Elmire qui provoque Tartuffe, qui l'invite à se confier.

Tartuffe le roué, Tartuffe le dévot, l'arriviste aux dents longues tellement rompu à la nécessité de mentir, de tromper, pour faire son chemin dans la vie, Tartuffe le joueur, Tartuffe le comédien que nous avons vu à l'œuvre dans la scène précédente, Tartuffe est ici pris au piège de sa passion pour Elmire, comme Dorine, l'instigatrice du complot, l'avait espéré au vers 840 :

« Plût à Dieu qu'il fût vrai ! la chose serait belle. »

Tartuffe ne se laisse aller à l'aveu de son amour que parce qu'il s'y croit autorisé par les confidences d'Elmire qui, de la part d'une femme mariée, pouvaient paraître d'une étonnante liberté. Or, quand il suggère sans équivoque les sentiments qui l'animent, Elmire, loin de l'arrêter, l'encourage à se livrer (vers 903-4).

Comme tous les amoureux qui soupirent en secret, Tartuffe est d'abord pressé de soulager son âme. Il veut dissiper un malentendu. Les tracasseries infligées à Elmire pour empêcher « *des visites qu'ici reçoivent vos attraits* » ne sont « *l'effet d'aucune haine* » mais « *d'un transport de zèle qui m'entraîne, et d'un pur mouvement* ... »

Comprenant très bien de quel « *transport de zèle* » et de quel « *pur mouvement* » Tartuffe veut parler, Elmire l'interrompt en faisant semblant d'attribuer cette sollicitude à des préoccupations spirituelles.

« [...] Je le prends bien aussi,
Et crois que mon salut vous donne ce souci. »

Le dialogue repose sur une double équivoque qui sera dissipée lorsque Tartuffe jettera le masque et déclarera ouvertement sa passion.

Les deux interlocuteurs ne poursuivent pas le même objectif, ce qui donne lieu à un plaisant quiproquo. L'ambiguïté entretenue par Elmire au début de la conversation encourage l'ardeur amoureuse de Tartuffe. Quand elle lui parle du sujet qui la préoccupe, il n'y prête pas attention. Il est tellement persuadé qu'Elmire a des arrière-pensées d'adultère qu'il cherche au contraire à la rassurer sur l'objet de ses désirs. Quand Elmire réussit enfin à l'interroger sur le projet d'Orgon de lui donner sa fille, il répond négligemment :

> **« Il m'en a dit deux mots ; mais, Madame, à vrai dire,**
> **Ce n'est pas le bonheur après quoi je soupire ;**
> **Et je vois autre part les merveilleux attraits**
> **De la félicité qui fait tous mes souhaits. »**

Cette réplique a une grande importance pour fixer l'interprétation du personnage de Tartuffe. Rien ne permet de douter de sa sincérité en la circonstance. Tout laisse supposer au contraire que ce projet est une initiative d'Orgon.

Quand l'entreprenant dévot, pressé de passer aux actes, joint les gestes à la parole, il continue à user d'un langage empli d'onction ecclésiastique pour désigner des pulsions dont la nature s'affirme de plus en plus clairement.

Il s'ensuit un contraste savoureux entre ces mots pieux constamment employés à double sens et les manœuvres sournoises et lubriques de Tartuffe pour s'assurer de la personne d'Elmire et assouvir sur elle sa concupiscence.

On assiste à un renversement assez piquant, puisque Tartuffe s'efforce de faire comprendre à Elmire que son image de dévot est pure frime, tandis que l'épouse d'Orgon prêche à son interlocuteur la retenue et la pudeur. Elle joue le rôle moralisateur qui doit revenir au directeur de conscience. On peut en juger d'après ce dialogue (vers 930 - 936) qui prélude à la tirade par laquelle Tartuffe déclare sa passion :

« ELMIRE

C'est que vous n'aimez rien des choses de la terre.

TARTUFFE

Mon sein n'enferme pas un cœur qui soit de pierre.

ELMIRE

Pour moi, je crois qu'au Ciel tendent tous vos soupirs,
Et que rien ici-bas n'arrête vos désirs.

TARTUFFE

L'amour qui nous attache aux beautés éternelles
N'étouffe pas en nous l'amour des temporelles ;
Nos sens facilement peuvent être charmés
Des ouvrages parfaits que le Ciel a formés. »

Désormais, Tartuffe va employer toute sa dialectique pour faire admettre la légitimité du désir des sens que, en tant que dévot, il fait profession de proscrire. On peut déceler dans ce passage une allusion moqueuse à la casuistique des jésuites.

La tentation charnelle

Il est clair que cette contradiction flagrante entre les principes religieux et moraux proclamés par Tartuffe et son attitude envers l'épouse de son bienfaiteur apparaît comme la principale preuve de son imposture.

Toutefois cette dualité donne précisément au personnage son humanité, sa complexité et sa profondeur. Le génie de Molière est de peindre, à travers la singularité ridicule ou abjecte d'un caractère, la nature humaine, dans ses contradictions, dans ses faiblesses.

Seul face à celle qu'il aime, peut-être, en tout cas qu'il désire passionnément, Tartuffe se dépouille de son masque et apparaît dans sa vérité, dans sa fragilité.

Certes, s'il se laisse ainsi aller, c'est parce qu'il se sent, dans une certaine mesure, sûr de lui, grâce à la protection d'Orgon. Mais il prend tout de même le risque de perdre le bénéfice de son long et patient travail de mystification. Car à partir de ce moment il ne joue plus. Il est sous l'emprise de la femme qu'il convoite. Ebloui par cette présence charnelle d'Elmire si proche, si désirable, il se montre pour la première fois tel qu'il est, dans sa sensualité et dans sa rustrerie.

Le décrivant au premier acte, Dorine montrait la gourmandise de Tartuffe et son absence de manières. C'est tout aussi goulûment qu'il fait la cour à Elmire, en la pelotant grossièrement et en la traitant comme un objet à conquérir. L'apôtre qui recommande l'abstinence et le renoncement au monde, apparaît comme un esclave de ses sens.

Mais dans cette avidité même apparaît tout ce qui le sépare de ce monde où il veut s'imposer, par la ruse et la tromperie. Tartuffe est un homme déclassé, de basse origine, un homme de ressentiment qui aspire à prendre sa revanche sur les possédants qui sont assez sots pour se laisser gruger.

Elmire le pousse dans ses derniers retranchements en lui renvoyant l'image exemplaire qu'il a jusqu'alors cherché à donner de lui-même. Avec malice, elle emprunte à Tartuffe la rhétorique dévote qu'il sert d'ordinaire aux autres et dont à présent il semble faire si peu de cas. Pourtant Tartuffe n'abandonne pas pour autant son lexique familier. Les mots de *« ferveur »* et de *« zèle »* par lesquels il exprime ses désirs érotiques sont des termes du langage dévot. Ils trouvent ici une application qui les détourne de leur sens habituel et leur confère une valeur parodique.

Tartuffe se démasque en affichant ouvertement et sans doute inconsciemment ce qui constitue le fondement de sa conduite, de son imposture : la dissociation systématique entre les paroles et les actes. En tenant à Elmire des propos apparemment édifiants, Tartuffe *« lui serre le bout des doigts »*, puis *« il lui met la main sur le genou »*, lorsqu'Elmire, effarouchée, *« recule sa chaise »*, aussitôt *« Tartuffe rapproche la sienne »*.

Elmire, en femme du monde, n'est sans doute pas habituée à tant de brutalité. Elle se protège en se référant à la spiritualité dont ce jouisseur, pressé de satisfaire sa sensualité, se réclame d'habitude. Tartuffe est alors obligé de se justifier mais en même temps de se dévoiler.

Discours galant et discours dévot

Pour répondre aux objections d'Elmire et essayer de la convaincre et de la séduire, Tartuffe s'efforce de prouver que l'amour qu'elle lui inspire n'est pas incompatible avec la religion et avec les impératifs de la foi. C'est pourquoi il mêle les tournures de la galanterie aux expressions du discours dévot.

Ce que l'on appelait galanterie, à cette époque, se rapportait aux relations amoureuses en dehors du mariage. La galanterie renvoie essentiellement à un art de plaire. Dans la littérature du XVIIe siècle on oppose souvent la galanterie au véritable amour. Ainsi, dans *La Princesse de Clèves*, l'héroïne renonce à épouser le duc de Nemours, à cause de la réputation de galanterie de celui-ci et parce qu'elle ne le croit pas capable de fidélité. Molière traitera ce sujet dans *Dom Juan* et dans *Le Misanthrope*. Alceste renoncera lui aussi à la coquette Célimène parce qu'elle ne peut se résoudre à abandonner ses habitudes de galanterie liées à la vie mondaine.

La question qui se pose ici est celle de la véritable nature de l'inclination que Tartuffe éprouve pour Elmire. La *« ferveur »* avec laquelle il déclare sa passion procède des élans du cœur autant que du désir physique.

On observe une progression à peine interrompue par une réplique d'Elmire qui, loin d'arrêter le séducteur, lui fournit de nouveaux arguments.

Galanterie et préciosité

Tartuffe veut démontrer que son amour pour Elmire n'est pas contraire à sa dévotion.

Dans un premier temps (vers 933 - vers 942), en plagiant le *Cantique des cantiques*, il développe l'idée que l'amour de la beauté, loin d'être un péché, est une forme de l'amour de Dieu. Ainsi en aimant Elmire, Tartuffe honore le Créateur qui s'est reflété dans sa créature :

> **« Et je n'ai pu vous voir, parfaite créature,**
> **Sans admirer en vous l'auteur de la nature,**
> **Et d'une ardente amour sentir mon cœur atteint,**
> **Au plus beau des portraits où lui-même il s'est peint. »**

Cet argument était un lieu commun de la rhétorique en usage dans la préciosité qui tendait à idéaliser l'objet aimé en voyant en lui le miroir de la perfection divine. Mais si la préciosité a fortement influencé le discours de la galanterie, elle a surtout cultivé un raffinement sentimental en opposant l'esprit et le cœur aux grossiers désirs des sens. Molière s'en était moqué dans *Les Précieuses ridicules*. Cet idéalisme platonicien apparaît en contradiction avec la sensualité grossière que Tartuffe vient de manifester en *« patinant »* le genou d'Elmire. Tout en voulant justifier les désirs que celle-ci lui inspire, il se trahit en mettant en évidence la dualité qui constitue le fond de son caractère.

Sublimation ou travestissement ?

On peut se demander si Tartuffe cherche à se mettre d'accord avec lui-même en sublimant sa sensualité en termes de spiritualité ou s'il veut donner le change en travestissant grâce à son expérience de la dévotion, l'expression de son appétit sexuel.

Il apparaît surtout soucieux à présent de se disculper du soupçon d'hypocrisie et il tâche de mettre en valeur la sincérité de ses sentiments amoureux.

Après avoir insisté sur la force irrésistible d'une passion imputable aux charmes tout-puissants qui l'inspirent, il retrace ensuite les péripéties de son conflit intérieur. Dans le couplet consacré à la beauté d'Elmire, il veut montrer que sa passion pour la créature est un hommage au Créateur :

> **« Il a sur votre face épanché des beautés**
> **Dont les yeux sont surpris et les cœurs transportés »**

Dans le premier hémistiche, l'accent est mis sur la difficulté de résister à la tentation qui agit toujours par *« surprise »*. On pourra rapprocher cette idée de la remontrance que Tartuffe adressait à Dorine à propos du *« sein que je ne saurais voir »*. C'est par les yeux et par surprise que le Malin insinue des *« pensées coupables »* pour perdre les pauvres pécheurs. Mais la fin du vers opère une étonnante conversion, car le pouvoir de la beauté, en *« transportant »* les cœurs, les élève vers le haut, vers le Ciel au lieu de les entraîner vers le bas, vers l'Enfer. Tel est le but que poursuit Tartuffe dans la seconde partie de sa tirade : montrer l'innocence sinon la sainteté de son amour pour Elmire présentée comme l'incarnation de la perfection divine.

En confiant ses doutes, ses prétendus déchirements, il veut persuader Elmire de l'authenticité de son amour, mais aussi la flatter en exprimant pour elle une véritable adoration.

Ainsi cette confession destinée à conjurer l'image de l'imposteur, du calculateur spécialiste du double jeu et du double langage, se transforme en prière à la Madone dont il attend le salut de son âme. Les deux plans antagonistes de l'érotisme et de la dévotion se sont rejoints.

Et il termine sur une invocation qui entremêle les accents de la galanterie et les termes réservés à l'expression de la piété :

> **« Mais j'attends en mes vœux tout de votre bonté,**
> **Et rien des vains efforts de mon infirmité;**
> **En vous est mon espoir, mon bien, ma quiétude,**
> **De vous dépend ma peine ou ma béatitude,**
> **Et je vais être enfin par votre seul arrêt,**
> **Heureux, si vous voulez, malheureux, s'il vous plaît. »**

Le droit des dévots à l'amour

Tartuffe s'adresse à Elmire comme à une puissance céleste. Il est d'usage chez les dévots de proclamer leur *« infirmité »* devant le Très Haut dont la Grâce seule peut les sauver. L'application à une femme que l'on désire sexuellement de mots d'une aussi forte connotation religieuse que *« mon bien », « ma quiétude », « ma béatitude »* est à la limite du blasphème. Le dernier vers sonne comme la pointe d'un discours amoureux. L'audace de ce détournement sémantique n'échappe pas à Elmire qui s'étonne d'entendre une déclaration aussi galante dans la bouche d'« *un dévot comme vous, et que partout on nomme...* »

Tartuffe répondra à cette accusation par un cri du cœur :

> **« Ah ! pour être dévot, je n'en suis pas moins homme. »**

Il développera ensuite deux autres arguments pour essayer de convaincre Elmire. D'abord, il décrit avec complaisance les efforts qu'il a déployés pour dominer sa passion : *« jeûnes, prières, larmes »*.

Le triomphe d'Elmire se traduit par une véritable substitution du sens et de la fonction de la « *dévotion* » qui ne s'applique plus à Dieu mais à la femme aimée. Alors qu'il cherchait à fuir ses yeux, inspirateurs de « *pensées coupables* », il glorifie à présent ses « *regards divins* ». Multipliant les hyperboles il s'humilie devant celle qu'il transfigure en Madone et il oppose sa propre faiblesse d'« *esclave indigne* », son « *néant* » à la « *splendeur plus qu'humaine* » de « *la souveraine* » de « *son intérieur* ». Il ajoute :

> **« J'aurai toujours pour vous, ô suave merveille,**
> **Une dévotion à nulle autre pareille. »**

La conversion du mal en bien est alors consommée. L'adjectif « *suave* » qui désigne une douceur délicieuse est un mot souvent employé dans la dévotion à la Vierge.

Ensuite, Tartuffe vante les avantages des dévots sur les galants de cour pour les femmes mariées qui désirent se livrer à l'adultère. Si elles choisissent des dévots pour amants, elles sont assurées de la discrétion qui gardera leur honneur sauf.

Ainsi, après avoir confondu discours dévot et discours galant, Tartuffe fait l'éloge du bon usage de la dévotion dans l'exercice des amours illicites.

Non seulement il ne renie nullement son appartenance à la secte, mais il la revendique doublement en montrant que loin d'être incompatible avec les plaisirs charnels, la dévotion les justifie sur le plan spirituel et les favorise sur le plan pratique.

Il ne parle plus en son nom propre, mais en s'identifiant à un « nous » collectif qui représente le parti dévot. Cette proclamation laisse percer l'intention satirique de l'auteur. Et Tartuffe termine sa plaidoirie sur un véritable slogan publicitaire :

> **« Et c'est en nous qu'on trouve, acceptant notre cœur,**
> **De l'amour sans scandale et du plaisir sans peur. »**

Elmire qui, peut-être, n'en attendait pas tant, menace Tartuffe de le dénoncer à son mari.

Tartuffe ne manifeste pas une trop grande inquiétude et se retranche derrière « *l'humaine faiblesse* ». Il montre ainsi la ligne de défense qu'il va adopter face à Orgon, dans la scène 6.

Il fait confiance à ce qu'il appelle « la bénignité » d'Elmire. Ce mot, qui n'est plus employé aujourd'hui, est l'antonyme de « malignité ». Il désigne une bonté qui pousse à l'indulgence envers les péchés d'autrui, la faculté de voir le bien et d'être incapable de causer du tort à quelqu'un.

D'ailleurs, Tartuffe invoque de nouveau, à sa décharge, la difficulté de résister à la tentation qui passe par les yeux :

> **« Et considérerez, en regardant votre air,**
> **Que l'on n'est pas aveugle, et qu'un homme est de chair. »**

On retrouve l'argument qui consiste à faire porter à la femme qui montre ses charmes la culpabilité des désirs qu'elle suscite.

On peut supposer que Tartuffe, en fin psychologue, mise surtout sur la crainte du « bruit », du scandale qui poussera l'épouse d'Orgon à la discrétion. En effet, Elmire propose aussitôt un marché : elle accepte de se taire à condition que Tartuffe exerce son influence sur Orgon pour hâter le mariage de Mariane avec Valère et renonce à « l'injuste pouvoir qui veut du bien d'un autre enrichir votre espoir ». Les termes par lesquels Elmire qualifie la décision d'Orgon montrent bien qu'en dépit de sa réserve elle n'en pense pas moins et juge sévèrement son mari.

Le dévot ayant tout intérêt, de son côté, à une conciliation, il est fort probable que cette démarche aurait résolu le conflit, ce qui aurait par là même achevé la pièce, si Damis, sautant comme un diable de sa cachette, n'était intervenu violemment pour le plus grand déplaisir de sa belle-mère.

Scène 4

Damis refuse de se satisfaire de cet accommodement. Il croit pourvoir profiter de la situation pour démasquer Tartuffe et le chasser.

On notera dans ses paroles l'expression de son égocentrisme marqué par la répétition insistante du *« je »* et du « moi ». Damis ne parle que de lui-même, il ne pense qu'à son intérêt et à sa vengeance.

Elmire incite Damis à la modération, mais celui-ci ne veut rien entendre. On remarquera que l'attitude d'Elmire est conforme à sa conception du monde et des relations humaines :

> **« Ce n'est pas mon humeur de faire des éclats :**
> **Une femme se rit de sottises pareilles,**
> **Et jamais d'un mari n'en trouble les oreilles. »**

Cette sagesse empreinte de tolérance se heurte à l'opposition de Damis qui ne veut en faire qu'à sa tête. On relèvera les arguments qu'il emploie pour justifier sa volonté d'ébruiter l'affaire. Damis est incapable de renoncer au plaisir de savourer sa revanche. Il écarte tout ce qui pourrait atténuer «*sa joie*». On retrouve dans son comportement tous les traits qui font de Damis le digne fils de son père : l'impulsivité, l'aveuglement, l'entêtement, la violence d'un orgueil impatient, le refus du dialogue, l'irréalisme.

Scènes 5 et 6

Dès qu'Orgon apparaît, Damis se précipite pour lui annoncer la trahison de Tartuffe. Il use d'abord du «*nous*» pour associer Elmire à son initiative. Puis, comprenant qu'elle refuse d'entrer dans son jeu, il parle pour son propre compte.

En dépit de son assurance, Damis perçoit vaguement qu'en agissant ainsi il se substitue à sa belle-mère. Damis prouve son absence totale de jugement et de psychologie en accusant Tartuffe avant même d'informer son père de la matérialité des faits.

Elmire, furieuse de l'insolence de son beau-fils, refuse de le soutenir et marque sa désapprobation dans des termes suffisamment flous pour laisser Orgon dans la plus grande perplexité. Puis elle se retire. Orgon se tourne alors vers Tartuffe pour lui demander des explications :

« Ce que je viens d'entendre, ô Ciel ! est-il croyable ? »

La foi et les faits

Déjà ce vers laisse présager la suite et donne à comprendre à Tartuffe que la partie est gagnée.

En invoquant le Ciel, Orgon signifie l'impossibilité de croire que le Ciel ait pu se tromper, puisque Tartuffe est à ses yeux l'envoyé du Ciel. Il est donc clair que, refusant de considérer les faits, Orgon ne voudra pas accréditer une version qui détruit toute sa vision du monde.

La dérobade d'Elmire étant propre à le faire douter des accusations maladroites de Damis, il est compréhensible qu'Orgon choisisse l'interprétation lui convenant le mieux. Les comportements du père et du fils sont absolument symétriques. Leur affrontement est le fruit du heurt des sentiments purs sans aucune intervention de l'esprit critique. Damis est persuadé que sa parole suffit pour être cru. Profitant d'une circonstance qui lui est favorable, il fait étalage de sa haine pour Tartuffe. Orgon ne retient donc que l'expression de cette haine.

Le père, de son côté, se laisse entièrement dominer par sa foi dans Tartuffe qu'il a, une fois pour toutes, identifié avec le Ciel. Chacun, en réalité, se laisse aveugler par son orgueil et sa conviction d'avoir raison, l'un dans sa haine, l'autre dans son amour.

Cette scène pose la question de l'interprétation et contient implicitement une réflexion sur l'acte théâtral : ce que l'on montre au théâtre n'existe pas en soi, mais par l'interprétation que chacun en donne en fonction de ce qu'il pense et de ce qu'il est.

Ainsi Damis se fonde sur la réalité des faits dont il a été témoin, qu'il a vus. Mais il est tellement certain de détenir la vérité qu'il ne cherche pas à la rendre crédible, à la faire comprendre et accepter par son père.

Orgon, de son côté, prisonnier de la logique de la passion, plaque sur cette même réalité une représentation favorable à ce qu'il a envie de croire et qui le porte à tenir toute information divergente comme *« incroyable »*.

L'important n'est pas dans la vérité objective qui reste insaisissable mais dans la projection de chaque sensibilité, de chaque conviction individuelle. Il en est de même avec le regard que les spectateurs portent sur les personnages et les événements qui constituent « l'illusion théâtrale ».

Fausse humilité de Tartuffe

Tartuffe a gardé jusque-là le silence. Il a assisté sans mot dire dans la scène précédente au désaccord entre Elmire et Damis, mais il a sans doute compris tout le parti qu'il pouvait en tirer. Connaissant la psychologie d'Orgon, il sait que le meilleur moyen de redresser la situation est de plaider coupable.

Alors il va s'accuser de tous les péchés, en général, ce qui va lui permettre d'éviter de se défendre contre celui qu'on lui reproche, en particulier.

La tactique adoptée par Tartuffe est conforme à la description que donne Pascal dans ses *Provinciales* de la confession revue et corrigée par les jésuites. *« C'est, »* dit-il, *« de faire une confession générale et de confondre le dernier péché avec les autres dont on s'accuse en gros. »* De la sorte le confesseur ne peut s'apercevoir du péché commis depuis la dernière confession.

Ainsi, Tartuffe ne commet aucun mensonge. Il a, en effet, *tout* avoué, en s'accablant de tous les vices qui pèsent sur l'humanité depuis le péché originel. Il est certain que cette scène, à travers le personnage de Tartuffe, vise des pratiques religieuses laxistes inspirées par la casuistique des jésuites. Ces perversions qui portaient atteinte à l'image de l'Eglise étaient aussi bien raillées par les libertins, que condamnées par des croyants soucieux de défendre la pureté de la vraie foi. En s'en prenant à ces aspects de la vie dévote, il faut admettre que Molière ne s'attaquait pas à la religion en tant que telle.

Un langage à double sens

Tartuffe est, d'autre part, un virtuose du langage à double sens. Tout en faisant semblant d'accepter les accusations de Damis, il les considère comme un moyen de mortifier son orgueil, comme une épreuve envoyée par le Ciel :

> **« Chaque instant de ma vie est chargé de souillures;**
> **Elle n'est qu'un amas de crimes et d'ordures;**
> **Et je vois que le Ciel, pour ma punition,**
> **Me veut mortifier en cette occasion.**
> **De quelque grand forfait qu'on me puisse reprendre,**
> **Je n'ai garde d'avoir l'orgueil de m'en défendre. »**

Tout en confirmant l'image d'humilité contrite à laquelle il s'est identifié une fois pour toutes dans l'esprit d'Orgon, il se donne même le luxe de dire la vérité sur lui-même de façon à faire passer cet aveu pour un excès de scrupule dû à sa très grande piété :

> **« Et je ne suis rien moins, hélas ! que ce qu'on pense ;**
> **Tout le monde me prend pour un homme de bien ;**
> **Mais la vérité pure est que je ne vaux rien. »**

Selon les indications de Molière, Tartuffe se prosterne devant Damis qui apparaît de plus en plus comme un calomniateur et l'injuste persécuteur du « *pauvre homme* ». D'abord agenouillé sur un genou, l'hypocrite se met ensuite à deux genoux ; cette exagération dans l'attitude accompagnant sans doute la gradation par laquelle il avoue son indignité (vers 1101-1102).

Orgon se jette alors à son tour à terre sur deux genoux. Quand la pitié pour Tartuffe se retournera en colère contre son fils, il se relèvera pour prendre un bâton afin de châtier et de chasser ce dernier. Ainsi, la comédie de Molière, après avoir côtoyé le drame psychologique, rebondit dans un mouvement de farce.

La colère d'Orgon

Cette scène met à nu les fibres par lesquelles Tartuffe tient Orgon. Il apparaît de plus en plus que la dévotion n'est que le prétexte d'un véritable conditionnement psychologique. Orgon est fasciné par celui qui flatte secrètement son orgueil et sa volonté d'affirmer sa supériorité. Ces sentiments peu avouables se dissimulent sous un alibi tout-puissant, la conviction de réparer les injustices dont est victime celui qu'Orgon prend pour un saint homme.

La fascination proche de l'envoûtement que Tartuffe exerce sur son bienfaiteur est due à la compassion qu'il a su lui inspirer. Certes, Orgon croit ainsi remplir le devoir de charité chrétienne. En réalité, Tartuffe vient combler un vide affectif et moral chez ce bourgeois, au fond mal dans sa peau, plein de ce que l'on appellerait aujourd'hui « des complexes » et qui a besoin de s'affirmer et de trouver un sens à sa vie. Le désir tout-puissant, excessif, disproportionné d'aider Tartuffe est chez Orgon non de l'ordre de la morale mais de l'ordre du plaisir, le plaisir de donner lié à la jouissance du pouvoir. Quand Orgon, dans sa colère contre Damis, extériorise les motifs qui l'animent, il montre l'une des clés de son comportement :

> **« Et je vais me hâter de lui donner ma fille,**
> **Pour confondre l'orgueil de toute ma famille...**
> **[...]**
>
> **Ah ! je vous brave tous, et vous ferai connaître**
> **Qu'il faut qu'on m'obéisse et que je suis le maître. »**

La colère d'Orgon va le pousser à maudire et à rejeter son fils, à donner sa fille à Tartuffe et à déposséder toute sa famille, à se déposséder lui-même au profit de celui que son imagination lui peint comme une victime innocente de la méchanceté humaine.

La conduite d'Orgon est celle d'un homme dominé par la passion, une passion si excessive qu'elle s'apparente à la folie. Or, cette passion n'est pas celle de la charité, de la générosité même mal placée, mais celle du pouvoir. Orgon est possédé par la volupté d'exercer un pouvoir fondé non sur la raison mais sur le caprice. Ce n'est qu'une forme outrancière d'individualisme, de délectation de soi, de la soif de jouir de sa volonté, de faire peser cette volonté sur ceux qui dépendent de lui.

Le paradoxe, chez Orgon, vient de ce que cette idée fixe qui l'aveugle, qui le prive de son jugement, n'est pas causée par le vice, mais par la vertu. Tartuffe a su exploiter cette passion pour la vertu. Pour cela, il n'a même pas à se compromettre. Il lui suffit de laisser Orgon agir et de recevoir des faveurs qu'il ne se donne même pas la peine de solliciter.

Apparemment, Tartuffe est irréprochable. A aucun moment on ne le voit quémander, intriguer, manœuvrer pour s'approprier le bien d'Orgon, pour épouser Mariane. On ne le voit et on ne l'entend se manifester qu'à deux reprises, lorsqu'il fait la cour à Elmire, c'est-à-dire lorsqu'il prend le risque de tout perdre. Ce comportement n'est pas le fait d'un homme seulement cupide.

La manie d'Orgon

Louis Jouvet dans ses cours d'art dramatique a, je crois, assez justement analysé les relations entre Orgon et Tartuffe :

> **« *Tartuffe* »**, dit-il à ses élèves, **« *est un aigrefin, un écornifleur* (comme dit Jules Renard), qui s'est dit : Vraiment**

> **cet homme, Orgon, est trop bon; il veut être vertueux, il veut le bien; quand un homme a une manie à ce degré-là, on peut certainement l'avoir; *l'aveuglement d'un homme qui a une manie*, celle des timbres-poste ou des autographes, est tel que, lorsqu'on flatte adroitement sa manie, à un moment donné, il ne résiste plus; on lui fait tout croire. *C'est tout le théâtre de Molière : des gens aveuglés par la passion. Dans l'aveuglement de leur passion, leur bon sens s'en va.***
>
> **Tartuffe a aperçu Orgon dans une église. Orgon a vu Tartuffe dans une telle misère, dans une telle modestie, qu'il a été touché. Il a amené Tartuffe chez lui. Celui-ci a commencé par bien manger. Puis, Orgon, continuant son apostolat, s'est dit : il n'y a qu'une solution pour cet homme-là, il n'y a qu'une solution pour ma fille, c'est qu'ils s'épousent; parce qu'alors ils seront près du ciel; moi aussi; nous serons dans une atmosphère de sainteté. De même qu'Argan veut que sa fille épouse un médecin *pour être dans l'atmosphère de sa passion.* »**

Il s'ensuit non une démystification d'Orgon, non une démystification de Tartuffe, non une leçon sur le danger pour un homme pur, désintéressé, vertueux, de se laisser gruger par un coquin, il ne s'ensuit même pas une démystification de la dévotion, ni de la religion, mais une *démystification de la morale*.

Il s'ensuit également la plus profonde leçon de théâtre que l'on ait jamais donnée. Car Tartuffe agit exactement comme un homme de théâtre, comme un illusionniste.

Orgon n'est pas vertueux, il a la passion de la vertu. L'objet de la passion n'a plus aucune importance, que ce soit la sainteté, la médecine, les honneurs nobiliaires ou une vulgaire cassette.

Molière nous transporte au-delà des catégories du bien et du mal.

Il nous montre que par passion pour le bien on risque d'agir de la façon la plus immorale, la plus injuste qui soit. On retrouvera cet anéantissement du bon sens par la passion chez les personnages de Balzac.

Scène 7

Un comédien consommé

Tartuffe va exploiter son avantage. Il comprend qu'il est de son intérêt d'aller jusqu'au bout. On remarquera cette habileté du comédien consommé, apte à se dominer et à changer d'attitude au gré des situations. Cette promptitude de jugement et ce sang-froid contrastent avec les réactions purement émotives d'Orgon et de Damis incapables de prendre du recul.

Dès que Damis a été chassé par Orgon, l'hypocrite quitte le masque du pécheur universel pour se poser ouvertement en victime de la calomnie. En attribuant à un complot familial des accusations destinées à le «*noircir*» aux yeux d'Orgon, non seulement il achève de persuader celui-ci de son innocence, mais il le contraint à prendre une décision pour résoudre un conflit entré désormais dans sa phase aiguë.

Il est évident qu'après le scandale dont il a été la cause, les choses ne peuvent plus continuer comme avant. Feignant des scrupules inspirés par sa noblesse et sa délicatesse, Tartuffe fait une fausse sortie.

En évoquant l'éventualité de son départ, il plonge Orgon dans le désarroi des passionnés prêts à tout quand ils se voient menacés de perdre l'objet de leur passion.

Le jeu de Tartuffe est tout à fait limpide. Il sait qu'en mettant Damis hors de combat il n'a défait que le moins dangereux de ses adversaires.

Il doit à présent se mesurer à Elmire qui n'a pas encore dit son dernier mot. Or, son objectif est de concilier les intérêts de son ambition et ceux de sa passion : affermir sa position dans la maison d'Orgon pour continuer à voir et à désirer Elmire en espérant la posséder un jour.

Un chantage décisif

Tartuffe adopte avec succès la tactique du rigaudon : à chaque pas qu'il fait en arrière, il amène Orgon à faire un pas en avant.

Il procède ainsi à un plaisant renversement de situation. Non seulement il s'est complètement blanchi des soupçons que l'on a voulu jeter sur sa foi, mais il oblige Orgon à lui donner des preuves de sa confiance.

On remarquera dans ce raisonnement l'emploi du verbe «*surprendre*» dont Tartuffe avait déjà fait usage quand il parlait des yeux «*surpris*» par les beautés d'Elmire. Il s'en sert, à présent, pour se prémunir contre une influence qui pourrait lui nuire :

> **« [...] Ah ! mon frère, une femme**
> **Aisément d'un mari peut bien surprendre l'âme. »**

Le casuiste prouve ainsi son habileté à adapter ses arguments aux besoins de la cause. La «*surprise*» à laquelle il fait allusion est, bien entendu, celle de la tentation à laquelle la chair est toujours prête à céder. Alors qu'en sublimant, en divinisant quasiment la beauté d'Elmire, Tartuffe voulait justifier les désirs qu'elle lui inspirait, ici, il associe cette «*surprise*» à l'idée de péché.

Ce qu'il présente comme légitime pour l'amant, devient illicite pour le mari. D'autre part, Tartuffe reprend ici son discours habituel consistant à opposer les plaisirs des sens au salut de l'âme.

Il s'y prend si bien qu'Orgon doit le supplier pour le garder chez lui :

> **« Non, vous demeurerez : il y a va de ma vie. »**

Le retors poursuit un jeu qui lui réussit si bien :

> **« Hé ! bien, il faudra donc que je me mortifie... »**

Les mortifications étaient l'une des pratiques en usage chez les dévots pour se prémunir contre le péché de chair. On se mortifiait par le jeûne ou les flagellations. Cette « mortification » à laquelle Tartuffe fait allusion ici consiste à vivre grassement et confortablement dans la maison d'Orgon et à y contempler les charmes d'Elmire ! Dans l'un de ses placets au Roi, Molière s'était référé à une situation analogue présentée dans une pièce jouée par la troupe des Italiens, *Scaramouche ermite*. On y voyait un ermite vêtu en moine qui, la nuit, montait par une échelle à la fenêtre d'une femme mariée, tout en disant : « *Ceci est pour mortifier ma chair.* »

Molière va plus loin : cette « mortification » sera imposée à Tartuffe par le mari lui-même dont « *l'entêtement* » aboutit à une décision si extrême qu'elle dépassait peut-être les espérances de l'imposteur.

Comme ce dernier manifestait à l'égard d'Elmire des scrupules qui montraient sa grande délicatesse, Orgon le rassure entièrement :

> **« Non, en dépit de tous, vous la fréquenterez,**
> **Faire enrager le monde est ma plus grande joie,**
> **Et je veux qu'à toute heure avec elle on vous voie.**
> **Ce n'est pas tout encore : pour les mieux braver tous,**
> **Je ne veux point avoir d'autre héritier que vous,**
> **Et je vais de ce pas, en fort bonne manière,**
> **Vous faire de mon bien donation entière.**
> **Un bon et franc ami, que pour gendre je prends,**
> **M'est bien plus cher que fils, que femme, et que parents.**
> **N'accepterez-vous pas ce que je vous propose ? »**

Ce passage contient une allusion parodique et irrespectueuse aux Evangiles où le Christ dit expressément à ses disciples que pour le suivre ils doivent renoncer à tous les biens de ce monde et aux êtres qui leur sont les plus chers. Mettant en pratique la foi aveugle exigée par les Ecritures, Orgon investit Tartuffe des pouvoirs qui devraient être ceux de Dieu seul, du Dieu fait homme et acceptant les pires « mortifications » pour le salut de l'humanité. Dans sa réponse, Tartuffe montre qu'il est parfaitement conscient de cet hommage car il reprend à son compte les paroles du Christ au Jardin des Oliviers :

> **« La volonté du Ciel soit faite en toute chose. »**

Cela confirme l'esprit libertin que les dévots reprochaient à la pièce.

Même en faisant la part du grossissement théâtral, il faut reconnaître que dans cette scène, Molière est plus proche de Voltaire que de Pascal ou de Bossuet.

QUATRIÈME ACTE

Scène 1

Tartufferie

Cette scène convient parfaitement pour illustrer le néologisme formé sur le nom de Tartuffe et désignant la nuance particulière d'hypocrisie qui reste attachée au personnage inventé par Molière. Cléante aborde Tartuffe pour essayer de le convaincre de pratiquer le pardon chrétien des offenses et de réconcilier le fils et le père. Il le met au défi de prouver sa bonne foi par ses actes. S'il est aussi vertueux qu'il s'en donne l'air, il doit réparer l'injustice dont il a été la cause, même, ajoute Cléante avec tact, si l'on admet que Damis l'a accusé à tort.

Le beau-frère d'Orgon précise que cette affaire nuit gravement à la réputation de Tartuffe :

« Oui, tout le monde en parle, et vous pouvez m'en croire, »

Le dévot répond avec aplomb que c'est précisément sa réputation qui lui interdit de se raccommoder publiquement avec quelqu'un qui l'a calomnié. Si Damis rentre dans la maison d'Orgon, c'est à Tartuffe d'en sortir et il montre clairement qu'il n'en a nullement l'intention.

Tartuffe fournit de nouveau la preuve de son habileté polémique et de son esprit de répartie. Il répond à l'objection de Cléante presque mot pour mot :

« Dieu sait ce que d'abord tout le monde en croirait ! »

A tous les arguments de bon sens que lui oppose Cléante, Tartuffe réplique en invoquant l'intérêt du Ciel. On retrouvera cette même tactique chez Dom Juan.

Il refuse également de renoncer à la donation qui dépouille une famille car ces biens pourraient tomber dans des mains qui en feraient un mauvais usage.

Cléante hausse le ton au fur et à mesure que la mauvaise foi de l'imposteur se fait de plus en plus évidente. Il développe une argumentation dont la progression logique amène peu à peu son interlocuteur à se dévoiler. Quand le beau-frère d'Orgon fait valoir que la véritable charité chrétienne et l'intérêt du Ciel commanderaient qu'il se retirât pour permettre au fils de la maison de retrouver son père et son héritage, Tartuffe préfère ne pas répondre et coupe court à la conversation : il est trois heures et demie; il doit courir aux vêpres.

L'attitude de Tartuffe lors de cette discussion est triplement révélatrice de son caractère et de sa mentalité.

D'abord, le cynisme dont il fait preuve avec Cléante contraste avec la feinte humilité qu'il affichait devant Orgon. La comparaison avec le langage qu'il tient dans les deux scènes précédentes confirme ses talents de comédien et de caméléon.

Ensuite, son refus d'entrer dans les considérations de Cléante traduit son âpreté et son réalisme. Tartuffe appartient à l'espèce d'hommes froids et calculateurs qui se laissent d'autant moins émouvoir par les beaux sentiments qu'ils ont appris à s'en servir pour tromper les naïfs et arriver à leurs fins. Cette dureté qui sent sa plèbe transparaît sous l'onction ecclésiastique. Le dévot use et abuse de la référence au Ciel pour cautionner un comportement immoral aussi bien par rapport aux lois du monde, qu'aux préceptes de la religion.

Enfin, l'impertinente brutalité avec laquelle il quitte Cléante est une allusion de Molière à un traitement analogue que le comédien eut à subir de la part du président Lamoignon, membre de la Compagnie du Saint-Sacrement. A travers l'insolence du parvenu, l'auteur de *Tartuffe* voulait sans doute dénoncer l'arrogance de ces hommes de pouvoir désireux d'imposer à la société, au nom de la religion, un ordre moral hypocrite.

L'homme d'esprit et l'homme d'Eglise

Cette discussion met aux prises deux comportements, celui d'un homme d'esprit et celui d'un homme d'Eglise. Même s'il peut paraître abusif d'appeler Tartuffe un homme d'Eglise, car Molière ne donne pas beaucoup de précisions sur son véritable état, il est certain que son affectation d'une grande piété l'apparente à cette catégorie de directeurs de conscience qui, bien que laïques, singeaient les prêtres en leur empruntant leurs manières, leurs habitudes et leur langage.

En face de ce bigot qui n'a que le Ciel à la bouche et qui couvre ses turpitudes sous des « mortifications » ostentatoires, Molière donne la parole à un homme d'esprit qui ne juge pas les gens ni les faits selon un formalisme rigide et austère mais d'après des principes moraux inspirés par la nature et la raison. Cléante représente dans la pièce l'honnête homme au sens que l'on donnait à ce mot au XVIIe siècle.

Jouvet a fort pertinemment défini ce personnage quand il le présente comme « *un type qui a de l'esprit, un ton léger, quelque chose de frondeur, de voltairien déjà* ». Il rappelle ensuite que Cléante appartient dans le théâtre de Molière à la catégorie des « raisonneurs » et il précise ce qu'il faut entendre par là :

> **« Cléante est un des personnages les plus spirituels de la pièce. Un raisonneur n'est justement pas quelqu'un qui raisonne, c'est quelqu'un qui dit ce qu'il a à dire dans une certaine humeur. [...] Cléante est au milieu d'une maison peuplée de fous. Les gosses sont fous parce qu'ils sont amoureux, Tartuffe est un salopard, Orgon n'est pas dans son bon sens, avec sa passion pour Tartuffe, Mme Pernelle de même; il n'y a que Dorine qui soit calme, et Cléante qui, au milieu de tous ces gens, regarde, et dit des choses de bon sens; mais ce n'est pas un sinistre bonhomme qui raisonne, c'est un type plein d'esprit. »**

Scène 2

Le désespoir de Mariane

Cette scène très courte est constituée par un bref récit de Dorine en présence d'Elmire, de Mariane et de Cléante qui vient d'arriver. La servante s'adresse à ce dernier pour l'informer que le mariage entre Mariane et Tartuffe doit être «*conclu pour ce soir*». Dorine décrit l'état de la jeune fille dans des termes pathétiques : «*son âme souffre une douleur mortelle*», l'approche du moment fatal «*la fait, à tous moments entrer en désespoir*». Ce mot de «désespoir» était alors presque synonyme de «suicide». Il désignait un état d'esprit suicidaire. La menace agitée par Mariane au deuxième acte se confirme et cette fois elle est prise au sérieux par Dorine qui conjure Cléante d'intervenir en faveur de la malheureuse.

SCÈNE 3

Entêtement d'Orgon

Orgon apparaît. Il apporte le contrat. Mariane le supplie de ne pas donner suite à un projet qui la désespère. Elle préfère entrer au couvent plutôt que d'être l'épouse de Tartuffe. La douleur visible et sincère de sa fille attendrit d'abord Orgon, puis il se ressaisit et fait une fois de plus preuve d'autorité. Il puise dans sa dévotion une réponse appropriée. Mariane aura d'autant plus de mérite à accepter ce mariage qu'il lui répugne. En «*mortifiant*» ses sens par cette union, elle gagnera plus facilement le chemin du Ciel.

On trouve ici une nouvelle application de la «mortification» chère à Tartuffe dont Orgon se montre le fidèle disciple.

Le chef de famille joint dans cette scène l'odieux au ridicule. Furieux de la résistance qu'il rencontre de la part des siens dans sa passion pour Tartuffe il est intraitable et rabroue successivement Dorine et Cléante dès que ceux-ci tentent de prendre la parole.

Il faut relever dans ce passage un ton sérieux qui annonce le drame sentimental et bourgeois du XVIIIe siècle, ce qui peut surprendre dans une comédie où domine souvent le ton de la farce. Ces changements de registre sont l'une des principales caractéristiques de la pièce.

Le chagrin et le malheur de Mariane suscitent la pitié et font ressortir toute l'ampleur des méfaits de Tartuffe. En concevant cette figure sinistre, devenue un véritable symbole du Mal, Molière ne cherche pas à faire rire mais à peindre les noirceurs de l'âme humaine. Bien qu'il ait dit que la grande règle du théâtre était de plaire, il a tiré la comédie de sa fonction de divertissement pour la mettre au service de la connaissance psychologique.

Mais Tartuffe n'est pas seul en cause. L'exemple d'Orgon montre que la bêtise n'est pas moins dangereuse que la méchanceté. Plus encore que l'hypocrisie de Tartuffe qui, après tout, ne met pas en cause la religion en tant que telle, puisque ce personnage est présenté dès le titre comme un imposteur, l'inhumanité d'Orgon apparaît comme la conséquence du fanatisme dévot.

Certes, il faut faire la part du caractère excessif que Molière prête au personnage. Mais il est clair que «*l'injuste pouvoir*» stigmatisé par Elmire au vers 1019 du troisième acte est lié à la passion de la vertu, à la soif de sainteté qui se sont emparées de l'âme d'Orgon. Un amour exagéré du bien obscurcit le jugement, étouffe la sensibilité de celui qui l'éprouve et engendre une véritable aliénation en enfermant le dévot dans une sorte de passion abstraite éloignée de la vie et des êtres humains. Qui veut faire l'ange fait la bête.

La revanche d'Elmire

Elmire, restée discrète lors de l'éclat de Damis, se décide enfin à intervenir parce qu'elle comprend que c'est le seul moyen de sauver Mariane. Avec la modération qui la caractérise, elle reproche à son mari son «aveuglement» et, pour la première fois, accuse Tartuffe d'avoir voulu la séduire.

Orgon a beau jeu de douter de cet aveu tardif. Il s'étonne de la réserve qu'Elmire a gardée jusque-là : elle s'est tue pour ne pas désavouer Damis, mais si la version de celui-ci avait été la vraie, elle aurait été autrement émue.

Elmire se livre alors à une justification de son attitude qui, au-delà de l'incident avec Tartuffe, révèle toute une philosophie de la vie à l'opposé de celle d'Orgon.

On comprend, sous cette profession de foi de tolérance mondaine, tout ce qui sépare les deux époux. Elmire se montre, dans cette tirade, femme d'esprit et digne sœur de son frère Cléante dont elle partage la mesure et la sagesse lucide. Elle s'élève contre une pruderie d'autant plus affectée qu'elle est plus hypocrite :

« Je veux une vertu qui ne soit point diablesse... »

Comme Orgon refuse de se laisser convaincre, Elmire lui lance un défi : puisqu'il ne croit pas à la tentative d'adultère dont elle a été l'objet de la part de Tartuffe, elle lui propose de mettre celui-ci à l'épreuve. Orgon assistera en cachette à l'entretien secret auquel elle veut convier le dévot.

Orgon se dit persuadé de l'inutilité de l'entreprise, tellement il est certain de l'innocence du saint homme, victime d'un coup monté par Damis avec la complicité passive d'Elmire.

Pourtant, il prend sa femme au mot. En dépit des craintes de Dorine, Elmire est optimiste sur la réussite de son entreprise car, dit-elle,

**« ... on est aisément dupé par ce qu'on aime,
Et l'amour-propre engage à se tromper soi-même ».**

Scène 4

Cette scène réintroduit le climat de la farce et apporte une détente après la tension et la gravité de la scène précédente. Elmire demande à Orgon de se mettre sous la table. Elle prend sa revanche sur son mari en le plaçant dans une situation grotesque. C'est un châtiment bien mérité pour le tyran familial.

Lorsque son mari est sous la table, Elmire lui dicte la règle du jeu. Pour amener Tartuffe à se démasquer, elle devra cette fois prendre l'initiative des opérations. Si elle expose son honneur en se mettant à la merci de Tartuffe c'est parce qu'Orgon l'y a « *réduite* » en l'obligeant à recourir à ce procédé pour le désabuser. Il ne devra donc point s'offusquer des libertés qu'elle prendra avec Tartuffe pour « *flatter de son amour les désirs effrontés* ». Et elle précise un point capital pour la suite des événements :

> **« J'aurai lieu de cesser dès que vous vous rendrez,**
> **Et les choses n'iront que jusqu'où vous voudrez.**
> **C'est à vous d'arrêter son ardeur insensée,**
> **Quand vous croirez l'affaire assez avant poussée. »**

Elle laisse Orgon maître de la situation : il interviendra quand il jugera qu'il en aura assez entendu.

La leçon de l'histoire est que la partie est trop inégale entre l'honnêteté et l'hypocrisie. Pour démasquer un hypocrite on est obligé de le battre avec ses propres armes.

Telle est l'irrésistible contagion du mensonge. Tel est aussi le paradoxe du comédien et de l'illusion théâtrale : seul le faux semblant permet de découvrir la vérité.

Scène 5

Cette scène cruciale est parallèle à la scène 3 du troisième acte. La situation est analogue. Orgon a pris la place de Damis, mais les rôles sont inversés : Elmire fait les avances, Tartuffe est sur la défensive.

Les artifices d'Elmire

D'emblée Elmire veut mettre Tartuffe en confiance. Elle l'invite à s'assurer qu'ils sont bien seuls et que personne ne les écoute pour éviter « *une affaire pareille à celle de tantôt* ». Elle adopte un ton de connivence pour faire croire que ce rendez-vous secret est inspiré par l'amour qu'elle lui porte.

Consciente de la difficulté de convaincre Tartuffe de sa sincérité elle s'efforce d'abord de gommer la contradiction entre son attitude présente et l'hostilité avec laquelle elle avait accueilli ses avances lors de leur précédent tête à tête.

Elle va donc avec beaucoup d'habileté exposer tous les arguments qui rendent plausible sa démarche. Elle doit d'abord le persuader qu'elle était alors de son côté contre Damis : sa surprise et sa déception n'étaient pas moindres que celles de Tartuffe devant l'irruption de son beau-fils. Mais leur intérêt commun lui commandait de simuler pour donner le change sur ses véritables sentiments.

Ensuite, elle tire parti de la discrétion qu'elle a manifestée lors de l'éclat de Damis et de son refus d'ébruiter l'affaire et d'en parler à son mari. Elle réussit même à faire valoir à son avantage un point délicat : le fait qu'elle n'ait point démenti Damis. Mettant cet oubli sur le compte de son « *trouble* », elle ajoute :

« Mais par-là, grâce au Ciel, tout a bien mieux été. »

Elle y a gagné, en effet, la confiance de son mari.

Ainsi, elle laisse entendre à Tartuffe que leurs amours en seront facilitées :

« Et mon mari de vous ne peut prendre d'ombrage,
Pour mieux braver l'éclat des mauvais jugements,
Il veut que nous soyons ensemble à tous moments ;
Et c'est par où je puis, sans peur d'être blâmée,
Me trouver ici seule avec vous enfermée,
Et ce qui m'autorise à vous ouvrir un cœur
Un peu trop prompt peut-être à souffrir votre ardeur. »

Ces deux derniers vers sont destinés à justifier la démarche d'Elmire qui a convié en secret Tartuffe pour répondre tardivement à ses avances. La confiance aveugle d'Orgon élimine tout risque d'être découvert. Cependant, Tartuffe n'est pas convaincu et reste sur ses gardes. Il montre qu'il n'est pas dupe du changement d'Elmire à son égard.

Celle-ci reprend et affine sa démonstration qui s'appuie sur trois arguments. D'abord, elle se livre à une analyse des subtilités du cœur féminin. Pour expliquer la résistance qu'elle a opposée à Tartuffe, elle invoque la pudeur qui pousse les femmes à ne pas avouer leurs sentiments.

Cependant, ajoute-t-elle, la réalité des comportements traduit toujours, en fin de compte, les vœux secrets d'une femme amoureuse. Et Elmire rappelle que rien ne la forçait à retenir Damis si elle n'avait pas été en secret éprise de Tartuffe et si elle n'avait pas voulu le protéger.

Après avoir exploité dans ce sens la pondération dont elle avait fait preuve en la circonstance elle retournera en sa faveur l'opposition qu'elle avait manifestée au projet de mariage avec Mariane, en mettant sa tentative d'obstruction sur le compte de la jalousie. Amoureuse de Tartuffe, elle ne pouvait supporter l'idée de partager «*un cœur que l'on veut tout*».

On relèvera dans cette déclaration d'amour, suffisamment osée pour faire sortir Tartuffe de ses gonds, la maîtrise de la rhétorique galante et précieuse qui révèle chez Elmire une familière de la carte du Tendre.

Elle construit son discours en fonction de l'objectif recherché, et fait preuve d'un art de l'interprétation au moins égal à celui de son adversaire, bien que dans une tout autre tonalité, mondaine et non dévote.

L'usage des pronoms et des adjectifs est particulièrement remarquable. Dans un premier temps elle utilise l'impersonnel «*on*» et le «*nous*» collectif pour marquer la généralisation désignant l'ensemble des femmes. Puis, elle passe au «*je*» pour exprimer son engagement personnel et l'emprise de l'amour. Enfin, dans une gradation savamment concertée elle emploie de nouveau le «*on*» au moment de l'aveu, en feignant de concilier par cette forme les exigences de sa passion avec les contraintes de la pudeur féminine.

Ainsi, elle donne à son amoureux l'illusion d'une ardeur irrépressible qui perce sous le voile des bienséances. Comme si le souci de le convaincre de sa sincérité était plus fort que cette honte propre à son sexe dont elle venait précisément de se réclamer pour faire excuser sa réserve passée.

L'aveuglement de Tartuffe

En réussissant à piéger Tartuffe, Elmire fait coup double: elle prend sa revanche sur Orgon qui par son aveuglement l'a contrainte à ce stratagème, mais elle venge aussi son mari de l'imposteur qui l'a grugé.

Molière veut montrer ainsi que dans ce domaine, même le plus malin et le plus fourbe se trouvera un jour «tartuffié».

Dès que l'on entre dans la logique de la domination fondée sur la nécessité d'instrumentaliser la personne humaine, quel que soit le but que l'on se propose, on s'enferme dans le cercle sans fin des illusions et des mystifications qui ne recouvrent que le vide.

Elmire prouve par là que la casuistique n'est pas le seul privilège des pères jésuites. L'arrangement des faits qu'elle présente à Tartuffe pour le tenir à sa merci n'a rien à envier à la science de la manipulation dans laquelle celui-ci est passé maître pour rendre la réalité conforme à ses désirs.

Le résultat qu'elle obtient confirme la justesse de la prédicton faite à Dorine. Tartuffe est effectivement trompé par celle qu'il aime parce que son amour-propre l'y engage. A l'amour-propre masculin du séducteur flatté de voir la femme aimée céder à sa passion s'ajoute le sentiment de supériorité que donne au faux dévot l'absence de scrupules et de sens moral. S'il avait soupçonné chez Elmire une capacité de tromperie égale au moins à la sienne, sans doute aurait-il été plus avisé, plus vigilant. Faute d'avoir su garder la tête froide, Tartuffe se laisse emporter par ses pulsions mais surtout par la haute idée qu'il a de lui-même et de son pouvoir et il va rejoindre Orgon parmi les dupes.

Une situation scabreuse

Les rapports se sont inversés depuis la scène où Tartuffe pour la première fois a levé le masque. A présent, c'est Elmire qui s'emploie à séduire l'imposteur et à le convaincre de sa sincérité.

Mais elle réussit trop bien dans son entreprise. Tartuffe est tellement sûr de son fait qu'il ne se contentera pas de paroles.

Il exige qu'Elmire prouve la vérité de ses sentiments en lui accordant sur-le-champ ses faveurs. Cette impudence inattendue, tellement contraire aux délicatesses de la galanterie mondaine auxquelles l'épouse d'Orgon est habituée, provoque un nouveau renversement de situation.

Elmire est de nouveau sur la défensive et amenée à se dérober.

Elle a toutes les raisons de supposer que son mari en a assez entendu et tousse pour donner à celui-ci un signal l'incitant à intervenir.

Mais Orgon ne bouge pas. La jeune femme doit alors faire appel à toutes les ressources que le langage peut encore lui offrir pour gagner du temps.

Elmire est en droit de penser que Tartuffe en a assez dit pour qu'Orgon soit enfin convaincu de son erreur et sorte de sa cachette. Le silence de son mari la met dans une situation scabreuse. Pour ne pas sembler se dédire de l'amour qu'elle vient de proclamer, elle se voit obligée de passer à l'acte.

La réponse de Tartuffe à la déclaration d'Elmire repose sur une confusion sémantique qui, pour être involontaire, n'en est que plus significative, entre le plan de l'extase spirituelle et celui du plaisir sexuel. La piété dont il fait profession est devenue pour Tartuffe une seconde nature. Même en cet instant où il n'a plus à se donner la peine de jouer les apôtres, il ne peut s'empêcher de recourir à son vocabulaire habituel.

Alors que dans la scène parallèle du troisième acte il avait commencé par «*chatouiller*» vulgairement Elmire avant d'exprimer sa flamme en des termes plus relevés et plus flatteurs, ici il inverse le processus. Le contraste entre la sublimité de son discours et la crudité de ses désirs n'en est que plus saisissant. Avant d'en venir aux faveurs très concrètes qu'il demande à Elmire, il s'adresse à celle-ci dans un langage quasi mystique. Le mélange de sensualité et de dévotion déjà flagrant dans la première rencontre devient ici tout à fait détonant.

On en jugera d'après l'association entre la «*suavité*» et la «*béatitude*» qui assimilent Elmire à la Madone et la métaphore galante du «*miel*» que les mots que Tartuffe vient d'entendre font «*couler à long traits*» dans tous ses sens. Cette «*douceur extrême*» ne lui suffit pas, il ne la voit que comme le présage d'une autre douceur bien plus grande, celle de la volupté qu'il attend comme preuve à l'appui d'un discours amoureux dont il suspecte la sincérité, car ce pourrait être

«... un artifice honnête
Pour m'obliger à rompre un hymen qui s'apprête.»

On trouvera un autre exemple de ces curieux télescopages dans la déclaration non moins galante: *Le bonheur de vous plaire est ma suprême étude*». Non seulement Tartuffe montre ainsi le peu de cas qu'il fait de la religion en ramenant une expression désignant la connaissance spirituelle au plaisir physique, mais cette union de termes de registres opposés témoigne de la maladresse du dévot qui tente vainement d'imiter les préciosités de langage des gens de salon. Enfin, toute cette rhétorique de la séduction aboutit à une pointe dont la brutalité avait de quoi faire sursauter la délicate Elmire :

> **« Je ne me fierai point à des propos si doux,**
> **Qu'un peu de vos faveurs, après quoi je soupire,**
> **Ne vienne m'assurer tout ce qu'ils m'ont pu dire;**
> **Et planter dans mon âme une constante foi**
> **Des charmantes bontés que vous avez pour moi. »**

Le dernier distique centré sur le mot «*foi*» prend une valeur décisive quand on se souvient que Tartuffe se plaignait à Orgon que Damis ait essayé de jeter un «*soupçon sur sa foi*». A présent, il demande à Elmire de consommer l'adultère pour lui prouver sa foi, dans les termes mêmes par lesquels les croyants s'adressent à Dieu. La rime entre le mot «*foi*» et le vers suivant, qui fait culminer toute cette tirade sur un «*moi*» entièrement dépourvu d'humilité, aurait dû suffire pour persuader Orgon des convictions intimes du «*pauvre homme*».

L'intention satirique

Il est évident qu'en mettant ces propos dans la bouche de son héros, Molière faisait allusion aux traités de la vie dévote qui mêlaient volontiers les deux plans des sens et du sacré. La sainteté n'est jamais très loin de l'hystérie. En mettant ce langage dans la bouche d'un hypocrite, l'auteur comique, disciple de Gassendi, le philosophe épicurien, visait sans doute non seulement les faux dévots mais l'ambiguïté d'une certaine rhétorique religieuse qui visait à séduire les fidèles par un souci de prosélytisme inspiré par la politique de la Contre-Réforme.

Il convient de remarquer à propos de l'attitude de Tartuffe que, habitué à payer les autres de mots, lui-même ne se paye pas de mots. Tartuffe est l'homme des réalités tangibles. Ce dévot en paroles est farouchement sensualiste et positiviste dans ses actions. Il ne se réfère à la sphère de l'esprit que pour mieux assouvir ses appétits matériels.

A Elmire, qui, affolée par le silence de son mari, tente vainement de le raisonner, Tartuffe réplique froidement :

> **« Et je ne croirai rien, que vous n'ayez, Madame,**
> **Par des réalités su convaincre ma flamme. »**

L'imposteur, en effet, parle désormais non plus en amoureux ardent soucieux de séduire et de convaincre, mais en maître assuré de dominer la situation. C'est pourquoi il dicte ses conditions.

Une farce tragique

Molière a réussi à faire basculer une scène construite sur un procédé de farce dans une impasse tragique pour celle qui en a été l'initiatrice et qui se trouve prise à son propre piège. Jouvet a très justement caractérisé ce passage brusque du ton de la farce à une intensité menaçante :

> **« On a donc cette scène scandaleuse où on voit Tartuffe essayant de traquer Emire, de l'affoler sensuellement. Ça va jusqu'à la seconde scène où Orgon est sous la table. Il n'y a pas de scène plus osée dans tout le théâtre, que celle-ci, où le mari est sous la table, n'en croyant ni ses yeux ni ses oreilles, et où Tartuffe entreprend une action de plus en plus serrée. Cela a, sexuellement, quelque chose de très osé. Je ne m'étendrai pas sur ce point de vue, il est important.**
>
> **C'est une scène scandaleuse : l'idée de ce mari qui entend tout, de cette femme un peu affolée, un peu traquée, qui tousse désespérément. Sa pudeur est concernée; c'est une scène tragique. »**

Prise au dépourvu à la fois par la précipitation de Tartuffe et par l'étrange comportement de son mari, Elmire, de nouveau sur la défensive, perd son sang-froid et cherche ses mots. Elle fait d'abord appel désespérément aux bienséances pour temporiser. On mesure ici tout ce qui sépare la femme du monde, élégante et raffinée, d'un rustre qui se moque des manières et des formes mondaines qui ne sont à ses yeux que des préciosités inutiles alors qu'elles font partie, pour le milieu auquel appartient Elmire, d'une véritable règle de vie.

Tartuffe réplique à ces objections avec une logique désarmante en employant curieusement dans un tout autre contexte une expression qui lui est familière, qui appartient au langage de la dévotion et dont il s'était déjà servi dans la scène du troisième acte quand il faisait appel à la « *bénignité* » d'Elmire lorsque celle-ci le menaçait de le dénoncer à son mari :

> **« Mais si d'un œil bénin vous voyez mes hommages,**
> **Pourquoi m'en refuser d'assurés témoignages ? »**

Cet art de caractériser un personnage par son langage est propre au génie de Molière. Cet exemple montre avec quelle économie de moyens il réussit à peindre toute la complexité d'un caractère. Par un seul mot il révèle ici tout l'esprit retors d'un maître en tromperie, d'un virtuose de la fausse parole, qui sait s'adapter à chaque situation.

Les accommodements avec le Ciel

Dans un ultime effort de sa pudeur bafouée, Elmire va alors opposer au dévot le Ciel dont il parle tant. Mais cela n'est pas pour embarrasser Tartuffe qui se livre à une démonstration magistrale de sa connaissance des subtils raisonnement de la casuistique, la direction d'intention mise au point par les jésuites.

En marge de ces propos Molière a tenu à préciser : « *C'est un scélérat qui parle.* »

Sans doute voulait-il ainsi se protéger contre les attaques de ses ennemis, les dévots, qui l'accusaient de se moquer de la religion.

Sous le séducteur libidineux proposant l'adultère à l'épouse de son bienfaiteur c'est, en effet, le directeur de conscience qui soudain réapparaît pour lever les « *scrupules* » faisant obstacle à ses désirs :

> **« Je puis vous dissiper ces craintes ridicules,**
> **Madame, et je sais l'art de lever les scrupules.**
> **Le Ciel défend, de vrai, certains contentements ;**

> **Mais on trouve avec lui des accommodements;**
> **Selon divers besoins, il est une science**
> **D'étendre les liens de notre conscience**
> **Et de rectifier le mal de l'action**
> **Avec la pureté de notre intention. »**

On comprend que Molière ait pris des précautions car il met dans la bouche de son scélérat une véritable paraphrase des traités des casuistes qui indiquaient aux confesseurs comment disculper les pécheurs en ne considérant que l'intention qui les animait au moment de l'action. Il devenait donc facile « de rectifier le mal de l'action avec la pureté de notre intention. »

Molière rejoint ici Pascal dénonçant dans ses *Provinciales* un laxisme qui finissait par diluer dans des sophismes rassurants la notion même de péché.

On notera que Tartuffe fait rimer « *craintes ridicules* » avec « *scrupules* ». L'une des principales tâches prescrites aux prêtres par ces manuels de confession était celle de combattre les « *scrupules* » excessifs des fidèles.

Tartuffe n'invente rien et reproduit textuellement des arguments que l'on pouvait trouver dans certains livres pieux de ce temps. Ici on exempte du péché mortel un confesseur qui a essayé de séduire une pénitente, ailleurs on indique comment se blanchir d'un adultère en s'accusant de pensées coupables et indéterminées contre la chasteté, en général.

Le principe dont Tartuffe s'inspire consiste à voir le mal non dans l'acte lui-même, mais dans le scandale. Seuls comptent l'apparence que l'on se donne et le « *bruit* » que l'on répand sur la vie et la personne de celui ou de celle qui commet un acte que l'on peut juger répréhensible aux yeux de la religion et de la morale, seule compte donc la réputation.

Tartuffe est un scélérat parce qu'il a mis ces règles en pratique. Il se contente d'agir conformément aux mœurs du temps.

Ainsi les dévots tels que lui peuvent se vanter d'avoir le monopole de la sainteté tout en commettant les pires méfaits. Ils possèdent la science qui permet de juger de la gravité des fautes; ils possèdent le pouvoir que leur confèrent leurs fonctions de « directeurs de conscience »; ils ont des « *accommodements* » avec le Ciel parce qu'aux yeux des simples croyants ils représentent le Ciel. Enfin, ils commettent le mal « *en secret* » :

> **« Vous êtes assurée ici d'un plein secret,**
> **Et le mal n'est jamais que dans l'éclat qu'on fait;**
> **Le scandale du monde est ce qui fait l'offense,**
> **Et ce n'est pas pécher que pécher en silence. »**

Devant ces beaux raisonnement, Elmire n'a plus qu'à se résigner.

Le silence d'Orgon

Elmire, après avoir toussé en vain une troisième fois, comprend qu'elle a épuisé tous les moyens de retarder le moment du sacrifice. Elle tente alors une ultime démarche pour tirer Orgon de sa torpeur et éviter de le faire cocu sous ses yeux.

Elle tient un discours à double sens, utilisant de nouveau avec une grande finesse le pronom impersonnel «*on*», qui, tout en faisant croire à Tartuffe qu'elle s'adresse à lui, désigne surtout son mari caché sous la table et toujours silencieux :

> **« Enfin je vois qu'il faut se résoudre à céder,**
> **Qu'il faut que je consente à vous tout accorder,**
> **Et qu'à moins de cela, je ne dois point prétendre**
> **Qu'on puisse être content, et qu'on veuille se rendre.**
> **Sans doute il est fâcheux d'en venir jusque-là,**
> **Et c'est bien malgré moi que je franchis cela;**
> **Mais puisque l'on s'obstine à m'y vouloir réduire,**
> **Puisqu'on ne veut point croire à tout ce qu'on peut dire,**
> **Et qu'on veut des témoins qui soient plus convaincants,**
> **Il faut bien s'y résoudre, et contenter les gens. »**

Elmire est tellement exaspérée et humiliée par le silence obstiné de son mari qu'elle semble vraiment prête à aller jusqu'au bout. En se disculpant au préalable de l'adultère qu'elle se prépare à commettre, elle se trouve dans l'une des situations prévues par les casuistes et exactement définie par Tartuffe :

> **« Si ce consentement porte en soi quelque offense,**
> **Tant pis pour qui me force à cette violence;**
> **La faute assurément n'en doit point être à moi. »**

La pureté de l'intention rectifie, en effet le mal de l'action, puisqu'elle acceptera de cocufier son mari afin de convaincre celui-ci de la traîtrise de Tartuffe. Conformément au pacte qu'elle a passé avec Orgon, Elmire est disposée à jouer le jeu et à « consentir » à donner à celui qui les demande les « dernières faveurs ».

L'attitude d'Orgon montre bien qu'il n'en a pas encore assez vu et entendu pour être convaincu. Dans ce cas, le transfert de culpabilité est évident, puisque c'est Orgon, par son entêtement, qui force sa femme à se donner à Tartuffe. La réponse de Tartuffe, victime du quiproquo, vient apporter une note comique à cette relation triangulaire originale. Confirmant les propos qu'il vient de tenir sur « *les accommodements* » avec le Ciel, le dévot tient, en effet, à rassurer celle qu'il s'apprête à « tartuffier » : « *Oui, Madame, on s'en charge...* »

Toutefois, pour se ménager une dernière chance, Elmire demande à Tartuffe d'aller vérifier à l'extérieur de la pièce si son mari ne se trouve point dans les parages. Tartuffe juge cette précaution inutile et ricane de la naïveté d'Orgon, « *un homme, entre nous, à mener par le nez* ».

Scènes 5, 6, 7

Pendant l'absence de Tartuffe, Orgon sort de dessous la table et s'exclame sur les abominations qu'il vient d'entendre. Elmire ulcérée l'accable de sarcasmes et l'invite ironiquement à « *rentrer sous le tapis* » pour « *voir les choses sûres* ». Orgon est visiblement, comme il l'avoue, « *assommé* » par la trahison de Tartuffe. Pour mieux surprendre l'imposteur il se cache derrière Elmire. Quand ce dernier revient, au comble de « *son contentement* », Orgon l'« arrête et lui intime l'ordre de déguerpir. Mais Tartuffe le prend de haut et, fort de la donation qu'il a reçue d'Orgon, réplique :

> **« C'est à vous d'en sortir, vous qui parlez en maître :**
> **La maison m'appartient, je le ferai connaître. »**

Sûr de son droit, Tartuffe poursuit sans s'émouvoir sur son mode habituel en se réclamant du Ciel et profère des menaces dont le sens s'éclaircira par la suite. L'imposteur a, en effet, le front d'accuser Orgon d'« *imposture* ».

A Elmire qui l'interroge sur le sens de ces allusions, Orgon répond qu'il n'a pas lieu de rire. On notera, au passage, qu'Orgon reprend la même expression dont il s'était servi fort mal à propos, et même avec un certain sadisme, en présentant à Mariane le contrat de mariage. Il disait, en effet, à sa fille :

« Je porte en ce contrat de quoi vous faire rire... »

Tout en traduisant le complet retournement de situation, cette répétition relève des tics de langage par lesquels Molière caractérise ses personnages.

Outre la donation par laquelle il s'est dépouillé de ses biens en faveur du « pauvre homme », Orgon lui a, en effet, confié des secrets compromettants contenus dans une cassette. Elmire et les spectateurs n'en apprendront pas plus pour l'instant.

Une relation triangulaire

Dans cette succession de scènes qui s'enchaînent dans un tempo haletant et accéléré, le spectateur va de surprise en surprise. Le processus de démystification menée par Elmire pour libérer Orgon de l'emprise de Tartuffe est central du point de vue de l'intrigue mais il est surtout d'une importance capitale pour l'évolution des relations entre les trois principaux personnages qui constituent, au fond, le trio classique, le mari, la femme et l'amant.

D'abord, on y retrouve le cercle familier de la tragédie racinienne qui enferme les héros sans d'autre issue que l'échec. Orgon court après Tartuffe qui court après Elmire qui court après Orgon. Dans cette perspective, l'indifférence et la muflerie manifestées par Orgon envers sa femme au début de la pièce, la sollicitude excessive et ridicule qu'il montre envers Tartuffe trouvent leur réciprocité dans cette désillusion dont sa femme est l'instrument. On ne dira jamais assez que l'on ne comprendra rien à cette histoire si l'on n'admet pas que la fascination d'Orgon pour Tartuffe est de l'ordre de la passion, inconsciente, certes, mais tout de même, la *passion*.

A la lumière de ce lien véritablement hypnotique, le comportement d'Orgon lors de la scène où il risque de très peu d'être cocufié s'explique par des ressorts psychologiques, d'autant plus forts qu'ils restent secrets. Si l'on s'en tenait à la seule raison dramaturgique destinée à épuiser toutes les possibilités de la situation, à faire durer le suspens tout en permettant à l'imposteur de se « confesser » totalement, le procédé serait trop mince et trop gratuit. La difficulté éprouvée par Orgon devant la nécessité de plus en plus urgente d'interrompre un jeu qui devient dangereux pour son honneur conjugal, un jeu dont il risque d'être la première victime, cette stupeur paralysante, que l'on devine et qui enrage Elmire, exprime un effondrement dont les effets sont comiques, mais qui procède d'une réalité psychologique grave et douloureuse, comme peut l'être la folie.

On est tenté de rire devant la surdité obstinée d'Orgon aux toux répétées de sa femme, remarquées par Tartuffe qui propose à Elmire un peu de « *jus de réglisse* » pour calmer son irritation de gorge. Mais comme Jouvet l'a dit, cette scène scandaleuse est, au fond, tragique.

La grande comédie conçue par Molière rejoint, par d'autres moyens, la tragédie.

La partie d'Orgon

Orgon est un homme d'excès, en proie à une idée fixe qui le possède entièrement et qui s'est fixée sur la personne de Tartuffe. L'aberration apparente de sa réticence à admettre la vérité est parfaitement conforme à tout ce que l'on sait de son caractère, à tout ce qu'il en a montré.

Son comportement en la circonstance est *anormal* par rapport à la réaction que n'importe quel être doué de bon sens aurait en la circonstance, mais elle est parfaitement cohérente avec le personnage, elle est dans la logique de son caractère. La stupeur d'Orgon devant l'évidence de la réalité est égale à la jubilation avec laquelle à plusieurs reprises il s'apprête à rejeter toute sa famille : femme, enfants, parents, pour suivre Tartuffe, comme les apôtres ont suivi le Christ.

Quand Jouvet dit d'Orgon qu'il est dominé par une manie et qu'il veut marier sa fille à Tartuffe parce qu'il veut rester dans l'atmosphère de sa passion, sa passion pour la vertu, sa passion pour la sainteté, cette explication ne correspond qu'à une face du personnage, à son aspect possessif. Mais cette volonté de possession, de possession de Tartuffe qu'il veut faire entrer dans sa maison en le prenant pour gendre, en créant entre eux des liens de parenté, cette soif d'appropriation a son envers, un délire de dépossession qui apparaît lorsqu'il exprime avec une sorte d'extase son désir de se séparer des siens, désir qui finalement se concrétise dans la donation.

C'est pourquoi quand il apprend qu'il s'est trompé, qu'il a été trompé, le monde s'écroule autour de lui, le ciel lui tombe sur la tête. Elmire ne s'y trompe pas, en femme intuitive, elle devine la profondeur du désastre qu'elle a causé, mais en même temps, elle comprend aussi qu'elle ne compte pas. Orgon ne pense pas à elle, il ne songe pas à la tirer des griffes de Tartuffe, car il l'a toujours écartée de ses relations avec Tartuffe, des relations d'homme à homme, celles d'une amitié entière et sans partage, du moins se l'imaginait-il.

Dans son égocentrisme, Orgon n'éprouve pas de jalousie pour sa femme, il n'a pas de chagrin d'avoir été évincé par elle dans le cœur de Tartuffe. Je crois qu'il ne pense qu'à lui et à Tartuffe, à l'image à laquelle il s'était identifié. Je crois que s'il attend si longtemps avec une inconscience totale à l'égard d'Elmire, c'est parce qu'il espère passionnément que Tartuffe s'exprime sur leur amitié, prononce les paroles qui sauveront cet univers fictif dans lequel il a vécu, où il veut vivre, dans ce paradis mental.

Orgon est un rêveur, un chimérique. Ce qu'il aime dans Tartuffe, c'est cette transparence totale des sentiments et des idées que seule peut donner une personne totalement fausse, qui se laisse modeler par l'imagination de sa dupe. Le désir sexuel de Tartuffe pour Elmire est secondaire par rapport à cet enjeu. Orgon se redresse quand ces paroles viennent, mais ce ne sont pas les paroles attendues, ce sont des paroles de mépris qui l'écrasent et qui tombent incidemment, qui lui prouvent à quel point il est pour Tartuffe une quantité négligeable. Alors, c'est la fin de l'espoir. C'est la rupture.

Quand il se sent obligé d'expliquer les raisons de sa lenteur à réagir il laisse entendre clairement, avec une sincérité comique, que ses illusions restaient plus fortes que les faits :

> **« J'ai douté fort longtemps que ce fût tout de bon,**
> **Et je croyais toujours qu'on changerait de ton;**
> **Mais c'est assez avant pousser le témoignage :**
> **Je m'y tiens, et n'en veux, pour moi, pas davantage. »**

La partie d'Elmire

Elmire de son côté s'est engagée dans cette affaire pour reprendre Orgon, pour arracher son mari à cette aliénation. Elle veut, il est vrai, empêcher le mariage affreux et sordide avec Mariane, mais elle veut surtout retrouver son mari. Sa rage s'explique par la déception qu'elle éprouve quand elle s'aperçoit que l'attachement de celui-ci à ses illusions est plus fort que les égards les plus élémentaires qu'il lui doit.

Car, arrivée à ce point où tout est devenu clair, rien ne l'empêche de jeter à son tour le masque, rien sinon le pacte passé avec Orgon, ce pacte qui n'est pas respecté. Quand elle annonce son intention de céder aux désirs de Tartuffe, c'est uniquement par provocation à l'égard de son mari, pour se venger de ses dédains. La torpeur d'Orgon est le signe indubitable d'une inertie affective persistante, de l'absence dans laquelle il la tient, tout absorbé qu'il est dans l'idée de la perte de Tartuffe, anéanti dans ce qui ressemble fort à un désespoir d'amour, un amour d'autant plus intense qu'il se voulait pur, désincarné, en dépit des pulsions inconscientes qui l'inspiraient.

On sent que quelque chose est cassé entre les époux, irrémédiablement. Et Elmire, bien que victorieuse d'Orgon, sait qu'elle a perdu son pari. Elle rend à son mari son bon sens, mais elle ne remplira pas son vide spirituel. Au contraire, elle restera celle qui l'a arraché à un mirage délicieux.

On peut s'interroger sur les lendemains de ce couple. Mais la hargne qui paraît sous les paroles d'excuse qu'Elmire adresse à Tartuffe laisse à penser que le contentieux est lourd, que les traces seront longues à s'effacer. Elmire dit, en effet, à Tartuffe pour expliquer la comédie qu'elle a dû lui jouer :

> **« C'est contre mon humeur que j'ai fait tout ceci :**
> **Mais on m'a mise au point de vous traiter ainsi. »**

On se rappelle «*l'injuste pouvoir*» qu'Elmire reprochait à Orgon. L'image du tyran capricieux, égoïste, est plus que jamais présente dans le cœur et l'esprit d'Elmire. Au fond, Elmire n'en veut pas à Tartuffe. Il est ce qu'il est. Il a agi conformément à sa nature et à ses intérêts. Il fallait le laisser dans son église. Il ne fallait pas se laisser berner. Pour Elmire, le seul coupable est Orgon. Elle espérait qu'à l'issue de cette épreuve humiliante pour elle, il saisirait l'occasion de se réhabiliter. Elle espérait qu'elle pourrait lui rendre son estime. Mais il n'en a rien été. Au moment où Orgon et Elmire se dressent devant Tartuffe pour lui jeter son hypocrisie à la figure, ils savent au fond qu'ils sont vaincus. Le vainqueur, c'est Tartuffe, pas seulement sur le plan matériel, mais aussi moralement. Il n'a été qu'un instrument d'un règlement de compte familial, le bras du destin.

La partie de Tartuffe

Enfin, Tartuffe. Il est sans doute le plus opaque des trois personnages, en dépit ou à cause de son apparente limpidité. Tartuffe, Molière prend soin de nous le dire, est un scélérat, un imposteur. Il se sert du masque de la dévotion pour tromper les hommes réellement pieux comme Orgon qui aspirent à la vertu, qui ont besoin d'être dirigés dans leurs exercices spirituels. Si on se réfère aux données de l'intrigue, Tartuffe cherche à s'approprier le bien d'Orgon et à coucher, de surcroît, avec sa femme.

Mais si on se penche sur la nature de Tartuffe, sur son caractère, sur les ressorts obscurs, les origines lointaines de ses motivations, les choses deviennent plus compliquées car Molière ne nous renseigne pas beaucoup sur tout cet arrière-plan fondamental. Il ne nous reste qu'à écouter, à regarder Tartuffe. Or, le génie de Tartuffe, c'est qu'il ne demande rien à Orgon; il se contente de recevoir. Il demande en revanche beaucoup à la femme d'Orgon, il ne cesse de demander. Mais aussi parce que, chaque fois, c'est elle qui prend les devants.

Tartuffe est réellement amoureux d'Elmire. Il la convoite sensuellement, de toute sa nature affamée de jouisseur, il désire la posséder sans tarder. Mais son amour n'est pas dénué d'idéalisation. Les expressions du langage dévot qu'il employait pour épancher son adoration n'étaient pas seulement un effet de l'habitude ou une volonté de flatterie; elles traduisaient, dans son style, une véritable inclination. N'oublions pas qu'Elmire est jeune; elle est de quelques années à peine l'aînée de Mariane. Tartuffe ne s'intéresse pas à Mariane qui manque de personnalité et d'expérience. Elmire au contraire le fascine par sa beauté, mais aussi par ce qu'elle représente, par son élégance, son appartenance au grand monde, toute cette aura que donnent la vie de société, l'habitude des salons.

L'écart qui sépare le rustre de la femme du monde est constamment sensible dans les deux dialogues au long desquels ils s'opposent.

De plus, Elmire est la femme d'Orgon, elle est le bien le plus précieux du riche bourgeois. On peut supposer que Tartuffe est quelqu'un qui dédaigne ce qu'on lui offre; aussi se soucie-t-il assez peu de Mariane, sinon comme pis-aller, mais il apprécie surtout ce qu'il prend de ruse et de force. Il y a du rapace dans Tartuffe. Ce qui le meut, avant tout, c'est le désir de revanche sur un sort ingrat, sur son obscure origine. Il méprise Orgon comme un truand naturellement méprise sa dupe. Ce même écart d'éducation, de fortune, de manières, de langage, de classe sociale, qui l'incite à conquérir Elmire est le véritable aiguillon de son emprise sur Orgon.

Les mêmes raisons qui poussent Orgon irrésistiblement à le choyer, à s'apitoyer sur le «*pauvre homme*», font naître dans le cœur de Tartuffe la haine des humbles, des inférieurs pour leur bienfaiteur. Plus Orgon lui donne des preuves de son amitié, de sa compassion, de sa charité, plus Tartuffe le hait.

Mais Tartuffe n'est pas que cela. Il est l'ambitieux impitoyable qui depuis longtemps a endurci son cœur, l'a fermé une fois pour toutes à la fraternité humaine. En d'autres temps il eût été terroriste, révolutionnaire. Au siècle de Louis XIV, il trouve chez les dévots de quoi assouvir sa soif de puissance.

Tartuffe l'imposteur est aussi l'homme-double qui existe en chacun de nous. Cette dualité qu'il manifeste parfois de façon presque émouvante en déclarant son amour à Elmire le rend humain, proche de ceux qui le jugent.

CINQUIÈME ACTE

SCÈNE 1

Orgon explique à Cléante le mystère de la cassette. Elle lui a été remise par Argas, un ami en fuite, dont nous apprendrons plus tard qu'il est « criminel d'Etat » et poursuivi par la police du Roi.

Argas a déposé dans cette cassette des papiers « où sa vie et ses biens se trouvent attachés ». On ne saura jamais la nature des fautes qui sont reprochées à cet ami d'Orgon. Peut-être s'agit-il d'un ancien Frondeur ou des suites de l'affaire Fouquet, ce Surintendant des Finances qui venait d'être arrêté pour corruption ?

Où l'on retrouve la casuistique

Orgon a eu l'imprudence de confier ce secret à Tartuffe qui l'a persuadé « *de lui donner plutôt la cassette à garder* ». La raison de cette proposition n'était pas pratique, mais morale. Pour amener Orgon à accepter ce transfert qui le mettait à sa merci, Tartuffe a de nouveau eu recours à sa science de la casuistique. C'est ainsi qu'Orgon explique sa démarche à Cléante :

> **« Ce fut par un motif de cas de conscience :**
> **J'allai droit à mon traître en faire confidence ;**

> **Et son raisonnement me vint persuader**
> **De lui donner plutôt la cassette à garder,**
> **Afin que, pour nier, en cas de quelque enquête,**
> **J'eusse d'un faux-fuyant la faveur toute prête,**
> **Par où ma conscience eût pleine sûreté**
> **A faire des serments contre la vérité. »**

En prenant la cassette, Tartuffe a libéré Orgon de l'obligation morale d'avouer la vérité «*en cas de quelque enquête*». L'étude des cas de conscience dans laquelle l'escroc est passé maître prévoit, en effet, la pratique de la restriction mentale décrite ainsi par Pascal dans ses *Provinciales* :

> **« On peut jurer qu'on n'a pas fait une chose, quoiqu'on l'ait faite effectivement; en entendant soi-même qu'on ne l'a pas faite un certain jour, ou avant qu'on fût né, ou en entendant quelque autre circonstance pareille; sans que les paroles dont on se sert aient aucun sens qui puisse le faire connaître; et cela est fort commode en beaucoup de rencontres, et est toujours très juste quand cela est nécessaire ou utile pour la santé, l'honneur et le bien. »**

Une leçon de sagesse

Cléante fait valoir alors à Orgon que ses ennuis proviennent entièrement de sa «*légèreté*». La conduite qu'il vient d'avoir avec le scélérat qui l'a berné en est un nouvel exemple : Orgon, se sachant entièrement à la merci de Tartuffe, n'aurait pas dû le chasser mais trouver avec le maître-chanteur quelques accommodements. Molière veut montrer ici, à travers les explications de Cléante, que l'on est toujours déterminé par son caractère. L'expérience ne sert de rien à Orgon qui réagit aux propos modérateurs de Cléante en s'emportant contre «*les gens de bien*».

Cléante le reprend de nouveau sur ce tempérament extrême et violent qui pousse toujours son beau-frère à passer d'un excès à l'autre :

> **« Dans la droite raison jamais n'entre la vôtre,**
> **Et toujours d'un excès vous vous jetez dans l'autre.**

> **Vous voyez votre erreur, et vous avez connu**
> **Que par un zèle feint vous étiez prévenu;**
> **Mais pour vous corriger, quelle raison demande**
> **Que vous alliez passer dans une erreur plus grande,**
> **Et qu'avecque le cœur d'un perfide vaurien**
> **Vous confondiez les cœurs de tous les gens de bien ? »**

A travers ce dialogue et la leçon de sagesse que Cléante administre à Orgon, Molière fait passer un message destiné à le prémunir contre l'accusation d'impiété. Il veut éviter qu'on lui reproche d'avoir voulu représenter sous la figure de Tartuffe l'ensemble des « gens de bien ». On remarquera que cette précaution n'est pas gratuite, surajoutée, mais parfaitement motivée par le caractère d'Orgon. Porté à l'exagération par son tempérament passionné qui trouble son jugement, Orgon a le tort de généraliser dans un sens ou dans l'autre. A une image fanatique de la religion, dont Tartuffe exhibait l'attirail avec sa haire et sa discipline, Cléante oppose une image humaniste, fondée sur la modération et la tolérance.

Le sens de cette démonstration est double. D'abord, Cléante suggère que cette piété austère qui avait séduit Orgon se prête aux pires simulations et fait le jeu des scélérats comme Tartuffe. Ensuite, l'erreur d'Orgon est justement celle-là même des censeurs qui confondent la vraie foi et la fausse dévotion en considérant le personnage de Molière comme une figure représentative de tous les serviteurs de l'Eglise. Autrement dit, il ne faut pas confondre la piété sincère des croyants authentiques et la piété simulée à des fins criminelles.

SCÈNE 2

Damis fidèle à lui-même

Oublieux de l'injustice qui lui a été faite, Damis surgit pour venir en aide à son père. Au cours du bref échange qui s'ensuit avec Orgon, accablé, et Cléante, toujours lucide, Damis laisse paraître de nouveau son caractère emporté.

Il a généreusement oublié l'injustice que son père lui a faite en le chassant ignominieusement et il parle ni plus ni moins de «*couper les deux oreilles*» à Tartuffe. L'impétuosité de sa jeunesse s'allie de façon sympathique mais un peu risible à sa vantardise habituelle :

> **« C'est à moi, tout d'un coup, de vous en affranchir,**
> **Et pour sortir d'affaire, il faut que je l'assomme. »**

Cléante modère son ardeur belliqueuse en lui montrant qu'un éclat ne pourrait qu'aggraver les choses :

> **« Nous vivons sous un règne et sommes dans un temps**
> **Où par la violence on fait mal ses affaires. »**

Cléante fait ici allusion à la seule solution qui puisse sauver Orgon et qui, d'ailleurs, apportera un heureux dénouement à cette sombre histoire. Cléante rend indirectement hommage à la clairvoyance et à la magnanimité du Roi qui, au-dessus des factions et des partis, fait régner la paix et la justice et sait distinguer ses vrais serviteurs des imposteurs. Ce recours à la toute-puissance d'un monarque ennemi du fanatisme et de l'hypocrisie n'est pas seulement de pure forme; elle est une composante essentielle de l'idéologie de la pièce.

SCÈNE 3

L'entêtement de Madame Pernelle

Cette scène vient apporter une bouffée de comique qui détend le climat d'inquiétude et de danger dû aux menaces de Tartuffe.

On y retrouve Orgon, Elmire, Mariane, Damis, Dorine et Cléante qui accueillent Madame Pernelle venue aux nouvelles. Cette scène fait donc pendant à la première scène de la pièce, la scène d'exposition. Mais Orgon, absent lors de l'algarade de Madame Pernelle, est cette fois présent. C'est lui qui va s'efforcer de convaincre la vieille dévote de la crapulerie de Tartuffe. Madame Pernelle se révèle aussi obstinée que son fils.

Elle ne veut pas croire le récit circonstancié de celui-ci sur les méfaits de l'imposteur. Comme Orgon naguère elle attribue à «*la haine qu'on lui porte*» et donc à la calomnie, les noirceurs qu'on prête à celui qu'elle persiste à tenir pour un homme de bien.

Cette scène fait également écho à la scène du quatrième acte où Orgon est caché sous la table et découvre la traîtrise de son protégé.

Cette même scène était parallèle à celle du troisième acte où Damis entendait Tartuffe essayer de séduire Elmire. Toute la pièce est construite sur des parallélismes et des retournements de situations.

Un juste retour des choses

Comme Orgon s'irrite de l'entêtement de sa mère, persuadée que son entourage l'a monté contre Tartuffe, Dorine lui glisse malicieusement :

> **«Juste retour, Monsieur, des choses d'ici-bas :**
> **Vous ne vouliez point croire, et l'on ne vous croit pas.»**

Enfin, Cléante rappelle qu'il est temps de s'occuper des choses sérieuses car la situation est grave.

Alors que les autres membres de la famille, Elmire, Damis, sont optimistes et ne croient pas que Tartuffe puisse mettre ses menaces à exécution, Cléante est plus circonspect et craint l'appui que le dévot saura trouver auprès de ses «frères» :

> **«Ne vous y fiez pas : il aura des ressorts**
> **Pour donner contre vous raison à ses efforts :**
> **Et sur moins que cela, le poids d'une cabale**
> **Embarrasse les gens dans un fâcheux dédale.»**

Quand Cléante parle d'une «*cabale*», tout le monde à cette époque sait à quoi il fait allusion. N'appelait-on pas «cabale des dévots» les actions menées par la toute-puissante Compagnie du Saint-Sacrement, pour faire régner en France un ordre moral destiné à donner à ses membres un pouvoir que le Roi voulait pour lui seul?

En lâchant ce grand mot, Cléante, à tant d'égards le porte-parole de Molière dans cette pièce, montre de façon indubitable que Tartuffe ne saurait être considéré comme un cas isolé, un phénomène purement individuel. Il est bien un cas d'espèce et incarne ce pouvoir de l'ombre qui veut faire pièce au Roi Soleil en défendant les privilèges d'une faction de grands seigneurs et d'ecclésiastiques de haut rang.

L'origine visiblement roturière de Tartuffe ne constitue pas vraiment une objection. Même si la célèbre Compagnie recrutait des membres de haut niveau, elle avait besoin de comparses, d'hommes dévoués, pour étendre ses réseaux. L'essentiel est dans la connivence qui unit ces dévots par des échanges de services comme ceux que l'on pratique dans certaines organisations de la franc-maçonnerie. C'est pourquoi l'avisé Cléante pense qu'il ne faut sous-estimer ni la détermination de Tartuffe ni les armes qu'il a.

A ce propos, on remarquera que Tartuffe a troqué l'apparence contre la réalité. Tel est bien le propre de l'imposture. Il a échangé sa qualité de faux dévot contre les titres et les biens d'un bon et riche bourgeois. Il a converti ses beaux discours en richesses matérielles.

Personnage décidément polyvalent, tout en appartenant à une société secrète qui veut restaurer l'ordre ancien, il inaugure le règne de l'échange et de l'exploitation qui deviendra le triste apanage de la bourgeoisie et le signe de nos temps modernes.

Pour parer au danger, Cléante propose à Orgon de chercher à se réconcilier avec un aussi redoutable adversaire. Le paradoxe est que ce soit le vigilant Cléante qui à présent prêche une conciliation rendue nécessaire par les imprudences d'Orgon. Alors qu'Orgon, responsable de ce gâchis, se lamente, le frère d'Elmire est le seul qui cherche des moyens concrets d'y remédier. Elmire aussi regrette à présent les effets imprévus de son stratagème. Mais un homme paraît qui va confirmer les craintes de Cléante.

Scènes 4, 5 et 6

Ces trois scènes s'enchaînent dans une atmosphère de plus en plus tendue créée par l'accumulation des mauvaises nouvelles.

Cette course vers la catastrophe sera heureusement interrompue par le coup de théâtre final.

Le personnage qui vient de paraître et qui se fait annoncer par Dorine porte le nom prédestiné de Monsieur Loyal. Il se dit «*huissier à verge*» et vient exécuter une ordonnance de justice prise en faveur de Monsieur Tartuffe au nom de la donation qui rend ce dernier maître des biens d'Orgon. Celui-ci est donc sommé de vider les lieux.

Le langage et les manières de Monsieur Loyal sont une nouvelle charge contre les dévots. Ce personnage possède l'onction hypocrite qui distingue les membres de cette «cabale» à laquelle Cléante venait tout juste de faire allusion. Bien qu'il soit venu avec une mission juridique précise qui entre dans ses fonctions, Monsieur Loyal multiplie les indices d'une piété exagérée et l'on a tout lieu de supposer qu'il a accepté de faire exécuter l'ordonnance d'expulsion par amitié pour ce «*bon monsieur Tartuffe*».

Un comique grinçant

La scène 4 se caractérise par un mélange très particulier d'effets comiques et d'un climat menaçant engendrant un malaise proche de l'angoisse qui s'empare peu à peu d'Orgon et des siens.

D'abord rassurés par l'air conciliant de Monsieur Loyal, ceux-ci comprennent bientôt qu'ils sont placés devant le fait accompli et n'ont pas d'issue; ils sombrent dans la panique et donnent l'impression de vivre un cauchemar.

C'est dans cette scène, où Tartuffe est absent mais où il est représenté avec une redoutable efficacité par Monsieur Loyal, que Molière a, peut-être, su le mieux faire sentir l'odieuse et insidieuse force du pouvoir de ces dévots qui couvraient leurs turpitudes sous la douceur des intentions les plus chrétiennes.

Monsieur Loyal s'adresse à Dorine en l'appelant «*ma chère sœur*», expression que l'on n'emploie qu'avec les religieuses. Mais on sait que les dévots ont l'habitude de s'appeler ainsi. Tartuffe et Orgon se donnaient abondamment du «cher frère». Les paroles avenantes et les manières doucereuses du nouveau venu semblent de bon augure à Orgon qui s'imagine que Tartuffe lui a envoyé un médiateur.

Sermonné par Cléante, le coléreux chef de famille fait donc bon accueil à celui qui est chargé de l'expulser de sa maison.

Ce premier registre comique en recouvre un autre plus subtil, un comique grinçant qui repose sur le contraste entre l'extrême prévenance et l'amabilité du personnage et la rigueur des ordres qu'il est venu faire exécuter. De nouveau, on retrouve l'écart entre l'apparence et la réalité dont Tartuffe sait jouer avec tant de brio.

Un pouvoir dévoyé

L'hypocrisie est la meilleure arme de ces dévots ambitieux qui se recommandent du Ciel pour mieux assouvir leurs instincts, satisfaire leurs intérêts égoïstes et imposer partout leur pouvoir. Ici, Monsieur Loyal proteste de son dévouement envers la maison d'Orgon, ajoutant même qu'il a été «*serviteur de monsieur votre père*», mais il s'empresse aussitôt de «*signifier l'exploit de certaine ordonnance...*».

Il manifeste ensuite les «*grandes tendresses*» qu'il a «*pour tous les gens de bien*» en acceptant de surseoir à l'exécution de l'ordonnance jusqu'au lendemain matin. Il offre à Orgon l'aide de ses gens pour déménager le mobilier.

Ces marques de charité chrétienne ne manquent pas de sel, car elles recouvrent la dureté impitoyable de ce dévot dans l'accomplissement de sa mission. Devant les tentatives de rébellion de Damis et de Dorine, qui le menacent de coups de bâton, le ton mielleux se charge de menaces bien précises.

Il prend congé de la famille anéantie sur ces paroles réconfortantes :

«Jusqu'au revoir. Le Ciel vous tienne tous en joie!»

A la sortie toute provisoire de ce personnage inquiétant, le spectateur ne peut s'empêcher de méditer, avec Orgon, sur les crimes qui se commettent au nom du Ciel.

Le rire se fige sur les lèvres devant la manifestation cynique d'un pouvoir dévoyé par les menées d'une faction, on dirait aujourd'hui une maffia, qui gangrène tous les rouages de l'Etat.

Monsieur Loyal prétend faire appliquer une décision de justice en faveur de Tartuffe. Apparemment, l'imposteur a donc le droit pour lui, du fait de la donation. Mais, d'une part, l'exécution de l'ordonnance n'aurait jamais pu être appliquée avec une telle célérité sans des complicités actives et puissantes au sein de l'appareil judiciaire. La figure très ambiguë de Monsieur Loyal ne laisse aucun doute à ce sujet.

D'autre part, l'étude de la situation juridique ainsi créée montre qu'il y avait matière à procès. La donation ne privait pas les enfants de leurs droits héréditaires. L'ingratitude dont Tartuffe avait fait preuve envers Orgon pouvait être aussi une cause d'annulation.

On retirera donc de tout cela l'image que Molière voulait produire, celle d'un pouvoir occulte non seulement capable de manipuler les hommes, mais aussi de contourner ou de bafouer les lois.

De nouvelles menaces

En tout cas, la prestation de Monsieur Loyal a eu au moins le mérite de dessiller les yeux de Madame Pernelle qui se déclare « *tout ébaubie* » !

Dorine ne peut s'empêcher d'ironiser sur cette lucidité tardive. Elmire est la seule à avoir une réflexion de bon sens :

> **« Allez faire éclater l'audace de l'ingrat,**
> **Ce procédé détruit la vertu du contrat... »**

Il ne s'agit pas seulement d'un argument moral comme on pourrait le croire mais d'un argument juridique, l'ingratitude, une fois prouvée, frappant de nullité la donation.

Mais un autre sujet d'inquiétude apparaît avec l'arrivée de Valère qui annonce que Tartuffe avait mis à exécution sa menace de dénoncer l'« *imposture* » d'Orgon. Celui-ci, en recélant les papiers d'un criminel d'Etat s'est rendu coupable de complicité, délit qui méritait le même châtiment que le crime lui-même.

Des amis bien placés ont fait savoir à Valère que Tartuffe venait de remettre dans les mains du Prince une importante cassette. L'ordre a été donné d'arrêter Orgon. Tartuffe est chargé d'accompagner l'officier de police, que l'on appelait « un exempt », ayant la mission de faire exécuter cet ordre.

Valère propose ses services pour organiser la fuite d'Orgon : il a amené un carrosse et apporté mille louis. Au moment où ils s'apprêtent à sortit, ils sont interrompus par l'arrivée de Tartuffe qui s'écrie avec une ironie triomphante :

« Tout beau, Monsieur, tout beau, ne courez point si vite ! »

La générosité de Valère à qui Orgon a pourtant manqué de parole contraste de façon saisissante avec la canaillerie de Tartuffe. L'effet ménagé ici par Molière se passe de commentaires.

SCÈNE DERNIÈRE

Une ultime explication

Tartuffe garde dans cette circonstance le même ton de componction dévote. Il s'efface devant la tâche supérieure de servir son Prince et les intérêts du Ciel. Il se pose même en victime face aux reproches dont l'accable Orgon.

Un moment particulièrement intéressant est la sublimité de sa réplique à l'accusation d'ingratitude. Quand Orgon lui rappelle qu'il l'a tiré d'un « *état misérable* », il répond :

**« Oui, je sais quels secours j'en ai pu recevoir ;
Mais l'intérêt du Prince est mon premier devoir ;
De ce devoir sacré la juste violence
Etouffe dans mon cœur toute reconnaissance,
Et je sacrifierais à de si puissants nœuds
Ami, femme, parents, et moi-même avec eux. »**

Orgon a pu reconnaître dans ces paroles le même héroïque renoncement qu'il avait lui-même tant de fois exprimé lorsqu'il était sous l'emprise de l'hypocrite. Lui-même n'avait-il pas alors avec une sorte de volupté cruelle déclaré qu'il était prêt à sacrifier à Tartuffe toute sa famille?

Sans doute est-ce la raison de son silence devant un discours qui lui rappelle son propre égarement.

Cléante tient alors, à son accoutumé, un raisonnement destiné à démontrer la malignité de l'imposteur: Tartuffe lui-même s'est rendu complice d'Orgon en gardant si longtemps le silence sur le secret de la cassette. Il ne s'est préoccupé de l'honneur du Prince que lorsque ce «*devoir*» a coïncidé avec ses intérêts. Mais Tartuffe, pareil à lui-même, l'interrompt en ordonnant à l'Exempt:

> **«Délivrez-moi, Monsieur, de la criaillerie**
> **Et daignez accomplir votre ordre, je vous prie.»**

On remarquera le ton dominateur de Tartuffe. L'imposteur change de masque et de langage selon la circonstance. Onctueux, papelard quand il lui faut donner l'image d'un saint homme, il abandonne toute rhétorique inutile quand il se croit maître de la situation. Le laconisme froid et tranchant qu'il sait adopter traduit le fond de sa nature, celle d'un aventurier qui ne tient compte que des rapports de force.

Un coup de théâtre

Mais l'Exempt déclare qu'il a reçu l'ordre d'arrêter non Orgon mais Tartuffe. La pièce s'achève sur ce coup de théâtre dont un long discours du représentant du pouvoir tente de donner l'explication.

Le Prince, terme qui désigne Louis XIV, alerté par la démarche de Tartuffe contre son bienfaiteur, a deviné qu'il avait affaire à un imposteur. Ayant ordonné une enquête sur l'identité et les agissements de ce personnage il a découvert que sous le nom de Tartuffe se cachait «*un fourbe renommé*».

En raison des services rendus jadis par Orgon, pendant la Fronde, le Prince annule la donation sans autre forme de procès et il pardonne «*l'offense secrète*» commise en protégeant un criminel d'Etat.

L'Exempt ajoute que c'est pour mieux confondre l'hypocrite que le Prince a ordonné de donner le change jusqu'au bout. Il a voulu que l'escroc soit démasqué en présence de celui qu'il avait trompé et spolié. Ainsi, d'une part, l'hypocrite se voit infligé un traitement semblable à celui qu'il faisait subir à ses victimes. D'autre part, la comédie se termine par une mise en scène qui introduit le théâtre dans le théâtre. La dénonciation de l'imposture concourt à mener à son terme une fable qui n'a pas seulement une signification politique mais qui est aussi une métaphore de l'illusion théâtrale.

Un dénouement romanesque

La plupart des comédies de Molière s'achèvent sur un dénouement qui cumule le coup de théâtre et l'invraisemblance romanesque.

Le *Tartuffe* ne fait pas exception à la règle. Certes, l'hommage éclatant à la sagesse et à la justice de Louis le Grand témoigne de l'habileté de Molière. Les exigences de la dramaturgie se concilient ici avec la flatterie du courtisan.

Orgon recouvre ses biens, reçoit le pardon généreux du Prince magnanime, Valère épousera Mariane et Tartuffe ira au bagne.

Mais la leçon que contient cet épilogue heureux qui voit les justes récompensés et les méchants punis est conforme à l'idéologie développée tout au long de cette pièce de combat.

Molière savait que dans ses démêlés avec la cabale des dévots, il pouvait compter sur l'appui d'abord secret, puis ouvert du Roi.

Une leçon de réalisme politique

On peut tirer des péripéties du dernier acte une conclusion plus générale et plus subtile. La force de Tartuffe réside dans son appartenance à une confrérie qui crée un véritable contre-pouvoir face au pouvoir royal qui se veut « absolu ». Molière s'efforce de montrer que le droit trouve son meilleur garant dans la toute-puissance d'un monarque qui a les moyens de trancher en faveur de la justice et du bien et de châtier les coupables, en dépit de toutes les précautions que ceux-ci peuvent prendre. Les lois peuvent être détournées, utilisées à des fins partisanes, les fonctionnaires peuvent être corrompus, mais la parole du Roi est un ultime recours pour l'innocence persécutée.

A l'époque où certains théoriciens politiques, tels que Hobbes tentaient de justifier l'institution monarchique, Molière se livrait à une démonstration analogue par le biais de la fiction théâtrale.

Hobbes, le plus célèbre de ces philosophes, substituait à la légitimité du droit divin une rationalisation des rapports sociaux fondée sur le pacte de soumission. Dans *Tartuffe*, Molière n'est pas très éloigné de ce point de vue. En accusant l'antagonisme croissant entre l'Eglise et l'Etat, il magnifie les vertus d'un pouvoir personnel, seul arbitre du Bien et du Mal. L'exercice de la justice est indissociable d'un pouvoir fort, d'un pouvoir unique.

5

Questions de synthèse

Une fable politique

Une pièce à clefs

On ne peut dissocier *Tartuffe* de l'affaire Tartuffe. Il est difficile d'oublier, en effet, quand on doit représenter cette pièce, les circonstances historiques auxquelles son destin a été lié. *Tartuffe* est l'une de ces rares œuvres qui sont des miroirs critiques de l'histoire.

Tartuffe est même plus que cela, c'est l'histoire en train de se faire. Par une étonnante convergence structurelle, le coup de théâtre qui dénoue l'intrigue et sauve de la rapacité du faux dévot Orgon et sa famille est l'écho sur la scène d'un autre coup de théâtre qui a permis à Molière de jouer sa pièce et d'échapper à la vindicte des « frères » de l'imposteur qu'il avait osé dénoncer.

Cette correspondance entre l'histoire racontée par le texte, l'histoire du texte et l'histoire politique appelle un constant décryptage de codes à plusieurs clefs.

Les contemporains se sont donc ingéniés à mettre sur Tartuffe des noms de personnalités qui défrayaient la chronique.

Tantôt on désignait le marquis de Fénelon, tantôt on voyait sous les traits du « pauvre homme », Monsieur Rouquette, évêque d'Autun, ou Monsieur Péréfixe, l'archevêque de Paris qui à deux reprises avait interdit la pièce, ou encore Lamoignon, le président du Parlement, ou encore selon le plus grand potinier de l'époque, Tallemant des Réaux, un certain abbé du Pons ou mieux encore un abbé Charpy de Sainte-Croix qui avait « tartuffié » une madame Patrocle.

Aujourd'hui, ces références, même si elles ont été les sources de Molière, ne nous aident guère à comprendre le personnage. Pourtant, ce renvoi obstiné à l'actualité de l'époque montre la singularité de *Tartuffe* dans la production de Molière. Impossible de faire abstraction du contexte qui l'a vu naître ! Tartuffe reste une lecture d'un certain moment de l'histoire, celui de la formation de la monarchie absolue, celui du déclin d'une noblesse qui joua et perdit sa dernière chance dans la Fronde.

Tartuffe traduit les troubles et les hésitations d'une période de transition et de mutation. Il y est question de mystérieux «*criminels d'Etat*» dont on ne précise pas les crimes, de cassettes remplies de papiers secrets et compromettants, on y respire l'air des complots, des cabales. Des aventuriers issus du bas peuple parviennent jusqu'à l'antichambre du Prince pour y porter leurs dénonciations.

Mais le Prince extra-lucide sonde les reins et les cœurs. Il sait trier le grain et l'ivraie, reconnaître les méchants et récompenser ses loyaux serviteurs. *Tartuffe* est une histoire de trahison où les souvenirs de la Fronde se mêlant aux remous plus récents de l'affaire Fouquet, où les visées de Colbert se heurtent aux intrigues d'une société de piété, où la défense de la foi couvre des plans tortueux de noyautage de l'Etat, où les ambitions personnelles de quelques Grands convergent avec les intérêts de puissances que gêne la montée en France d'un pouvoir fort.

La Compagnie du Saint-Sacrement, au centre du débat, n'était-elle pas en réalité la courroie de transmission du Vatican et de la Cour d'Espagne ? Quand le Pape et le Prince réglèrent leur différend, on n'entendit plus parler de la vénérable confrérie.

Une histoire toujours actuelle

Un metteur en scène d'aujourd'hui dont le *Tartuffe* a fait date, Roger Planchon, a voulu s'en tenir à la stricte lecture des faits, tels que l'histoire de cette époque permettaient de les situer et de les comprendre. Dans ses notes sur *Tartuffe*, il écrit dans *Théâtres de Roger Planchon* :

> **« Il a toujours été admis que le dénouement de *Tartuffe* était conventionnel, que c'était une pirouette de Molière. C'est faux. Si nous nous en tenons aux faits, ce dénouement est platement réaliste. Quelle histoire Molière raconte-t-il en somme ? Un grand commis d'Etat a aidé le roi pendant la Fronde, mais il a gardé des contacts avec un extrémiste opposant, Argas; mieux, il conserve chez lui des papiers lorsqu'Argas fut obligé de s'enfuir en Espagne ou en Belgique. Je ne raconte pas une histoire de l'O.A.S. mais bien de Molière. Un gueux, Tartuffe, va dénoncer Orgon au roi. Que fait celui-ci ? Il fait chapitrer comme il convient son grand commis, lui pardonne en raison de son passé, un policier vient faire l'éloge de cet acte politique tandis que le dénonciateur est arrêté et que l'opposant extrémiste va être condamné à mort. »** (Copfermann, 19, p. 369)

Commentant cette vision des choses, Emile Copfermann dans son livre sur Planchon, précise :

> **« A cet endroit, la scène a été lue en apologie subtile du pouvoir établi : la toute-puissante justice royale qui toujours pèse d'une balance précise le poids des erreurs et des mérites. Compromis par la Fronde, Orgon se voit menacé par la lettre que Tartuffe a remise à la police royale. Le roi le délie de la menace. Les guerres fratricides épuisent le royaume. Le pouvoir fortifié, l'heure vient de la réconciliation — les couteaux au vestiaire — en l'instant où le roi décide qui est de ses ennemis, qui est de ses amis, les faibles alliés sûrs valent peu auprès des forts ennemis repentants. L'intervention finale, Planchon la veut politique. Elle ouvre en même temps une dimension historique à la pièce sans laquelle cette aventure d'un bourgeois trompé par un faux dévot se referme sur le fait divers. »**
>
> (Copfermann, 19, p. 227)

Planchon a insisté sur l'importance de la dimension politique dans cette pièce que trop souvent on tire exclusivement vers le débat philosophique et religieux. Dans sa réponse à une lettre d'une dame indignée par le caractère antireligieux de son spectacle, il écrivait :

> **« Me fascine aussi par exemple ce fabuleux Ve acte. Pendant trop longtemps on le considéra comme une bassesse, une concession de Molière au Roi. Est-ce si sûr ? N'est-ce pas plutôt une description réaliste d'un acte politique du Pouvoir au lendemain d'une guerre civile larvée. Lorsque je présentai la pièce, il y a quelques années, la guerre d'Algérie s'achevait et les péripéties de l'intrigue de Molière s'étalaient dans les journaux. »** (Copfermann, 19, p. 385)

Planchon faisait allusion à la nécessité de l'amnistie. Il est intéressant de constater comment le respect de l'historicité et de la littéralité des faits ouvre spontanément sur une actualisation qui met en évidence l'universalité d'une réflexion sur les mécanismes du pouvoir, indépendamment de la conjoncture.

Une réflexion sur le pouvoir

Pourtant l'entrelac des facteurs qui entrent en jeu dans cette situation donnée, à ce lendemain de guerre civile, se rapporte à un moment et à un lieu spécifiques : la France à l'orée de la monarchie absolue, la France au déclin de la monarchie féodale, la France aussi au centre des forces qui se croisent et se heurtent en Europe.

L'une des dimensions essentielles de la controverse dont *Tartuffe* se fait l'écho est le bras de fer qui oppose alors l'église romaine et l'état gallican.

La question qui se pose alors est celle de la dualité des pouvoirs. Achevant l'œuvre de ses prédécesseurs, Louis XIV affirme la primauté de l'Etat incarné dans la personne du souverain doté pour la première fois d'un pouvoir sans limite. C'est pourquoi il lui fallait abattre ce parti dévot qui ramifiait ses tentacules jusque dans sa Cour et qui servait des intérêts étrangers. C'est pourquoi d'une main il interdisait *Tartuffe* mais, de l'autre, il protégeait Molière, augmentait sa pension et encourageait ses audaces. Avec *Tartuffe*, le théâtre cesse d'être un moyen de divertissement pour se doter d'une fonction politique.

Un pamphlet anticlérical

De la fausse et de la vraie dévotion

Dans *Tartuffe* tout se tient et la fable politique est indissociable de la satire anticléricale.

Les ennemis de Molière lui reprochaient d'avoir fait œuvre d'impiété en tournant en dérision les prêtres et la religion.

La question de savoir si Tartuffe était un ecclésiastique ou un laïc a joué un rôle si important dans cette affaire. Après la première représentation du 12 mai 1664, Roullé et quelques autres ont accusé Molière d'avoir, en habillant en prêtre son faux dévot, jeté le discrédit sur l'ensemble du clergé.

C'est pourquoi le principal remaniement que Molière ait apporté à sa pièce pour la faire accepter, a été de changer l'« état » de son imposteur. Dans *L'Hypocrite*, il portait le rabat, il était de que l'on appelait « un petit collet ». Cette expression a son importance. Le dictionnaire de Furetière la définit ainsi :

> **« On appelle "petit collet" un homme qui s'est mis dans la réforme, dans la dévotion, parce que les gens d'Eglise portent par modestie de petits collets, tandis que les gens du monde en portent de grands ornés de points et de dentelles. Et quelque fois il se dit en mauvaise part des hypocrites, qui affectent des manières modestes, et surtout de porter un petit collet. »**

Dans la deuxième version de 1667, Molière va faire de son Panulphe un homme d'épée. Et dans son deuxième placet au Roi, il relate ses efforts pour dissuader ses censeurs. Il précise qu'il a en vain « *déguisé le personnage sous l'ajustement d'un homme du monde; j'ai eu beau lui donner un petit chapeau, de grands cheveux, un grand collet, une épée et des dentelles sur tout l'habit, [...], tout cela n'a de rien servi.* »

Dans ses placets au Roi, dans sa préface à la première édition, imprimée le 23 mars 1669, Molière reprend exactement la distinction entre faux et vrais dévots développée par Cléante dans la scène 5 du premier acte et dans la première scène du dernier acte.

Molière fait valoir pour sa défense que, loin d'attaquer les vrais dévots, il leur rend justice en démasquant les hypocrites qui par leurs mensonges discréditent l'Eglise et la religion.

Pourtant, il est obligé de reconnaître que d'authentiques «*gens de bien*» se sont joints au chœur de ses calomniateurs. La raison en était la peur du scandale et le danger que se crée dans l'esprit du public un amalgame entre les faux et les vrais dévots.

Cette confusion risquait de faire le jeu de ceux que l'on appelait alors les libertins, c'est-à-dire les athées. C'est à l'un d'eux, le prince de Condé, que l'on doit cependant le mot juste pour expliquer la campagne déchaînée contre l'auteur du *Tartuffe*. Molière le cite en conclusion de sa préface, en guise de pointe.

Il rappelle que huit jours après que l'on eut défendu sa comédie, on représenta devant la Cour une pièce intitulée *Scaramouche ermite*. Le roi, en sortant, demanda à Condé pourquoi les gens qui se scandalisaient de la pièce de Molière ne disaient mot de celle de Scaramouche et Condé répondit :

> **« La raison de cela, c'est que la comédie de *Scaramouche* joue le ciel et la religion, dont ces messieurs-là ne se soucient point; mais celle de Molière les joue eux-mêmes, c'est ce qu'ils ne peuvent souffrir. »**

En montrant dans l'hypocrisie de Tartuffe le stratagème d'un libertin déguisé sous le masque de la dévotion, Molière pouvait sembler partager les préoccupations des plus austères défenseurs de la foi, ceux qui comme Pascal dans ses *Provinciales*, dénonçaient les artifices de la casuistique.

La satire de la casuistique

On appelait « casuistique » l'étude des cas de conscience. Propagée dans les traités des pères jésuites cette science avait pour but de rendre la religion moins farouche, plus aimable, plus mondaine, donc, plus laxiste.

Tartuffe pratique avec virtuosité les deux principales méthodes recommandées par les casuistes : la direction d'intention et la restriction mentale. Quand il se persuade que sa passion pour Elmire n'est pas coupable, Tartuffe a recours à la direction d'intention. De même quand il accepte la donation d'Orgon, c'est pour empêcher « *que tout ce bien ne tombe dans de méchantes mains* ».

Instruit par Tartuffe, Orgon use de la restriction mentale quand il remet la cassette à l'imposteur afin de pouvoir garder la conscience tranquille tout en faisant des serments « *contre la vérité* ».

En attaquant la morale relâchée prônée par les jésuites, Molière se joint à la polémique déjà engagée par Pascal dans ses *Provinciales*, publiées en 1656.

Mais il serait abusif de voir dans l'auteur du *Tartuffe* un allié des jansénistes. La sévérité dogmatique professée par ces derniers, leur ostracisme envers les plaisirs du monde et de la chair ne lui convenaient guère. N'oublions pas que l'un des principaux maîtres à penser du jansénisme, Nicole, avait vigoureusement proscrit le théâtre dans son *Traité de la comédie*. Même si Molière dénonce surtout l'hypocrisie qui dissimule le laxisme sous une apparence d'austérité, les principes défendus par les dévots, faux ou vrais, n'étaient en rien conformes à ses propres convictions philosophiques et morales.

On est donc en droit de se demander si la figure de Tartuffe n'était pas pour Molière un moyen habile d'exprimer des idées qui alors sentaient le fagot.

De l'humanisme au libertinage

Depuis le début du siècle une violente controverse opposait les dévots et les libertins. Ceux-ci au fond étaient les héritiers des humanistes de la période précédente dont ils avaient radicalisé les positions critiques à l'égard du dogmatisme religieux.

On ne sait si Molière suivit ou non les cours du philosophe Gassendi qui se réclamait de Lucrère et d'Epicure. Pour connaître sa pensée réelle, il nous reste seulement à interroger son œuvre. *Tartuffe* est plein d'enseignement à cet égard, moins d'ailleurs par la figure de Tartuffe, l'imposteur, que par celle d'Orgon, la dupe.

Le comique attaché au premier repose, certes, sur le contraste entre sa sensualité, sa gourmandise, ses élans irrépressibles de concupiscence et la spiritualité fervente dont il fait profession dans ses fonctions dc directeur de conscience. Mais le ridicule du second va beaucoup plus loin car il provient d'une absence de jugement, d'une crédulité qui procèdent, qu'on le veuille ou non, de la nature même du sentiment religieux, de la «*dévotion*» qui l'animent. C'est donc bien le mécanisme mental de la foi qui est à l'origine de son comportement aberrant.

Le personnage de Tartuffe nous éclaire peu sur les idées personnelles de l'auteur, mise à part une satire au premier degré dont les motivations sont essentiellement d'ordre politique. Molière, en effet, par précaution, s'est ingénié à séparer nettement l'hypocrite du dévot, en sorte que la dévotion n'est que le terrain sur lequel s'exerce l'hypocrisie et peut donc apparaître comme secondaire.

En revanche, il faut chercher la véritable signification de l'œuvre dans l'opposition entre Cléante et Orgon, entre le défenseur d'une morale humaniste et le pratiquant fanatique d'une religion qui recommande l'abandon de toutes les affections humaines.

Parfois, au détour d'une conversation, il semble que l'auteur soulève un coin du voile sur ses intentions profondes. Ainsi dans un passage de la scène 5 du premier acte, Orgon se félicite de l'enseignement de Tartuffe qui lui apprend «*à n'avoir affection pour rien*»:

> **«De toutes amitiés il détache mon âme;**
> **Et je verrais mourir frère, enfants, mère et femme,**
> **Que je m'en soucierais autant que de cela.»**

A quoi le sage Cléante répond :

« Les sentiments humains, mon frère, que voilà ! »

L'hypocrisie de Tartuffe ici n'est pas en cause, ni l'usage pervers qu'il peut faire des préceptes de l'Eglise, mais le fond même d'un enseignement, celui du Christ, qui, appliqué avec cette entièreté, menace de détruire tout lien social et familial. Une morale humaniste, celle de Cléante, s'oppose à la passion religieuse d'Orgon, aveuglé par des idées dont Tartuffe n'est que le porte-parole.

Une comédie de mœurs

Ces propos que Molière prête à ses personnages montrent, en fait, qu'il n'aborde pas le grave sujet de la foi religieuse en philosophe, en métaphysicien, mais en moraliste. *Tartuffe* est surtout l'œuvre d'un observateur aigu des mœurs de son temps, proche en cela du La Bruyère des *Caractères*, du La Rochefoucauld des *Maximes*.

Une peinture des mœurs bourgeoises

Tartuffe prolonge *L'Ecole des femmes* dans la peinture des mœurs bourgeoises et tout spécialement dans ce que l'esprit de propriétaire peut présenter de ridicule et d'odieux quand il est porté aux excès que l'on voit chez Orgon après les avoir observés chez Arnolphe.

Certes, la situation est différente, mais l'objet reste le même. Chez le barbon comme chez le bigot, Molière fustige l'excès du principe d'autorité. Bien qu'il se soit moqué parfois de certaines conduites féminines trop extravagantes comme celles de ses *Précieuses ridicules* et de ses *Femmes savantes*, l'auteur de *L'Ecole des femmes* a plaidé pour l'émancipation des filles et des femmes. Il a montré le ridicule de la tyrannie paternelle et maritale. L'une des leçons de *Tartuffe* est la revendication en faveur de la liberté de choix individuel face aux contraintes familiales et conjugales. Orgon apparaît donc comme la représentation grotesque d'un despotisme masculin qui n'a d'autre justification que le bon plaisir de celui qui l'exerce.

Les remarques acerbes d'Elmire, son attitude de contestation tout au long de la pièce, jusqu'à la fin, quand elle apprend avec consternation l'affaire de la cassette, en disent long sur ses frustrations.

La bigoterie d'Orgon et de Madame Pernelle, qui provoque des catastrophes, est liée à un traditionnalisme, à un respect aveugle des conventions dont Molière s'attache ironiquement à montrer les effets négatifs.

Deux conceptions de la vie s'affrontent au cours de l'intrigue, l'une fondée sur l'exercice de l'esprit critique et du jugement individuel, l'autre complètement aliénée par un conformisme et un formalisme rétrogrades.

Le conflit entre deux politiques, entre deux générations trouve donc sa résonance dans ces tensions familiales que l'intrusion de Tartuffe va porter au point de rupture.

La revanche du pauvre homme

L'apparition de Tartuffe dans cette famille de grands bourgeois haut placés aura une fonction de révélateur de tensions psychologiques jusque-là refoulées. Mais cette explosion est aussi l'effet de rapports de force qui ont pour origine les fissures de la hiérarchie sociale sous l'action des changements politiques en cours.

Il faut bien comprendre que le passage à la monarchie absolue accompli par Louis XIV réalise une véritable révolution au sommet.

Tartuffe est l'expression littéraire de ces bouleversements et des perturbations apportées dans les mœurs, dans le mode de vie.

Le laxisme prêché par *Tartuffe* est conforme à une recherche du plaisir qui partout est en train de supplanter la morale du devoir. L'arme de Tartuffe est l'hypocrisie parce qu'il n'a pas les moyens de ses désirs. Pour se satisfaire, il doit biaiser, il doit tromper, il doit trahir. Cette crudité qui apparaît au cinquième acte, quand il croit avoir gagné, traduit l'état d'esprit d'un homme défavorisé par sa naissance. Il n'a de ménagements à prendre avec personne. Il doit se rattraper. Il est dominé par un sentiment d'injustice fondé sur la disproportion entre la conscience de ses capacités naturelles et sa condition sociale. Il y a du Julien Sorel en Tartuffe. Orgon va payer pour toutes les humiliations passées.

Comme Julien Sorel, Tartuffe sait qu'il ne peut arriver que par l'Eglise. Mais l'ascension de Tartuffe, ce pouvoir qu'il acquiert grâce aux services rendus à une organisation alors toute-puissante recouvre d'ombre sa préhistoire. Malgré les bribes lâchées par Orgon, on ne sait pas qui est Tartuffe. Il y a sur tous les personnages de cette pièce une angoisse qui pèse plus que les menaces de l'imposteur. Cette angoisse émane de l'imposteur lui-même et se répand par contagion sur tous les autres. Cette faille de l'âme correspond à une quête d'identité. On ne sait pas qui est Tartuffe. Mais Tartuffe ne sait pas qui il est. Ce thème, tout-puissant chez Molière, s'épanouira dans *Amphitryon*, la pièce des dédoublements et des méprises.

L'influence de Tartuffe ne se manifeste pas seulement par l'appropriation des biens d'Orgon, de sa fille et de sa femme, mais aussi par le pouvoir de dépossession des esprits. Comme le fera Dom Juan, Tartuffe amène par sa seule présence les autres personnages à sortir d'eux-mêmes, à se révéler, à se quitter, à s'exhiber. Telle est la compensation qui est donnée aux hommes déclassés, aux hommes sans origine, aux pieds-plats qui se targuent d'être gentilshommes et dont le seul génie est de monnayer leurs insuffisances, de convertir en force leur faiblesse.

Une comédie de caractère

Raisonneurs et passionnés

Les facteurs politiques et sociaux seraient peu aptes à produire sur la scène ces captivantes péripéties s'ils ne s'exerçaient sur un terrain psychologique propice. Le propre de la grande comédie, ce par quoi elle rivalise avec la tragédie, est l'analyse des caractères.

Il n'y a d'intéressant, au théâtre comme dans la vie, que la difformité, la démesure. Le paradoxe du théâtre classique consiste à déchaîner les passions pour mieux les museler. Il démontre les dangers des passions pour, en fait, les porter à leur intensité la plus extrême. Ce théâtre de la nature et de la raison se complaît dans la monstruosité et dans la folie.

Pour parler plus platement, nous dirons que dans *Tartuffe*, comme dans toutes les comédies de Molière, les passionnés s'opposent aux raisonneurs, que je préférerais appeler « les raisonnables ».

D'un côté Cléante, Dorine, Elmire, de l'autre Orgon avec ses délires bigots, ses rages de mystique détachement, son irréalisme, Damis avec ses violences, son narcissisme hypertrophié, ses fureurs, Mariane et ses désespoirs suicidaires, sa docilité morbide. Entre eux, secret, énigmatique, Tartuffe, l'homme sans qualité.

Tartuffe est entre les deux et participe des deux. Cet escroc maître de lui comme de l'univers s'effondre devant la chair irrésistible d'Elmire.

Ce prodige de sang-froid est l'homme des passions rentrées. C'est l'homme de ressentiment et de refoulement. C'est pourquoi il fascine et il inquiète.

Les ravages de l'Idée fixe

Il y a les réalistes et les chimériques. Orgon est comique à cause du constant décalage dans lequel il se trouve par rapport aux nécessités de la situation. Il agit en dépit de toute logique parce qu'il est totalement possédé par son idée fixe. Il ne voit rien, il n'entend rien. Même sous la table quand Tartuffe va faire l'amour sous son nez à Elmire, il ne veut rien entendre, ni voir. Il se réveille quand sa passion est en cause, quand la conversation galante soudain le concerne.

La force de Molière est d'avoir donné au ridicule une fonction psychologique, une fonction de révélateur d'un déséquilibre intérieur, d'un trouble qui est de l'ordre de la démence.

La répétition est comique par le désordre intérieur qu'elle révèle.

« *Le pauvre homme* » signifie le besoin de pitié d'Orgon, le besoin de prendre pitié de quelqu'un. Pour se sentir exister, il lui faut ce regard suppliant, cette affection brûlante, ces mots qui l'émeuvent : « *mon frère !* » La charité chrétienne a bon dos dans cette histoire !

La faiblesse d'Orgon pour Tartuffe est l'envers de son orgueil. Il est normal que le parvenu lui rende tant de haine pour tant d'amour. Orgon et Tartuffe sont complémentaires. Ils forment un couple. Ils se sont bien trouvés. Tartuffe est pour Orgon l'Idée fixe incarnée.

Molière a voulu montrer les dangers du désir d'absolu. Le ridicule naît de cette projection d'une Idée immense, d'un désir immense dans une réalité infime, nulle, dérisoire.

Molière en tire la leçon inverse de Pascal. Il ne faut pas se détourner des choses de la terre. Il faut les prendre à bras-le-corps.

Mais Molière, malgré les apparences, n'est pas un partisan inconditionnel de la raison humaine. Il montre qu'il y a une folie de la raison. Le raisonnable n'est pas rationnel. Il faut faire comme si. Il faut se contenter du terre à terre. Il faut savoir comme Cléante composer avec les crapules quand on n'a pas le choix.

Le comique de caractère

Il y a un document qu'il faut connaître pour bien comprendre *Tartuffe*, pour le lire, peut-être, avec les yeux de Molière; il s'agit de la *Lettre sur la comédie de l'Imposteur*, publiée le 20 août 1667 au lendemain de l'interdiction qui frappait *Panulphe ou l'Imposteur*. Cette *Lettre*, non signée, était sans doute inspirée par Molière, peut-être même était-elle de sa main.

On y trouve une précieuse analyse de la pièce qui éclaire entre autres la notion de ridicule, que l'auteur considère comme « une des plus sublimes matières de la véritable morale ».

On y apprend que le ridicule a une fonction psychologique et morale à la fois.

Dans les deux scènes avec Elmire, Tartuffe est ridicule parce qu'il se laisse emporter par sa suffisance, par son désir amoureux. Il perd la mesure, le sentiment des bienséances. Tartuffe est ridicule parce qu'il se comporte de façon déraisonnable. Mais il est ridicule aussi parce qu'il est dévot. Le ridicule naît de la transgression des bienséances. La transgression des bienséances traduit une dissonance morale qui est un trait de caractère aberrant. La passion de Tartuffe pour Elmire est aussi aberrante et ridicule que celle d'Orgon pour Tartuffe. En singeant les galants, le dévot est aussi ridicule et aberrant qu'un homme du monde qui singe les dévots :

> **« Le ridicule est donc la forme extérieure et sensible que la providence de la nature a attachée à tout ce qui est déraisonnable, pour nous en faire apercevoir et nous obliger à le fuir. Pour connaître ce ridicule, il faut connaître la raison dont il signifie le défaut et voir en quoi elle consiste. Son caractère n'est autre, dans le fond, que la convenance, et sa marque sensible, la bienséance [...]. Or, si la disconvenance est l'essence du ridicule, il est aisé de voir pourquoi la galanterie de Panulphe paraît ridicule, et l'hypocrisie en général aussi; car ce n'est qu'à cause que les actions secrètes des bigots ne conviennent pas à l'idée que leur dévote grimace et l'austérité de leurs discours a fait former d'eux au public. »**

Le ridicule est donc lié au plaisir que procure pour le spectateur la supériorité de la raison, de la maîtrise de soi. Cette raison, cette maîtrise échappent justement à celui qui se laisse aveugler par ses sentiments et qui perd la faculté de jugement, qui ne sait plus accorder ses moyens au résultat qu'il veut obtenir.

Le ridicule naît de cet échec. Il provoque dans l'âme du spectateur la bouffée d'ivresse de celui qui se sait hors d'atteinte. Il est engendré par la volonté de puissance. Le comique est produit par le jeu de miroirs entre une volonté de puissance qui se brise, celle de Tartuffe contre la résistance d'Elmire, et une volonté de puissance qui s'affirme par l'exercice de l'esprit critique et de la conscience morale. Telle est pour Molière la définition de l'acte théâtral : une illusion démystifiante.

Une métaphore de l'illusion théâtrale

Le mentir vrai

Il ne faut tout de même pas oublier que nous sommes au théâtre et que nous ne sommes pas, avec Molière, dans un théâtre à thèse, un théâtre didactique ou moralisant. Dans la *Critique de l'Ecole des femmes*, pour se défendre contre les pédants qui lui reprochaient d'avoir manqué aux règles, il avait répliqué : « *Je voudrais bien savoir si la grande règle du théâtre n'est pas de plaire...* »

Il est vrai que dans son premier placet au Roi, de même que dans la préface, il définissait un peu autrement la fonction du théâtre :

> **« Le devoir de la comédie étant de corriger les hommes en les divertissant, j'ai cru que, dans l'emploi où je me trouve, je n'avais rien de mieux à faire que d'attaquer par des peintures ridicules les vices de mon siècle... »**

Or, il se trouve que le sujet choisi, l'hypocrisie, coïncidait avec l'acte même chargé de la « représenter ». La forme et la matière y fusionnaient dans une homologie parfaite. *Tartuffe* est une comédie sur le danger de se laisser prendre à l'apparence, une apparence qui trompe sur la réalité. C'est le propre même du théâtre. Plus tard, dans *Le Misanthrope*, un personnage de théâtre, sur une scène de théâtre, fulminera contre les gens qui font du théâtre dans la vie. *Tartuffe* amorce déjà cette réflexion sur la relation entre l'être et le paraître, entre ce que l'on donne à voir et ce que l'on est vraiment. En traitant de l'hypocrisie, Molière était amené tout naturellement à mettre en question l'art qu'il avait choisi comme mode d'expression.

Je ne dirai pas que le sujet de *Tartuffe* est le théâtre, mais c'est une pièce où le théâtre se réfléchit, où il se met lui-même en scène, où il réfléchit sur lui-même.

Dans *Tartuffe*, la représentation se parodie constamment elle-même. Tout geste, tout mot sont calculés en fonction de l'effet à produire.

Dans la dernière scène, le Prince est le grand ordonnateur d'une mise en scène qui va mystifier le mystificateur. Le théâtre se renverse, le menteur est pris à son propre jeu. L'art du comédien n'est-il pas un art de mentir? A ceux qui dans la vie jouent avec les choses les plus graves, Molière répond en les jouant eux-mêmes sur la scène.

On ne peut pas mieux désigner le paradoxe du comédien : mentir pour faire éclater la vérité.

Ce procédé du théâtre dans le théâtre si abondamment employé dans *Tartuffe* n'avait rien d'original. Il était dans l'esprit du temps. Il se rattachait à cette esthétique baroque issue de la Contre-Réforme et qui déployait toute une stratégie de la séduction et du faux-semblant.

Corneille, dans *L'Illusion,* avait exalté les possibilités infinies de cette caverne magique où l'on pouvait vaincre les limites de l'espace et du temps. Mais à cette apothéose du théâtre comme fiction, à cette redondance narcissique d'une représentation ivre d'elle-même, Molière répondra en châtrant les jeux de l'imagination. La scène n'est plus projetée vers un diarama féerique, elle n'a plus pour tâche de redoubler les mystifications de la réalité, elle est tournée vers la salle, elle reflète le théâtre qui se donne dans la vie, afin de le démasquer.

Au théâtre, comme sublimation du mensonge, Molière répondait par le mentir vrai. Au théâtre comme redoublement d'une illusion qui triomphait partout pour renforcer l'aliénation, pour mieux implanter la superstition, Molière opposait le théâtre comme démystification, comme libération de l'esprit critique.

Il y a une ligne directe entre l'illusion critique de Molière, l'illusion comme critique de l'illusion, et la distanciation de Brecht. Exposer l'illusion pour mieux la dégonfler, telle a été la fonction du théâtre classique, bien avant le théâtre épique.

Tartuffe n'est donc pas seulement une critique de l'hypocrisie, mais une critique de l'illusion, cette arme d'un pouvoir occulte.

Sous le dévot hypocrite de Molière se cachait un comédien, un illusionniste qui, en se donnant en spectacle, par le jeu de l'illusion théâtrale, démasquait les illusions de la vie.

La critique de la représentation

Toute l'époque est sous le signe du théâtre. Le théâtre a envahi tous les domaines de la vie, il triomphe à la ville, à la cour, à l'église.

Partout règne l'apparat, partout il faut respecter l'étiquette, obéir à des codes de représentation, à des conventions très compliquées qui règlent le maintien, les manières, les « bienséances ».

Il n'est donc pas étonnant que devant cette concurrence galopante, devant cette inflation théâtrale, le théâtre ait songé à délimiter son territoire propre. L'illusion théâtrale répond donc aussi à ce souci de se protéger contre une prolifération de signes où elle risque de se perdre, de se noyer.

La marque de l'époque est le trompe-l'œil. Ce trompe-l'œil s'accompagne d'un voyeurisme permanent. Ce trompe-l'œil, ce voyeurisme, on les retrouve dans *Tartuffe*. Mais là, en s'exhibant, ils se dénoncent.

On comprend que les hypocrites de profession se soient émus devant cette image que Molière leur renvoyait de leur art. Ils copiaient l'art de l'acteur, voilà que l'acteur rendait hommage à leur savoir-faire en les copiant à leur tour. Je crois que la fureur de ces messieurs du Saint-Sacrement contre *Tartuffe* s'explique surtout par ce sentiment d'être découverts, moins par le sujet, par le contenu même de la pièce, que par la forme, le comédien de théâtre singeant le comédien de la vie.

On accusera donc le théâtre de corruption, alors que, tel que Molière le concevait, il dénonçait justement la corruption.

On était en pleine redondance, en plein redoublement des signes, en plein mimétisme : la réalité théâtralisée était appelée à se corriger, c'est-à-dire à se déthéâtraliser, à retrouver sa normalité, en contemplant au théâtre sa propre image, sa « représentation ».

On comprend que les dévots aient eu le sentiment d'être trahis. Au lieu de contribuer à l'aliénation générale, au lieu d'aider à la simulation, le théâtre comique devenait un instrument de désillusion, d'assainissement.

L'horreur du scandale, manifestée par Tartuffe, rejoint l'horreur du théâtre exprimée par les originaux dont, dira Molière, il n'était que la copie. La scène de théâtre comme lieu par excellence du scandale ne pouvait qu'effrayer ceux dont la réussite dépendait avant tout du secret, du silence des coulisses.

La querelle de la moralité au théâtre que vont déchaîner les bons pères, toutes sectes confondues, dans l'année 1666, entre les deux *Tartuffes*, n'a pas d'autre origine.

Un exemple suffit à montrer le danger ressenti par les directeurs de conscience : qu'est-ce que la casuistique sinon un condensé de l'art du théâtre adapté aux besoins de l'Eglise ?

Dans *Tartuffe*, la représentation théâtrale ne représentait plus une fiction divertissante, elle représentait la représentation qui se donnait dans la vie.

La différence entre le théâtre sur la scène et le théâtre dans la vie était dans la vérité, dans la sincérité. La différence était dans ce qu'un des grands hommes de théâtre de notre temps, Charles Dullin, a appelé « la transposition ».

Dans ses notes sur le théâtre, il écrit :

> **« Ce que nous voulons c'est l'autre vie, la plus grande, la plus riche, la plus noble, en un mot, la plus amusante et pour cela à quoi devons-nous forcément avoir recours ? A LA TRANSPOSITION.**
> **[...] Les grands comiques sont en général dans la vie des tristes, des amers. Pourquoi ? Je ne puis prendre sur moi de le dire, mais c'est un fait que les plus grands**

bouffons ont illustré. Si ce sont des observateurs profonds de la nature humaine, quoi d'étonnant à ce qu'ils en arrivent à la cruauté et à l'amertume ? Dans l'ensemble, l'humanité n'est pas belle. Et comment ces grands comiques ne seraient-ils pas vulnérables, puisqu'ils sont, de par leur nature et les nécessités de leur art, des sincères.

Le secret du comique est dans la sincérité. [...] Molière était un être désabusé. Avant lui, le plus grand arlequin de la *commedia dell'arte* était neurasthénique. »

(Dullin, 21, p. 210)

Un pamphlet dirigé contre Molière par ses ennemis l'avait portraituré méchamment sous les traits d'« *Elomir hypocondre* ». L'hypocondrie des grands comiques est très compréhensible. La désillusion mène au désenchantement, et le désenchantement mène à l'hypocondrie.

La représentation ne prend son sens que dans l'interprétation, et l'interprétation est par essence infinie, elle ouvre sur toutes les variations possibles. Telle est la loi de l'imposture théâtrale.

6

Questions d'interprétation

L'infinité du texte

Pour un *Tartuffe* combien de Tartuffes ?

Que faut-il voir avant tout dans Tartuffe, un type ou un personnage ? Grave question qui se pose aux metteurs en scène. Faut-il l'abstraire ou l'individualiser ? Molière n'avait pas laissé de doute sur son intention de portraiturer à travers un cas particulier une espèce alors très répandue de « *dévots hypocrites* ». Ne serait-ce que par le choix du nom.

Quand il a voulu apaiser le clan acharné contre lui, en 1667, il a troqué Tartuffe contre Panulphe. Quand, en 1669, il se sentit en sûreté, il revint au nom primitif. Molière, en effet, n'a pas inventé le nom de Tartuffe, qui provient de l'italien « tartufo » désignant au sens propre la truffe, mais au sens figuré un fourbe. Ainsi avant de passer de nom propre à nom commun, Tartuffe avait déjà suivi le chemin inverse. Personne de son temps ne pouvait s'y tromper.

On peut privilégier dans *Tartuffe* tel ou tel aspect, on peut également essayer de les embrasser tous. Mais *Tartuffe*, comme tous les grands textes, est inépuisable.

Le sens d'une œuvre de théâtre n'est jamais fixé une fois pour toutes. Il dépend d'une infinité de facteurs qui composent une interprétation.

A chacun sa vérité. A chacun son *Tartuffe*.

Dans ses *Témoignages sur le théâtre*, Jouvet a relevé « quelques dépositions » contradictoires. Pour l'un, Tartuffe n'est pas un hypocrite, mais un vil escroc, pas malin, de surcroît, car il se laisse jouer par Elmire. Pour l'autre, c'est un athée. Pour un troisième, c'est un mystique. Tartuffe est tantôt un personnage comique, il est la dupe, parce qu'il est sincère, tantôt, c'est un rôle à double visage, un démon.

Les avis varient aussi sur sa catégorie sociale. Pour les uns, c'est un homme du monde, pour d'autres, un forçat évadé, un truand de sacristie. Certains le voient gros, certains le voient maigre. C'est parfois un « gueux », parfois un dignitaire ecclésiastique de haut rang. Même panoplie pour la caractérisation du rôle. Molière le voulait comique, comme en témoigne *La lettre sur l'Imposteur*. Puis, Jouvet rapporte qu'on le poussa au noir, sous la Restauration et sous Louis-Philippe où prit naissance la tradition d'un Tartuffe sinistre, inquiétant.

Jouvet cependant ajoutera à cette longue liste sa propre interprétation : « *Molière a simplement attaqué les hypocrites* ». (Jouvet, 15, p. 78).

Servir et non s'en servir

Chaque metteur en scène fait table rase des interprétations données avant lui, les considérant comme autant de contresens, de falsifications de l'œuvre. Telle est la logique du théâtre. Chacun croit redécouvrir une pièce ensevelie sous les innombrables spectacles qui ont prétendu la servir.

Ainsi, plus un texte a été représenté, plus il est vierge, car chaque nouvel interprète devra balayer tout ce qui l'a précédé.

Quand Louis Jouvet monte à son tour *Tartuffe* en 1950, il demande un décor tout blanc pour nettoyer l'œuvre de la crasse accumulée pendant plus de deux siècles et demi.

Quand il aborde *Tartuffe*, Roger Planchon cède lui aussi à l'utopie d'une pureté impossible. Dans ses notes sur *Tartuffe*, il écrit :

> **« L'œuvre c'est tout, c'est l'essentiel et nous sommes devant. Comme nous sommes devant le monde muet des objets, dirait le poète Francis Ponge. Il me plaît très fort**

> **de considérer une œuvre théâtrale comme un objet. Un objet réel. »** (Copfermann, 19, p. 360).

Pourtant, Roger Planchon fait justice d'une légende. Citant une formule de Fernand Ledoux : *« servir et non se servir »*, il montre, en analysant un certain nombre de mises en scène, que si tous les hommes de théâtre ne peuvent que se réclamer de cette devise, aucun ne l'a jamais mise en pratique. Ledoux, lui-même, l'auteur de cette belle phrase, a commis une mise en scène de *Tartuffe*, version chrétienne, des plus contestables.

Selon Planchon, on n'échappe pas à l'idéologie. Dès qu'il y a interprétation, il y a engagement, orientation, choix, parti pris. Il y a forcément, quelque part, trahison. L'imposture de Tartuffe a donc eu au théâtre une longue postérité.

Mais Planchon ajoute un correctif important. A propos de la mise en scène de Jouvet, il précise :

> **« Nous touchons là au paradoxe de la mise en scène car une conception comme celle de Jouvet n'a rien d'abstrait, elle est incarnée physiquement dans des images scéniques simples et complexes et surtout évidentes. Ce qui caractérise un comédien lorsqu'il est excellent c'est l'évidence. Il est évident comme un caillou et en parler c'est s'engager dans l'opacité. Lorsque l'on est minéralogiste ou chimiste, on parle très bien des cailloux, mais lorsque nous butons dans un caillou, nous n'avons pas une réaction de minéralogiste et lorsque nous nous trouvons face à un auteur qui interprète un personnage, ce n'est pas le sociologue, l'historien qui subit dans sa sensibilité l'émission sensible, évidente, qui se dégage de cet acteur. C'est une évidence qui s'installe en face de nous, tous les comédiens le savent et ils cherchent cette évidence. »** (Copfermann, 19, p. 363)

Cela veut dire que les interprétations, quand elles ont la qualité, l'évidence dont fait état Planchon à propos de Jouvet, loin de s'annuler, s'ajoutent et constituent l'histoire de l'œuvre.

Cette démarche s'écarte autant de l'éclectisme et du dilettantisme que de l'académisme. Elle demande autant de liberté que de rigueur. Elle s'impose le plus souvent à la mesure de sa nouveauté, de son refus de la tradition. Car dans l'art en général et plus spécialement au théâtre, il n'est rien de plus mortel que les poncifs.

La question de la tradition

Qu'est-ce qu'on entend par tradition ?

On peut toutefois se référer à la volonté de l'auteur, à la peur de le trahir. On peut se demander s'il n'existe pas des indications incontournables qui ne constitueraient pas un cadre immuable, une sorte de garantie de fidélité, ce qu'au théâtre on appelle la tradition.

Pour *Tartuffe*, nous ne possédons aucune information sur les représentations que donna Molière. Mais il n'y en a pas moins une tradition, faite des procédés transmis de génération en génération. Que pensent les interprètes qui, en notre siècle, ont marqué notre vision de l'œuvre, de la tradition, en général, et de la tradition de *Tartuffe* en particulier ? Ecoutons, par exemple, Charles Dullin :

> **«… il y aurait beaucoup à dire sur la tradition qui, à partir du moment où elle cesse de féconder, devient nuisible. Le passé nous fournit des exemples. Il ne nous dit pas : "Imite, pour bien faire, ce que j'ai fait." Mais il nous dit : "Fais comme moi, cherche comme j'ai cherché, travaille […]" Il me semble qu'il dit aussi : "Ne t'attache pas aux formes extérieures des œuvres, car elles vieillissent vite. Attache-toi à leur esprit. Le respect borné, l'admiration de commande, le mot d'ordre sont bien les pires ennemis des chefs-d'œuvre. Le style ? Mais le style, c'est avant tout de voir juste !" Hélas ! C'est exactement le contraire qui se passe en France. On invoque pompeusement la tradition quand il s'agit de théâtre. On n'entend souvent par là qu'un ramassis de trucs d'acteurs, d'intonations conventionnelles. Oh ! ces soubrettes bouffies de graisse, les poings sur les hanches,**

comme la vivandière! Ce rire lourd et forcé des comiques, des comiques de répertoire! Cette tradition a conservé la poussière des grands hommes, leurs tics, leurs infirmités même, mais elle a laissé leur esprit s'évaporer. » (Dullin, 21, p. 93)

Dullin écrivait ces lignes en 1930, mais, en particulier pour Molière, elles restent toujours actuelles.

Jouvet ne pense pas autrement. Comme Dullin il oppose la tradition de l'esprit à la tradition de la lettre :

« Pour une même pièce la liste des *traditions* est inépuisable. C'est ce qu'on appelle la *tradition moliéresque*. Sont-ce les traditions qui font la tradition ou la tradition qui les engendre? Qui est le premier de l'œuf ou de la poule? Dans ce sens, les traditions ne sont que des procédés, trucs, tours de main, façons de faire, manies, copiés et recopiés les uns sur les autres. [...] La *tradition* est d'autre nature. Disons simplement qu'elle est un état d'esprit, qu'elle est, non pas une coutume, ni une habitude, mais une attitude, une disposition de l'esprit, une tendance, une façon de voir et de faire, commune à tous les gens d'une même profession. »

La tradition « corrompue » de Tartuffe

A un élève qui lui demandait s'il y avait une « tradition » pour le personnage de Tartuffe, Jouvet répondit :

« Il n'y a pas de tradition au théâtre! Il y a une "tradition" corrompue comme dans tout. Tartuffe, dans la troupe de Molière, a été joué par Du Croisy qui était un jeune premier. Maintenant, *Tartuffe* est devenu une pièce anticléricale, d'un anticléricalisme qui existait sous le ministère Combes, peu avant la séparation de l'Eglise et de l'Etat [...] C'est à ce moment-là que Tartuffe est devenu un personnage ignoble. Il l'est resté depuis. »

Puis, Jouvet ajoute une suggestion importante et qui sera retenue plus tard par d'autres metteurs en scène, Planchon et Lassalle :

« Le jour où on rejouera *Tartuffe*, il faudra trouver *un garçon charmant, inquiétant, très intelligent*; et qu'on

> **sente, pendant la scène d'Elmire et de Tartuffe, ce qu'elle a de scandaleux. Il n'y a aucune déclaration d'amour au théâtre qui soit aussi suave, aussi charmante que celle de Tartuffe à Elmire. On doit sentir depuis le début de la pièce que c'est un *individu dangereux mais n'avoir pas de haine pour lui*. Or, dans toutes les représentations de *Tartuffe*, dès le commencement, on le couvre de haine. Non. *Il est charmant, inquiétant*. Il y a le rendez-vous avec Elmire. C'est un rendez-vous qui doit créer un sentiment de malaise, de danger. Elmire est une jeune femme. Pas du tout, comme on nous la montre, une vieille tragédienne qui ne peut plus rien faire dans la tragédie. Elmire est une femme charmante. »**

La tradition corrigée

Comme le montrent Jouvet et Planchon dans les écrits qu'ils ont laissés sur leurs mises en scène, pour éviter de reproduire des idées reçues qui sont autant d'erreurs héritées de la « tradition », il faut relire le texte d'un œil non prévenu. On fait alors d'étonnantes découvertes. Ainsi le seul « crime » que l'on puisse en toute objectivité attribuer à l'affreux Tartuffe est celui d'avoir tué une puce :

> **« Je défie le juge d'instruction le plus subtil »**, écrit Jouvet, **« de pouvoir trouver, au début de la pièce ou même au cours de l'action, les "sourdes menées" de l'intrus et le "triple danger" qui va fondre sur la maison : l'aventurier *voudra* épouser la fille, séduire la femme, dépouiller le mari. D'ailleurs, pourquoi Tartuffe serait-il un aventurier ? Il était pauvre et mal vêtu lorsqu'il vint chez Orgon, ainsi que le dit Dorine ? Il n'y a à cela rien d'infamant. Son comportement à l'église est peut-être l'indice d'une grande piété. Pourquoi Orgon ne serait-il pas séduit par un homme qui n'accepte que la moitié de ses dons, et distribue l'autre moitié aux pauvres ? »**

Jouvet se contente de lire la pièce et il s'aperçoit qu'aucun des méfaits portés à charge à Tartuffe ne peut lui être imputé avec certitude. Même la scène du quatrième acte avec

Elmire, même le comportement de Tartuffe après avoir été surpris par Orgon peuvent s'expliquer autrement que par les écœurantes banalités qui constituent « la tradition ». Ecoutons Jouvet :

> **« Quant à la scène "hardie et forte" du quatrième acte, où Elmire cache son mari pour le rendre "témoin et juge des criminelles entreprises de Tartuffe", relisez-la avant que d'en parler : Elmire provoque Tartuffe, lui parle "d'un cœur que l'on veut tout" et lui déclare qu'elle est prête à se rendre. Je sais bien que c'est pour démasquer l'imposteur, mais qui ne se laisserait prendre à ce jeu lorsqu'il est amoureux ? Et que Tartuffe, bafoué dans son amour et — ce qui est pire — dans son amour-propre, se venge d'Orgon avec les armes qu'il a, c'est humain plus que monstrueux. »**

Roger Planchon, texte en main, arrive aux mêmes conclusions que son prédécesseur :

> **« Prenons *Tartuffe*. On admet, on écrit et on commente que c'est un monstre et que par de vilains procédés, il obtient tout d'Orgon. C'est faux. Molière, dans les événements et par les événements, dit exactement l'inverse. Seul dans la pièce Orgon prend des décisions. C'est lui qui propose sa fille en mariage. Tartuffe ne l'a jamais sollicité, mais oui, c'est écrit. Orgon déshérite son fils, Tartuffe ne l'a jamais sollicité. Orgon parle le premier de la cassette, Tartuffe en ignorait, ne pouvait en soupçonner l'existence, etc. etc. mais oui, c'est écrit, et dans toute la pièce, Tartuffe est passif, totalement passif. Ce n'est même pas lui qui sollicite l'entretien avec Elmire. Le seul acte qu'il fait c'est cette dénonciation d'Orgon au roi et on sait à quoi elle aboutit. »**

Plus loin, Planchon donne un autre exemple de relecture permettant de découvrir enfin le texte tel qu'il a été écrit :

> **« Prenons la grande scène de *Tartuffe*. Tous s'accordent à dire qu'Orgon, au moment où Tartuffe est le plus audacieux envers Elmire, surgit de dessous la table, et bien, ce n'est pas ainsi que cela se passe dans la pièce. C'est même l'inverse. Orgon ne sort pas de dessous la table. Non. Voyant qu'il ne sort pas, Elmire éloigne Tartuffe et fait sortir son mari. Voici l'exemple d'un résidu qui, en réalité, change totalement la signification**

> **de la scène, suivant que l'on tienne compte ou non de ce résidu et vous mesurez déjà toutes les questions que cela pose; pourquoi Orgon n'est-il pas sorti?, etc.»**

Certes, la convergence de ces deux points de vue est troublante autant que probante. Mais on observera que les critères d'appréciation, bien que relevant de la textualité la plus scrupuleuse, dépendent eux aussi de conditions qui déterminent et orientent la lecture. Comme Planchon lui-même l'a montré, la transparence est impossible, la blancheur symbolique voulue par Jouvet pour son décor ne saurait signifier qu'un utopique désir de virginité.

Chaque nouvel interprète doit compter avec de multiples facteurs qui entrent parfois inconsciemment dans les choix d'une mise en scène.

Outre l'esprit du temps, outre les motifs idéologiques, discrets ou avoués, outre les éléments purement subjectifs, il y a le poids des visions déjà proposées dans le passé, qui obligent à chercher des voies inédites. La fraîcheur toujours renouvelée du regard est la loi de cette évidence dont parlait justement Planchon à propos de Jouvet.

Le paradoxe du théâtre veut que la plus grande justesse s'obtienne au prix de la plus grande trahison. C'est ainsi que la fidélité à l'esprit est souvent proportionnelle à la transgression de la lettre.

Chaque nouveau Tartuffe est une variation qui vient enrichir un thème immuable.

Quelques mises en scène

La mise en scène de Jouvet

Le spectacle monté par Louis Jouvet en 1950 a entièrement renouvelé la conception de l'œuvre. Il suscita de vives controverses, et fut contesté par les esprits conformistes qui n'y retrouvaient pas les effets auxquels ils étaient habitués. On reprocha surtout à ce *Tartuffe* l'absence de comique. Pierre-

Aimé Touchard, dans ses souvenirs de théâtre, juge avec raison que cette expérience a confirmé une règle qui, malheureusement, n'encourage pas les audaces : « Rien n'est plus périlleux au théâtre que de choquer des habitudes de pensée. »

Et rendant compte de l'accueil fait par le public à ce *Tartuffe*, il rapporte :

> **« Le plus gros reproche qu'on ait adressé au *Tartuffe* de Jouvet, c'est qu'il ne faisait pas rire. A d'autres époques, à un moment où les esprits moins inquiets eussent cherché moins obstinément une distraction à leurs soucis, il n'est pas inconcevable qu'on eût fait au contraire un mérite à Jouvet de son interprétation janséniste. »**

Jouvet incarnait un Tartuffe blême et lugubre, mais il proposait une nouvelle lecture de la pièce, corrosive et approfondie.

Voici comment Roger Planchon a résumé cette interprétation qui prenait le contre-pied de tous les poncifs en vigueur :

> **« Deux mots encore pour développer la conception de Jouvet : Orgon aveugle, bien sûr, reconnaît Tartuffe comme un homme pieux, comme un saint homme, Tartuffe, le gueux, est bouleversé de se voir ainsi RECONNU. Il subit la tentation de l'être et sa foi, enfouie au plus profond, resurgit par les simples gestes qu'il se voit amené à faire. Il fait ses gestes par calcul d'abord, mais ensuite... Les voies de Dieu, comme vous le savez, sont impénétrables. Voici Tartuffe, saint homme, saint : car la foi ne fut jamais perdue et des gestes même de l'imposture, elle peut resurgir vive. Homme : dans le sens où les chrétiens l'entendent, c'est-à-dire pécheur, marqué par le péché originel. Saint homme : une problématique vécue. Et cette problématique est douloureuse à vivre, car Tartuffe est à la fois hypocrite et sincère, l'un n'exclut pas l'autre. Comme vous le voyez, la tradition des cent dernières années vient d'être retournée comme un gant et ce retournement n'est pas au niveau d'une boutade brillante car Jouvet, religieux, se voulant fidèle, totalement, à la pensée de Molière, fit de ce Tartuffe son testament en quelque sorte. »** (Copfermann, 19, p. 363).

Profondément croyant, Jouvet se rattachait à un courant de la pensée spiritualiste moderne qui s'est exprimé avec force dans l'œuvre de Bernanos, auteur d'un roman intitulé *L'Imposture*. Dans Ses *Témoignages sur le théâtre*, Jouvet a défini cette orientation.

> **« Tous les grands thèmes de théâtre sont *spiritualistes* et je ne crois pas à une pièce ni à une mise en scène qui ne sont pas conçues avec le sentiment et le désir de nous présenter *un peu plus que l'homme de chaque jour, un peu plus que ce que nos oreilles peuvent entendre, un peu plus que ce que nos yeux peuvent voir.* »**
>
> (Jouvet, 15, p. 86)

Pour défendre la conception de son personnage, Jouvet se réclamait de Georges Bernanos, mais aussi d'André Gide qui écrivait dans son *Journal* :

> **« Nous sommes en représentation et nous nous occupons souvent bien plus de paraître que de vivre. Qui se sent observé s'observe. Pourtant, il en est que le constant souci tourmente de présenter une image d'eux-mêmes plus authentique, plus conforme à leur véritable réalité. Il en est d'autres qui font grand effort et qui voudraient qu'on les prît pour ce qu'ils se donnent, mais qui ne se donnent pas pour ce qu'ils sont vraiment, des hypocrites... pas tout à fait. »** (Jouvet, 15, p. 87).

Dans Tartuffe, au-delà de l'anecdote et des procédés superficiels, Jouvet cherchait à retrouver *l'énigme*, le *secret* qui sont au fond de chaque homme. L'imposture de Tartuffe sortait du cadre historique où Molière l'avait inscrite pour prendre une résonance universelle. Mais *Tartuffe* cessait également d'être une comédie pour devenir un drame spirituel intensément, tragiquement vécu.

Malgré tout, le *Tartuffe* de Jouvet, par son audace, l'élévation et la profondeur de sa conception, par la perfection de son exécution, a marqué l'histoire de l'œuvre. Cette mise en scène demeure une grande référence et mérite mieux que les quelques lignes dédaigneuses que lui concède l'auteur du *Tartuffe* paru dans la collection *Profil*, qui écrit platement : « ... l'ensemble de la représentation, il faut le dire, était froide et triste, Dorine complètement éteinte. »

Ce jugement porte la trace de ces poncifs que justement Jouvet, Dullin et tous les grands hommes de théâtre de notre siècle se sont efforcés de combattre.

On trouvera la dénégation de ces affirmations futiles et gratuites dans les cours d'art dramatique que Jouvet a donnés au Conservatoire et qui ont été publiés après sa mort (Jouvet, 14). Les admirables séances de travail consacrées au personnage de Dorine témoignent d'une intelligence du rôle et d'une ferveur qui se passent de commentaires.

La mise en scène de Roger Planchon

Roger Planchon a lui-même monté en 1963, au Théâtre de la Cité de Villeurbanne, un *Tartuffe* qui fit grand bruit. Il avait confié le rôle de Tartuffe à un acteur, Michel Auclair, dont le physique n'était pas conforme à la tradition du dévot adipeux et répugnant ni à celle du jouisseur au teint vermeil. Planchon jouera lui-même Tartuffe quand il reprendra la pièce au T.N.P.

Jouvet avait surtout mis en évidence la dimension philosophique et religieuse de l'œuvre, Planchon, de son propre aveu, fera un travail beaucoup plus à ras du texte et des comportements immédiats qui s'y rattachent. Il tirera *Tartuffe* dans deux directions nouvelles. Il montrera le véritable caractère de la « passion » d'Orgon pour Tartuffe, un amour homosexuel qui s'ignore. Il est vrai que sans cet attachement « passionnel » pour la personne même du dévot, la conduite d'Orgon reste inexplicable, surtout dans la grande scène du quatrième acte avec Elmire. Ensuite, Planchon, selon son habitude, appuyait sa mise en scène sur le cadre historique, mettant au premier plan la fable politique et sociale. La controverse religieuse y apparaît conditionnée par l'évolution des rapports de force entre le pouvoir royal, l'Eglise, une aristocratie sur la défensive et le déclin, la bourgeoisie, classe montante mais partagée entre des déterminations contradictoires.

Voici comment Emile Copfermann, qui a participé à cette aventure, a fixé les orientations de cette mise en scène :

> **« La thèse d'un Molière, auteur réaliste, défenseur d'une morale de la raison qui coordonne les désirs sans les contrarier voit *le Tartuffe* en œuvre contre l'esprit de contrainte. Sous Molière, toute morale *détendue*, au**

> **XVIIe siècle, apparaît menace pour le christianisme triomphant. L'ordre moral que tentent d'imposer les sociétés secrètes religieuses n'est plausible que dans la menace du désordre. Or l'ordre règne sous Louis XIV : le roi soutient l'auteur de *Tartuffe* contre les dévots. La monarchie a besoin d'air. »** (Copfermann, 19, p. 225).

Planchon a su faire apparaître les conséquences à long terme des attaques de Molière contre les « faux dévots ». Même si l'auteur du *Tartuffe* affirme les distinguer des « vrais dévots », en dénonçant sous la religion, l'inquisition, il enlevait au clergé militant ses principales armes. De ce fait, les dévots devenaient impuissants, ils perdaient toute leur emprise sur la société. Et Copfermann conclut : « Là réside le scandale de Tartuffe. »

Comment incarner ces idées dans une réalisation théâtrale ? Planchon a donné au décor une fonction qui n'est pas « décorative » comme dans les spectacles de la vieille Comédie-Française, ni symbolique comme chez Jouvet, mais sémantique et dramaturgique :

> **« Dans les représentations de 1963 de *Tartuffe* à Villeurbanne, la morale *détendue* apparaît en incidente dans le jeu : la croissante amitié de la paire Orgon-Tartuffe installe un climat que la morale chrétienne, peut-on supposer, rejette. René Allio la désigne en rehaussant les boiseries de l'antichambre, du cabinet, de la salle principale de peintures parfois en trumeaux, en frontons sur les chambranles des portes : christs en pâmoison, opulences mystiques bien en chair. Avant le début de la première scène, la lumière tirait de l'obscurité la reproduction géante d'une descente de croix, corps émacié tordu par on ne sait quel spasme, dessiné par un peintre inconnu du XVIIe siècle.**
>
> **Au fur et à mesure que les actes se déroulaient, la scène s'agrandissait, les panneaux de fond découvrant un à un les lieux de l'action. Et ainsi de suite : l'espace s'élargissant et le piège se refermant : la décoration entrait dans l'intimité d'Orgon. Elle dénudait à la fois son amitié et la manigance de Tartuffe. »** (Copfermann, 19, p. 226)

Il faut surtout retenir de la méthode appliquée par Planchon le refus d'une lecture préconçue. Il donne le pas au « faire » sur l'« être ».

Les présupposés philosophiques de cette démarche sont évidents. Les hommes ne sont pas des entités abstraites comme le voudraient les tenants de l'idéalisme. Leur « caractère » n'est pas donné une fois pour toutes, par quelque volonté du Ciel. Ils se font et se défont en fonction d'une situation donnée. Les personnages de Molière ne sont plus des « natures » définies une fois pour toutes. Ils se construisent au cours de l'action :

> **« Tartuffe n'affiche pas sa fourberie. La mise en scène la dévoile car elle est d'abord impénétrable. L'imposteur agit comme tel, mais nous ne le savons pleinement qu'après que l'imposture se soit épanouie au grand jour. Car le propre de Tartuffe est précisément de savoir confondre sa fausse dévotion avec la vraie, de présenter les traits de l'homme pieux. »**

Tartuffe en Russie

Molière occupe, bien entendu, une grande place dans le théâtre russe. Mais il a connu un regain d'intérêt dans la période qui a suivi le dégel culturel consécutif à la déstalinisation. En 1962, on a publié pour la première fois deux œuvres que son amour pour Molière avait inspirées à l'un des plus grands écrivains russes du XXe siècle; Mikhaïl Boulgakov, célèbre surtout pour son chef-d'œuvre romanesque, *Le Maître et Marguerite*. Boulgakov avait écrit dans les années trente une pièce en quatre actes, *La Cabale des dévots*, d'après l'« Affaire Tartuffe ». Il était également l'auteur d'un roman sur la vie de Molière, *Monsieur de Molière*.

L'un des metteurs en scène russes les plus prestigieux de l'époque dite aujourd'hui de stagnation, sous Brejnev, Iouri Lioubimov, a monté *Tartuffe* à son théâtre de la Taganka. Le principal intérêt de ce spectacle était l'actualisation de la pièce de Molière dans le cadre du combat que les artistes et les intellectuels russes menaient alors contre la censure. Lioubimov a intégré, en effet, dans la représentation de la pièce, le récit du combat de Molière contre les dévots qui avaient fait interdire sa pièce. Lioubimov a éclairé, situé, orienté le texte de Molière en reconstituant les différents épisodes qui avaient illustré sa composition et ses remaniements à travers les trois versions et les trois étapes de 1664, 1667 et 1669.

Un autre grand metteur en scène russe contemporain, Anatole Efros, a également monté *Tartuffe* au Théâtre d'Art de Moscou.

Loin de donner dans le comique facile, il a mis l'accent sur les aspects dramatiques de la pièce, sur la profondeur énigmatique et la complexité du personnage principal. On est frappé de constater que dans ses commentaires il insiste comme Jouvet sur la nécessité de créer une atmosphère de mystère et de « danger ». Comme Planchon, il a fait une place centrale aux relations entre Orgon et Tartuffe.

Mais avant tout, et c'est l'essentiel, il veut traduire dans sa mise en scène l'éblouissement des premières rencontres :

> **« Quand on lit la pièce,** écrit-il, **on oublie tous les Tartuffes que l'on a déjà vus. Il semble que l'action, en commençant au troisième acte, peut s'élever à une hauteur vertigineuse. Ici, il est indispensable de faire sentir cette impression de vertige, parce que la pièce a été justement écrite ainsi, parce que c'est avec cette urgence et cette insolence que Molière introduit son héros.**
>
> **Il ne le montre pas comme un hypocrite, mais comme une créature redoutable et inquiétante. Tartuffe est un ambitieux sans scrupules, mais il est souple, il est dangereux ! »**

Et plus loin, Efros poursuit :

> **« Orgon est devenu fou. Cléante s'en aperçoit. Orgon s'est follement entiché de Tartuffe, il est heureux, il peut parler de Tartuffe sans arrêt, sans se lasser. Son amour pour Tartuffe l'a rendu léger, aérien.**
>
> **Tartuffe l'a persuadé que le monde n'est qu'un tas de fumier, c'est pourquoi il faut échapper à la pesanteur, il faut s'épurer. Et Orgon le croit. Tartuffe est à présent ce qu'il a de plus cher au monde. »** (Efros, 22/2, p. 263)

La mise en scène de Jean-Paul Roussillon

En 1980, Jean-Paul Roussillon a monté *Tartuffe* à la Comédie-Française, avec Jean-Luc Boutté dans le rôle de Tartuffe.

Il a emprunté à une certaine tradition qui s'est forgée au XIXe siècle l'image du forçat évadé. Il a voulu, d'autre part, « un comédien jeune qui incarne une sorte de héros au physique ascétique, brûlé par un feu intérieur. Cette sombre beauté du personnage a quelque chose de fascinant et préfigure aussi sa fin tragique. »

Ce qui a intéressé Jean-Paul Roussillon dans *Tartuffe*, c'est, dit-il, « la destruction d'Orgon et de sa famille. »

La particularité de ce metteur en scène est de tirer les comédies de Molière vers la tragédie. Il s'en explique :

> **« On m'a toujours reproché cette tendance dans mon travail sur Molière. Mais c'est un auteur que j'aime beaucoup et le côté "gaudriole" ne m'intéresse pas. Il y a chez lui quelque chose de beaucoup plus profond : ses pièces sont toujours quelque part des tragédies, c'est ce que j'essaie de montrer. »** (Géray, 3, p. 112)

La mise en scène de Jacques Lassalle

En 1984, Jacques Lassalle a monté *Tartuffe* au Théâtre National de Strasbourg. Il avait eu l'idée originale de faire appel, pour incarner Tartuffe, à une grande vedette du cinéma, Gérard Depardieu. Celui-ci a confirmé dans ce rôle ses qualités de grand acteur. Voici comment le metteur en scène justifie ce choix :

> **« Gérard Depardieu représente bien le monde dans lequel nous allons rentrer : c'est un "mutant", un voyou délicat, un barbare raffiné, un homme femme; il rejoint l'ambiguïté des rapports entre Orgon et Tartuffe. Je crois qu'il peut éveiller chez un Orgon d'aujourd'hui une très grande passion — je ne fais pas circuler en fraude l'homosexualité. Orgon est un homme important qui se perd ou croit se perdre et il a vraiment l'impression d'avoir trouvé en Tartuffe quelqu'un avec qui il peut se reconstruire. »** (Géray, 3, p. 123)

Un autre centre d'intérêt de cette mise en scène est d'avoir joué sur la dualité du thème de l'hypocrisie, conçue non seulement au premier degré mais comme « une métaphore de théâtre ». Lassalle a fait de Tartuffe un comédien qui joue à jouer tous les rôles, d'abord celui d'un dévot, puis celui d'un grand courtisan versaillais, jusqu'à la perdition finale.

Chacun de ces *Tartuffes* révèle l'une des potentialités du personnage, de l'œuvre, mais Tartuffe, pour chaque lecteur, pour chaque spectateur, reste toujours à découvrir. Louis Jouvet a su trouver le mot juste pour définir cette impossibilité de répondre de manière définitive à la question : « Qui est Tartuffe ? » Il conclut ses notes sur Tartuffe par cette remarque :

> **« Si Tartuffe ressemble à quelqu'un, il ne ressemble à personne en particulier, mais un peu à tout le monde en général.**
>
> **C'est pourquoi sans doute Molière a écrit cette œuvre. »**
>
> (Jouvet, 15, p. 93)

DOM JUAN

– *Qu'est-ce donc que vous croyez ?*

– *Je crois que deux et deux sont quatre, Sganarelle, et que quatre et quatre sont huit.*

Sommaire

1. De *Tartuffe* à *Dom Juan*

2. Le mythe de Dom Juan

3. Résumé et structure dramatique

4. Analyse textuelle

Premier acte

Deuxième acte

Quatrième acte

Cinquième acte

5. Questions de synthèse

6. Questions d'interprétation

1

De *Tartuffe* à *Dom Juan*

Un sujet dans l'air du temps

Les sources de Molière

Après l'interdiction du premier *Tartuffe* représenté à Versailles le 12 mai 1664 et victime de la fureur du parti dévot, Molière, ne serait-ce que pour des raisons économiques, doit se tourner vers d'autres textes.

Il monta d'abord la première tragédie d'un jeune auteur, *La Thébaïde*, de Jean Racine. Le public bouda cette œuvre. Alors Molière décida de redonner à grands frais dans son théâtre du Palais-Royal *La Princesse d'Elide*, une comédie galante dont la première avait eu lieu, comme celle de *Tartuffe*, dans le cadre des *Plaisirs de l'île enchantée*.

Mais après vingt-cinq représentations, devant la modicité des recettes, Molière décida de retirer cette pièce de l'affiche. Il lui fallait d'urgence une création qui lui regagnât la faveur du public. C'est alors qu'il songea à *Dom Juan*.

Le sujet n'était pas neuf. Deux auteurs-acteurs avaient déjà présenté des versions françaises de la légende de Dom Juan, créée par le dramaturge espagnol Tirso de Molina. Celui-ci avait publié en 1630 une pièce en trois actes intitulée *Le Trompeur de Séville et le Convive de Pierre*. En 1658, un acteur d'une troupe itinérante, comme celle de Molière, Dorimond, écrit et fait jouer à Lyon *Le Festin de Pierre ou le Fils criminel*. En 1660, un autre auteur-acteur, Villiers, attaché à la troupe prestigieuse de l'Hôtel de Bourgogne, publie à son tour une tragi-comédie en vers qui porte le même titre. Villiers donnait sa pièce pour une traduction de l'italien, peut-être afin de masquer tout ce qu'il devait à Dorimond, car on n'a jamais retrouvé l'original.

Il existait cependant en Italie un *Convivo di Pietra* attribué à un certain Cicogninni que Molière devait connaître. Et, en 1658, Dom Juan était entré dans la *Commedia dell'Arte* avec le *Scenario* de l'Arlequin Biancolelli. Les Italiens furent d'ailleurs les premiers à monter *Dom Juan* à Paris et on peut les considérer comme les introducteurs du mythe dans notre répertoire théâtral.

Quand Molière se met à écrire *Dom Juan*, après la dernière représentation de *La Princesse d'Elide*, le 4 janvier 1664, il semble donc motivé essentiellement par des préoccupations économiques et tenté par une histoire à la mode. La suite va montrer qu'en se portant vers ce sujet, il obéissait à des préoccupations plus profondes et plus graves.

Des vers à la prose

On distingue dans la production de Molière les pièces en vers et les pièces en prose. La différence entre ces deux modes d'expression tenait à une hiérarchie propre à l'esthétique de l'époque qui privilégiait les vers comme la forme la plus noble. On pourrait en déduire que Molière préférait les vers pour ses œuvres longues et ambitieuses. Il en a été effectivement ainsi au début de sa carrière. Il choisissait la prose pour les pièces plus courtes et quand il était pressé par le temps.

Dom Juan constitue la première exception à cette règle. En écrivant *Dom Juan*, Molière devait se hâter : c'est sans doute l'une des raisons pour lesquelles il l'écrivit en prose. Mais il donna à cette pièce apparemment de circonstance la structure de ses grandes comédies, en cinq actes. Qui, d'ailleurs, oserait prétendre aujourd'hui que *Dom Juan* est une œuvre mineure ?

Dom Juan apparaît comme le centre de gravité de l'univers de Molière. Le rapport entre la prose et les vers dans les comédies de Molière est un vaste sujet auquel Alex Szogyi a consacré un chapitre de son *Molière abstrait.* Le critique hongrois reconnaît à *Dom Juan* une importance cruciale dans le renversement de tendance qui se fait jour à partir de cette pièce. Szogyi remarque en effet que, sur un ensemble de trente-trois pièces, vers et prose confondus, *Dom Juan* occupe la seizième place et qu'elle est la première grande pièce écrite en prose. Ce changement marque, selon Szogyi, le passage du langage des vers, celui du conformisme et de l'acceptation, au langage prosaïque, celui de la Révolte. Avec *Dom Juan*, Molière se serait libéré de la technique officielle imposée par les usages de son temps pour exprimer ses préoccupations les plus personnelles et les plus profondes.

Dom Juan ouvrira, il est vrai, une impressionnante lignée de chefs-d'œuvre en prose parmi lesquels on retiendra particulièrement *Georges Dandin, L'Avare, Le Bourgeois Gentilhomme, Les Fourberies de Scapin* et enfin la dernière pièce, *Le Malade Imaginaire*.

On observe une répartition quantitative aussi bien que qualitative à peu près égale entre les œuvres en vers et les œuvres en prose.

Mais il est difficile de percevoir une évolution. Dans la conclusion de son analyse, Alex Szogyi s'efforce d'expliquer les choix de Molière en fonction d'une ligne de démarcation qui ferait correspondre les techniques adoptées à des orientations divergentes :

> **« La dernière pièce de Molière »,** écrit-il, **« rejoint ses premières comédies pour lesquelles il avait prospecté les techniques de la commedia dell'arte. *Le Malade Imaginaire* est une pièce prosaïque à tous les égards. Seuls les célébrations et les interludes en acceptent les vers, comme à l'habitude.**
>
> **Tout ceci permet de tirer quelques conclusions quant au véhicule utilisé par Molière : prose ou vers. Les pièces en vers constituaient les ouvrages de circonstance, officiels en quelque sorte. Ce fut le cas de *Tartuffe*, d'*Amphitryon*, des *Femmes savantes*. Les pièces brèves, les pièces de la souffrance et de l'amertume étaient en prose. La dernière pièce, en un geste magnifique qui lui faisait**

> **écrire une pièce si saine à propos de la maladie, réunissait prose et vers.**
>
> **Pour ceux qui aiment les pièces en prose de Molière, elles révèlent l'homme intérieur. Pour ceux qui leur préfèrent les pièces en vers, ils s'inclinent devant l'écrivain harnaché de la technique officielle.**
>
> **Les pièces poétiques usent de la poésie comme d'une méthode de distanciation esthétique. La prose s'avérait plus naturelle et plus directement révélatrice. »**

Bien que ce jugement contienne des éléments d'appréciation intéressants, il me paraît trop systématique pour rendre compte de la réalité. Ainsi, pour ce qui est de la place et de l'importance de *Dom Juan*, cette pièce s'inscrit au sein d'une configuration dont il serait artificiel de la différencier sous le seul prétexte qu'elle est en prose, tandis que les autres pièces du même cycle sont en vers.

Dans sa genèse, dans son urgence, *Dom Juan* provient de *Tartuffe*, procède de *Tartuffe*. Après avoir reconnu que Molière avait choisi la prose parce qu'« une versification aurait réclamé un trop gros effort », Szogyi ajoute que Molière avait sans doute conçu *Dom Juan* comme « une révolte contre les détracteurs de *Tartuffe*. Cette fois, on exposera l'hypocrisie totale, en prose totale, toute nue ! a-t-il pu se dire ».

Soit ! l'important reste le lien ombilical qui unit la seconde pièce à la première. On ne peut considérer que les grandes comédies en vers aient été moins révélatrices des questions qui, au plus profond, tourmentaient Molière, que les grandes comédies en prose.

Au demeurant, si on compare le sort réservé à ces deux grandes comédies jumelles, *Tartuffe* et *Dom Juan*, il est frappant de constater que Molière a pris autrement à cœur la défense de la première, en vers, que celle de la seconde. Il est vrai que si on connaît assez bien les ressorts de l'affaire Tartuffe, on ignore encore pourquoi il n'y a pas eu, à proprement parler, d'affaire Dom Juan.

Plutôt que d'exagérer la différence entre les vers et la prose, il me semble plus juste d'insérer *Dom Juan* dans cet ensemble prodigieux qu'il inaugure avec *L'Ecole des femmes*, qu'il poursuit avec *Tartuffe* et qui culminera dans *Le Misanthrope*. Le thème de l'hypocrisie n'est pas le seul dénominateur commun de ces quatre textes où se développe une réflexion angoissée sur l'identité, sur le comportement de l'homme en société aussi bien que sur la recherche de la vérité de l'être intérieur sous le jeu des apparences.

En tout cas, il est clair qu'après l'interdiction de *Tartuffe*, Molière va reprendre avec *Dom Juan* son combat contre les dévots, ce qui va l'exposer sans tarder à de nouveaux coups.

Une pièce maudite

Dom Juan censuré

Dom Juan est une pièce maudite. Mais son histoire reste si mystérieuse que nous sommes livrés aux conjectures pour expliquer les motifs de cette malédiction. On attribue souvent à l'échec auprès du public la décision de Molière de la retirer de l'affiche après quinze représentations. C'est faux. La première représentation, le 15 février 1665, fut très bien accueillie. Bien que décroissant par la suite, le chiffre des recettes était suffisamment élevé pour justifier le maintien de la pièce après le 20 mars, date de relâche exigée par les fêtes de Pâques. Or, à la réouverture, au lieu de reprendre une œuvre qu'il venait à peine de créer et dont le succès était prometteur, Molière préféra reprendre de vieux spectacles pour boucher un vide qui, de toute évidence, ne dépendait pas de sa volonté.

Des pressions très fortes avaient dû s'exercer pour l'obliger à renoncer à une pièce jugée scandaleuse par les dévots. Alors que Molière s'est battu pour imposer *Tartuffe*, il ne joua plus jamais *Dom Juan*.

Il en fut de même pour la publication. Bien qu'il ait obtenu le 11 mars 1665 un privilège qui fut enregistré le 24 mai, il ne s'en servit jamais. *Dom Juan* ne paraîtra qu'après la mort de Molière, au septième volume de l'édition des œuvres complètes procurées par La Grange.

Le texte de la représentation du 15 février 1665 avait été préalablement édulcoré. Mais cela ne suffit pas. La censure exigea des coupures supplémentaires pour expurger la comédie de toutes ses audaces.

Ainsi, battu en brêche dans l'affaire Tartuffe[1], le parti dévot avait eu sa revanche en étouffant *Dom Juan* sans même se donner la peine de livrer bataille à visage découvert. Il faut croire que Molière, cette fois, était allé trop loin.

Au lendemain de la première, l'alerte avait dû être donnée car on constate, dès la seconde représentation, la suppression de l'un des passages les plus sulfureux de l'œuvre, la partie de la scène du pauvre où Dom Juan promet au pauvre un louis d'or si celui-ci accepte de jurer.

Plus discrètes que dans la campagne contre Tartuffe, les pressions du clan dévot se révélèrent, à long terme, plus efficaces.

Il y eut toutefois un début de querelle. En avril, la pièce est attaquée par un certain B.A. Sr de Rochemont, avocat en Parlement, qui publie des *Observations sur une comédie de Molière intitulée le Festin de Pierre*. Molière y était accusé de professer l'athéisme et de faire sur la scène l'éloge de l'impiété.

L'auteur du libelle n'oubliait dans ses reproches ni *L'Ecole des femmes* ni le *Tartuffe* qui étaient englobés dans la même vertueuse réprobation.

Il considérait *Dom Juan* comme le couronnement de cette entreprise de corruption et ajoutait :

> **« Molière devrait rentrer en lui-même et considérer qu'il est très dangereux de se jouer à Dieu, que l'impiété ne demeure jamais impunie, et que si elle échappe quelquefois aux feux de la terre, elle ne peut éviter ceux du Ciel... »**

La conclusion aurait pu être intégrée par Molière dans l'un des endroits de sa pièce où il se moquait de ceux qui confondent la religion avec la superstition :

> **« Il ne faut qu'un homme de bien, quand il a la puissance, pour sauver un royaume; et il ne faut qu'un athée, quand il a la malice, pour le ruiner et pour le**

1. Si on prend en compte le long terme, car lorsque Molière est contraint de retirer *Dom Juan*, l'interdiction de *Tartuffe* tient encore, et tiendra jusqu'en 1669.

perdre. Les déluges, la peste et la famine sont les suites que traîne après soi l'athéisme; et, quand il est question de le punir, le Ciel ramasse tous les fléaux de sa colère pour en rendre le châtiment plus exemplaire. »

(Rochemont, 1, tome 2, 1206)

Deux partisans de Molière répondirent aussitôt à ces *Observations* qui rappelaient par leur ton menaçant les attaques du curé Roullé contre *Tartuffe*.

Le Roi était, bien entendu, appelé par les uns et par les autres à arbitrer la querelle. Dans une réponse inspirée par le camp de Molière, on pouvait lire cette défense habilement tournée :

« Je n'oserais vous découvrir mes sentiments touchant les louanges que cet Observateur donne au Roi : la matière est trop délicate; et tous ses beaux raisonnements ne tendent qu'à faire voir que le Roi a eu tort de ne pas défendre *Le Festin de Pierre* après avoir fait tant de choses avantageuses pour la religion. Vous voyez par-là que je ne dois pas seulement défendre la pièce de Molière, mais encore le plus grand, le plus estimé et le plus religieux monarque du monde; mais, comme sa piété le justifie assez, je serais téméraire de l'entreprendre. Je pourrais dire toutefois qu'il savait bien ce qu'il faisait en laissant jouer *Le Festin de Pierre*, qu'il ne voulait pas que les Tartuffes eussent plus d'autorité que lui dans son royaume, et qu'il ne croyait pas qu'ils puissent être juges équitables, puisqu'ils étaient intéressés. Il craignait encore d'autoriser l'hypocrisie et de blesser par-là sa gloire et son devoir, et n'ignorait pas que si Molière n'eût point fait *Tartuffe*, on eût moins fait de plaintes contre lui. »

(1, tome 2, p. 1219)

Molière dut sentir que l'affaire était plus grave que celle de *Tartuffe* car, en dépit de ces vigoureuses prises de position en sa faveur, il abandonna la partie. Sans doute lui avait-on donné, en sous-main, des signes non équivoques sur le danger qu'il courait et surtout il avait compris qu'en cette occasion, s'il s'obstinait, il ne pourrait compter sur la protection du Roi. Certes, Louis XIV avait fait, paraît-il, assez mollement observer que, dans *Dom Juan*, la morale était sauve puisque le méchant n'était pas récompensé, et le 14 août de cette même année il prenait officiellement la troupe de Molière à son service. Mais il convient de remarquer que Molière ne jouait plus *Dom Juan* depuis Pâques. Nul ne sait comment les choses auraient tourné dans le cas contraire. En dépit de toutes les précautions qu'il avait prises en précipitant Dom Juan en enfer, comme châtiment de son libertinage, Molière avait trop abusé des facilités que la légende lui offrait en prêtant à son héros des idées pour lesquelles en ces temps d'intolérance on allait droit au bûcher. Ses défenseurs avaient beau jeu de faire valoir qu'on jouait alors des pièces sur le même sujet dans toute l'Europe catholique, le grand péché de Molière était d'avoir, avec son *Dom Juan,* renchéri sur *Tartuffe*. Quand *Dom Juan*, athée militant, se déguisait en dévot pour échapper à la répression, quand il se livrait à un éloge truculent de l'hypocrisie, on ne pouvait pas ne pas songer à Tartuffe. Les deux personnages apparaissaient comme des imposteurs de la même famille. La religion était réduite au rôle de couverture de l'arrivisme le plus impudent.

Dom Juan revu et corrigé

La carrière de la pièce n'était pourtant pas terminée pour autant. En 1677, Thomas Corneille, le frère de Pierre Corneille, en fit une adaptation en vers qui fut représentée pour la première fois par les comédiens de l'Hôtel Guénégaud le 12 février 1677. Cette version fut très bien accueillie et va, dès lors, remplacer le texte original au répertoire. C'est le *Dom Juan* revu et corrigé par Thomas Corneille que l'on jouera sans interruption à la Comédie-Française jusqu'en 1847, date à laquelle on reviendra définitivement au *Dom Juan* de Molière. La Comédie-Française avait été précédée dans cet effort de restauration par le théâtre de l'Odéon qui avait repris pour la première fois en 1841 le *Dom Juan* de Molière.

Mais il faudra attendre notre époque pour que la valeur de l'œuvre soit enfin pleinement reconnue. La véritable carrière de *Dom Juan* commence avec la mise en scène de Louis Jouvet en 1947. Depuis, chaque metteur en scène de quelque envergure tiendra à monter son *Dom Juan*. Après environ trois cents ans de malentendu et de confusion, l'œuvre enfin restituée dans son intégralité et dans sa violence originelles occupera une place de tout premier plan au répertoire de la Comédie-Française et de la plupart des théâtres.

La comparaison entre le texte de la première du 15 février 1665 et celui de Thomas Corneille est riche d'enseignement.

Outre une versification qui substituait à la verve originale un ton languissant et pompeux, l'auteur tragique avait procédé à des coupures destinées essentiellement à décourager les censeurs. Ces suppressions éclairent aujourd'hui a posteriori et a contrario les passages les plus hardis, les plus forts, c'est-à-dire les plus scandaleux de la pièce.

Les retouches de Thomas Corneille

La question qui se pose, en effet, en tout premier lieu, quand on étudie *Dom Juan* est celle de la part qui revient à Molière dans le traitement de la légende espagnole, autrement dit l'usage qu'il a su et voulu faire de ses sources.

Les corrections de Thomas Corneille montrent cet apport en expurgeant précisément les aspects qui relevaient à la fois de l'invention de Molière et d'une libre pensée provocante que Molière attribuait à son personnage mais que de bons esprits, tel Rochemont, l'auteur des *Observations*, ne manquèrent pas d'imputer à l'auteur.

Thomas Corneille retrancha tous les passages dans lesquels Dom Juan faisait profession d'athéisme, d'abord, toute la scandaleuse scène du pauvre, mais aussi des répliques telles que *« Sganarelle, le Ciel! »* ou *« Je crois que deux et deux sont quatre »*. Il n'oublia pas que le personnage de Sganarelle avait été durement attaqué par Rochemont qui jugeait intolérable que Molière ait mis la défense de la religion dans la bouche d'un valet ignorant et superstitieux. On pouvait lire, en effet, dans les *Observations*, cette remarque :

> **« Et Molière ne peut parer au juste reproche qu'on lui peut faire d'avoir mis la défense de la religion dans la bouche d'un valet impudent, d'avoir exposé la foi à la risée publique, et donné à tous ses auditeurs des idées du libertinage et de l'athéisme, sans avoir eu soin d'en**

> **effacer les impressions. Et où a-t-il trouvé qu'il fût permis de mêler les choses saintes avec les profanes, de confondre la créance des mystères avec celle du Moine bourru, de parler de Dieu en bouffonnant et de faire une farce de la religion ? »**

Donc, il n'y avait plus de trace du Moine bourru dans la version de Thomas Corneille qui avait supprimé également les scènes 3 et 4 du cinquième acte où Dom Juan feint la conversion pour échapper à la vengeance de Dom Carlos et à chaque demande de réparation invoque avec une ferveur redoublée *« le Ciel ! le Ciel »*. La scène 5 du même acte avec l'apparition du spectre avait subi le même sort, ainsi que l'ultime tirade de Sganarelle réclamant ses gages qui terminait la pièce sur une note de dérision insupportable pour tous les « gens de bien ».

Du libertinage de mœurs au libertinage d'idées

Rochemont avait montré que cette fin détruisait l'argument du dénouement moral. L'impie était châtié par « le foudre »[1] du Ciel, mais l'effet de terreur salutaire produit par cette intervention du surnaturel était aussitôt annulé par le cri de Sganarelle :

> **« En effet, ce prétendu foudre apprête un nouveau sujet de risée aux spectateurs, et n'est qu'une occasion à Molière pour braver, en dernier ressort, la justice du Ciel, avec une âme de valet intéressée, en criant : "Mes gages, mes gages !" Car voilà le dénouement de la farce ; ce sont les beaux et généreux sentiments qui mettent fin à cette galante pièce ; et je ne vois pas en tout cela où est l'esprit, puisqu'il avoue lui-même qu'il n'est rien de plus facile que de se guinder sur des grands sentiments, de dire des injures aux Dieux[2], et de cracher contre le Ciel. »**

1. « Foudre », dans cette acception, était alors au masculin, on parlait du « foudre du Ciel ».
2. Citation de *La Critique de l'Ecole des femmes* où Dorante montre que la tragédie est plus facile que la comédie. Rochemont retourne cette critique contre Molière en isolant la phrase de son contexte.

Les coupures pratiquées par Thomas Corneille mettent en évidence tout ce qui dans le texte original était appelé à choquer les croyants; elles nous permettent donc de mieux comprendre les raisons pour lesquelles Molière retira définitivement sa pièce. Dans *Tartuffe*, il s'était contenté de peindre un faux dévot. Rien dans les paroles de l'imposteur ne permet de l'accuser d'athéisme. En Dom Juan, Molière montrait un libertin qui proclamait son athéisme et qui, de plus, au cinquième acte, avait recours à l'hypocrisie pour se protéger des conséquences de ses crimes. La fausse dévotion n'était pas seulement comme pour *Tartuffe* un moyen de faire carrière et de favoriser des mœurs relâchées, elle couvrait une outrageante liberté de pensée.

La nuance capitale entre les deux sens que l'on donnait à cette époque au mot « libertinage » cerne exactement l'originalité de Molière par rapport à ses devanciers. Le passage du libertinage de mœurs au libertinage d'idées constitue le principal apport de Molière au mythe de Dom Juan.

2

Le mythe de Dom Juan

Dom Juan avant Molière

Du type au mythe

Il est certain que la fascination exercée par *Dom Juan* est due à une aura qui donne à cette pièce une place à part dans la production de Molière, l'aura d'un personnage mythique. Molière a créé des types universels en les dotant d'une force de généralisation qui les élève bien au-dessus des héros de théâtre ordinaires. Mais il n'a pas inventé Dom Juan. Dom Juan existait avant lui et a existé après lui. Tartuffe, Harpagon sont uniques. Dom Juan est innombrable, il se décline à l'infini. Telle est la différence entre un type et un mythe.

Mais qu'est-ce qu'un mythe ? Comment définir exactement à propos de Dom Juan un mot aussi usé, aussi fuyant que celui-là ?

Il importe, d'abord, je crois, de s'interroger sur le statut du mythe littéraire. Dom Juan, comme Faust, n'est pas seulement un mythe dans le sens où il participe d'un imaginaire collectif, mais aussi parce qu'il est producteur d'œuvres, parce qu'il reste une figure « ouverte », une figure infiniment polymorphe. Il n'est pas seulement riche de ses déterminations, il est riche de ses potentialités.

Ainsi, Dom Juan ne saurait se restreindre, comme Tartuffe, comme Harpagon, comme Alceste, au personnage de Molière. En créant son Dom Juan, Molière a contribué au mythe, mais son héros en a reçu en retour un pouvoir de séduction inégalé. Il y a entre le mythe et l'œuvre de Molière échange réciproque de services. On ne saurait traiter du thème de Dom Juan sans se référer à la comédie de Molière, mais la comédie de Molière n'est qu'une pierre qui entre dans la construction d'un édifice destinée par définition à rester inachevé.

Si l'on consulte les dictionnaires, on apprend qu'un mythe se définit par son caractère fabuleux et par sa valeur allégorique. Mais cette fonction emblématique est loin d'être unilatérale, et elle n'est abstraite que par sa capacité de métamorphose. Elle est plurielle et se charge d'une multiplicité de significations qui s'ajoutent au cours de l'histoire sans jamais s'exclure. Dom Juan est l'homme de désir, le symbole de l'inconstance amoureuse, mais il est aussi le Révolté, le Conquérant, il peut incarner aussi l'inquiétude perpétuelle de l'esprit humain en quête de la connaissance. Molière le peindra sous les traits ironiques et désenchantés du Sceptique, ce fruit de la pensée libertine issue de Montaigne. Il sera le premier à lui donner une profondeur philosophique.

Mais il travaillait sur un matériau préparé. Contrairement à d'autres mythes qui se perdent dans la nuit des temps, Dom Juan est un mythe moderne qui doit son existence littéraire à l'un des auteurs les plus prolifiques du Siècle d'or espagnol, Tirso de Molina.

Le texte fondateur

Dom Juan n'est pas une création anonyme comme tant de mythes antiques et médiévaux. Il commence à vivre sous la plume de Tirso de Molina, moine espagnol, qui était Frère de l'Ordre de la Merci, mais celui-ci n'a été que son père adoptif. Il s'est emparé d'une légende orale qui, probablement, a été inspirée par un ou même plusieurs personnages réels dont le plus connu est Don Juan Tenorio de Séville. S'interrogeant sur les sources populaires et anonymes du mythe, Jacques Schérer écrit :

« En quoi la légende de Don Juan est-elle un mythe ? D'abord en ce qu'elle entretient avec une histoire, même localisée, des rapports qui ne sont pas simples. Bien loin que le Don Juan du mythe soit l'image d'un personnage réel, on trouve autour de lui vers l'époque de sa naissance, plusieurs personnes qui pourraient lui servir de père. Il semble avoir existé un Don Juan Tenorio à Séville, un Don Juan Albarren à Grenade, et, à Séville encore, un autre personnage à la fois semblable et différent, Don Miguel de Marana. Ce dernier, après avoir mené une vie de luxure et d'impiété comme les Don Juan, s'est converti à la vertu, a épousé une femme qui est morte avant lui, en a éprouvé une douleur extraordinaire est mort dans les austérités, et pour ainsi dire, en odeur de sainteté. » (Schérer, 32, p. 99)

A vrai dire, les modèles probables de Dom Juan nous importent peu. Le paradoxe du mythe est qu'il est pourvu d'une réalité bien supérieure à celle de l'anecdote et des documents vérifiés. Jacques Schérer conclut son parcours par cette constatation qui invalide ce type de recherche :

« On voit que les rapports du héros mythique avec l'Espagne du début du XVIIe siècle sont à la fois pluriels et ambivalents. La réalité nous offre plusieurs Don Juan et même des Don Juan mauvais et des Don Juan bons. A cette souplesse et à cette élévation au-dessus du réel on peut reconnaître le récit mythique. On le peut également à la fécondité des aventures littéraires qu'il engendre. » (Schérer, 32, p. 99)

Ensuite, Dom Juan va s'émanciper de son origine historique, il prendra d'autres visages, il vivra d'autres aventures au point de devenir l'image même du Mythe, de représenter le Mythe des Mythes, dans son inépuisable faculté de métamorphoses. Mais il gardera toujours du récit de son fondateur, le Frère Tirso de Molina, un cadre thématique immuable qui assure à travers toutes les variations imaginables la permanence exigée par la mémoire collective.

Quelques données de base

Cette version originelle qui donne naissance au mythe de *Dom Juan* s'intitulait *Le Trompeur de Séville et le Convive de Pierre*.

La plupart des textes qui s'inspireront par la suite de Tirso ne retiendront que la seconde partie du titre fondée sur l'épisode de la statue du Commandeur foudroyant le libertin pour le punir de ses crimes.

Outre cette fin édifiante et spectaculaire, on relève, dans ce que l'on peut considérer comme la charpente du mythe, un certain nombre d'invariants.

Ceux-ci procèdent tous de cette apparition du Mort châtiant son assassin pour accomplir la volonté du Ciel. Ainsi, comme le suggère Jean Rousset, il convient, à partir de cette donnée de base, de lire le mythe à l'envers, en remontant des conséquences vers les causes :

> **« Don Juan comme mythe prend donc naissance dans la mort, par le Mort, par le contact final avec l'Invité de pierre, ce *Convitato di pietra* qui a donné leur titre à tant de pièces, de scénarios et d'opéras. Eros et Thanatos sont si étroitement associés dans cette aventure qu'en les dissociant on la dénaturerait; aussi cette histoire ne prend-elle son sens que par sa fin. Le drame de Don Juan se lit à l'envers, à partir de l'épisode fantastique : la rencontre avec la Statue, les apparitions du Mort. Tout se joue autour de ce face à face surnaturels, sur ce seuil interdit aux vivants. »** (Rousset, 28, p. 21)

La nature sexuelle des forfaits qui ont appelé ce châtiment est elle aussi invariable à partir du cadre fixé par Tirso. Celui-ci, conformément à la politique de la Contre-Réforme, avait voulu faire œuvre morale. A travers Dom Juan il visait le comportement libertin de la caste aristocratique qui menaçait l'ordre voulu par l'Eglise. Mais son Dom Juan revendique seulement la liberté des mœurs; il ne met jamais en question les fondements de la religion elle-même comme le fera le Dom Juan de Molière. Ainsi, le thème du catalogue et des « mille et trois » femmes séduites par Dom Juan qui apparaîtra par la suite, bien que formellement absent de ce premier *Dom Juan*, découle pourtant des intentions moralisatrices du Frère de la Merci. Les victimes du « trompeur de Séville » appartiendront aux différentes classes de la société.

On verra Dom Juan Tenorio abuser successivement d'une duchesse en se faisant passer pour son fiancé, d'une pêcheuse qui l'a sauvé d'un naufrage, de Donna Anna et d'une paysanne qu'il a promis d'épouser. A ces éléments qui rattachent la pluralité féminine à l'inconstance amoureuse s'ajoute l'artifice du déguisement que l'on retrouvera également par la suite, en particulier chez Molière.

Dom Juan possédera invariablement les femmes qu'il convoite en prenant la place de leur amant ou de leur conjoint légitime. Il séduit non en usant de son charme personnel, mais par ruse et tromperie, d'où le titre. On trouve chez Tirso l'épisode du naufrage consécutif à la fuite de Dom Juan. Sans constituer un invariant, cet incident reparaîtra dans d'autres *Dom Juan*, en particulier dans celui de Molière.

La scène du viol de Donna Anna et de l'assassinat du Commandeur, corrélative du dénouement, survient au deuxième acte.

Dom Juan s'est substitué à son ami le Marquis de La Mota dans le lit de Donna Anna; surpris par le père de celle-ci, le Commandeur, il le tue.

Au dernier acte, Dom Juan entre dans une église où se trouve le tombeau du Commandeur. Il tire la barbe de la statue et l'invite à dîner. Celle-ci accepte, vient dîner dans l'auberge de Dom Juan et l'invite à son tour pour le lendemain.

Dom Juan relève le défi et vient dîner dans l'église avec la statue qui lui prend la main et le foudroie.

Toutes ces péripéties se transmettront d'œuvre en œuvre et deviendront des lieux communs du mythe dont elles constituent la trame narrative. On les retrouvera chez Molière.

Mais si les aventures de Dom Juan, telles que Tirso les a fixées, laissent apparaître des constantes, chaque auteur les disposera à son gré selon des modalités différentes et leur attribuera des significations variables.

On donne souvent *Le Trompeur de Séville* de Tirso pour la principale source de Molière, parce que c'est le texte inaugural du mythe de Dom Juan, son acte de naissance. Mais il est douteux que Molière en ait eu connaissance. Il a pris possession indirectement de cet héritage par le biais des versions italiennes qui ont introduit le mythe dans notre tradition théâtrale.

Le *Dom Juan* de la Commedia dell'arte

Le principal acquis des Comédiens italiens est d'avoir traité le thème de *Dom Juan* dans le style de la Commedia dell'arte.

On sait que Molière devait sa formation d'acteur comique à la Commedia dell'arte et au célèbre Scaramouche.

Or, il a certainement vu le spectacle de l'Arlequin Biancolelli qui se donnait à Paris en 1661 et dont le *Scenario* nous est parvenu par une traduction française tardive, du début du XVIIIe siècle.

En entrant dans la tradition italienne, le mythe de Dom Juan subissait une stylisation qui le tirait vers la théâtralité pure, vers une géométrie scénique dont, à notre époque, le cinéma burlesque américain saura retrouver la veine à la fois truculente et abstraite.

Pour Molière, la théâtralité cessera d'être un but en soi pour être détournée vers d'autres fins, vers l'exploration de l'homme intérieur, vers la connaissance psychologique, la réflexion politique, l'interrogation philosophique. Mais il restera toujours fidèle à ces racines et saura concilier les exigences de la grande littérature avec celles de l'art des tréteaux. Après un *Tartuffe* guindé par la rigueur de la construction dramatique et par la versification, Molière reviendra dans *Dom Juan* à cette vitalité purement scénique, à la saveur populaire, au jeu des contrastes, à une irrégularité vivifiante. Mais il a si bien assimilé ses emprunts que cet esprit de la Commedia dell'arte a disparu de la plupart des représentations qui sont aujourd'hui données de l'œuvre.

Philippe Caubère avait pourtant essayé de le retrouver avec succès à la Cartoucherie de Vincennes. En traitant de manière engagée et volontairement outrancière le *Dom Juan* de Molière dans le style de la Commedia dell'arte, ce spectacle avait le mérite de faire rejaillir des sources trop longtemps occultées et pourtant loin d'être taries. C'était un feu d'artifice d'inventions scéniques, c'était surprenant, décapant, étourdissant de drôlerie. Mais la gravité, l'amertume du texte, sa force de projection disparaissaient sous les effets comiques, sous le foisonnement des hyperboles théâtrales, sous la stylisation gestuelle, sous le parti pris constant de transcrire les idées en actions, les mots en images. Cette mise en scène rappelait l'italianité du *Dom Juan* de Molière, un *Dom Juan* si bien naturalisé qu'il faut bien gratter pour lui restituer son origine.

Les Italiens ont incorporé à la tradition donjuanesque le catalogue des victimes de Dom Juan, récité par le valet de celui-ci. Molière ne retiendra de cet ajout que quelques allusions. Mais la principale innovation apportée par la Commedia dell'arte était dans le déplacement du centre d'intérêt qui se portait tout naturellement sur le valet, sur Arlequin. Molière s'en souviendra quand il adjoindra Sganarelle à Dom Juan. Il gardera de nombreux effets dus à l'invention de Biancolelli, comme la frayeur du valet qui contraste avec l'impassibilité de Dom Juan, lors de l'apparition de la statue, comme aussi l'obligation de manger et de boire intimée par le maître à son serviteur. Mais Molière ne se contentera pas de ces contrastes faciles, il créera un véritable couple. Il rendra le maître et le valet inséparables et jouera de l'échange des vêtements pour renforcer cette gémellité.

Il est toutefois significatif qu'il se soit attribué le rôle de Sganarelle, confiant à La Grange celui de Dom Juan. De même, dans *Tartuffe* il jouait Orgon. Dans les couples antithétiques, le chef de la troupe se réservait la partie comique.

Mais, bien qu'il ait pu avoir accès directement à ces sources italiennes, il était plus facile et plus naturel pour Molière de s'inspirer des versions françaises du mythe qui circulaient déjà depuis quelques années, quand, en 1665, il entreprit d'écrire et de monter *Dom Juan*.

Les versions françaises

Dorimond et son imitateur Villiers avaient eux-mêmes amplement copié les Italiens. Mais ils avaient aussi apporté un certain nombre d'idées nouvelles dont Molière saura tirer parti.

Dorimond et Villiers ont mis au premier plan les relations conflictuelles entre Dom Juan et son père. Dom Juan allait même jusqu'à frapper son père qui le suppliait de changer de vie. Il apprenait ensuite que son père désespéré par ses crimes était mort de douleur. Molière reprendra cet aspect nouveau qui accentue la violence de Dom Juan et sa révolte contre tout pouvoir, fût-il le plus sacré.

Le Père deviendra chez lui l'incarnation de la Loi transgressée.

Le deuxième élément important que Molière puisera chez ses prédécesseurs français était l'échange de vêtements. Le thème du déguisement était déjà très présent chez Tirso, mais Dorimond lui donnera une fonction nouvelle, dans l'épisode du pèlerin endormi que Dom Juan dépouille de son habit. On peut supposer que ce pèlerin est à l'origine du pauvre de Molière.

Villiers restera assez proche des Italiens, surtout en privilégiant le rôle du valet. Il aura le premier l'idée des deux bergères auxquelles Dom Juan fait la cour simultanément et qui sont les modèles de la Charlotte et de la Mathurine de Molière.

On aurait tort d'exagérer l'importance de ces emprunts factuels qui ont surtout constitué un déclic pour une imagination créatrice qui ne travaille jamais dans la gratuité. La supériorité de Molière apparaît dans son aptitude à transformer tout ce qu'il absorbe. C'est pourquoi il s'appropriera le mythe baladeur, transculturel, et lui imposera à tout jamais sa marque.

L'apport de Molière

Un modèle historique probable

Quand on sait avec quelle vigueur, avec quel courage Molière s'est engagé dans les batailles intellectuelles, politiques, théâtrales de son temps, on ne peut sous-estimer la part de la polémique, de la satire dans la conception de son *Dom Juan*.

Georges Couton a très justement, dans les commentaires de son édition de la Pléiade, mis l'accent sur cette urgence qui le poussait, à travers *Dom Juan* à se battre encore et toujours pour *Tartuffe*.

Le dernier acte, celui de l'hypocrisie relie les deux pièces et les deux personnages. Couton relève cette parenté hardiment voulue, crûment provocatrice, quand il écrit les lignes qui suivent, à propos de l'éloge de l'hypocrisie que Molière met dans la bouche de Dom Juan :

> **« Cette rigueur dans l'analyse, cette lucidité, cette violence ont le ton des placets pour *Tartuffe*. La pièce de *Dom Juan* tout entière est à bien des égards un placet pour *Tartuffe*.**
>
> **La bataille de *Tartuffe* se poursuit, mais à un autre niveau. Qui, en effet, était Tartuffe ? Un pauvre diable, bien qu'il se dise gentilhomme; plus exactement, un "pauvre honteux", qui a trouvé moyen de parasiter une famille bourgeoise. Toute l'ascension sociale à quoi il peut prétendre, par la voie des bénéfices ecclésiastiques, ne peut l'amener qu'à une situation médiocre. Dom Juan est, au contraire, un très grand seigneur, de ceux qui lorsqu'ils se font d'Eglise sont en mesure, comme dirait Saint-Simon, d'"aller à tout'.**
>
> **Et alors, quand on sait à quel point le théâtre de Molière est ancré dans la réalité sociale, on ne peut pas ne pas se demander si Dom Juan n'a pas eu un modèle. »**
>
> (Couton, 1, tome 2, p. 21)

Le paradoxe génial de Molière, c'est que, tout en écrivant, sans le savoir, pour l'éternité, il n'a guère produit que des pièces à clefs, des pièces de circonstance. *Dom Juan* n'y fait pas exception.

C'est avant tout, comme *Tartuffe*, comme *L'Ecole des femmes*, comme *Le Misanthrope*, une pièce de combat.

Il entrait dans les desseins de Tirso de Molina de peindre les forfaits d'un « grand seigneur méchant homme », fixant ainsi une constante du mythe.

Comme le suggère Georges Couton, il n'est pas à exclure que Molière ait prêté à ce personnage de théâtre les traits d'un grand seigneur de son temps qui après avoir été « méchant homme », avait pris l'apparence d'un « homme de bien », qui, comme le prêchera Dom Juan au dernier acte, s'était converti, ou avait feint de se convertir, après avoir mené une vie de libertinage. Ce modèle probable de Dom Juan était une vieille connaissance de Molière : c'était le prince de Conti, devenu son ennemi après avoir été son protecteur.

Georges Couton relève, entre autres, une phrase de Dom Juan qui s'appliquait parfaitement à Conti : « *Combien qui ont rhabillé les désordres de leur jeunesse...* » dit Dom Juan pour illustrer sa décision de faire désormais carrière dans la dévotion pour se livrer plus tranquillement à ses plaisirs sous la protection de la cabale.

Pourtant, si ces indications ne manquent pas d'intérêt pour éclairer les circonstances de la création, elles restent extérieures au vif du sujet. Si Molière s'était contenté d'écrire une œuvre à message, s'il avait simplement habillé à sa façon une légende venue d'Espagne via l'Italie pour faire la chronique des scandales de son temps, son *Dom Juan* n'aurait pas traversé les siècles et les cultures.

La vigueur des passions que sa pièce a suscitées et continue de susciter s'explique non par l'opportunité de l'anecdote mais par la gravité du propos.

Molière, il est vrai, avait cru habile de se protéger derrière une histoire qui avait déjà été testée, dont la version initiale, avait, de plus, pour auteur un prêtre au-dessus de tout soupçon. Sa déconvenue fut sans aucun doute à la mesure de son engagement et des transformations qu'il osa infliger à une fable d'intention pieuse et qui n'avait à l'origine d'autre destination que l'apologie de la religion.

Une recréation

Il était naturel, en effet, que Molière ne rencontre pas, au début, de difficulté pour faire accepter un sujet sur lequel le public parisien avait déjà pu voir au moins trois spectacles, celui de la Commedia dell'arte, et les pièces de Dorimond et de Villiers.

La censure n'a donc pas réagi à l'histoire elle-même, mais à la manière de la traiter. Dès le titre, une différence saute aux yeux qui déjà laisse apparaître chez Molière un choix différent de celui de ses prédécesseurs. Alors que Dorimond et Villiers avaient intitulé leurs tragi-comédies *Le Festin de Pierre ou le Fils criminel*, Molière appellera sa pièce *Dom Juan ou le Festin de Pierre*.

Ce qui était le titre principal chez les autres est relégué chez lui au rang de sous-titre et sera, d'ailleurs, vite oublié. Ainsi Molière fera passer au second plan le châtiment de l'impiété pour se concentrer sur le personnage de l'impie. Cela ne signifie pas pour autant qu'il ait entièrement négligé les sources qui étaient à sa disposition.

Le Dom Juan de Dorimond était un libertin individualiste qui refusait d'obéir à la loi commune pour suivre son bon plaisir, mais il n'était pas athée. Il se révoltait contre Dieu parce qu'il croyait en Dieu. Il se révoltait avec violence contre l'autorité paternelle non par esprit de contestation mais tout simplement pour supprimer un obstacle à ses désirs, à l'assouvissement de ses instincts.

Molière reprendra et développera cet aspect du thème de manière plus subtile. Il ne se contente pas de mettre l'accent sur l'insensibilité de son héros qui écarte sans pitié tout ce qui peut empêcher ses plaisirs. Là encore, il déplace le centre d'intérêt sur la personnalité même de Dom Juan. La révolte contre l'autorité paternelle devient un simple épisode qui est à l'origine de la décision du libertin de feindre la conversion pour regagner la confiance de son père et continuer à profiter de sa protection. Le recours à l'hypocrisie apparaît comme la manifestation d'une amoralité fondée en raison et qui, loin d'être l'expression spontanée d'une vitalité ombrageuse est la traduction calculée d'un rationalisme destructeur et nihiliste.

Ainsi, Molière pose à travers son personnage des questions philosophiques fondamentales qui portent sur la source même de la morale et de la vertu. Le mythe de Dom Juan dépasse le cadre de l'anecdote pour incarner la contestation des idées reçues et des valeurs établies au nom de la liberté individuelle.

Cette conception entraîne des modifications significatives de l'intrigue. Chez Tirso de Molina aussi bien que chez les auteurs français et italiens, Dom Juan est présenté essentiellement comme un obstacle aux amours puériles et honnêtes de couples qu'il se plaît à disloquer; chez Molière, Dom Juan devient le symbole même de l'inconstance et de la force irrépressible du désir amoureux qui refuse de se fixer sur un seul objet.

Molière ira plus loin que tous ses prédécesseurs en reliant avec une cohérence implacable tous les niveaux du comportement de son héros.

Là où les auteurs des autres *Dom Juan* faisaient souvent preuve d'un flou artistique, Molière introduit des motivations qui retournent comme un gant la problématique de l'œuvre et transforment en démonstration de l'agnosticisme le plus affirmé ce qui était à l'origine une apologie de la religion.

En développant une triple contestation contre l'ordre moral, l'ordre social et l'ordre religieux, le Dom Juan de Molière n'est plus seulement un fils de grande famille qui a mal tourné et dont le châtiment exemplaire peut servir à dissuader les jeunes aristocrates qui seraient tentés de suivre ses traces. Les idées qu'il expose à son valet avec une redoutable logique ouvrent une ère nouvelle, celle du « Siècle des Lumières » où les défenseurs de l'esprit critique et de la liberté de discussion vont battre en brèche un système fondé sur le principe d'autorité. Dom Juan apparaît donc chez Molière moins comme un résidu corrompu d'une classe condamnée par l'histoire que comme le précurseur d'une libre pensée qui n'a pas encore la possibilité de se faire entendre.

Mais l'une des trouvailles les plus surprenantes de Molière est l'hypocrisie de Dom Juan qui, en rendant son héros définitivement antipathique, jette une ambiguïté irrémédiable sur la signification de ses pensées, de ses paroles et de ses actes.

A travers Dom Juan, Molière montre impitoyablement le monde tel qu'il est. Le refus manifesté par Dom Juan des alibis moraux exprime une vision lucide et amère de la réalité, une fois crevées les baudruches de l'idéalisme. Molière utilise le mythe en l'intégrant à son œuvre de désillusion entreprise avec *L'Ecole des femmes*, poursuivie avec *Tartuffe*.

En exploitant beaucoup mieux que ses prédécesseurs les potentialités de la figure de Dom Juan, il réussit à combiner l'observation sociale, la satire politique et l'inquiétude intellectuelle. Ainsi, tout en respectant globalement les données de l'intrigue léguées par le mythe, Molière renouvelle complètement celui-ci par la conception de ses personnages.

Sa pièce est un modèle d'adaptation créatrice, c'est, en fait, une recréation car il fait œuvre nouvelle, œuvre originale sans rien modifier des lieux communs de la tradition. Ainsi il prolonge et renforce l'héritage de ses prédécesseurs tout en le transformant profondément.

Il procède soit par extension, en développant les relations entre Dom Juan et son père, ou les relations entre Dom Juan et Sganarelle, soit par resserrement, en élaguant, par exemple, le groupe féminin initial.

Molière représentera dans le personnage pathétique d'Elvire toutes les victimes du séducteur. Elvire, chez Molière, est l'épouse que Dom Juan a abandonnée après l'avoir enlevée d'un couvent. Elle reparaîtra trois fois pour tenter de sauver Dom Juan du châtiment que méritent ses crimes. Le caractère noble et émouvant de ses interventions ne fait que mieux ressortir l'endurcissement du héros muré dans un égoïsme qui apparaît comme l'effet pervers de sa passion de la liberté.

En concentrant dans un seul personnage féminin le thème de l'inconstance de Dom Juan, Molière pour la première fois dans l'histoire du mythe montrait sur la scène une aventure amoureuse du séducteur menée de bout en bout.

Enfin, la multiplicité des lieux et des temps, le foisonnement des situations, la variété des milieux offrait à Molière le diapason le plus large pour nourrir son histoire de la connaissance qu'il avait acquise de la société de son temps, aussi bien au cours de ses tournées en province dans les années difficiles que par son contact avec la Cour dans les années de faveur.

La forme baroque, éclatée, du modèle espagnol se prêtait à cette liberté dramatique qui fait la particularité de *Dom Juan* parmi les comédies de Molière. Il résultera de cette rencontre une fécondation réciproque si intense entre les données objectives de l'histoire léguée par Tirso de Molina et le projet de Molière qu'il sera désormais difficile de concevoir sans cet apport ce qu'il est convenu d'appeler « le mythe de Dom Juan ».

Quand, un siècle plus tard, Lorenzo Da Ponte rédigea le livret du *Don Giovanni* de Mozart, il assembla habilement une mosaïque d'emprunts divers, en particulier aux Italiens, comme l'air du catalogue. Mais pour l'essentiel de sa conception, il s'inspira du *Dom Juan* de Molière qui n'était pas un Dom Juan parmi d'autres mais avait fini par s'identifier au mythe lui-même, tellement il en avait exprimé la quintessence dans un aboutissement synthétique autant que singulier.

3

Résumé et structure dramatique

Résumé de l'action

Eloge de l'infidélité

Dom Juan a abandonné Done Elvire, après l'avoir enlevée d'un couvent et l'avoir épousée. Done Elvire a envoyé son valet Gusman à la recherche de l'infidèle. Gusman rencontre Sganarelle, valet de Dom Juan, et lui fait part de son étonnement devant la perfidie dont ce dernier a fait preuve envers sa maîtresse. Comment a-t-il pu trahir la foi jurée à Done Elvire après lui avoir témoigné par ses promesses, par ses serments, mais aussi par ses actes, tant de passion? Sganarelle informe son interlocuteur sur les mœurs dépravées de son maître, à qui il ne coûte rien d'épouser une jeune fille, ni de l'enlever d'un couvent pour la séduire. Sganarelle dépeint Dom Juan comme un impie qui ne croit ni à Dieu ni à Diable et ne respecte aucune règle morale. Sganarelle déplore pour sa part d'être obligé de servir *« un grand seigneur méchant homme »*, mais il n'a pas le choix et il avoue à Gusman qu'il a peur de Dom Juan.

Celui-ci survient et, reconnaissant en Gusman le serviteur de Done Elvire, interroge Sganarelle. Le valet exprime sa réprobation sur la conduite scandaleuse de son maître. Dom

Juan justifie alors son inconstance en amour. Il a quitté Done Elvire parce qu'elle ne l'intéressait plus. Seul le plaisir de la conquête donne à ses yeux du prix à l'amour.

Il confie à Sganarelle qu'il est venu « dans cette ville » sur les traces d'une jeune beauté fort amoureuse d'un jeune homme qu'elle doit épouser bientôt. Cette situation excite la jalousie de Dom Juan et son goût de l'obstacle. Les fiancés se préparent à faire une promenade en mer. Dom Juan a décidé d'enlever la belle.

Sganarelle rappelle à Dom Juan que celui-ci a tué, dans cette même ville, il y a six mois à peine, le Commandeur. Dom Juan répond qu'il n'a rien à craindre, ayant reçu la grâce de ce meurtre. Quant à la vengeance des parents et amis de sa victime, il ne s'en soucie guère, car il est tout entier à ses plaisirs.

Done Elvire survient et demande des explications à Dom Juan. Celui-ci d'abord se dérobe et charge son valet de répondre à sa place. Puis il feint de se repentir d'avoir arraché Done Elvire au couvent et commis un sacrilège : reprendre la vie conjugale serait s'obstiner dans le péché. Done Elvire, exaspérée par cette nouvelle imposture, le menace de la punition du Ciel, mais aussi des suites de *« la colère d'une femme offensée »*.

Un grand seigneur chez le peuple

En poursuivant sur mer les fiancés, Dom Juan a fait naufrage. Il a été recueilli par des paysans et s'empresse de courtiser Charlotte, fiancée de Pierrot, le garçon qui lui a sauvé la vie. Celui-ci essaie de s'interposer, mais il est rudoyé par Dom Juan. Charlotte se trouve en concurrence avec une autre paysanne, Mathurine, à qui Dom Juan a déjà promis le mariage. Les voilà toutes les deux sur les rangs. Elles demandent à Dom Juan de trancher, mais le séducteur, amusé par cette situation, retarde sa réponse et leur tient simultanément des propos galants de façon à ne décevoir ni l'une ni l'autre. Il est interrompu dans ses plaisirs par une mauvaise nouvelle : douze hommes à cheval le recherchent et seront là dans un moment. Le temps presse. Avant de fuir, Dom Juan oblige Sganarelle à échanger leurs habits.

Un libertin chevaleresque

Dom Juan et Sganarelle ayant échappé à leurs poursuivants se promènent à cheval dans la campagne. Sganarelle porte un habit de médecin. Ils rencontrent un pauvre qui leur indique le chemin pour aller à la ville la plus proche. Comme le pauvre demande l'aumône, Dom Juan veut le forcer à jurer contre la promesse d'un louis d'or. Le pauvre refuse, Dom Juan lui donne cependant le louis d'or *« pour l'amour de l'humanité »*. Apercevant non loin de là un homme attaqué par trois autres, Dom Juan se porte à sa défense et met en fuite les assaillants.

C'est le seul moment de la pièce où Dom Juan apparaît sympathique et se comporte de façon chevaleresque, comme si son sang noble se réveillait tout d'un coup et le poussait à agir en contradiction avec ses raisonnements habituels.

Il apprend que celui à qui il a sauvé la vie n'est autre que Dom Carlos, le frère de Done Elvire, à la poursuite de Dom Juan pour venger l'honneur de sa sœur. Dom Juan ne livre pas son identité. Mais les deux hommes sont rejoints par un autre frère de Done Elvire, Dom Alonse, qui reconnaît Dom Juan et veut le tuer sur-le-champ. Dom Carlos s'interpose alors entre son frère et Dom Juan à qui il doit la vie. Mais après ce geste, il s'estime quitte de sa dette et attend ultérieurement du mari infidèle des réparations par les armes si celui-ci refuse de renouer le lien conjugal.

Tout en regrettant d'avoir pour adversaire un *« honnête homme »* tel que Dom Carlos, Dom Juan refuse pourtant de changer de conduite. Il déclare à Sganarelle que son cœur est à toutes les belles.

Apercevant un superbe édifice et apprenant que c'était le tombeau du Commandeur qu'il avait tué, Dom Juan décide de le visiter.

Par dérision, il donne à Sganarelle l'ordre d'inviter la statue à dîner. Celle-ci baisse la tête en signe d'acceptation. Quand son valet lui rapporte ce qu'il a vu, Dom Juan ne veut pas le croire. Il répète lui-même la question et voit la statue baisser de nouveau la tête. Dom Juan reste muet devant ce phénomène surnaturel qu'il ne peut expliquer par la raison.

Des visites importunes

On annonce à Dom Juan la visite de son créancier, Monsieur Dimanche. Dom Juan le fait entrer immédiatement et le reçoit avec de grandes civilités. Il lui fait toutes sortes de compliments et le renvoie sans l'avoir payé. Puis, le père de Dom Juan, Dom Louis, vient l'accabler de reproches et le conjure de se montrer plus digne de sa naissance.

Dom Juan répond avec une froide insolence. Comprenant le peu de cas que son fils fait de ses remontrances, Dom Louis se retire sur des menaces.

Désormais, Dom Juan ne pourra plus compter sur la protection de son père. Au moment où on prépare le souper, Sganarelle fait entrer *« une dame voilée »*, c'est Done Elvire. Elle déclare à Dom Juan qu'elle a été touchée par la grâce du Ciel et qu'elle a renoncé à tout amour terrestre. Avant de se retirer du monde pour toujours, elle est venue supplier Dom Juan de changer de vie pour échapper à la justice du Ciel. Pour toute réponse, Dom Juan l'invite à rester pour la nuit, mais Elvire refuse. Après la sortie de son épouse, Dom Juan confie à Sganarelle que les larmes qu'elle a versées ont réveillé en lui *« quelques petits restes d'un feu éteint »*.

Pendant le souper, Sganarelle ayant donné des signes indubitables de sa gourmandise, Dom Juan l'invite à manger, puis le tourne en dérision. Leur repas est interrompu par l'arrivée de la Statue. Sganarelle est pétrifié de peur, tandis que Dom Juan, impassible, fait mettre un couvert et une chaise. Il boit à la santé du Commandeur. Celui-ci l'invite à souper le lendemain. Dom Juan accepte l'invitation : il viendra accompagné du seul Sganarelle.

Le libertin en faux dévot

Dom Louis accouru chez son fils en apprenant sa conversion, veut s'assurer de la vérité de cette rumeur. Dom Juan le rassure : il a été effectivement touché par la grâce du Ciel, est revenu de toutes ses erreurs et demande même à son père de lui choisir un directeur de conscience pour l'aider à se repentir de ses péchés.

Dès que son père est sorti, Dom Juan jette le masque et explique à Sganarelle les avantages de l'hypocrisie. En feignant la dévotion, il pourra continuer à mener impunément sa vie de débauche. Et il gagnera l'appui de tous les dévots qui, par solidarité, le défendront contre toutes les attaques qui pourraient être portées contre lui.

Sganarelle s'efforce de dissuader son maître mais il ne réussit qu'à proférer un galimatias incompréhensible.

Dom Juan a aussitôt l'occasion de mettre sa théorie en pratique, car il rencontre Dom Carlos venu demander quelles étaient les intentions de Dom Juan pour réparer le tort qu'il a causé à Done Elvire. Dom Juan fait valoir qu'il lui est impossible de reprendre la vie conjugale, car désormais il s'est voué au Ciel. Dom Carlos demande alors réparations par les armes. Dom Juan y consent, bien que le Ciel interdise la violence.

Une impiété héroïque

Sganarelle déclare à Dom Juan que désormais il désespère de son salut. Au lieu de saisir sa dernière chance en écoutant l'avertissement du Ciel, son maître aggrave son cas en faisant l'hypocrite. Dom Juan persiste dans son incrédulité.

Un Spectre en femme voilée vient demander à Dom Juan de se repentir. C'est l'ultime message du Ciel. Dom Juan veut savoir qui est caché sous le voile. Alors le Spectre se transforme en une figure représentant le Temps avec sa faux à la main. Quand Dom Juan veut le frapper, le Spectre s'envole. Mais Dom Juan refuse toujours de se repentir.

La Statue apparaît et demande à Dom Juan de lui donner la main. Dom Juan accepte et meurt foudroyé.

Sganarelle dit le dernier mot. La mort de Dom Juan satisfait tout le monde. Il est le seul à être lésé par la disparition de son maître qui ne lui a pas payé ses gages : *« Il n'y a que moi seul de malheureux. Mes gages, mes gages, mes gages ! »*

La structure dramatique

Dom Juan est la plus irrégulière, la plus baroque des comédies de Molière. C'est pourquoi il est difficile de déceler dans le découpage en cinq actes une structure dramatique conforme aux règles classiques.

Visiblement Molière a suivi, dans cette pièce, d'autres motivations que celles d'une forme rigoureuse.

Il est possible toutefois de retrouver derrière la sinuosité de l'intrigue un enchaînement qui rappelle la succession habituelle des trois phases modelant et modulant la courbe des tensions : l'exposition, le nœud et le dénouement.

Premier acte

Le premier acte contient les éléments d'information nécessaires pour instruire les spectateurs de la situation, des données de l'intrigue et les familiariser avec les personnages. Il remplit donc globalement la fonction qui lui est d'ordinaire dévolue, celle de *l'exposition*. On constate, cependant, des fantaisies déconcertantes qui témoignent de la liberté prise par Molière avec « les règles ». Ainsi, la première scène « expose » tout simplement une ode au tabac prononcée par Sganarelle. Cette savoureuse tirade a tout lieu de dérouter aussi bien le public que l'interlocuteur de Sganarelle, Gusman, venu demander au valet de Dom Juan des renseignements plus substantiels. D'ailleurs, Gusman n'en apprendra guère plus de Sganarelle qui n'est pas au courant des intentions de son maître envers Done Elvire. Mais il aura droit à un portrait apocalyptique de l'époux infidèle, un *« pourceau d'Epicure »*, un *« vrai Sardanapale »*, etc.

Ainsi, le ton est donné, l'intérêt de l'intrigue sera subordonné aux caprices de Dom Juan, caprices qui eux-mêmes reflètent une position de principe se résumant dans une absence totale de principes. La fameuse unité d'action se diluera dans les méandres d'aventures suscitées par une soif de plaisir et de nouveauté qui engendre une improvisation permanente. Mais comme cet anti-héros a la passion de se confier à son valet et de s'expliquer, les péripéties de l'histoire ne seront souvent que le prétexte de longues discussions d'idées sans inférence sur la suite des événements.

Nous apprenons toutefois au cours de ce premier acte deux faits déterminants : la séduction d'Elvire et l'assassinat du Commandeur. Ces événements se sont produits dans le passé, et Dom Juan qui se définit avant tout comme l'homme du présent, l'homme du plaisir immédiat, de l'instant, ne cherche qu'à les oublier, à les chasser de son esprit. Mais il sera poursuivi par les conséquences de ses actes qu'il veut précisément « irresponsables », puisque, n'ayant ni foi ni loi, il nie toute validité à la notion de responsabilité morale.

Deuxième acte

Le deuxième acte fait figure d'intermède. Les épisodes qui s'y succèdent n'ont pas d'incidence sur le déroulement de l'action. La poursuite de la fiancée et le naufrage qui s'ensuit sont des événements dont le spectateur n'a pas de perception concrète. La façon dont ils sont présentés n'est pas destinée à susciter dans l'assistance un frémissement particulier.

En fait, ils retardent le cours de l'intrigue plutôt qu'ils ne contribuent à « nouer » les tensions conflictuelles. Ils sont, disons le mot, « illustratifs », dans la mesure où ils donnent au public une « illustration » des amours de Dom Juan, ils sont des exemples à l'appui de la démonstration fournie préalablement, au premier acte, par Sganarelle et par Dom Juan lui-même.

Ils confirment que l'intérêt de cet acte, comme l'intérêt de la pièce, en général, est ailleurs que dans ce qu'il est convenu d'appeler « le sujet ». Ce deuxième acte est l'acte des paysans. Les aventures que Dom Juan ébauche simultanément avec deux jeunes paysannes n'ont qu'une valeur épisodique et latérale par rapport à ce que le spectateur, après le premier acte, est en droit de considérer comme « l'intrigue » : les démélés de Dom Juan avec Done Elvire. En termes de structure dramatique, c'est donc un acte à peu près « inutile », sauf l'apparition inopportune des douze hommes armés dont on ne sait exactement qui les envoie, ni pour quelle raison précise ils recherchent Dom Juan. Simplement peut-on se douter qu'il s'agit d'une vengeance liée à quelque ancien forfait, pas nécessairement à la trahison d'Elvire ou au meurtre du Commandeur.

On retiendra que Dom Juan, ce conquérant, cet irrésistible séducteur, ne réussit dans aucune de ses entreprises amoureuses et qu'il passe son temps à fuir. Serait-il la transposition, dans le registre amoureux, de Matamore ? Beaucoup de détails le laisseraient à penser si l'on s'en tenait uniquement à l'action, aux événements « dramatiques ».

TROISIÈME ACTE

Au troisième acte, l'accumulation des événements accuse une densité qui confine à l'invraisemblance. Tous les faits qui se succèdent dans les quatre premiers actes sont supposés se passer au cours d'une seule journée. Le cinquième acte se déroule dans la deuxième journée. Le temps, donc, est distendu au-delà des limites permises, les fameuses vingt-quatre heures exigées par la doctrine classique.

Dans cette comédie très librement construite, on ne constate pas plus d'unité d'action ou d'unité de lieu que d'unité de temps.

Les lieux sont les plus divers, si on en juge par un contrat passé entre les comédiens de Molière et les peintres chargés de la décoration : un palais, un paysage de campagne, une forêt, un « superbe édifice » abritant le tombeau du Commandeur, l'appartement de Dom Juan, un endroit ouvert, enfin à la limite de la ville et de la campagne pour le dernier acte. L'auteur a d'ailleurs été avare d'indications. Tout au plus précise-t-il que ces aventures se passent en Sicile, ce qui peut paraître étonnant quand on entend au deuxième acte s'exprimer des paysans dans le patois de l'Ile-de-France.

L'action, on l'a vu, est éparpillée. Dans ce troisième acte, comme dans les actes précédents, de nombreux épisodes ne sont absolument pas motivés par l'enchaînement de l'intrigue et sont de ce point de vue parfaitement superflus. Ils sont, en revanche, très importants par les idées qu'ils contiennent et occupent une place cruciale sur le plan idéologique, tellement fonctionnel dans cette pièce qu'il constitue presque une sorte de dramaturgie abstraite qui pose les vrais enjeux, où se déroulent les vrais conflits. Ainsi en est-il de la première scène sur la médecine ou de la fameuse scène du pauvre.

Toutefois, on peut percevoir dans cet acte central des événements qui constituent l'équivalent du nœud de la structure dramatique classique.

Le fil de l'intrigue portant sur les relations avec Elvire connaît un prolongement avec l'apparition des deux frères et le répit laissé par Dom Carlos. Dom Juan se trouve devant un choix qui durcit le conflit créé par sa rupture du lien conjugal : ou il se réconcilie avec sa femme, ou il doit se battre en duel et risquer sa vie pour sa liberté.

Une autre menace, plus grave encore, se dessine à la dernière scène lorsque la Statue accepte l'invitation à dîner de Dom Juan. Cela signifie que le Ciel relève le défi qui lui est porté par le libertin.

Quatrième acte

Chacune des scènes de cet acte, à part la dernière, peut apparaître gratuite par rapport aux deux fils de l'intrigue. Mais si on les regroupe, elles manifestent une continuité logique très serrée. Chacune des visites que reçoit Dom Juan est une épreuve de force dans le combat qu'il soutient pour sa liberté. Peu à peu le sens de ce combat se dévoile jusqu'à l'affrontement final : la résistance que Dom Juan oppose aux impératifs sociaux, familiaux, moraux, religieux recouvre un enjeu métaphysique. La grande question est celle qui correspond au pari pascalien. Dieu existe-t-il ? Doit-on sacrifier les plaisirs éphémères de la vie terrestre au nom d'une idéalité peut-être illusoire ?

Ainsi, au cours de cet acte, on voit Dom Juan éliminer les uns après les autres les obstacles qui viennent gêner son bon plaisir.

Le premier qui se présente peut paraître anodin pour le grand seigneur fortuné qu'est Dom Juan. Toujours est-il qu'il a des dettes. M. Dimanche représente l'argent nécessaire pour les plaisirs de la vie. Plus encore, l'apparition du créancier est associée à la notion d'échéance que Dom Juan peut retarder, non annuler. Un Spectre représentant le Temps avec sa faux viendra au dernier acte lui donner un dernier avertissement.

Dom Louis menace son fils de le priver de son soutien. Elvire annonce un danger plus grand, celui de la justice du Ciel prête à s'abattre sur le libertin qui la nargue. Enfin, la Statue confirme l'imminence du châtiment. A la gradation des obstacles qui se font de plus en plus graves et plus pressants, correspond l'affaiblissement progressif de Dom Juan qui réagit de moins en moins bien. Il triomphe aisément du créancier, mais en perdant par son insolence l'appui de son père il se met en difficulté. Il ressent un regain de flamme pour Done Elvire qui ne touche pas son cœur mais ses sens. Dom Juan montre sa plus grande faiblesse par l'indignité de son attitude envers celle qui lui témoigne un amour noble, pur et désintéressé, au sens chrétien et spirituel.

Le libertin qui ne croit qu'à *« deux et deux sont quatre »*, est incapable de dépasser certaines limites, de s'élever au-dessus d'un certain seuil.

Sa réponse à l'appel émouvant de Done Elvire contient déjà implicitement sa condamnation. Dom Juan s'est condamné lui-même.

Il relève avec courage le défi de la Statue, mais il trahit en même temps par là son infirmité spirituelle, l'impossibilité de croire, d'adhérer aux vérités de la foi.

Cinquième acte

Dom Juan a cru trouver la parade aux menaces auxquelles il a été confronté dans l'acte précédent. Il peut supposer avoir trouvé la solution du conflit qui l'oppose au monde extérieur. Par l'hypocrisie, il éliminera définitivement tous les obstacles qui se dressent sur son chemin et entravent une liberté qu'il veut totale.

Ce procédé lui réussit parfaitement à l'égard de son père qu'il trompe avec la plus grande facilité, grâce à son talent d'acteur. Mais il est tenu en échec par Dom Carlos qui ne se laisse pas prendre à son jeu. De ce côté-là déjà, l'échéance se rapproche.

En donnant le change, en troquant l'apparence contre la réalité, Dom Juan peut croire avoir gagné, il peut s'imaginer qu'il a dénoué le conflit avec les forces qui l'entourent et le pressent.

Mais il sera vaincu par l'existence de cette réalité supérieure qu'il s'est acharné à nier. Dom Juan a perdu son pari. En misant entièrement sur la raison, il en a mis au jour les limites, l'impuissance à répondre aux vraies questions qui se posent aux hommes.

L'enchaînement des faits est donc secondaire par rapport au débat d'idées. Les faits n'ont de valeur qu'en tant que révélateurs des idées.

C'est pourquoi si, sur le plan de l'intrigue, la structure dramatique peut paraître décousue et peu cohérente, sur un autre plan qui double constamment celui de l'action, le plan intellectuel et spirituel, se déroule un conflit implacable mu par une implacable logique et obéissant à une conséquence sans faille jusqu'à l'inévitable dénouement.

Constamment vainqueur, et sans grand mérite, dans ses discussions avec Sganarelle, Dom Juan est finalement vaincu. Par le Ciel? Ou plutôt par lui-même, pour avoir fait le mauvais choix? On peut lire très diversement cette fin spectaculaire prévue pour une *« pièce à machines »*.

On peut y voir un effet proche du Grand Guignol qui tournerait en dérision la superstition. La Statue ne vaudrait guère mieux que le Moine bourru, cher à Sganarelle, et dont se moquait Dom Juan.

Sganarelle a le dernier mot en réclamant *« ses gages »* à un Ciel injuste qui foudroie son maître avant que celui-ci ne l'ait payé. En retournant en farce un dénouement qui apparentait trop cette comédie à une tragédie, Molière ramène les spectateurs sur la terre et même au terre à terre.

Pourtant, l'extrême originalité de ce *Dom Juan*, sa richesse me paraît être non dans la pluralité sélective des lectures, des sens, des interprétations, mais dans leur pluralité simultanée.

La structure dramatique au lieu de dessiner une linéarité fermée, confortablement calée sur le dénouement, offre une sorte de combinatoire de variantes qui se superposent sans s'exclure, une surface ouverte, polysémique, livrant un sens fondamentalement ambigu.

4

Analyse textuelle

PREMIER ACTE

Scène 1

Eloge du tabac

L'entrée en matière est un modèle de fausse exposition. Selon un procédé bien éprouvé, le spectateur a l'impression de surprendre une conversation déjà commencée quand le rideau s'ouvre. En outre, le discours de Sganarelle porte sur un sujet, le tabac, parfaitement anodin et gratuit. Les considérations qu'il développe avec une solennité burlesque n'ont aucun lien avec la « matière » qu'il s'agit de présenter, comme c'est le cas d'ordinaire, dans une scène d'exposition. Cette digression renforce au contraire le sentiment de faire irruption dans une vie qui ne se limite pas au moment de la représentation. Comme un voyeur malgré lui, le spectateur est projeté par effraction dans une histoire qui a déjà un passé, une épaisseur qui lui échappent.

Il semble que Sganarelle soit parfaitement conscient de l'inopportunité de son envolée lyrique sur le tabac et que son propos ne manque pas de malice. Il s'adresse, en effet, à Gusman, le valet de Done Elvire, chargé par sa maîtresse de retrouver Dom Juan. Ainsi le pédant exposé de Sganarelle sur le tabac retarde les informations attendues par Gusman, et par le public. On comprendra par la suite que Sganarelle profite de la situation pour savourer la supériorité qu'elle lui donne sur Gusman et compenser ainsi les humiliations qu'il subit quotidiennement de son maître.

Il joue avec Gusman, comme un acteur joue avec le public; il exploite la dépendance dans laquelle se trouve son interlocuteur pour retarder les renseignements que celui-ci attend de lui et proférer des plaisanteries parodiques sans intérêt, sauf la volupté de tenir enfin quelqu'un à sa merci. Quand il a le sentiment d'avoir atteint la limite de la patience de celui qui l'écoute, il revient aux choses sérieuses : « *Mais c'est assez de cette matière. Reprenons un peu notre discours.* »

Tout l'entretien sera marqué par cette tendance bouffonne de Sganarelle à contrefaire son maître tout en le critiquant.

Et pourtant, les futilités qu'il débite sur le tabac contiennent indirectement des informations plus précieuses que toutes les indications concrètes qu'il pourrait donner à Gusman.

Avant même de faire le portrait de son maître, Sganarelle suggère des choix dont il s'est lui-même imprégné par une identification inconsciente.

Son éloge du tabac signifie d'abord la priorité donnée au plaisir, à un plaisir gratuit, sensuel, inutile, égoïste, sur le devoir.

Le ton didactique et pseudo-scientifique adopté par le valet de Dom Juan exprime la satisfaction maligne de prendre le contre-pied des idées reçues.

Sganarelle l'ignorant, le superstitieux, joue au savant et à l'esprit fort. Il emploie une phraséologie pompeuse pour traiter d'un sujet frivole et vanter un plaisir superflu. Ce qui pourrait passer pour un truc, une astuce de l'auteur correspond donc au contraire à une véritable mise en situation de l'objet réel, profond du spectacle qui s'ouvre, de ce que l'on va donner à voir et à entendre.

Le ton ici compte plus que le contenu, l'esprit plus que la lettre. Le ton est celui de la provocation, l'esprit, celui du doute.

Le discours dérisoire et parodique de Sganarelle introduit d'emblée à un déplacement des centres d'intérêt. Le déroulement factuel de l'intrigue ne sera plus le lien habituel de l'enchaînement dramatique mais servira de prétexte à une réflexion constamment sous-jacente sur les questions fondamentales, celles de l'existence de Dieu, du bien-fondé de la morale, des devoirs de l'individu envers la famille et la société, de l'amour, sentimental, physique et spirituel, des règles qui doivent harmoniser les relations humaines et sociales... Mais que l'on ne s'attende pas à un docte débat sur ces graves matières... D'entrée de jeu, la parole n'est pas donnée aux maîtres, mais aux valets.

Et les valets singent leurs maîtres par contestation autant que par mimétisme servile. Dès l'ouverture, le spectateur est tiré par le nez pour être entraîné dans une spirale bouffonne et tragique qui entremêlera, entrechoquera tous les plans, tous les registres sans respect pour les tabous, sans ménagement pour les idoles qui pèsent sur les destins des hommes. Une sorte de grande lessive.

Un grand seigneur méchant homme

Sganarelle répondra à Gusman non en lui livrant les informations que celui-ci désire obtenir, mais en expliquant le comportement de Dom Juan vis-à-vis de Done Elvire à partir du portrait psychologique de son maître.

D'après ce qu'il sait de l'inconstance habituelle de Dom Juan, Sganarelle en déduit que, selon sa coutume, il a quitté Done Elvire après l'avoir séduite, puisqu'il agit ainsi avec toutes ses conquêtes.

Fier d'épater Gusman, tout ébahi qu'« *un homme de qualité* » puisse se conduire de la sorte, Sganarelle lui explique « *quel homme est Dom Juan* ». Il s'adresse à Gusman sur le ton supérieur d'un initié à un profane. Il instruit Gusman des mystères du libertinage. Car Dom Juan est un libertin. Pourtant, Sganarelle n'emploiera pas une seule fois ce mot-là que peut-être il ignore. Sa description du caractère et de la mentalité de Dom Juan est désordonnée, du fait de la truculence avec laquelle il traite son sujet. Il débite des phrases interminables en accumulant les expressions pittoresques qui trahissent sa prétention et son inculture.

Mais on peut déceler sous ce fatras un certain ordre dans l'énumération des vices de Dom Juan.

D'abord, Sganarelle fait comprendre à sa façon, et par des termes impropres que Dom Juan est un impie :

> **« Je t'apprends,** *inter nos*, **»** dit-il à Gusman, **« que tu vois en Dom Juan, mon maître, le plus grand scélérat que la terre ait jamais porté, un enragé, un chien, un Diable, un Turc, un Hérétique, qui ne croit ni Ciel, ni saint, ni Dieu, ni loup-garou, qui passe cette vie en véritable bête brute, en pourceau d'Epicure, en vrai Sardanapale... »**

Relevons l'emploi d'une locution latine, « inter nos », c'est-à-dire « entre nous », qui a une résonance à la fois familière, grotesque et savoureuse... Cela fait partie du « numéro » auquel se livre Sganarelle pour éblouir Gusman. Nous avons ici, en effet, un échantillon de la cacophonie et du galimatias qui caractérisent le parler du valet de Dom Juan. Quand il met sur un même plan le Ciel, les saints, Dieu et le loup-garou, on est en droit de s'interroger sur le niveau des croyances qu'il prétend défendre contre ce « scélérat » de Dom Juan. Sans doute a-t-il retenu des bribes de conversations savantes qu'il utilise sans discernement. Ainsi l'expression « *pourceau d'Epicure* » provient des *Epîtres* du poète latin Horace qui désignait de façon péjorative un disciple d'Epicure appliquant de façon grossière et primitive l'enseignement du philosophe grec : à savoir quelqu'un qui n'apprécie que les plaisirs physiques. L'épicurisme était d'ailleurs le plus souvent défini dans ce sens de matérialisme vulgaire par les détracteurs des libertins.

Quand il met ces termes dans la bouche de Sganarelle, nul doute que Molière vise par ricochet la mauvaise foi et l'ignorance de nombreux défenseurs de la religion. N'oublions pas que Gassendi, dont l'auteur de *Dom Juan* avait peut-être suivi les leçons et qu'il admirait, avait remis en honneur la pensée d'Epicure contre les interprétations simplistes auxquelles elle avait donné lieu.

On peut donc voir que dans le personnage de Sganarelle, Molière se moque des ignorantins qui rejettent la science et la libre pensée à travers la caricature qu'ils en donnent. De même quand Sganarelle traite son maître d'Hérétique, il ne garde de ce terme que la connotation péjorative : Hérétique, Turc ou Diable, pour lui, c'est tout un. On saura bientôt que Dom Juan n'était nullement hérétique, mais agnostique, athée. Mais pour les partisans de la Contre-Réforme, depuis les guerres de Religion, l'amalgame auquel se livre Sganarelle était de rigueur.

Ensuite, Sganarelle présente Dom Juan comme un débauché prêt à tout pour satisfaire sa passion, mais qui oublie celle qui en a été l'objet, dès que sa passion a été satisfaite. C'est pourquoi Gusman ne doit pas s'étonner qu'il ait épousé sa maîtresse. Si telle était la condition pour la posséder, le mariage n'est pas pour effrayer Dom Juan. Elle n'est ni la première, ni la dernière, car dit Sganarelle très joliment, c'est « *un épouseur à toutes mains* ». Pour signifier que Dom Juan n'était pas délicat ni exigeant dans ses choix, Sganarelle emploie une expression s'appliquant aux chevaux qui étaient bons pour la monte comme pour l'attelage.

On peut retrouver dans ce passage, d'une part, le souvenir de Tirso de Molina qui avait intitulé son œuvre *Le Trompeur de Séville*, d'autre part, une paraphrase du catalogue que l'on doit aux Italiens. Sganarelle, en effet, décline aussi la liste pour montrer que Dom Juan agit comme un collectionneur de femmes et qu'il s'intéresse à *toutes* les femmes sans distinction.

> **« Dame, damoiselle, bourgeoise, paysanne, il ne trouve rien de trop chaud ni de trop froid pour lui ; et si je te disais le nom de toutes celles qu'il a épousées en divers lieux, ce serait un chapitre à durer jusques au soir. »**

Voici pour l'appétit insatiable de Dom Juan. Retenons que son procédé favori pour conquérir une belle consiste à l'épouser.

Enfin, en conclusion, Sganarelle déplore d'être au service d'« *un grand seigneur méchant homme* ». Il justifie sa fidélité à Dom Juan par la crainte que celui-ci lui inspire. Ce sera effectivement un trait permanent de leurs relations. Pourtant, cette peur de son maître n'exclut pas la fascination qu'il éprouve pour quelqu'un d'aussi exceptionnel ni même une certaine fierté de lui appartenir.

La dualité qui apparaît dans les propos de Sganarelle marque les relations de cet étrange couple du maître et du serviteur.

Il faut reconnaître que cette vision peu flatteuse de Dom Juan est conforme à l'original, comme les spectateurs pourront s'en convaincre en voyant celui-ci à l'œuvre. Sganarelle, comme il s'en vantera par la suite, sait son Dom Juan sur le bout du doigt.

Le valet a fort bien compris les motivations qui déterminent le comportement de son maître. Sous la verve brouillonne de ses invectives, on décèle une réelle cohérence. Sganarelle a bien compris que le fondement de l'amoralité professée et pratiquée par Dom Juan est l'incroyance. C'est pourquoi, il fait découler implicitement la liberté de mœurs de Dom Juan de son impiété. La religion apparaît ainsi comme le principe de la morale, non seulement dans l'esprit de Sganarelle, mais dans celui de Dom Juan.

En faisant le portrait de son maître, Sganarelle fait aussi en quelque sorte le sien. Même s'il parle peu de lui-même, il se trahit par son langage.

Le double jeu de Sganarelle

Sganarelle donne ici, dans cette tirade initiale, un premier aperçu de son double jeu vis-à-vis de Dom Juan. Il défend piètrement face à son maître la morale courante, et il tente de justifier la part qu'il prend aux entreprises de son maître par la crainte que celui-ci lui inspire et l'obligation de le servir.

L'argument de Sganarelle est invariablement celui des serviteurs de la tyrannie, sous tous les régimes et de tous les temps.

Mais en même temps, Sganarelle est épaté par Dom Juan et c'est cet éblouissement qu'il veut transmettre à Gusman, parce qu'en Gusman il a trouvé plus « beauf » que lui.

En fait, Sganarelle incarne l'homme du commun fasciné par le spectacle d'une liberté dont lui-même se sent et se sait incapable. Il faut bien comprendre toute la théâtralité de ce double rapport, entre Dom Juan et Sganarelle, entre Sganarelle et Gusman. Trouvant en Gusman une proie facile, Sganarelle va, d'une part, le prendre pour confident, comme Dom Juan le prend lui-même pour confident, mais aussi il va refléter le noir éclat de son maître pour s'en parer devant ce témoin occasionnel et participer, ne serait-ce que par le jeu factice de la représentation, de cette volonté de puissance qui d'ordinaire l'écrase.

Il serait excessif de prétendre que Sganarelle est « amoureux de son maître ». Il éprouve envers ce grand seigneur sans principes un mélange d'admiration et de répugnance. L'admiration provient de l'envie secrète pour une aisance dans le mal qu'il aimerait bien, au fond, copier, la répugnance est celle d'un esprit conformiste et poltron pour une audace dérangeante et inquiétante qui vient troubler la tranquillité d'une conscience engluée dans les préjugés et la monotonie d'une vie bien encadrée.

Sganarelle tire du rôle qu'il joue devant Gusman une satisfaction vaniteuse qu'il étale naïvement : « *Tu demeures surpris et changes de couleur à ce discours;* » fait-il remarquer à son interlocuteur, « *ce n'est là qu'une ébauche du personnage, et pour en achever le portrait, il faudrait bien d'autres coups de pinceau.* »

Dom Juan, œuvre d'art ? C'est un peu l'image que Sganarelle donne de son maître dans ce discours ambigu. L'attraction qu'il ressent pour son maître et qu'il veut communiquer à Gusman est, au fond, d'ordre esthétique. C'est l'artiste du mal qui le fascine en Dom Juan et il est heureux de partager cette fascination avec quelqu'un.

Dépositaire des confidences de son maître, il n'a pas résisté au plaisir de les rapporter à la première occasion, mais dès qu'il aperçoit son maître il prend conscience de son imprudence : « *... je t'ai fait cette confidence avec franchise* », dit-il à Gusman, « *et cela m'est sorti un peu bien vite de la bouche...* »

C'est à présent à son tour de « *changer de couleur* ». En tout cas, le trouble qu'il manifeste en pensant que son maître pourrait le soupçonner de trahir sa confiance confirme bien la peur dont Sganarelle vient de faire état, cette peur qui entre pour une bonne part dans le prestige de son maître à ses yeux. « *Grand seigneur méchant homme* » ? Autant dire que cela est tout un pour cet homme du peuple que reste Sganarelle, un homme du peuple perverti.

L'exemple de Dom Juan lui montre, en tout cas, qu'un grand seigneur aurait tort de se priver d'être « *un méchant homme* », puisqu'il en a le pouvoir.

Scène 2

Les confidences de Dom Juan

Dom Juan reconnaît en Gusman le valet de Done Elvire. Il interroge Sganarelle qui, mal à l'aise, car conscient d'avoir trop parlé, répond de façon embarrassée et hypocrite.

Il convient de remarquer la métamorphose de Sganarelle en changeant d'interlocuteur. Autant il se pavanait devant Gusman, autant il file doux devant Dom Juan. Mais cette prudence sournoise qui lui fait éviter toute information compromettante n'exclut pas la complicité. Alors qu'il vient tout juste de condamner l'amoralité de Dom Juan, il accepte avec complaisance le rôle de confident qui, au fond, flatte son amour-propre.

Il est vrai qu'il se contente de répondre aux sollicitations de son maître. Cette scène montre bien que si Sganarelle est dans l'absolue dépendance de Dom Juan, celui-ci a également besoin de Sganarelle, non seulement pour l'aider à accomplir ses turpitudes, mais pour recueillir ses confidences.

En effet, le mode de vie qu'il a adopté contraint Dom Juan au mensonge et à la solitude. La seule personne qu'il peut prendre à témoin de ses intentions, de ses desseins, de ses motivations, est son valet qu'il tient en son pouvoir, sur qui il exerce une emprise totale.

Mais Dom Juan ne s'intéresse pas à Sganarelle pour s'épancher; le climat de familiarité qu'il établit avec son valet a d'autres causes.

D'abord, Dom Juan a moins besoin d'un confident que d'un public. Cela ressort clairement des questions qu'il pose avec une sorte de curiosité gourmande. Ainsi, à propos des raisons de son départ précipité du domicile conjugal: « *Mais encore, quelle est ta pensée là-dessus? Que t'imagines-tu de cette affaire?* » Ou, après la longue et magistrale tirade dans laquelle il développe sa théorie de l'amour libre: « *Qu'as-tu à dire là-dessus?* » Il peut paraître surprenant qu'un seigneur aussi fier de ses prérogatives que Dom Juan demande l'avis de son valet sur sa « vie privée » et les raisons intimes d'une conduite scandaleuse. Mais c'est justement pour cela même, parce qu'il n'a pas d'autre « public » sous la main. Cet aspect des relations avec Sganarelle manifeste tout ce qu'il y a de théâtralité dans le personnage de Dom Juan. Il a besoin de se donner en représentation, d'étaler orgueilleusement sa supériorité sur le commun des mortels.

Mais cela ne lui suffit pas. Il ne se contente pas de s'exhiber, il lui faut aussi convaincre. Dom Juan comme tous les révoltés est un doctrinaire en puissance. Il veut endoctriner Sganarelle. Il y a dans l'attention qu'il témoigne à son valet le désir de justifier sa conduite, de la fonder en raison. C'est pourquoi il est tellement agacé quand Sganarelle lui porte la contradiction. Cela apparaît très nettement dans cette scène. Dom Juan lui-même provoque Sganarelle en lui demandant son avis. Il tolère une opinion contraire à la sienne pour avoir l'occasion de démontrer sa suprématie intellectuelle.

En lutte contre les lieux communs, Dom Juan sait très bien que dans la société où il vit, il est condamné à rester minoritaire. Son valet lui offre donc un terrain où exercer ses talents de pédagogue à l'envers.

Mais quand Sganarelle, enhardi par les libertés qu'on lui laisse, ose jouer aux donneurs de leçon il se fait promptement moucher.

Il serait abusif d'en déduire que Dom Juan refuse d'entendre les « remontrances » de Sganarelle pour écarter toute représentation du châtiment futur de ses péchés. Dom Juan est un libertin trop endurci, trop assuré d'avoir raison, pour se laisser intimider par les objections d'un Sganarelle. Son irritation a d'autres raisons. Il est soucieux de ne pas laisser échapper son autorité, de rappeler qu'il est le maître. Mais surtout il est furieux d'avoir échoué à persuader un esprit aussi buté que celui de son valet qui prouve qu'il est insensible à la force du raisonnement.

Le dialogue permanent entre Dom Juan et Sganarelle, qui se poursuit tout au long de la pièce, met aux prises la raison contre la superstition.

L'évolution de la conversation entre le maître et le valet dans cette scène est caractéristique de leurs relations.

Dans un premier temps, Dom Juan met Sganarelle en confiance pour avoir l'occasion d'exposer scs idées. Puis, dans un deuxième temps, il entreprend la démonstration magistrale de ce qu'il présente non comme « sa vérité » subjective et particulière, mais comme la vérité objective, car fondée sur des arguments d'une logique imparable. Il attend ensuite l'effet produit. Devant l'incompréhension de son valet, il se renfrogne et refuse de poursuivre une discussion qu'il juge inutile.

Sganarelle en profite cependant pour développer d'une manière détournée sa position. Evitant de heurter son maître de front, il emploie des périphrases et des circonlocutions qui rendent son argumentation encore plus maladroite et plus ridicule. Exaspéré, Dom Juan lui ordonne le silence : « Paix ! » Alors, pour se racheter, Sganarelle interroge son maître sur les projets auxquels celui-ci a fait allusion au début de leur rencontre. Dom Juan dévoile avec complaisance les détails de ses nouvelles amours, amours qui n'ont encore rien de concret, qui n'existent que dans sa tête et dans son désir de conquête. Il s'agit d'enlever une jeune fille à son fiancé au cours d'une promenade en mer.

Il écarte dédaigneusement le péril évoqué par le peureux Sganarelle à propos du Commandeur qu'il a tué il y a six mois dans cette même ville.

On ne sait, d'ailleurs, si Sganarelle croit vraiment à la vengeance possible des parents et amis de la victime de Dom Juan ou s'il avance cet argument pour dissuader son maître d'une aventure déplaisante et peut-être dangereuse. Sa condition de valet rehaussé par son statut de confident l'oblige, bien entendu, à prendre part à tous les mauvais coups imaginés par son « scélérat » de maître.

Dom Juan se plaît visiblement à évoquer pour lui-même, au moins autant que pour son confident, les plaisirs qui l'attendent. Il complète ainsi son propre portrait.

Dom Juan tel qu'en lui-même

Répondant aux reproches de Sganarelle, Dom Juan se livre à un vibrant plaidoyer en faveur de la liberté et de l'inconstance en amour.

Son argumentation s'enchaîne avec la plus grande clarté et la plus forte rigueur logique.

D'abord, le séducteur se livre à une véritable démystification de la notion de fidélité. On relèvera l'extrême propriété de l'expression d'autant plus percutante que Dom Juan va droit à l'essentiel sans se préoccuper de faux-fuyants ou de précautions oratoires pour respecter les bienséances.

Dom Juan saura montrer plus tard qu'il sait admirablement faire l'hypocrite en cas de besoin, mais quand il ouvre son cœur à Sganarelle, il s'exprime avec une franchise juste et brutale simplement atténuée par l'élégance d'un style qui prouve sa parfaite maîtrise du beau langage.

Ainsi Dom Juan dénonce «*le faux honneur d'être fidèle*», idée capitale pour bien comprendre la position du libertin. La fidélité, selon lui, n'est pas naturelle; elle est imposée par la société. Dom Juan se révolte contre ces règles justifiées par l'intérêt général et qui l'empêchent d'être heureux en suivant la pente de ses désirs.

L'honneur, dont il sera longuement question par la suite, est l'une de ces baudruches fabriquées pour les besoins de la cause et qui n'ont d'autre résultat que de brider les individus au nom de valeurs fictives.

Dans son raisonnement, Dom Juan est tout à fait dans la lignée des libertins, ces héritiers des humanistes du XVIe siècle. Le combat pour la liberté passe, en effet, en tout premier lieu par la dénonciation des préjugés, des idées fausses qui abusent les esprits faibles et les rendent esclaves d'un ordre fondé sur des raisons générales et visant une finalité illusoire. Dom Juan est un chevalier qui ne se bat plus pour l'Eglise, son Roi et sa Dame, mais pour défendre son droit au bonheur et démolir les fausses idoles héritées d'un passé devenu anachronique.

Le deuxième argument vise à rejeter le mythe de l'amour unique comme une illusion destinée à maintenir pour des raisons de stabilité sociale et de continuité historique le régime de la monogamie.

Il refuse de «*s'ensevelir dans une passion et d'être mort dès sa jeunesse à toutes les autres beautés*». Cela veut dire que l'amour se résume pour Dom Juan dans l'intensité d'un désir qui, pour garder sa fraîcheur, doit toujours se renouveler. On comprend par là que le mythe de Dom Juan est l'opposé du mythe de Tristan et Yseult fondé sur l'éternité et l'absolu d'un couple indissoluble.

Dom Juan va retourner, d'ailleurs, l'idée de fidélité avec un art consommé de la rhétorique à la limite du sophisme. On n'est pas loin ici de la casuistique dont il a été tellement question dans *Tartuffe*.

La fidélité à une seule femme signifie que l'on est infidèle à toutes les autres. Or, Dom Juan veut rester disponible. On touche ici à l'utopie de Dom Juan, à ce que l'on pourrait presque appeler sa folie. Dom Juan transpose dans l'espace le mythe de l'absolu dans le temps. Il rêve de posséder *toutes* les femmes. Il ne peut identifier la beauté à un seul être, la beauté est pour lui multiple, plurielle. Chaque femme participe de la beauté générale, totale. Chaque femme possède une parcelle différente de cette beauté. Dom Juan ne veut point s'en priver en se limitant à un seul objet, ou même à quelques objets.

Enfin il prononce son credo amoureux : « *tout le plaisir de l'amour est dans le changement* ». C'est seulement par le changement que Dom Juan restera fidèle à son désir, à la pureté, à l'intensité de son désir.

Ce qui intéresse Dom Juan dans l'amour, ce n'est pas l'accomplissement qui conduit à la satiété, c'est le moment où l'on désire une beauté que l'on ne possède pas encore. Dom Juan déclare avec une poétique ferveur que « *les inclinaisons naissantes ont des charmes inexplicables* ». Cela signifie que pour Dom Juan le plus grand plaisir est celui de la conquête : « *On goûte une douceur extrême à réduire, par cent hommages, le cœur d'une jeune beauté...* ». Dom Juan est un homme de proie. Il se comporte en amour comme un homme de guerre. Le terme de « *réduire* » le dit suffisamment qui appartient au vocabulaire militaire selon lequel « on réduit une place ». Réduire, c'est-à-dire plier à sa merci, soumettre à sa puissance. La conception de l'amour que Dom Juan défend devant son valet est déterminée par son trait dominant qui est la volonté de puissance, l'appétit de domination.

Dom Juan ne laisse, d'ailleurs, aucune ambiguïté sur ce sujet et termine sa profession de foi en se comparant aux « *conquérants qui volent de victoire en victoire et ne peuvent se résoudre à borner leurs souhaits* ».

« Il n'est rien », ajoute-t-il, **« qui puisse arrêter l'impétuosité de mes désirs : je me sens un cœur à aimer toute la terre; et comme Alexandre, je souhaiterais qu'il y eût d'autres mondes, pour y pouvoir étendre mes conquêtes amoureuses. »**

On relèvera le ton hyperbolique qui fait basculer cette tirade du sérieux dans le comique. Il y a du matamore dans Dom Juan et quand on compare l'exiguïté de ses conquêtes et la maigreur de son butin en regard de ses ambitions, on ne peut s'empêcher de penser que, pour Molière et les spectateurs de son temps, ce personnage mégalomane constamment tenu en échec, constamment obligé de fuir, devait présenter un aspect risible qui a depuis été gommé par la tradition.

Mais par là, et comme d'ailleurs Matamore, dans *L'Illusion comique* de Corneille, Dom Juan est un rêveur et un poète. Si son discours sombre dans l'excès qui pour l'époque classique est toujours, rappelons-le, synonyme d'insignifiance et de ridicule, il se confie à Sganarelle avec une ardeur lyrique qui force la sympathie et même parfois l'admiration.

Volupté de la transgression

Sganarelle, véritable Sancho Pança, va jeter sur cette flamme chimérique l'eau froide de son prosaïsme et de son conformisme. Ebranlé tout de même par le discours de son maître, il l'attaque au point sensible, là où la liberté en amour suppose la transgression d'un interdit religieux, celui du mariage, « un mystère sacré ». Dom Juan agacé l'interrompt : « *Va, va, c'est une affaire entre le Ciel et moi...* » Mais l'argument visiblement a troublé Dom Juan.

Il est curieux, en effet, que ce conquérant aux visées grandioses ait invariablement recours pour triompher des belles qu'il convoite au procédé le plus plat, le moins héroïque possible, la promesse de mariage. Il est vrai que, contrairement aux coqs de village, Dom Juan tient ses promesses et multiplie ainsi les unions sacrilèges.

Outre la facilité et l'efficacité de ce stratagème, on peut supposer que Dom Juan éprouve une volupté particulière à braver le Ciel en violant un sacrement. Ce mépris du mariage, à la fois comme institution sociale et comme émanation de la loi religieuse, se situe à l'intersection exacte entre le défi aux bonnes mœurs et la volonté de transgression des valeurs qui fondent l'ordre civique et moral.

Dom Juan est un prédateur. Il trouve sa plus grande satisfaction dans l'atteinte aux règles qui gouvernent les relations humaines et qui obligent chaque individu à s'accorder aux autres. Dom Juan, au contraire, cherche toutes les occasions d'affirmer son égoïsme. C'est pourquoi il rompt sans scrupules des liens consacrés qui rendent convenus, obligatoires, les rapports amoureux. C'est pourquoi il convoite le bien d'autrui. Son amour ne se dissocie pas de l'instinct de possession qui engendre la jalousie envers les couples dont le bonheur le nargue. Il ne cache pas à Sganarelle que telle a été la raison de son intérêt pour la fiancée qu'il a décidé d'enlever. Son attention a été attirée non pas par la personne même de cette jeune fille, mais par le couple qu'elle forme avec celui qu'elle est venue épouser :

« Jamais je n'ai vu deux personnes aussi contentes l'une de l'autre, et faire éclater plus d'amour. La tendresse visible de leurs mutuelles ardeurs me donna de l'émotion; j'en fus frappé au cœur et mon amour commença par la jalousie. »

Ce passage peut être rapporté à l'interprétation que René Girard a donnée des pièces de Shakespeare en faisant remarquer que l'amour naît toujours chez les personnages shakespeariens à travers le désir d'un autre. Il y a toujours reflet, interposition, il n'y a pas d'amour sans cet intermédiaire, sans cette émulation qui met en jeu la volonté de puissance.

Comme l'avoue Dom Juan, l'amour naîtrait donc chez lui de la jalousie dans ce sens qu'il vise la possession de la personne désirée pour l'arracher à son légitime possesseur. Dom Juan serait donc le plus amoureux quand son amour ne serait pas payé de retour, quand le cœur de celle qu'il aime serait déjà pris. Autrement dit, Don Juan ne pourrait guère se satisfaire sexuellement que par le viol.

Jusque-là, Dom Juan n'a été confronté qu'à un piètre adversaire, son valet, bien empêtré dans ses raisonnements moralisateurs.

Craignant de heurter son maître de front, mais enhardi par la liberté de s'exprimer qui lui a été donnée, Sganarelle se lance dans un sermon des plus grotesques. Il en sort une parodie ridicule des arguments que les prédicateurs, tels Bossuet, avaient coutume d'asséner du haut de leurs chaires. On peut imaginer la réaction scandalisée du parti dévot à l'écoute de tels propos. Encouragé par le silence de Dom Juan, Sganarelle s'exalte et profère ses menaces avec une componction croissante, tout en feignant de s'adresser à un libertin imaginaire, représentant synthétique d'une espèce dont il fait mine d'excepter son maître. Mais il se coupe : « *Apprenez de moi, qui suis votre valet, que le Ciel punit tôt ou tard les impies...* » Excédé d'ennui par tant de platitude plutôt qu'offensé par l'insolence de Sganarelle, Dom Juan lui cloue le bec. Mais leur entretien sera interrompu par l'arrivée de Done Elvire qui va donner une autre dimension au débat.

SCÈNE 3

Une scène dramatique

On distingue quatre mouvements dans l'organisation de cette scène dont la gradation savamment conduite va mener progressivement Elvire vers la lucidité et vers la rupture. Dans cette pièce si riche en contrastes, cette scène dramatique introduit le ton de la tragédie.

D'abord, Elvire expose ses états d'âme et, avec une grande sincérité mais aussi une grande clarté, elle retrace les différentes étapes de réflexion et d'angoisse par lesquelles elle est passée pour trouver une explication au départ de Dom Juan. Ensuite, Dom Juan, embarrassé, refuse de répondre lui-même, et prie son valet de répondre à sa place. Sganarelle bredouille des stupidités. Cette situation humiliante amène Elvire à réagir avec dignité mais aussi avec une ironie mordante qui fouette l'amour-propre de Dom Juan. Ce dernier décide alors de relever en quelque sorte le défi et imagine une parade astucieuse. Pour la première fois de la pièce, il joue l'hypocrite, annonçant ainsi son ultime métamorphose au dernier acte. Il prétend qu'il a renoncé à Elvire par scrupule religieux. Il feint si bien la dévotion qu'au début Elvire semble se laisser prendre à son jeu et croire à cette feinte dévotion. Mais, soit par calcul, soit par une dérision volontaire, Dom Juan commet une bavure stylistique qui tranche sur le ton de son discours. Elvire comprend alors qu'elle a été jouée. Elle pousse un cri de colère et de désespoir et quitte Dom Juan en le menaçant du Ciel. Dom Juan ricane. Elle lui annonce alors son intention de se venger de cet affront. Mais Dom Juan ne pense qu'à ses nouvelles amours.

L'amour blessé de Done Elvire

Quand on lit les grands textes de théâtre, il faut pour les comprendre et mieux encore pour les sentir écouter les grands metteurs en scène, il faut écouter Louis Jouvet qui a redonné à la pièce ses lettres de noblesse. Nul sans doute n'a mieux parlé du personnage d'Elvire.

Voici les conseils qu'il donnait à une élève qui avait essayé le rôle :

> **« Pendant huit jours, Elvire s'est dit : Où est Dom Juan ? Pourquoi ne revient-il pas ? Elle l'a cherché, elle a découvert sa retraite par Gusman, son majordome : une fois qu'elle sait où il est, elle vient. Prends cela à ton compte pour essayer d'imaginer l'état physique où se trouve cette femme au moment où elle découvre son amant. Imagine bien ça, et c'est ta première phrase : "Me ferez-vous la grâce, Dom Juan, de vouloir bien me reconnaître ?" Tu vois l'entrée : cet homme prend un visage indifférent devant cette femme qui entre, il ne la reconnaît pas ; ce n'est pas une scène qui débute dans le plein de la voix, c'est une scène qui s'installe. C'est une femme qui est dans un état de saisissement intérieur ; elle est interdite physiquement et moralement. Comprends-tu le sentiment, la sensation de ce début de scène ? Si on voulait l'analyser comme on analyse un minéral, on verrait que ce qu'on trouve de plus fort, c'est la sensation de sa retenue intérieure, la volonté de parler, la volonté de s'expliquer qui va jusqu'à "Parlez Dom Juan, je vous prie, et voyons de quel air vous**

> **saurez vous justifier." Elle irait jusqu'au bout pour avoir l'explication. Elle va tellement loin qu'elle va jusqu'aux outrages. »** (Jouvet, 14, p. 91)

Jouvet, qui a donné de Dom Juan une interprétation contestable bien qu'extraordinaire, a parfaitement compris, avec son génie d'acteur, le personnage d'Elvire, il l'a montré du dedans.

Elvire est amoureuse de Dom Juan. Elle lui cherche des excuses. Mais elle se heurte à l'évidence de ce regard qui la broie dès qu'elle apparaît. Elle s'attendait à de la passion, car, en dépit de tout, contre les apparences, au moment où elle entre elle croit encore en Dom Juan, et elle rencontre cette indifférence glacée, agacée. Elle sent qu'elle gêne. Elle est une intruse. Elle est le passé de Dom Juan :

« Mais enfin cet abord ne me permet plus de douter, et le coup d'œil qui m'a reçue m'apprend bien plus de choses que je voudrais en savoir. »

Tout au long de la scène, Done Elvire supportera toutes les humiliations parce que malgré ce regard qui ne « *lui permet plus de douter* », elle veut encore douter, douter de la trahison de Dom Juan, c'est-à-dire qu'elle veut continuer à croire en son amour, en leur amour, elle se raccroche à l'espoir de s'être trompée. C'est la logique de l'amour, de tout amour, c'est la logique de la foi qui méprise les avertissements de la raison, qui refuse l'évidence des faits, même celle des regards qui tuent. La grandeur et la profondeur de cette scène, unique dans l'histoire du théâtre, est dans ce déchirement de Done Elvire. Elle ne peut plus « douter » et pourtant elle veut croire encore.

Comment interpréter l'attitude de Dom Juan ? Humilie-t-il cette femme qu'il a aimée ? Agit-il, comme on l'a souvent dit, par un surcroît de sadisme ? Non, Dom Juan est tout simplement gêné. Il ne sait comment répondre. Done Elvire l'a compris, puisque dans sa deuxième intervention, encore plus émouvante, elle lui dira : « *J'ai pitié de vous voir la confusion que vous avez.* » Alors, comme il se tait obstinément, elle le provoque. Ne pouvant l'atteindre dans un amour absent, elle va le toucher dans son amour-propre : « *Ah ! que vous savez mal vous défendre pour un homme de cour...* » Elle raille en Dom Juan le séducteur incapable de se tirer d'affaire, de faire bonne figure.

Elle lui dicte précisément ce qu'elle voudrait entendre de lui, ce qu'elle sait, au fond d'elle-même, être faux, mais quand même... Il fallait que Molière connaisse profondément la psychologie féminine pour avoir prêté à Elvire ce cri d'ironie douloureuse : donne-moi encore de l'illusion, donne-moi encore du mensonge toi qui me tues par ton silence, toi dont l'absence est pour moi la pire des morts ! Elvire, en provoquant Dom Juan, demande encore à être trompée !

Les paroles qu'elle prononce sont celles qu'elle attendait, qu'elle sait à présent dérisoires, et c'est avec dérision qu'elle les prononce, avec dérision, avec désespoir, avec amour et pourtant avec une ultime et folle illusion, avec, au-delà du désespoir, l'espoir, malgré tout que ces paroles soient vraies :

« Que ne me dites-vous que des affaires de la dernière conséquence vous ont obligé à partir sans m'en donner avis, qu'il faut que, malgré vous, vous demeuriez ici quelque temps, et que je n'ai qu'à m'en retourner d'où je viens, assurée que vous suivrez mes pas le plus tôt qu'il sera possible ; qu'il est certain que vous brûlez de me rejoindre, et qu'éloigné de moi, vous souffrez ce que souffre un corps qui est séparé de son âme ? Voilà comme il faut vous défendre, et non pas être interdit comme vous êtes. »

Elvire prête à Dom Juan ses propres sentiments. Elle veut lui entendre dire ce qu'elle ressent elle-même, ce qu'il est incapable de ressentir. A travers ce couple disloqué, ce couple au fond inexistant, qui n'a jamais existé, Molière a représenté le drame de tous les couples, il a donné une vision théâtrale, extraordinairement humaine de cette dissociation fondamentale entre les sexes qu'Apollinaire a appelée « *l'éternité séparée de l'homme et de la femme* ». Peut-être en Dom Juan et en Done Elvire a-t-il aussi dans une certaine mesure peint le désir masculin et le désir féminin dans leur absolue différence.

Et Dom Juan va relever le défi. Il va servir à Done Elvire un superbe morceau de consolation.

La dérobade hypocrite de Dom Juan

Son discours porte la marque d'une ironie qui est la réponse à la blessure d'amour-propre qu'Elvire vient de lui infliger, non en le suspectant d'infidélité, c'est pour Dom Juan la moindre des choses, mais en se moquant de son incapacité à mener jusqu'au bout le jeu dans lequel il se vante d'être passé maître. Dom Juan ménage savamment ses effets :

« Je ne vous dirai point que je suis toujours dans les mêmes sentiments pour vous, et que je brûle de vous rejoindre, puisque enfin il est assuré que je ne suis parti que pour vous fuir... »

Il ajoute aussitôt une transition qui vient atténuer la cruauté de l'aveu, le pire qu'une femme amoureuse puisse entendre. Il n'a fui Elvire que par « *un pur motif de conscience et pour ne pas croire qu'avec vous davantage je puisse vivre sans péché* ».

Et Dom Juan développe un raisonnement impeccable que le plus savant casuiste pourrait lui envier. Il prévient l'objection que Done Elvire va lui rétorquer : étant son époux il se doit avant tout à son devoir conjugal, le mariage a sanctifié leur union.

En arrachant Done Elvire au couvent, il l'a volé à son époux céleste, à Dieu. C'est ce mariage là qui a la priorité sur le mariage terrestre : « *... j'ai cru que notre mariage n'était qu'un adultère déguisé* ».

Le Ciel lui a donc ouvert les yeux et promis sa grâce à condition qu'il renonce à l'amour d'Elvire. Dom Juan présente son infidélité comme un sacrifice durement consenti. En procédant ainsi, il réussit à s'épargner les fureurs d'une amante trahie, la vengeance que sa famille pourrait tirer d'un abandon déshonorant. Enfin, il se libère surtout sans éclat d'un lien qui lui pèse : il pourra voler vers d'autres amours.

En même temps, il domine une situation où jusqu'à présent il n'était pas à son avantage, puisqu'il avait laissé voir une confusion qui avait été remarquée.

Mais sa langue va malencontreusement ou volontairement fourcher. Dom Juan, comme il arrive à certains comédiens, « en fait trop ». Il va montrer son jeu. Il emploie une expression familière qui laisse percer l'ironie : « *Voudriez-vous, Madame, vous opposer à une si sainte pensée, et que j'allasse, en vous retenant, me mettre le Ciel sur les bras...* ». Jusqu'à cette dernière phrase, Dom Juan avait parfaitement copié le langage de la dévotion ; ici, il devient évident pour Done Elvire que ce n'est pas le dévot qui parle, mais le libertin.

Le silence avec lequel Elvire a laissé Dom Juan développer sa pieuse démonstration suggère que jusqu'à ce moment elle a été dupe.

Sa déception et son indignation ne seront que plus fortes, plus amères. Elle voit alors brusquement Dom Juan « tel qu'en lui-même », elle refait dans un éclair leur histoire en se le représentant tel qu'il est et non tel qu'elle voulait qu'il soit, tel qu'elle l'imaginait.

Il est frappant que dans ce dialogue ils suivent tous les deux des voies divergentes. Elle avec sa soif d'illusion, de remède, parle malgré tout à Dom Juan un langage « commun », le langage de la communication, fût-il justement celui d'une « scène ». Lui faisant « une scène », elle est encore dedans, elle se place encore à l'intérieur de leur liaison.

Tandis que Dom Juan est déjà ailleurs, il est dehors. Pour lui Elvire n'existe plus, elle fait partie de son histoire, de sa collection, elle est un trophée de plus. Peut-être à sa manière, comme il l'a expliqué à Sganarelle, l'a-t-il quittée pour être fidèle à un beau souvenir, pour ne pas corrompre ce souvenir par l'habitude, par l'ennui de la vie conjugale. Elvire veut que Dom Juan soit fidèle dans la durée, Dom Juan ne peut être fidèle que dans l'instant, fidèle à l'instant irrémédiablement enfui où son désir était tout neuf.

En répondant à Done Elvire, en adoptant la tactique de l'hypocrisie, Dom Juan suit une logique qui est complètement étrangère à Elvire. Il veut rester le maître de la situation, le vainqueur, c'est pourquoi il a essayé de perpétuer l'illusion.

Comme toujours, le moment de la rupture est le moment de la vérité, quand les deux anciens amants se regardent tels qu'ils sont dans leur irrémédiable différence.

L'amour sans amour

C'est un coup de génie de Molière que d'avoir opposé à Dom Juan un personnage de la stature de Done Elvire. Il fait ainsi ressortir toute la pauvreté affective, la misère morale de cet homme entièrement voué à ses dérisoires rêves de conquête, de puissance.

On peut diversement interpréter la remarque finale que Dom Juan laisse échapper, dit Molière « *après une petite réflexion* », quand il marmonne : « *Allons songer à l'exécution de notre entreprise amoureuse* ».

On peut y lire un cynisme glacial, l'insensibilité monstrueuse d'un être incapable d'émotion, dépourvu de toute fibre humaine. Mais comme ces préoccupations qui sont pour Dom Juan prédominantes, qui lui font oublier tout le reste, c'est-à-dire le chagrin d'Elvire, l'humiliation d'une femme qu'il a aimée, désirée, comme cette « *entreprise amoureuse* », comme ce projet de conquête qui le faisait se comparer à Alexandre paraissent ridicules et mièvres à côté de ce qu'il perd en Done Elvire ! Rarement au théâtre, et plus rarement encore dans une comédie, on a montré avec une telle acuité la tragédie de l'amour sans amour. Le personnage à plaindre, à l'issue de cette scène, n'est pas Done Elvire, c'est Dom Juan. Molière a donné au mythe une profondeur extraordinaire en mettant face à face deux personnalités, deux ordres de valeurs, deux univers incompatibles.

Dom Juan le sensuel, le rationnel, le positif, enfoncé dans son aveuglement spirituel, fermé au cœur et à l'esprit, à tout ce qui relève de la foi, et Elvire, passionnée, victime de son propre aveuglement, de l'hallucination qui lui a fait prendre un collectionneur de trophées pour un chevalier à l'âme ardente et pure. Elvire vouée elle aussi à sa chimère, à sa soif d'idéal, Elvire brûlant de cette vie intérieure que refuse Dom Juan, qu'il nie, qu'il couvre de sarcasmes, à laquelle il n'aura jamais accès. Elvire, Dom Juan, deux aveugles qui se détournent l'un de l'autre parce qu'ils ne se sont jamais trouvés.

On ne peut parler, en l'occurrence, de malentendu puisque l'amour chez Dom Juan est un jeu froidement calculé, une pure entreprise de séduction. Il a aimé Elvire, comme il aime toutes les femmes, au début, au moment de « *l'inclination naissante* ».

En inventant Done Elvire, qui n'existait pas auparavant dans le mythe de Dom Juan, Molière a créé le plus beau personnage féminin de son théâtre. Peut-on imaginer qu'il a projeté sur la scène la femme qui habitait son propre rêve intérieur, l'épouse idéale et introuvable, qu'il n'avait pas trouvée, en tout cas, en Armande Béjart ?

DEUXIÈME ACTE

LE MÉLANGE DES CLASSES

Après l'intensité dramatique de la scène de Done Elvire, le deuxième acte apporte un climat de détente. Il offre avec l'acte précédent un contraste total. Jamais, en effet, Molière n'est allé plus loin dans le mélange des genres qui rapproche cette œuvre de l'univers de Shakespeare tout en annonçant les théories romantiques.

Ici, on passe brutalement d'une atmosphère grave et tendue à un ton burlesque, on quitte le milieu raffiné, hautain de la grande aristocratie pour se retrouver parmi des paysans naïfs et grossiers dont le jargon ne pouvait que susciter le rire du public du Palais-Royal.

En faisant parler à ses personnages un patois de l'Ile-de-France alors que l'action de la pièce se passait en Sicile, Molière montrait le peu de cas qu'il faisait de la notion de réalisme. Le théâtre était avant tout à cette époque une affaire de conventions.

Le concept de vraisemblance était extrêmement limité par un sens inné de la théâtralité qui s'accommodait tout naturellement du fait qu'un seigneur de nationalité espagnole pouvait avoir les allures d'un prince de la Cour de France et faire les quatre cents coups en Sicile puis échouer bizarrement après naufrage dans un paysage au bord de la mer en compagnie d'un Pierrot, d'une Mathurine et d'une Charlotte parlant un dialecte des environs de Paris.

Jouvet, dans ses cours d'art dramatique recommandait à un élève :

> **« Imagine Pierrot joué aujourd'hui avec l'accent de Marseille; cela enlèverait à ce texte ce côté opérette qu'il a pris. Le patois de Pierrot était, à l'époque, le parler de Longjumeau que tout le monde connaissait mais qui était nouveau au théâtre. Il est tellement entré dans la tradition du théâtre qu'il s'est gardé jusque dans l'opérette et maintenant, c'est celui des *Cloches de Corneville*. »**

Cyrano de Bergerac, écrivain libertin, avait déjà utilisé ce parler populaire dans son *Pédant joué* que Molière connaissait bien.

L'idée n'était donc pas neuve, l'important au théâtre n'étant pas la nouveauté d'un procédé, mais la fonction qu'on lui attribue.

On a souvent minimisé la signification politique et sociale que Molière entendait donner à son *Dom Juan*. Dans ce deuxième acte, la dimension burlesque n'exclut pas les résonances grinçantes d'un jeu des oppositions qui tout en obéissant à une détermination purement théâtrale n'en mettait pas moins en scène des échantillons d'humanité habituellement relégués dans les marges exotiques de la société. Il n'y avait, bien entendu, rien de didactique et encore moins d'idéologique dans les intentions de Molière. Il n'en reste pas moins qu'en mettant brutalement en contact le haut et le bas de la hiérarchie sociale, il donnait à penser. Souvenons-nous de la supplique de Vauban au Tout-Puissant Roi de France sur les moyens de soulager la misère du royaume. Souvenons-nous de La Bruyère :

> **« L'on voit certains animaux farouches, des mâles et des femelles, répandus par la campagne, noirs, livides et tout brûlés du soleil, attachés à la terre qu'ils fouillent et qu'ils remuent avec une opiniâtreté invincible; ils ont comme une voix articulée, et quand ils se lèvent sur leurs pieds, ils montrent une face humaine, et en effet ils sont des hommes. »**

Ce texte fait partie du chapitre intitulé « De l'homme ».

Molière ne montre pas des animaux, mais des hommes et des femmes. Au cours de ses longues années d'errance en province, il s'était frotté à toutes les classes, à tous les milieux. Il avait été le familier du prince de Conti dans les Etats du Languedoc. Mais il avait joué partout, dans les cours, dans les granges. De cette expérience unique il avait retiré une mine d'observations dont il allait nourrir ses rôles.

Il sait avant tout qu'un homme de théâtre est un homme de langage. Il caractérise chaque personnage par son parler, par son style. Sous les couleurs savoureuses du patois de ses paysans, Molière s'attache à mettre en évidence non ce qui les distingue des autres couches de la société, mais ce qui les rend pareils à tous les hommes.

En mélangeant les genres Molière mélange aussi les classes. Il fait ressortir par là des oppositions dont l'effet, parfois drôle, parfois touchant, ne laisse pas de traduire un état des choses qu'il a justement mis en question à travers les choix de vie et les idées de son héros.

Scène 1

Un sauvetage providentiel

Charlotte et son fiancé Pierrot s'entretiennent du naufrage où Dom Juan et Sganarelle ont failli périr. A la demande de Charlotte, Pierrot raconte non sans fierté comment il a sauvé les deux hommes pris dans la tempête et qui étaient sur le point de se noyer. Pierrot était en train de « *batifoler* » avec son copain Lucas quand il aperçut « *queuque chose qui grouilliait dans gl:au, et qui venait comme envars nous par secousse* ». Pierrot paria que c'étaient des hommes contre Lucas qui affirmait le contraire. Quand les deux naufragés se rapprochèrent et firent des appels au secours, Lucas refusa d'aller les chercher, car il avait perdu. Alors Pierrot sortit sa barque :

« ... et pis j'avons tant fait cahin, caha, que je les avons tirés de gliau, ... et pis ils se sant dépouillés tous nus pour se sécher, et pis il y en est venu encore deux de la même bande qui sequiant sauvés tout seul, et pis Mathurine est arrivée là à qui l'en a fait les doux yeux. Vla justement, Charlotte, comme tout ça s'est fait. »

Le spectateur apprend donc, à travers ce récit qu'à peine rescapé du naufrage, Dom Juan, fidèle à lui-même, s'est empressé de courtiser la première fille qu'il a rencontrée. C'est justement Dom Juan qui intrigue Charlotte. Pierrot lui confirme que c'est « *queuque gros Monsieur* ». Il ajoute que tout gros Monsieur qu'il était, il aurait bel et bien été noyé si Pierrot n'avait pas été là. Mais Charlotte, décidément fort intéressée par ce « *gros Monsieur* » qui a fait les yeux doux à Mathurine demande plus de détails : « *Est-il encore cheux toi tout nu, Piarrot?* »

Pierrot lui décrit alors complaisamment l'habit compliqué de Dom Juan, ce qui attise davantage encore la curiosité de Charlotte.

Ce qui ressort, avant tout, de ce récit, est la distance planétaire qui sépare les naufragés venus de la ville de cette petite peuplade de campagnards repliés sur leurs mœurs ancestrales.

Ainsi le refus de Lucas de porter secours à des hommes en train de se noyer parce que ceux-ci l'avaient fait perdre pouvait paraître relever d'une mentalité primitive obéissant à une logique bizarre et caractérisant une société fermée. Le récit de Pierrot trahit le désir d'épater sa compagne en se parant du prestige non seulement d'avoir sauvé des personnes en danger de mort mais d'avoir vu, touché de près des spécimens d'humanité qui ont pour lui un intérêt exotique.

Son récit a mis à Charlotte l'eau à la bouche. Elle manifeste l'envie d'aller voir de plus près ces étranges étrangers. On apprendra plus loin que Pierrot sera victime de sa complaisance. Il est flatté de l'intérêt de Charlotte et s'attarde sur toutes les nuances d'une histoire qui le met en valeur. Pierrot veut se donner de l'importance aux yeux de celle qu'il aime et il lui donnera par là l'occasion de le trahir.

Il y a donc dans ces événements une cruauté objective, qui n'est pas dans les personnages, qui n'est pas, comme c'est le cas pour Dom Juan, le fruit d'une volonté délibérée, mais qui se trouve dans la nature des choses.

Pourtant la méchanceté de Dom Juan reçoit dans ce contexte un éclairage qui l'apparente à cette sorte d'innocence cruelle d'une fatalité sourde aux aspirations humaines. Le cynisme proclamé de Dom Juan n'exprime-t-il pas, au fond, le défoulement d'un instinct longtemps réprimé, le retour à une sauvagerie naturelle endiguée, corrigée, dressée par les contraintes sociales ? Sa révolte, bien qu'elle se veuille parfaitement raisonnée, n'est-elle pas la résurgence de forces domestiquées par une civilisation qui donne le pas à la société sur l'individu ?

Dans la deuxième partie de cette scène, les différences exotiques céderont la place à des sentiments universels manifestant sous les disparités des coutumes, des langages, des vêtements, une communauté qui, tout en procédant de la nature des choses, appartient à la nature des hommes.

Une querelle d'amoureux

Pierrot aime Charlotte et n'est pas aimé de retour. La querelle qu'il lui fait est extrêmement drôle au premier degré autant par la saveur de son jargon que par la nature de ses reproches. Pierrot propose un mode d'emploi de l'amour, des plus comiques tout en étant en même temps des plus justes. Tu ne m'aimes point, dit-il à Charlotte et si tu m'aimais ça se verrait :

« Non, quand ça est, ça se voit, et l'en fait mille petites singeries aux personnes quand on les aime du bon du cœur. Regarde la grosse Thomasse, comme elle est assotée du jeune Robain, alle est toujou autour de li à lagacer, et ne le laisse jamais en repos. Toujou al li fait queuque niche, ou li baille quelque taloche en passant, et l'autre jour qu'il estoit assis sur un escabiau, al fut le tirer de dessous li, et le fit choir tout de son long par tarre. Jarny ! vla où len voit les gens qui aimont; mais toi, tu ne me dis jamais mot, t'es toujou là comme eune vraie souche de bois, et je passerais vingt fois devant toi que tu ne te grouillerais pas pour me bailler le moindre coup, ou me dire la moindre chose. »

Au fond, l'impuissance de Pierrot à se faire aimer de Charlotte et l'absence de réciprocité de leurs relations constituent une situation poignante car elle traduit une sorte de drame fondamental qui pour Molière semble lié à la nature de l'amour même.

L'arrivée de Dom Juan va provoquer une crise entre les fiancés. Mais il n'est pas la cause des ennuis de Pierrot, il n'est que le révélateur d'un malentendu latent dont le jeune paysan avait d'ailleurs pris conscience.

Cette scène, tout en contrastant par le ton avec la scène précédente entre Elvire et Dom Juan, lui sert de contrepoint. Derrière la diversion qu'elle crée, elle offre une analogie de situation qui donne aux propos échangés dans chacun des deux couples une résonance plus ample et plus profonde, renvoyant implicitement à une loi cachée des relations amoureuses.

Les rôles entre l'homme et la femme sont simplement inversés, ce qui ne rend que plus probante la comparaison.

La froideur de Charlotte fait écho à l'insensibilité de Dom Juan, quand elle répond à Pierrot : « *Enfin, je t'aime tout autant que je pis, et si tu n'es pas content de ça, tu n'a qu'à en aimer queuque autre*».

Le désespoir pathétique d'Elvire trouve sa contrepartie burlesque dans le dépit de Pierrot qui, pour se consoler, va boire une chopine, laissant le champ libre au «gentil» cavalier qui a tapé dans l'œil de sa bien-aimée.

Scène 2

Dom Juan au village

Dom Juan ne se désole pas trop de l'échec subi dans son «entreprise amoureuse» du fait de la tempête qui a renversé sa barque. Il a déjà tourné ses désirs vers un nouvel objet, une paysanne que le spectateur n'aura pas de mal à identifier comme étant la Mathurine du récit de Pierrot.

Sganarelle s'étonne que son maître au lieu de remercier le Ciel de l'avoir épargné dans ce naufrage s'obstine dans ses errements impies. C'est là, en effet, l'un de ces avertissements providentiels négligés par l'obstiné Dom Juan, succession de signes envoyés par Dieu dont Jouvet fera l'axe principal de son interprétation.

Mais l'entêté séducteur apercevant Charlotte a déjà oublié Mathurine. Il aborde la jeune paysanne et la complimente sur sa beauté.

On distingue dans cette scène une progression en trois temps. D'abord, Dom Juan admire les avantages de Charlotte. L'admiration exagérée qu'il témoigne trahit à la fois de l'ironie et la supériorité du grand seigneur courtisant une femme du peuple.

Il la passe en revue, comme on pourrait faire d'un cheval, s'attardant en particulier sur les dents. En dépit de sa naïveté, Charlotte ressent quelque gêne d'être dévisagée de la sorte. Il s'ensuit un dialogue désopilant qui met encore plus en relief la distance sociale et culturelle qui les sépare. Dom Juan s'extasie sur les mains de Charlotte. Celle-ci fait remarquer qu'elles sont noires. Dom Juan se récrie et veut les baiser, à quoi Charlotte répond : *«Monsieur, c'est trop d'honneur que vous me faites, et si j'avais su ça tantôt, je n'aurais pas manqué de les laver avec du son ».*

Ensuite, Dom Juan, apprenant que Charlotte est promise en mariage à Pierrot, propose à la jeune paysanne de l'*« arracher à ce misérable lieu ».* Sa beauté mérite un meilleur sort. Par contraste avec la simplicité et le naturel de la paysanne, le discours de Dom Juan sonne de façon outrageusement artificielle, montrant que de toute évidence le grand seigneur s'amuse à tourner la tête de la jeune fille. Ici, non seulement Dom Juan joue, mais il joue à jouer. Il parodie les usages et le style de la galanterie de cour en les utilisant dans une circonstance si saugrenue. Il se parodie lui-même. Il force le ton jusqu'à prétendre que le Ciel l'a envoyé tout exprès pour sauver Charlotte d'un mariage indigne d'elle, sans ajouter que le promis à qui il souhaite l'arracher n'est autre que le généreux et courageux garçon à qui il doit la vie.

Vaguement consciente du risque qu'elle prend, Charlotte veut s'assurer que le grand seigneur qui lui tient des propos si flatteurs n'a pas d'intentions malhonnêtes.

Poussant la plaisanterie jusqu'au bout, Dom Juan rassure la fiancée de Pierrot en lui promettant le mariage. Dans cette dernière partie de la scène, l'*« épouseur à toutes mains »*, pour persuader la pauvre Charlotte du sérieux de ses intentions, prend à témoin Sganarelle, qui acquiesce dans une phrase pleine de sous-entendus que, bien entendu, la paysanne est hors d'état de comprendre.

Dom Juan, par un raffinement d'hypocrisie, fait mine de condamner les gens du grand monde qui abusent des pauvres filles sans défense. Il se donne ainsi le luxe de faire son propre portrait pour mieux tromper la nigaude :

« Vous me faites grand tort de juger de moi par les autres; et s'il y a des fourbes dans le monde, des gens qui ne cherchent qu'à abuser des filles, vous devez me tirer du nombre, et ne pas mettre en doute la sincérité de ma foi. »

Pour appuyer son jeu, Dom Juan à plusieurs reprises prend le Ciel à témoin, au point que Charlotte finalement, comme effrayée, l'arrête : *« Mon Dien, ne jurez point, je vous crois. »*

Il est vrai que le blasphème était à l'époque sévèrement puni. Il semble pourtant que Dom Juan n'avait pas besoin d'un procédé aussi extrême pour piéger une proie aussi facile que Charlotte. Mais cela fait partie du jeu et du rôle, comme s'il exerçait son talent de grimacier en prévision des tromperies futures où il aurait des partenaires plus coriaces à affronter et à convaincre.

SCÈNE 3

L'éviction de Pierrot

Le retour de Pierrot vient troubler ces accordailles. Le fiancé de Charlotte rappelle son existence en protestant violemment d'abord contre les privautés que Dom Juan se permet avec sa promise, puis contre le projet de mariage que Charlotte lui annonce sans ménagement.

On ne sait qui, de Charlotte et de Dom Juan, dans l'affaire, manifeste le plus de dureté et d'ingratitude envers le pauvre Pierrot. Ce dernier ne se fait pas faute de constater que le Monsieur a trouvé un étrange moyen de récompenser quelqu'un qui l'a sauvé de la noyade.

Cela n'émeut en rien Dom Juan qui soufflette l'importun. Quant à Charlotte, elle se voit déjà mariée à un grand seigneur. Ivre de promotion sociale elle fait remarquer en toute innocence à son fiancé que s'il l'aime il doit être bien aise qu'elle devienne Madame. Comme Pierrot ne trouve pas la farce à son goût, elle le console en lui promettant un dédommagement :

« Va, va, Pierrot, ne te mets point en peine : si je suis Madame, je te ferai gagner queuque chose, et tu apporteras du beurre et du fromage cheux nous. »

Pierrot, furieux, dit alors qu'il regrette d'avoir tiré le Monsieur de l'eau : s'il avait su, il l'aurait plutôt aidé à se noyer.

La scène se termine par une sorte de ballet, Dom Juan cherchant à frapper Pierrot qui se protège derrière Charlotte, laquelle prend les coups destinés à son fiancé, tandis que Sganarelle qui généreusement s'interpose reçoit à son tour un soufflet de Dom Juan qui commente : « *Te voilà bien payé de ta charité.* »

Il ne reste plus à Pierrot qu'à quitter la place et à aller se plaindre auprès de la tante de Charlotte, responsable de la jeune fille.

Les gestes, les mouvements, ont une part prédominante dans cette scène qui tient à la fois de la farce et de la comédie-ballet.

Cette stylisation burlesque sera encore plus accentuée dans la scène suivante où l'on voit Dom Juan encadré par Mathurine et Charlotte et obligé de se dépêtrer des promesses de mariage qu'il a faites à toutes les deux.

SCÈNE 4

Un jeu de dupes

Mathurine, apercevant Dom Juan avec Charlotte se doute de quelque intrigue et vient demander des comptes. Mais cette situation, loin d'embarrasser l'enjôleur, l'amène à déployer toutes ses ressources. Il parviendra à tenir en haleine l'une et l'autre prétendantes en leur tenant alternativement des propos rassurants et flatteurs, tout en les maintenant à distance l'une de l'autre. La plus grande astuce de Dom Juan est de jouer de la jalousie de chacune en leur faisant croire qu'elles inventent ce qu'à tour de rôle il est en train de leur souffler.

Le jeu est mené graduellement de façon à ce que Dom Juan trouve la parade à chaque nouvelle difficulté. C'est une véritable course d'obstacles. Après avoir réussi à empêcher les deux rivales de communiquer, il discrédite les *« secrets »* qu'elles peuvent se transmettre en faisant passer chacune pour folle aux yeux de l'autre.

Finalement, mis en demeure de trancher et de choisir, il se tire encore d'affaire en tenant un discours ambivalent destiné à persuader chacune d'elles qu'elle est la préférée.

Sganarelle apitoyé par tant de naïveté, cherche à désabuser les pauvres filles, mais il est interrompu par Dom Juan et pour donner le change à son maître, il dément tout haut, fort maladroitement, les propos qu'il vient de tenir.

Toute la scène repose sur la symétrie des répliques agencées avec une étourdissante virtuosité. Jacques Schérer, dans son livre *Sur Dom Juan* a montré cet aspect chorégraphique et musical où la stylisation formelle fait oublier le contenu :

> **« La cinquantaine de répliques qui s'enchaînent par couples dans ce morceau de bravoure sont de longueur et de rythme changeants, mais ont toujours soin, avec des mots toujours différents, de dire les mêmes choses, sur les mêmes tons et à peu près dans le même temps. C'est donc l'implacable répétition de la forme, et non le contenu symbolique, qui frappe le spectateur. »**

C'est sans doute dans cette scène que Molière s'est le plus souvenu de la Commedia dell'arte. Mais ici la théâtralité est mise au service d'une idée dramatique centrée sur une conception nouvelle du personnage de Dom Juan. Si celui-ci, conformément au mythe, pousse à son comble l'art de la tromperie, c'est moins pour se dévergonder que pour vérifier d'une manière expérimentale ses convictions sur l'humanité quand celle-ci a perdu un vernis social qui n'est à ses yeux que mensonge et illusion. S'abandonnant aux impulsions du moment, Dom Juan n'en poursuit pas moins, lui aussi, comme beaucoup d'autres personnages de Molière, son idée fixe. En cela son radicalisme rejoint celui d'Alceste, le Misanthrope. Il est peut-être l'envers d'Alceste, l'idéaliste déçu, alors qu'il est, lui, le négativiste endurci. Dans ce sens, plutôt que le séducteur, définition que Jouvet récusait, on pourrait l'appeler le tentateur. Ses entreprises de séduction sont plutôt des mises à l'épreuve. Il révèle par ses manœuvres, par ses artifices, le fond noir de l'âme humaine. Ce chercheur d'absolu à sa manière est un chasseur de plaisirs éphémères qui lui échappent sans cesse. Là sans doute est le comique du personnage. Ce conquérant dépense plus souvent son énergie pour fuir que pour vaincre. Cet esprit positif est sans cesse séduit par des mirages de bonheur qui sans cesse lui échappent. Cet illusionniste passe son temps à courir après des voluptés qu'il sait illusoires puisque rien ne vaut l'instant où il se laisse prendre à l'image fugace d'une beauté qui le décevra dès qu'elle sera dans ses bras.

Scène 5

Le chasseur traqué

La Ramée, un spadassin au service de Dom Juan, vient l'avertir que douze hommes à cheval qui le recherchent doivent arriver dans un moment.

L'identité de cette mystérieuse escouade ne sera jamais précisée, pas plus que les motifs de cette traque. On peut supposer qu'il s'agit des parents et des amis du Commandeur qu'il a tué il y a six mois dans la ville proche du premier acte, ou encore de la suite des frères de Done Elvire partis à sa recherche pour venger l'affront fait à leur sœur.

En tout cas, on n'en apprendra jamais plus. Dom Juan a tellement de forfaits sur la conscience qu'il ne s'inquiète pas de savoir les raisons de cette poursuite. Il s'enfuit sagement non sans avoir au préalable confirmé à Mathurine et à Charlotte la parole qu'il leur a donnée, à toutes deux ! Prudemment, pour multiplier les chances d'échapper à ses poursuivants, il change d'habits avec Sganarelle. Ainsi, même dans ces circonstances, Dom Juan a recours au déguisement, à la feinte. Cet échange n'est pas du goût de son valet qui prie le Ciel pour qu'au moins après la mort il ne soit pas pris pour son maître !

Une pantomine burlesque

Tout ce deuxième acte se présente comme une pantomine burlesque qui modifie quelque peu l'image redoutable et dangereuse de Dom Juan au premier acte à travers la représentation qu'en donnait Sganarelle et surtout à travers le désespoir amoureux de Done Elvire.

Selon Jouvet, Dom Juan, dans les trois scènes centrales ne cherche pas à séduire. Il joue à séduire, ce qui est différent, il s'amuse de l'abaissement de ces filles qui se disputent ses faveurs. Lui, l'incrédule, se moque de leur crédulité :

« La scène du deuxième acte, le ballet de Pierrot, Mathurine et Charlotte, est insensée, Dom Juan est là qui fait marcher ces deux filles. C'est du mépris, chez lui. Ça ne l'intéresse pas une seconde. Les types qui jouent Dom Juan croient que c'est une scène de séduction; non, c'est une scène où Dom Juan se moque de ces filles. C'est un aspect de l'humanité qui est tout à fait différent de celui de Dom Juan amoureux. »

Il est vrai que la séduction pour Dom Juan n'est pas une fin en soi, mais un moyen, et non un moyen de satisfaction sexuelle. Un moyen plutôt de remplir son propre vide et de confirmer son mépris de la nature humaine. Ici la part du jeu est prédominante et efface toute idée d'aboutissement du désir de conquête. Jouvet a raison : ces filles n'intéressent pas Dom Juan, pas plus sans doute que la fiancée si vite oubliée après le naufrage.

Ce qui ressort, c'est le génie de l'improvisation de Dom Juan, son aptitude à faire rendre à l'instant tout ce que l'instant peut donner, sa faculté d'oubli, son fatalisme, sa négation de toute notion de valeur, de mérite et donc de gratitude, ce qui apparaît nettement à propos du naufrage et du sauvetage. Dom Juan ne se soucie pas plus de remercier la Providence dans laquelle il ne croit pas, que de récompenser Pierrot autrement qu'en lui volant sa fiancée et en le rouant de coups. Nul sadisme dans ce comportement. Nulle méchanceté gratuite. Mais une innocence cruelle qui le met du côté de la nature contre la société, du côté de la force de domination, contre la loi morale.

Apparaît aussi chez Dom Juan, au cours de ces péripéties, la passion ludique, une ironie supérieure qui l'amène à voir dans les êtres des instruments de son plaisir, non du plaisir au sens vulgaire, hédoniste, mais d'un plaisir cérébral, malin, le plaisir du jeu.

Or, on sait que les joueurs ont la passion du gain, de la victoire. Dom Juan cherche toujours à rester maître de la situation, ce qui définit en particulier son attitude lors de la scène avec Mathurine et Charlotte.

TROISIÈME ACTE

SCÈNE 1

Dom Juan, en habit de campagne et Sganarelle en habit de médecin devisent en cheminant. Sganarelle est très fier de la considération que lui vaut son habit qu'il a racheté à un mont-de-piété où un vieux médecin l'avait mis en gage. Il s'ensuit un plaisant échange de vues sur le médecine.

De l'impiété en médecine

Sganarelle explique à Dom Juan que sur la foi de son habit, des paysans sont venus lui demander des ordonnances. Sganarelle se faisant passer pour médecin les a soignés «*à l'aventure*». «*Ce serait une chose plaisante*», ajoute-t-il, «*si les malades guérissaient et qu'on m'en vint remercier*».

Dom Juan prend cette hypothèse très au sérieux: Sganarelle a autant de chance de guérir ses malades que les médecins qui ne sont que des charlatans:

«Ils n'ont pas plus de part que toi aux guérisons des malades, et tout leur art est pure grimace. Ils ne font rien que recevoir la gloire des heureux succès, et tu peux profiter comme eux du bonheur du malade, et voir attribuer à tes remèdes tout ce qui peut venir des faveurs du hasard et des forces de la nature.»

Tout en feignant de s'étonner que son maître soit aussi impie en médecine qu'en matière de religion, Sganarelle renchérit sur ces propos subversifs. Le séné, la casse et le vin émétique font pourtant des prodiges:

«Il y avait un homme qui, depuis six jours, était à l'agonie; on ne savait que lui ordonner, et tous les remèdes ne faisaient rien; on s'avisa à la fin de lui donner de l'émétique.»
— «Il en réchappa, n'est-ce pas?», demande Dom Juan.
— «Non, il mourut», répond Sganarelle.»

Dans ce dialogue, Sganarelle et Dom Juan expriment le point de vue de Molière. Mais il convient de distinguer le point de vue de Molière du point de vue de Dom Juan, qu'il faut envisager, non sur un plan biographique ou général, mais en fonction de la logique très particulière du personnage tel que l'a conçu son auteur.

On sait que Molière n'aimait pas les médecins, parce que, étant lui-même malade, ils ne lui étaient d'aucun secours.

Sa dernière pièce, *Le Malade imaginaire*, sera une satire contre la médecine et il sera pris sur la scène d'un accès de sa maladie, une fluxion de poitrine qui l'emportera dans la soirée.

Mais avant cette ultime charge, Molière écrira d'autres comédies sur ce thème : *L'Amour médecin*, qui succédera immédiatement à *Dom Juan*, puis, en 1667, *Le Médecin malgré lui*. Ces deux pièces ont Sganarelle pour héros principal et leur sujet est annoncé dans cette scène puisque dans les deux cas il s'agit d'un faux médecin qui guérit un malade par de tout autres moyens que la médecine.

Cet aspect amène à poser la question de la situation de la médecine à l'époque de Molière. Les remèdes dont fait état Sganarelle étaient tous trois des purgatifs. On sait, précisément, grâce à Molière, l'importance fondamentale que l'on attribuait à cette thérapeutique. Il fallait purger les humeurs. L'un des médecins d'Argan, le malade imaginaire, s'appelait Monsieur Purgon. Mais il n'est pas surprenant que Sganarelle fasse un sort particulier au vin émétique. C'était une potion à base d'antimoine. Or, une violente dispute s'était élevée autour de ce médicament et ne sera résolue qu'en 1666 par une décision de la Faculté autorisant des médecins à se servir du vin émétique. Le médecin de Molière était un partisan de l'antimoine.

Il ne faudrait pas déduire des attaques de Molière contre les médecins que l'état de la médecine était de son temps absolument calamiteux. Sans doute, Molière était-il aigri par l'aggravation du mal qui devait l'emporter et, comme Dom Juan, devant les avis contradictoires de ses médecins et le peu d'efficacité de leurs pratiques, partageait-il « l'impiété » de Dom Juan en ce domaine. L'appréciation humoristique portée par Sganarelle sur les effets radicaux du vin émétique correspondait, hélas ! à une réalité. Certains médecins s'étaient acquis, par le nombre et la qualité de leurs victimes, une sinistre réputation. Plus tard encore, à titre d'exemple, le même médecin aquerra la triste gloire d'être responsable de la mort, la même année 1745, de Georges Frédéric Haendel et de Jean-Sébastien Bach, deux parmi les plus grands compositeurs de tous les temps. Mais, si les médecins méritaient dans leur majorité ce jugement péjoratif qui leur est resté comme étant « les médecins de Molière », la chirurgie avait fait de grands progrès dont le Roi lui-même allait bénéficier.

Le 18 novembre 1686, le Roi fut opéré avec succès d'une fistule à l'anus par son premier chirurgien, Félix de Tassy. Celui-ci pratiqua pour la première fois l'incision et inventa pour l'occasion un bistouri qui reçut le nom de bistouri à la royale. Cette opération, dite « la grande opération » fit époque dans la science et la méthode employée par Félix de Tassy resta par la suite le plus généralement appliquée.

Mais si le procès de la médecine intenté par Molière par personnages interposés mérite d'être resitué dans son contexte historique, tel n'est pas l'intérêt central de la question, telle qu'elle est traitée dans cette scène. Ce qui importe ici est le point de vue de Dom Juan qu'il faut replacer dans la perspective de son attitude générale devant la vie, du scepticisme qu'il professe en toutes matières.

Dom Juan le rationaliste ne croit pas en la médecine de son temps, à cause de son caractère empirique. Il n'y croit pas parce qu'il ne lui reconnaît pas de valeur scientifique, et parce qu'effectivement la médecine pouvait difficilement prétendre au rang de science du fait de tous les abus qui la discréditaient. Quand Sganarelle feint de s'étonner que son maître soit aussi « impie en médecine », il établit un lien entre la médecine et la religion qui n'a pas seulement une fonction polémique. Certes, la drôlerie de la remarque tient à l'inversion des deux matières dans la hiérarchie des valeurs. Que l'on soit impie en religion, passe encore, mais en médecine ! Sganarelle continue sur sa lancée lorsqu'il parle des « miracles » produits par le vin émétique, miracles dont il donne un exemple effectivement probant ! Dans la bouche de Sganarelle cet alignement de la médecine sur la religion ne pouvait que discréditer cette dernière que pourtant il s'attache constamment à défendre.

Cependant, il y a une relation logique entre l'impiété de Dom Juan en médecine et son impiété en religion. Dans les deux cas, le libertin refusait de se plier au principe d'autorité, des médecins, d'une part qui prétendent parler au nom de la science, et en jargonnant un latin de cuisine incompréhensible au commun des mortels, pour mieux cacher leur ignorance, des prêtres, des prédicateurs et théologiens, de l'autre, qui se prétendaient les intermédiaires obligés entre les hommes et Dieu.

Dans les deux cas il y a captation de pouvoir, il y a une autorité empruntée par une caste qui s'approprie le savoir pour abuser les esprits faibles.

On voit tout le parti que l'on pouvait tirer de cette assimilation entre les charlatans de la médecine et leurs homologues cléricaux.

C'est Sganarelle que son habit met en humeur de disputer qui engage la controverse sur le terrain de la religion.

De l'impiété en religion

Les questions qu'il pose à son maître amènent celui-ci à exprimer le fond de sa pensée. Dom Juan si prudent avec tous ceux qui représentent à quelque degré que ce soit l'autorité, tous ceux, en général, avec qui il a des rapports de force, est parfaitement sincère avec son valet.

Loin de feindre, il déclare des opinions qui étaient à l'époque très compromettantes et pour lesquelles on risquait de finir sur le bûcher.

Il ressort de ses réponses qu'il ne croit pas au Ciel, c'est-à-dire, à Dieu et par voie de conséquence à l'Enfer et au diable, donc il ne redoute pour ses actes ni récompense ni châtiment qui viendraient après la mort. Dom Juan ne croit qu'en la raison, et aux vérités scientifiquement, mathématiquement démontrables, il croit seulement que « *deux et deux sont quatre* ». Dom Juan professe un rationalisme qui contrairement à celui de Descartes ne ménage aucune ouverture vers la croyance dans l'existence de Dieu. Au contraire, loin de mener vers l'idéalisme, le positivisme rigide de Dom Juan a pour corollaires l'athéisme et le matérialisme.

Sganarelle va faire sombrer le débat dans le ridicule en mettant sur le même plan Dieu, l'Enfer, le diable et le moine bourru. Ici, Molière annonce les procédés dont useront plus tard Voltaire et les philosophes des lumières pour discréditer la religion. Non seulement Sganarelle met l'objet de la superstition populaire au même rang que les dogmes les plus sacrés, que même la foi dans un seul Dieu, mais il met ce personnage douteux au comble de la gradation qu'il ménage savamment pour tester le degré d'incrédulité de son maître. Et il s'exclame : « *Et voilà ce que je ne puis souffrir, car il n'y a rien de plus vrai que le Moine Bourru, et je me ferais pendre pour celui-là !* »

A la médecine ramenée à un boniment de charlatans correspond la religion ramenée à des préjugés stupides.

Sganarelle va répondre à la proclamation d'impiété de son maître en se livrant à une parodie burlesque de démonstration apologétique.

Le contenu de son discours reprend les principaux arguments d'ordinaire invoqués par les apologistes dans leur souci de convaincre les incroyants, mais la forme sous laquelle il tourne ces idées les ridiculise. On retrouve, en effet, dans ce fatras, le raisonnement dit des « causes finales » qui revient à dire que le monde n'a pas été fait au hasard mais en vue d'une fin supérieure. La création suppose un créateur : « *Je voudrais bien vous demander qui a fait ces arbres-là, ces rochers, ces terres, et ce ciel que voilà là-haut, et si tout cela s'est bâti de lui-même.* »

Peu à peu, son discours qui s'articulait assez correctement et sérieusement au début, devient d'un simplisme caricatural :

« Vous voilà vous, par exemple, vous êtes là : est-ce que vous vous êtes fait tout seul, et n'a-t-il pas fallu que votre père ait engrossé votre mère pour vous faire ? »

Décontenancé par le silence de Dom Juan dont le laconisme contraste avec la volubilité de son valet, Sganarelle s'embrouille dans sa démonstration qui témoigne d'une assimilation très approximative des vérités de la religion. Comme s'il répétait une leçon apprise sans bien en comprendre le sens. Tout à son enthousiasme philosophique, il se démène si bien pour montrer quelle machine admirable est le corps humain qu'il tombe. Dom Juan conclut froidement : « *Bon! voilà ton raisonnement qui a le nez cassé.* »

Il faut reconnaître que si Molière a voulu opposer en Sganarelle la foi du charbonnier à l'impiété de Dom Juan, il ne pouvait plus mal s'y prendre pour faire triompher la religion. Les bouffonneries de Sganarelle contrastent trop avec la supériorité intellectuelle de Dom Juan pour laisser de doute sur les intentions satiriques et polémiques qui inspirent cette scène. Sans que l'on en déduise quoi que ce soit de certain quant aux convictions intimes de l'auteur, car tel n'est pas le propos, il faut constater que cette controverse relève de la pure parodie.

Sans doute faut-il rattacher ce grand moment de théâtre à une veine populaire et carnavalesque toujours très présente chez Molière et qui à travers Rabelais remonte à une tradition du Moyen Age illustrée par les textes laissés par les Goliards, ces *Carmina burana,* où l'on tournait en dérision les thèmes sacrés. Mais l'Eglise était beaucoup plus tolérante en ces temps médiévaux et acceptait ce genre de défoulement mieux qu'à l'époque de Molière. Les guerres de Religion avaient laissé des traces encore vives et avaient rendu les autorités ecclésiastiques beaucoup plus sourcilleuses. En tout cas, il est intéressant de voir ce que Molière avait fait d'une œuvre précisément inspirée par la politique de la Contre-Réforme et destinée à corriger des mœurs relâchées. Dans la scène suivante, Molière est allé encore plus loin dans l'exploitation théâtrale d'idées prohibées et la transgression des tabous.

Scène 2

La scène du pauvre

Cette scène est fameuse à plus d'un titre, d'abord, pour avoir été coupée dès la deuxième représentation, à cause du scandale qu'elle avait provoqué et pour avoir disparu de la pièce jusqu'à la restitution récente de celle-ci dans sa version originale; ensuite parce qu'elle est restée la pierre angulaire de toute interprétation de *Dom Juan*, soit dans un sens apologétique, soit dans un sens iconoclaste. Le fait qu'elle soit tout à fait épisodique et, pas plus que la scène précédente ne présente d'intérêt réel quant au déroulement de l'intrigue la rend encore plus importante, plus emblématique. On peut considérer que cette « scène du pauvre » concentre toute la puissance interrogative et par là même subversive de cette œuvre énigmatique entre toutes qu'est le *Dom Juan* de Molière. Elle contient, en réduction, une charge corrosive extraordinaire sur le plan conceptuel et moral, mais elle exprime une anormalité plus rarement soulignée et pourtant plus étonnante encore sur le plan esthétique et dramatique. Il est frappant de constater que les deux premières scènes de ce troisième acte, qui s'enchaînent et se complètent, sont à la fois les plus anodines et les plus superflues quant au « sujet », quant à la trame même de l'histoire et les plus déterminantes quant à la signification de l'œuvre.

Enfin, quand on connaît l'importance que Molière, comme tout auteur classique, attachait à la construction de ses pièces, on notera que cette scène se trouve exactement au centre des cinq actes, non si on calcule en nombre de scènes, mais si on calcule de manière beaucoup plus précise, en nombre de pages, en quantité de texte. Cela prouverait, s'il en était besoin, que derrière la structure apparemment décousue et fragmentaire se découpe une autre structure rigoureusement charpentée qui constitue le lieu stratégique où se déroule le vrai débat, où se posent les vraies questions.

Le hasard et la grâce

Dom Juan et Sganarelle, s'étant égarés, avisent un pauvre retiré dans ces bois et lui demandent le chemin qui mène à la ville.

L'identité de ce pauvre n'est pas précisée. Il est possible de supposer d'après le dialogue qui suit qu'il ne s'agit pas d'un mendiant ordinaire, mais d'un moine mendiant, un ermite vivant à l'écart du monde pour se consacrer à la prière et à la contemplation.

Avant de retracer dans toutes ses péripéties le dialogue auquel cette rencontre donne lieu, il convient de s'interroger sur le sens que l'on peut attribuer à la rencontre elle-même, rencontre fortuite, comme cela pouvait se produire de manière très banale et réaliste.

Mais dans la suite des aventures de Dom Juan il apparaît que ce « hasard » est justement significatif parce que c'est un hasard, un événement sans importance, qui ne joue aucun rôle dans le destin du héros. Pourtant ce fait en soi futile tire toute son importance de sa valeur de signe. On se trouve donc devant une inversion des valeurs habituelles : c'est parce qu'elle est insignifiante que cette rencontre est capitale, capitale à la mesure de son insignifiance. Elle est une mise à l'épreuve de Dom Juan. C'est le paradoxe de cette histoire. Dom Juan croit mettre le pauvre à l'épreuve, quand c'est lui-même qui est l'objet d'un avertissement dont son salut va dépendre. Ce qu'en termes humains on appelle « hasard » n'est autre sur le plan divin qu'une « grâce » envoyée par Dieu qu'il est dans la liberté de l'homme de prendre ou de rejeter.

Dom Juan, le pauvre et le Ciel

Le pauvre donne très courtoisement le renseignement requis et ajoute une information supplémentaire : les voyageurs doivent se tenir sur leurs gardes car il y a des voleurs qui rôdent dans ces bois.

Dom Juan remercie le pauvre avec une politesse exagérée. Cette politesse est déjà de la provocation, car Dom Juan entend remplacer par de bonnes paroles l'aumône que le pauvre attend selon la coutume.

Le dialogue aurait pu s'achever là, mais le pauvre demande l'aumône, sur un ton à la fois implorant et discrètement insistant marqué par le conditionnel et par l'interrogation : « *Si vous vouliez, Monsieur, me secourir de quelque aumône ?* »

Au lieu de sacrifier à l'usage, Dom Juan provoque le pauvre et l'accuse d'avoir donné « *un avis intéressé* ».

Il faut rappeler que c'était alors un devoir de charité très pressant de faire l'aumône à un pauvre, d'autant plus quand il s'agit, comme c'est sans doute le cas ici, d'un ermite, d'un religieux qui prie pour l'âme de ceux qui lui viennent en aide, afin qu'ils soient sauvés après leur mort. Le pauvre est donc, sans aucun doute, étonné que Dom Juan n'ait pas eu spontanément ce geste charitable.

Or, Dom Juan a réagi ainsi, d'abord, par non-conformisme, par refus de se soumettre à des habitudes et à des règles dont il refuse les motivations. Ensuite, le libertin se livre non seulement à une provocation, mais à une démystification. Ce que l'on désigne comme « charité » recouvre tout simplement un marché : non seulement le pauvre a troqué son « avis » contre de l'argent, mais il propose d'échanger cet argent contre des prières. C'est bien, d'ailleurs, ce qu'il croit bon de préciser pour justifier sa demande : »*...je ne manquerai pas de prier le Ciel qu'il vous donne toutes sortes de biens* ».

Dom Juan, excédé, fait remarquer au pauvre que s'il était dans les bonnes grâces du Ciel, comme celui-ci le prétend, le Ciel n'aurait pas manqué de lui envoyer un habit dont il a bien besoin.

Comprenant le désarroi du pauvre, Sganarelle lui explique charitablement à qui il a affaire : Dom Juan ne croit qu'à « *deux et deux sont quatre* ». Mais Dom Juan entend exploiter son avantage. Il va développer l'argument précédent en s'informant traîtreusement des « *occupations* » du pauvre. Celui-ci répond qu'il passe son temps à prier pour les gens de bien qui lui donnent quelque chose. Donc, répond Dom Juan, ce « pauvre » doit, en réalité, être bien riche, pour recevoir ainsi tant de bienfaits du Ciel. Comme le pauvre lui répond qu'il n'en est rien et que souvent il ne mange pas à sa faim, Dom Juan constate que le Ciel est bien ingrat.

Dans cette deuxième partie du dialogue, Dom Juan substitue à la logique chrétienne de la charité et du renoncement, la logique matérialiste de l'échange. Dom Juan a triomphé : il a prouvé au pauvre l'inutilité de la prière.

Mais il ne s'en tient pas là, il veut aller plus loin. Il va tenter le pauvre en lui proposant un louis d'or si l'autre accepte de blasphémer. Le pauvre est tellement dans le besoin qu'il semble hésiter un moment. Sganarelle l'incite de son côté en minimisant la faute. Mais le pauvre refuse, prouvant sa bonne foi. Dom Juan consent enfin à lui donner le louis d'or «*pour l'amour de l'humanité*».

Puis l'attention du mécréant est détournée par le bruit d'un combat, il voit un homme attaqué par trois autres et il se porte à son secours.

L'essentiel, dans ce dialogue, est de démêler les motivations que Molière prête à Dom Juan.

Le pauvre oppose à Dom Juan le langage et la logique de la foi. Dans ce sens, cette scène est le complément de la précédente où Sganarelle tenait piteusement ce rôle, mais elle en est, peut-être, la réponse. Elle redresse la scène burlesque par la gravité du ton, l'intensité de la progression dramatique, la hauteur du débat et surtout à la fin la victoire morale et spirituelle qui est une sorte de revanche sur la chute de Sganarelle: «*Ton raisonnement s'est cassé le nez!*» Ici, c'est Dom Juan qui s'est cassé le nez sur la détermination intérieure du pauvre.

Le pauvre apparaît de la même race que Done Elvire. A travers la prière du pauvre, Dom Juan a perçu une autre prière, qui lui vient de cette sphère trouble, obscure, qu'il pressent parfois confusément, mais que dans son obstination orgueilleuse, il rejette, qui est la sphère de la spiritualité, des vérités surnaturelles. Elvire et le pauvre participent de cet univers de l'intériorité face à Dom Juan qui participe du monde des sens, de la matière et des certitudes rationnelles.

La tentation du blasphème

Quand Dom Juan propose au pauvre de jurer, il lui demande de commettre un acte grave, car le juron était assimilé au blasphème. Or, le blasphème était un crime sévèrement puni par la loi. Les ordonnances de police prévoyaient même «les derniers supplices» pour les blasphémateurs. La Compagnie du Saint-Sacrement s'était justement donné, entre autres tâches, celle de châtier les coupables de jurons et de blasphèmes.

Mais le pauvre est sans doute moins épouvanté par ce genre de punition que par la peur de commettre un péché mortel qui compromettrait le salut de son âme.

Certes, cette appréciation est relative : un blasphème ne coûterait rien à un Dom Juan et sans doute peu de chose à un Sganarelle qui dans l'affaire est du côté de Dom Juan, puisqu'il souffle au pauvre : « *Va, va, jure un peu, il n'y a pas de mal* ».

On peut, d'ailleurs, s'interroger sur l'attitude du valet de Dom Juan en la circonstance. Alors qu'il y a quelques minutes à peine, il étalait ses convictions religieuses et faisait la leçon à Dom Juan, le voilà qui seconde le tentateur, comme s'il était happé par la fascination du mal.

On peut déceler dans le « *un peu* » une atténuation de la faute qui n'est pas sans rappeler les artifices de la casuistique. Mais il est clair qu'à la place du pauvre, Sganarelle se serait beaucoup plus facilement et plus lâchement arrangé avec sa conscience.

On a avancé, comme source possible de cette histoire, un fait réel imputé à un libertin, le chevalier de Roquelaure qui avait donné de l'argent à un pauvre pour le pousser à blasphémer. Ce rapprochement n'ajoute rien de décisif à la signification de la scène. Mais il mérite d'être connu, ne serait-ce que pour montrer que les préoccupations exprimées par Molière s'inscrivaient dans les débats d'idées de son temps. Le conflit entre Dom Juan et le pauvre ne présentait rien d'arbitraire ; il traduisait au contraire des antagonismes idéologiques extrêmement graves et vifs et dont la tension ne faisait que croître. Il n'est pas inutile, non plus, de rappeler que la même situation, celle d'un pauvre faisant l'aumône, est citée par Molière dans *Tartuffe*, qu'elle est même à l'origine de toute l'affaire. Orgon s'émeut pour Tartuffe en lui faisant l'aumône, parce qu'il est touché par la misère du dévot, et par son humilité.

Ainsi, on retrouve sous-jacente dans ce dialogue entre Dom Juan et le pauvre la question de la vraie et de la fausse dévotion.

Il semble d'ailleurs que Dom Juan, ne croyant pas, d'une manière générale, à la dévotion, n'y voyant qu'hypocrisie, cherche à piéger le pauvre, à l'obliger à se découvrir, d'où la tentation ultime du blasphème qui est un enjeu suffisamment sérieux pour que la réponse soit probante.

Il est vrai qu'il est difficile de confondre avec un Tartuffe ce pauvre ermite qui vit dans le plus complet dénuement, dans ce que les jansénistes appelaient « le désert » et dont la sincérité ne semble faire aucun doute. Il le prouvera en relevant le défi de Dom Juan. Mais si nous nous plaçons dans la perspective de ce dernier, ce qui dans la conception religieuse s'appelle « tentation », n'a pas ce sens-là pour un libertin, pour un athée. Or, ce n'est pas un hasard que cet épisode ait lieu immédiatement après la déclaration d'athéisme que Dom Juan vient de faire à Sganarelle.

Comme dans la scène avec Done Elvire, on se trouve confronté devant le conflit entre deux logiques, deux conceptions du monde et de la vie.

La réponse du pauvre ne prouve pas qu'il ait raison, l'échec de Dom Juan que le libertin ait tort. La question reste posée, l'interrogation se creuse. La sincérité du pauvre montre à Dom Juan l'existence de motivations, d'un rapport aux autres, d'un mode de vie et de pensée qu'il réprouve, qu'il nie, car il estime cette logique fondée sur une mystification, sur une illusion. Dom Juan fera tout de même l'aumône au pauvre dans un ultime défi à cet ordre d'idées que le pauvre représente; il ne fera pas l'aumône pour l'amour de Dieu, mais pour l'amour de l'humanité. C'est une manière de garder le dernier mot. C'est encore et toujours l'expression de l'orgueil de Dom Juan, de sa volonté de domination, de son désir de rester l'arbitre de la situation.

On aurait cependant tort de traiter ce mot comme une pirouette. Dom Juan, il est vrai, ne montre guère d'amour pour l'humanité dans son comportement, dans ses actes. On peut estimer qu'il bluffe, qu'il se réfère à une morale humaniste qu'il ne pratique pas. Mais son mot signifie avant tout que pour lui il n'y a que l'humanité. Tout le dialogue signifie peut être que c'est par compassion pour une humanité mystifiée qu'il s'est livré à un chantage, en quelque sorte, pédagogique. Il a mis le pauvre à l'épreuve pour l'amener à échapper à l'esclavage de la religion, pour l'éclairer.

Mais cette scène a dans la pièce une fonction stratégique. Elle est une charnière. Dom Juan multiplie les défis envers ce que, pour simplifier et par précautions. Molière appelle le Ciel, c'est-à-dire Dieu. Cela ne signifie pas forcément que ce défi postule l'existence de Dieu. Car il peut s'agir de l'idée de

Dieu, du mythe de Dieu. Dom Juan en libertin, héritier des humanistes, de Montaigne, peut vouloir détruire les illusions qui abusent l'humanité et l'empêchent de progresser. Il peut se vouloir un chevalier de la raison en lutte contre les préjugés, contre les superstitions, dont ce pauvre serait une victime.

Cette scène est un point où les choses se renversent. Désormais les défis de Dom Juan vont se retourner contre lui. Désormais ce Ciel qu'il raille et qu'il nie va se manifester. Cela, toutefois, n'est pas non plus une vérité en soi, elle ne peut être une évidence que pour les croyants ou pour les athées. Or, il semble que la pièce évolue constamment entre ces deux extrêmes, entre ces deux lectures trop radicales pour satisfaire un esprit toujours en proie au doute, torturé par des interrogations qui débordent toujours les réponses trop simples.

Entre la foi du charbonnier et la raison positive, il y a de la place pour une autre pensée, pour l'éternelle, l'angoissante, la passionnante recherche d'une vérité introuvable. Cette ambiguïté, cet écartèlement fondent la destinée du sceptique. Mais Dom Juan n'est pas un sceptique. Il apparaît plutôt comme un croyant à l'envers. Le sens de son chemin ne lui appartient pas. Il reste à déterminer dans les intentions mystérieuses de l'auteur. Seul le texte est à même de nous guider dans cette forêt obscure, le texte et ses imbrications, ses entrelacs, ses contradictions.

Scène 3

Un acte chevaleresque

Quand, pour conclure à son avantage, son dialogue avec le pauvre, Dom Juan lui fait l'aumône *« pour l'amour de l'humanité »*, on peut croire qu'il se réfère à cette humanité abstraite qu'invoquent si souvent les idéologues et à laquelle ils sacrifient d'un cœur et d'un esprit légers les hommes vivants. Mais Dom Juan joint le geste à la parole et nous allons le voir, pour la première fois sans doute, commettre un acte digne d'estime et conforme à la morale. Il court se battre au côté d'un gentilhomme attaqué par trois brigands, ce qui confirme l'avis « intéressé » donné par le pauvre sur le danger qu'il y avait à s'aventurer dans ces bois. Nous apprenons par un commentaire désapprobateur de Sganarelle que *« le secours a servi et les deux ont fait fuir les trois »*. Le valet de Dom Juan se demande pourtant pourquoi son maître est allé chercher inutilement un péril qui ne le cherchait pas.

Dom Juan explique et justifie son action au nom de l'honneur. En cette circonstance il montre donc que bon sang ne peut mentir et qu'il existe au moins une exception à la règle qu'il s'est donnée de poursuivre égoïstement son intérêt et son plaisir au mépris de tous les principes.

Dom Juan est issu d'une noble lignée et s'il se conduit avec les femmes d'une façon rien moins que chevaleresque, il est capable de bravoure et sensible à ce que représentent son nom et son rang.

Méchant homme, mais grand seigneur, son valet ne l'avait pas si mal dépeint et l'un des versants de cette définition présente au moins un aspect positif.

La question de l'honneur

Le seigneur auquel Dom Juan vient de sauver la vie expose ce qui l'a amené en ces lieux. Il tient, dit-il, la campagne, avec son frère pour défendre cet honneur au nom duquel Dom Juan vient de lui porter assistance. Mais il ne semble pas parler du même honneur et pour la première fois Dom Juan approuve une valeur que son interlocuteur considère comme suspecte, fondée sur l'usage et sur les préjugés plus que sur la raison et le droit.

Avant de préciser l'affaire d'honneur dont il s'agit, Dom Carlos déplore la contrainte fâcheuse de cette notion d'honneur, qui, pour garder bonne figure et protéger une fausse apparence, oblige à des sacrifices décisifs, puisque l'issue d'un duel est toujours funeste, et conduit à quitter le Royaume si on a la chance de sauver sa vie.

Enfin le plus absurde en ces affaires est que ces fameuses lois de l'honneur font dépendre notre vie, nos biens et notre repos de « *la fantaisie du premier téméraire qui s'avisera de lui faire une de ces injures pour qui un honnête homme doit périr* ». Ainsi du fait de cette conception archaïque et déraisonnable, les honnêtes gens sont à la merci de ces téméraires irresponsables. Dom Carlos trouve cette situation particulièrement injuste, mais il doit se conformer à l'usage. Cette tirade contre les duels était dans l'esprit du temps. Il est vrai que, bien que l'action de la pièce se passât en Sicile, les noms et les qualités des personnages sonnent espagnol et on sait qu'en Espagne on a toujours été pointilleux sur la question de l'honneur.

Mais enfin, la réalité de fond, de référence était française et en France on avait proscrit les duels. Toutefois en dépit des lois dont l'application était sévère, l'aristocratie restait fidèle à cette notion d'honneur dont cet honnête homme de Dom Carlos analysait si justement les incohérences.

Dom Juan apprend alors qu'il a secouru le frère de Done Elvire qui, avec un autre frère, Don Alonse, est sur ses traces afin de venger un affront qui devait se laver dans le sang.

Tout en évitant de se trahir, Dom Juan adopte une attitude passablement hypocrite. Pour éviter d'avoir à écouter des propos désagréables sur son propre compte il fait croire à Dom Carlos qu'il est un ami de Dom Juan et, ajoute-t-il vaguement, « *je m'engage à vous faire faire raison par lui* ».

Dom Carlos demande à son interlocuteur ce qu'il entend par là. Dom Juan confirme : « *toute celle que votre honneur peut souhaiter* », ce qui suppose la voie des armes. Dom Juan ajoute, d'ailleurs, qu'il sera lui-même de la partie, ce qui signifie qu'il tiendra le rôle de second.

Dom Carlos déplore que le sort lui donne pour adversaire un homme qui lui a sauvé la vie. Il semble que cette circonstance renforce encore sa répugnance pour les duels et les affaires d'honneur. Le spectateur pressent, en tout cas, que ce dilemme va engendrer quelque débat cornélien.

Scène 4

Deux frères mal assortis

Dom Alonse survient et reconnaît Dom Juan. L'affrontement semble inévitable et Dom Juan dégaine avec courage, mais Dom Carlos s'interpose.

Il s'ensuit un débat violent entre les deux frères qui manifestent des caractères aussi dissemblables que leur conception de la vie.

Dom Carlos fait valoir que Dom Juan, lui ayant sauvé la vie, il refuse pour l'instant de lui ôter la sienne. Dom Alonse n'est pas de cet avis et estime que l'honneur bafoué passe avant tout. Une altercation s'élève entre eux au point que Dom Carlos menace de prendre le parti de Dom Juan si Dom Alonse s'entête dans son désir aveugle de vengeance.

Finalement, on parvient à un compromis. Dom Carlos s'engage à tirer vengeance de Dom Juan par les armes si celui-ci ne répare pas sa faute en se réconciliant avec Done Elvire.

Dom Carlos estime qu'en agissant ainsi il a payé sa dette à Dom Juan. Désormais celui-ci devra réparer d'une façon ou d'une autre l'affront qu'il a commis à Done Elvire, à son nom, à sa famille. Il est, dit Dom Carlos, des moyens doux, à savoir la reprise de la vie conjugale, et il en est de violents, c'est-à-dire, les armes. Mais dans tous les cas, Dom Juan sait qu'il devra rendre compte de ses actes au frère de Done Elvire qui, ayant arraché à Dom Alonse, non sans mal, le consentement à cet accord, prend seul la responsabilité de cette affaire.

Sans préciser ses intentions, mais bien résolu, en son for intérieur et comme la suite le prouvera, à ne pas se laisser enchaîner par les liens d'un mariage qu'il a rompu, Don Juan réitère à Dom Carlos sa promesse de le rencontrer où celui-ci voudra pour lui rendre raison.

Dans ces deux scènes, l'intrigue reprend ses droits et expose Dom Juan aux conséquences de sa trahison de la foi conjugale. Un répit lui est encore donné, la question reste de savoir quel usage il fera de ce délai. S'amendera-t-il, comme le souhaite Dom Carlos, ou préférera-t-il risquer sa vie ou assassiner un honnête homme pour prix de ses caprices?

Sur le plan psychologique, l'intérêt principal de ces péripéties est dans le contraste saisissant entre les deux frères.

Dom Carlos incarne le parfait honnête homme, mesuré, pacifique, raisonnable et raisonneur mais résigné par son réalisme et sa lucidité à accepter une réalité encore trop éloignée, selon son goût et sa raison, de l'harmonie souhaitable entre les hommes.

Dom Alonse appartient à la catégorie des personnages violents, impulsifs, entêtés, égocentristes, peu sensibles aux raisonnements et ennemis de la modération qu'ils sont toujours prêts à taxer de lâcheté.

Scène 5

Nouvelles confidences de Dom Juan

Dès que les deux frères se sont éloignés, Dom Juan appelle Sganarelle qui s'est prudemment caché pendant cet incident qui risquait de tourner mal. Le maître tance son valet pour sa poltronnerie et lui rapporte ce qui s'est passé. Il reconnaît à Dom Carlos la qualité d'« *honnête homme* » et avoue même éprouver de la sympathie à son endroit. Il regrette de l'avoir désormais pour adversaire. Sganarelle profite de l'occasion pour essayer de faire revenir son maître à de meilleurs sentiments.

Pourquoi ne pas « *pacifier toutes choses* », c'est-à-dire, renouer avec Done Elvire et par là même éviter de se mettre une mauvaise affaire sur les bras ? Mais Dom Juan préfère la liberté à la vie. En tout cas il est prêt à mourir mais aussi à tuer pour défendre son droit au plaisir.

Il renouvelle sa déclaration de principe du premier acte. La fidélité est incompatible avec sa conception de l'amour. Il se veut disponible pour maintenir son désir toujours vif. Il lui faut pour cela changer toujours d'objet, il lui faut rester toujours ouvert, toujours offert à l'aventure : « *Je te l'ai dit vingt fois, j'ai une pente naturelle à me laisser aller à tout ce qui m'attire.* »

L'homme de chair et l'homme de pierre

Dom Juan avise *« un superbe édifice »* et fait mine de ne pas savoir ce que c'est. Sganarelle l'informe : *« ... c'est le tombeau que le Commandeur faisait faire lorsque vous le tuâtes. »*

Dom Juan décide d'y entrer pour admirer de plus près. Sganarelle est choqué par cette impudence, mais Dom Juan insiste avec son goût habituel de la provocation.

Le tombeau s'ouvre et laisse voir un superbe mausolée et la statue du Commandeur.

Sganarelle s'extasie tandis que Dom Juan ricane de ces vaines somptuosités :

« ... ce que je trouve admirable, c'est qu'un homme qui s'est passé, durant sa vie, d'une assez simple demeure, en veuille avoir une si magnifique pour quand il n'en a plus que faire. »

Le fait que le Commandeur ait fait construire son tombeau pendant sa vie, avant d'être tué par Dom Juan, est tout à fait symbolique.

Dom Juan ne croit qu'à l'instant, à l'éphémère, à ce qu'il voit, à ce qu'il touche. Dans le défi qu'il adresse à la statue et qui va se concrétiser dans l'invitation à dîner, résonne son refus de se laisser piper par les mirages d'une fausse grandeur. La statue représente toutes les raisons abstraites, fictives pour lesquelles on demande aux hommes de perdre le seul bien qu'ils possèdent vraiment, le temps de vivre, le temps d'aimer. La statue est le symbole d'une éternité dérisoire et illusoire, de la foi dans la transcendance que nie Dom Juan, parce qu'il y voit un dangereux trompe-l'œil. Par ce courage lucide, Dom Juan annonce les philosophies de l'existence, il annonce la pensée critique de Nietzsche et son renversement des valeurs. Quand Dom Juan raille cette statue en « *habit d'empereur romain* », il désigne non la statue elle-même, mais le calcul ridicule par lequel le Commandeur, de son vivant, a sacrifié des joies tangibles contre de la fausse monnaie, une pose théâtrale ne correspondant à aucune réalité. Dom Juan dégonfle une prétention mensongère qui sert d'alibi à des entreprises fondées sur le vide.

Plus tard Roquentin, dans *La Nausée* de Sartre, se livrera à des réflexions du même genre devant les portraits d'apparat des grands bourgeois de Bouville qui se sont éternisés dans des poses dérisoires.

Au fond, Dom Juan inverse le pari de Pascal. Il pense qu'échanger les plaisirs certains de la vie contre un au-delà hypothétique relève d'un jeu de dupes. Ce qui est certain pour lui, c'est son existence d'homme de chair, c'est l'inexistence de l'homme de pierre.

Mais si Sganarelle était tout à l'heure impressionné, contrairement à son maître, par la beauté du monument, il n'est plus du tout rassuré quand il croit voir la statue s'animer :

« Il semble qu'il est en vie et qu'il s'en va parler. Il jette des regards sur nous qui me feraient peur si j'étais tout seul, et je pense qu'il ne prend pas plaisir de nous voir. »

Alors Dom Juan, peut-être pour accroître la peur de son valet, pour l'épater encore plus, a l'idée d'une plaisanterie tout à fait gratuite : il demande à Sganarelle de transmettre à la statue une invitation à souper. On peut supposer qu'en lançant ce défi, Dom Juan veut corriger son valet de sa superstition. Comme dans la scène avec le pauvre, il y a comme une intention pédagogique dans la démarche de Dom Juan. Il veut prouver que la statue est bien morte, il veut se confirmer à soi-même sa supériorité d'homme vivant sur l'homme de pierre, d'homme de chair sur l'homme mort. Sganarelle joue le jeu, un peu tremblant, mais avec la volupté de participer à une transgression des conventions les plus sacrées, le respect des morts. La tentation du blasphème se renouvelle ici à un degré supérieur, et Sganarelle, comme avec le pauvre, fasciné par son maître, fasciné par ce désir de puissance, ce frémissement sensuel, pervers qu'il éprouve à violer les interdits, à narguer tout ce que représente ce monument, à se révolter contre ce qu'il vénère d'ordinaire et qui l'écrase, Sganarelle ose prononcer les paroles sacrilèges, cette moquerie d'un mort, d'un homme que Dom Juan tua de sa main.

Alors la statue relève le défi, elle répond en baissant la tête pour faire signe qu'elle accepte l'invitation. Dom Juan, en dépit de son sang-froid, de son assurance, est inquiet, troublé, ce qui montre que même le plus enragé rationaliste, garde, au fond de lui, un doute envers le surnaturel. Il exige avec une violence accrue que son valet s'explique. Cette violence trahit-elle un ébranlement de ses convictions ou la colère contre la stupide crédulité de ce valet que, décidément, il ne parviendra jamais à corriger de ses erreurs, à dresser, à «*convertir*» à la raison?

Pour bien montrer à Sganarelle que celui-ci a eu la berlue, comme on montre à un enfant l'ombre qu'il a prise pour un fantôme, Dom Juan s'approche de la statue et répète à son tour l'invitation. La statue baisse encore la tête. Dom Juan se tait, interdit pour la première fois par ce qu'il *a vu*, et entraîne Sganarelle hors de l'édifice.

On peut dire que Dom Juan n'en croit pas ses yeux, car cette expression figurée prend littéralement tout son sens en la circonstance. Sganarelle, malgré sa peur, ne peut s'empêcher de savourer sa revanche sur les quolibets que lui avait valus sa foi dans le Moine Bourru: «*Voilà de mes esprits forts qui ne veulent rien croire.*» Les esprits forts désignaient à cette époque ceux qui, comme Dom Juan, refusaient de croire tout ce qui était contraire à la raison, les incrédules, les agnostiques. La Bruyère leur a consacré un chapitre de ses *Caractères*. Voici comment il les définit:

> **«Les esprits forts savent-ils qu'on les appelle ainsi par ironie? Quelle plus grande faiblesse que d'être incertains quel est le principe de son être, de sa vie, de ses sens, de ses connaissances, et quelle en doit être la fin? Quel découragement plus grand que de douter si son âme n'est point matière comme la pierre et le reptile, et si elle n'est point corruptible comme ces viles créatures? N'y a-t-il pas plus de force et de grandeur à recevoir dans notre esprit l'idée d'un être supérieur à tous les êtres, qui les a tous faits, et à qui tous se doivent rapporter; d'un être souverainement parfait, qui est pur, qui n'a point commencé et qui ne peut finir, dont notre âme est l'image, et si j'ose dire, une portion, comme esprit et comme immortelle?»**

C'était ce que Dom Juan, cet esprit fort, ne voulait pas entendre.

QUATRIÈME ACTE

Scène 1

Une dispute philosophique

Sganarelle et Dom Juan commentent diversement le signe que leur a adressé la statue. Leur conversion est déjà engagée quand le rideau se lève. Molière use souvent de ce procédé qui a pour effet de conforter l'illusion réaliste et de mobiliser l'intérêt du spectateur. La première réplique est une réponse de Dom Juan à une objection de Sganarelle que nous n'avons pas entendue mais que nous devinons car il la formulera de nouveau. Dom Juan ne veut pas attacher d'importance à ce qu'il refuse de prendre pour une manifestation surnaturelle mais qu'il met sur le compte d'un «*faux jour*» ou «*d'une vapeur*» qui leur aura «*troublé la vue*». Sganarelle est persuadé, quant à lui, de ne pas avoir eu la berlue. En baissant la tête pour montrer qu'elle accepte l'invitation à souper, la statue a donné un dernier avertissement à Dom Juan pour qu'il change de vie et se repente de ses péchés. Dom Juan, excédé par ces «*remontrances*», coupe la parole à Sganarelle et menace de le battre s'il continue à parler de ce sujet. Puis il demande à souper.

Une certaine ambiguïté entoure la réaction de Dom Juan aux propos de Sganarelle. On sait que le maître accepte les «*disputes*» mais ne tolère pas les «*remontrances*». Cette attitude est cohérente dans la mesure où le libertin ne reconnaît de valeur qu'à une discussion raisonnée développant un échange d'argument permettant d'aboutir à la vérité, tandis que les «remontrances» relèvent du sermon qui est l'expression d'une conviction dogmatique appuyée sur le principe d'autorité.

La colère de Dom Juan envers les reproches de Sganarelle peut avoir trois causes, qui, d'ailleurs, ne s'excluent pas.

Le grand seigneur orgueilleux trouve sans doute insupportable que son valet lui fasse la morale. On verra qu'il ne supportera même pas cela de son père.

Ensuite, Dom Juan est agacé, voire exaspéré, par des idées simplistes qui relèvent de la superstition et qui lui montrent toute la vanité de ses efforts dans son travail d'éducation de Sganarelle. En dépit de tous ses raisonnements, et de ses démonstrations, Sganarelle retombe toujours dans les mêmes préjugés ridicules.

Enfin, Dom Juan est obligé de reconnaître qu'il a « *vu* » lui aussi la statue bouger. Il est persuadé que ce phénomène a des causes naturelles que tout simplement il n'a pas encore élucidées. Le point de vue de Dom Juan est le point de vue des philosophes des lumières qui se réfèrent à l'évolution progressive des connaissances. Ce que la raison est incapable d'expliquer et de comprendre ne provient pas d'une intervention surnaturelle mais est dû tout simplement à l'ignorance de l'esprit humain qui doit encore progresser sur la voie de la connaissance.

Dom Juan est donc excédé par le fait que la vision de la statue animée semble donner raison à Sganarelle. Le libertin est quant à lui, persuadé que le surnaturel n'existe que dans les imaginations des esprits bornés. De plus, il se cabre dès que l'on cherche à attenter à sa liberté. Mais il est possible aussi que, vaguement, tout au fond de lui-même, un doute subsiste qu'il n'ose pas s'avouer. Il accepte donc d'autant moins les remontrances de Sganarelle, qu'elles expriment l'effroi devant une éventualité que Dom Juan refuse sans pouvoir la récuser tout à fait.

On retiendra, en tout cas, que le désaccord entre Dom Juan et Sganarelle renvoie à une dispute philosophique qui se poursuit depuis le XVIe siècle entre les partisans de la raison et ceux de la foi, ceux que l'on appelait, au XVIIe siècle, les esprits forts ou les libertins et ceux qui, comme Pascal, étaient persuadés que l'abêtissement volontaire était la voie du salut, que l'homme devait renoncer au pouvoir que lui donnait sa raison, qu'il devait étouffer l'orgueil d'un vain savoir et se prosterner devant Dieu pour obtenir la grâce de ses péchés.

Scènes 2 et 3

La visite de Monsieur Dimanche

On annonce à Dom Juan la visite de Monsieur Dimanche, son marchand venu réclamer le paiement de ses dettes. Sganarelle s'indigne d'une telle impertinence; il faut faire selon lui patienter l'importun. Mais Don Juan n'est pas de cet avis :

« C'est une fort mauvaise politique que de se faire celer aux créanciers. Il est bon de les payer de quelque chose, et j'ai le secret de les renvoyer satisfaits sans leur donner un double. »

Dom Juan ne veut pas se dérober devant les obstacles, mais les affronter et les surmonter. Il éprouve une volupté ludique à résoudre les difficultés qu'il rencontre dans la voie qu'il a choisie, celle du plaisir, celle de la liberté en amour. Il va donc s'ingénier à mystifier son créancier tout en faisant la démonstration de ses talents de comédien en se donnant en spectacle devant Sganarelle. Il faut prendre le morceau de bravoure qui va suivre à la fois comme une leçon de morale à l'envers, un cours de pédagogie perverse mais toujours actuelle.

Le créancier mystifié

Dom Juan accueille M. Dimanche en lui faisant de grandes civilités. Il s'indigne qu'on ait fait attendre le créancier. Il a donné des ordres de ne faire entrer personne, mais bien entendu cette mesure ne saurait s'appliquer à Monsieur Dimanche qui a droit à un traitement d'exception.

La tactique de Dom Juan est de couvrir Monsieur Dimanche d'amabilités pour l'empêcher d'aborder le sujet sensible, celui des dettes.

Le deuxième procédé qu'il va mettre en œuvre avec une grande virtuosité consiste à faire constamment diversion et à parler d'abondance des choses les plus diverses. Chaque fois que M. Dimanche, intimidé, ouvre la bouche dans l'espoir d'aborder enfin l'affaire qui l'amène, Don Juan lui coupe la parole.

Toute la scène est construite en fonction des vaines tentatives de s'exprimer et des interruptions répétées de Dom Juan. On distingue plusieurs étapes dans cette progression qui s'achève finalement par l'éviction de Monsieur Dimanche.

D'abord, Don Juan se répand en protestations de politesses excessives qui mettent M. Dimanche dans une situation d'infériorité. Dom Juan joue avec habileté de la distance sociale qui sépare un grand seigneur d'un simple marchand. Beaucoup de temps et de paroles se dépensent à propos du siège que Dom Juan veut le plus confortable et le plus somptueux possible pour honorer son visiteur et lui témoigner tout le cas qu'il fait de sa personne.

Après cet assaut de prévenances excessives contre lesquelles le malheureux créancier, pressé d'en venir au fait, a du mal à se défendre, Dom Juan s'enquiert de sa santé, puis de celle de son épouse et de toute sa famille, et même du chien Brusquet. Ensuite, Dom Juan multiplie les offres de service. Il invite même Monsieur Dimanche à souper. Comme celui-ci refuse, Dom Juan brusque la sortie. Il appelle un flambeau et une nombreuse escorte pour reconduire Monsieur Dimanche avec les honneurs dus à une personnalité de haut rang. Il propose même de l'accompagner lui-même, ce que Monsieur Dimanche, gêné, ne peut accepter. Puis, avant d'embrasser son créancier et de le quitter, Dom Juan n'oublie pas de rappeler qu'il est son débiteur et de le clamer haut et fort, tout cela, bien sûr, pour se dispenser de le payer.

La scène a un dénouement très caractéristique du comique ambigu et grinçant dans lequel Molière est passé maître. Après le départ de Dom Juan, Sganarelle prend sa part de la comédie en faisant compliment à Monsieur Dimanche des bonnes manières de Dom Juan, le marchand avoue que devant tant de civilités il lui est impossible de parler argent avec son débiteur.

M. Dimanche prie Sganarelle de s'entremettre pour rappeler à Dom Juan sa dette. Mais si Monsieur Dimanche se gêne avec un grand seigneur il est moins cérémonieux avec un valet, il se souvient que ce dernier lui doit aussi de l'argent. Sganarelle cherche alors pour se tirer d'affaire à imiter son maître et à user de la courtoisie sournoise qui a si bien réussi à Dom Juan. Mais il n'a ni le prestige ni la manière. Le créancier se fait insistant. Sganarelle change alors de ton, il brutalise M. Dimanche et le pousse dehors sans ménagement.

Cet épisode illustre les relations mimétiques entre le maître et le valet en faisant paraître Sganarelle comme la doublure caricaturale de Dom Juan.

Cette scène appartient à un genre intermédiaire entre la comédie de mœurs, la farce et le ballet. Elle annonce le vaudeville dans ce qu'il a donné de meilleur, Labiche et Feydeau, elle est proche aussi par l'esprit et le style du burlesque américain. C'est dans ces moments de grâce que Molière donne la main à Charlot. Elle fait écho à la scène avec Mathurine et Charlotte.

Elle inaugure aussi la série d'obstacles que la vie réelle va placer sur le chemin de Dom Juan, ces embûches qu'il devra affronter et surmonter sont parallèles et convergentes des avertissements providentiels que lui envoie le Ciel.

Scènes 4 et 5

Le fils indigne

On annonce une deuxième visite à Dom Juan qui attend toujours le souper ordonné au début de ce quatrième acte, le souper auquel il a convié la statue du Commandeur.

Prévoyant l'algarade à laquelle il a droit, Dom Juan ne cache pas son irritation : « *Ah! me voici bien : il me fallait cette visite pour me faire enrager.* »

Son état d'esprit doit se lire sur son visage, car son père, d'emblée, sans fioritures inutiles, engage les hostilités : « *Je vois bien que je vous embarrasse et que vous vous passeriez fort bien de ma venue.* »

Le discours de Dom Louis constitue un acte implacable d'accusation. Il constate d'abord que leurs relations sont parvenues à un point de rupture : « *... si vous êtes las de me voir, je suis bien las aussi de vos déportements.* »

Puis il fait état de la déception causée par ce fils qu'il avait « *souhaité avec des ardeurs non pareilles.* »

Il aurait été étonnant que le Ciel ne soit pas mis à contribution dans le sermon d'un père indigné contre un fils indigne. Dom Louis semble regretter, en effet, d'avoir «*fatigué le Ciel de vœux*», car le Ciel, comme lassé par tant d'insistance et d'importunité, l'a puni en lui envoyant un fils qui «*est le chagrin et le supplice de cette vie même dont je croyais qu'il devait être la joie et la consolation*».

Ce passage est intéressant dans la mesure où il suggère de la part du père une explication possible de l'existence d'un fils mécréant. L'allusion est sans doute trop fugitive pour qu'on s'y attache vraiment, mais elle serait à mettre au compte des aspects parodiques et burlesques de l'œuvre. Dom Juan serait «marqué», comme Phèdre, dans un tout autre contexte, est «marquée» par une fatalité qui inscrit les pulsions mauvaise dans une sorte de bilan général des relations entre les hommes et les dieux. Comme si l'importunité de ses prières avait eu pour récompense ironique l'octroi d'un fils dont les vices seraient à la mesure des vœux adressés au Ciel. On trouverait là, dans le désespoir de Dom Louis, une manifestation de cette cruauté objective de la nature dont nous avons déjà relevé maintes fois la présence.

Le père de Dom Juan poursuit en se plaignant de la conduite scandaleuse de son fils et surtout de l'humiliation d'avoir sans cesse à demander la grâce du Souverain pour des forfaits dont la honte rejaillit sur le nom qu'il porte.

Ici, Dom Louis met l'accent sur un aspect essentiel du mythe de Dom Juan : son appartenance à la grande noblesse.

Nous avons vu que cette qualité avait été le trait dominant du mythe inventé par Tirso de Molina qui avait voulu, à travers un destin et un châtiment exemplaires, rappeler toute une caste à ses devoirs.

Chez Molière, cet élément demeure à tous égards très important, mais il lui donne une autre fonction dans la pièce et une autre signification dans un contexte plus général.

Cette protection qu'il doit aux privilèges de son rang, permet à Dom Juan de mener sa vie libertine en commettant des crimes jusqu'à présent restés impunis grâce aux interventions de son père et des amis de son père. Ce dernier ne se fait pas faute d'insister sur tout ce que son fils doit «*aux bontés du Souverain*», bontés qui commencent par se lasser. Les «*mé-*

chantes affaires » provoquées par des « *actions indignes* » « *ont épuisé le mérite de mes services et le crédit de mes amis* ».

En clair, Dom Juan a atteint un point limite et s'il ne change pas de comportement, s'il ne s'amende pas, il ne pourra plus compter sur le régime d'exception dont il a bénéficié jusque-là; il s'expose aux châtiments de la loi.

On se souvient qu'au premier acte, le libertin avait répondu négligemment à Sganarelle, à propos du meurtre du Commandeur, qu'il n'avait pas de souci à se faire car il en avait obtenu « *la grâce* ».

C'est désormais un facteur qu'il doit écarter; l'avertissement de Dom Louis fait comprendre à Dom Juan que l'échéance se rapproche. Il devra rendre compte de ses actes à la justice humaine aussi bien qu'à la justice divine.

Toutefois la question qui se pose est de savoir la part qui revient à sa « *noblesse* » dans ses motivations, dans les principes qu'il a plusieurs fois exposés à Sganarelle. Dom Louis va développer longuement cet aspect.

La noblesse et la vertu

Le principal reproche que le père adresse à son fils est d'avoir inversé la relation qui fonde la noblesse. Ce mot de « noblesse » définit parfaitement Dom Louis, aussi bien les idées qu'il exprime que le style de son discours qui fait appel à toutes les ressources de la rhétorique : interrogations pathétiques, parallélismes, antithèses, exclamations, longues périodes savamment agencées qui rappellent l'art des grands prédicateurs sacrés dont cette tirade pourrait bien être une subtile parodie. Il emploie même des vers blancs qui sonnent comme des maximes qui ne seraient pas déplacées dans la bouche d'un héros de Corneille : « *Non, non, la naissance n'est rien où la vertu n'est pas.* »

La thèse soutenue par ce père outragé consiste à voir dans la noblesse non un privilège dû à la naissance mais l'expression d'une supériorité morale qui doit se vérifier et se justifier par l'exercice de la vertu.

En utilisant sa noblesse pour satisfaire ses vices, Dom Juan pervertit cette équation. C'est bien en cela qu'il est littéralement «*indigne*», indigne de sa naissance, indigne de son appartenance à la noblesse.

Dom Louis conclut sur une péroraison noblement cadencée :

« Apprenez enfin qu'un gentilhomme qui vit mal est un monstre de la nature, que la vertu est le premier titre de noblesse, que je regarde bien moins au nom qu'on signe qu'aux actions qu'on fait, et que je ferais plus d'état du fils d'un crocheteur qui serait honnête homme que du fils d'un monarque qui vivrait comme vous. »

Pour Dom Louis, il existe une véritable identité entre la noblesse au sens moral, la noblesse au sens naturel et la noblesse au sens politique et social. En contrevenant par ses actes à cette loi originelle, son fils prouve qu'il est «*un monstre de la nature*», une exception qui confirme la règle. On peut relier cette idée à ce que Dom Louis a dit au début à propos d'une déception ressentie comme une sorte de punition infligée par Dieu.

Ces considérations doivent être envisagées en fonction du cadre historique de la pièce et de l'évolution subie par la noblesse, en tant que classe dominante, sous le règne de Louis XIV. Comme les *Mémoires* de Saint-Simon vont amplement le démontrer, le Grand Roi, en créant la monarchie absolue a remplacé la noblesse de sang par la noblesse de service. Désormais le rang est accordé non en fonction de la naissance, mais par suite de la faveur royale. L'équilibre dont fait état Dom Louis est rompu. Le père de Dom Juan parle comme un noble du passé. Au moment où la pièce est écrite et représentée, il est déjà anachronique.

La noblesse n'est plus la consécration d'un mérite «naturel» mais la récompense pour un service rendu ou tout simplement une gratification due à un caprice du Souverain.

Ce changement dans le statut de la classe à laquelle appartient Dom Juan n'est pas étranger à son comportement, à son libertinage.

Par sa révolte contre les lois morales, par son individualisme non conformiste, Dom Juan incarne l'état de décadence de la haute noblesse. Le libertinage, qui est souvent le fait des nobles de haut rang à cette époque, peut être envisagé sous cet angle-là, comme un phénomène historique qui exprime le déclin de l'ancienne classe dominante.

Comme tout processus de ce genre, la prise de conscience du déclin accélère ce déclin. Les nobles n'ayant plus de justification morale et sociale vont occuper leurs loisirs en profitant de leurs privilèges pour se livrer à la dépravation. Mais cette dépravation n'est gratuite qu'en apparence, sur le plan individuel. Elle est socialement et politiquement déterminée. Ce libertinage des mœurs est complémentaire du libertinage d'idées, puisque ces nobles vont dénigrer des principes et des croyances qui ne justifient plus leur existence, qui perdent toute leur signification et toute leur raison d'être.

Le Dom Juan de Molière annonce le Valmont des *Liaisons dangereuses* qui, quelques années avant la Révolution française, incarne l'ultime aboutissement de cette dégradation. En cela, le conflit entre Dom Juan et Dom Louis est bien un conflit de générations, mais un conflit d'autant plus aigu, qu'à l'opposition banale entre les pères et les fils s'ajoute le poids d'une mutation fondamentale dans les mœurs, dans les idées, dans les relations sociales. Toute une société est en train de bouger, de muer. Dans le *Dom Juan* de Molière, pourrait-on dire, il n'y a pas que la statue qui bouge. Les signes mystérieux qu'elle adresse ne proviennent pas seulement d'une improbable Providence, ils envoient dans l'avenir un terrible signal d'alarme que peu de contemporains ont sans doute compris. Que ce signal accompagne la chute inévitable du héros n'est qu'une confirmation de cette cohérence, de cette prévoyance.

Le conflit des générations

Tout en reprenant le thème du conflit entre le père et le fils qui avait été utilisé pour la première fois par Dorimond et par Villiers, Molière lui donne une tout autre portée en substituant au « fils criminel » « le fils indigne ». Ainsi, alors que Dorimond prêtait à son Dom Juan une violence envers son père qui allait jusqu'aux coups, le Dom Juan de Molière garde le silence pendant le long sermon paternel et exprime son hostilité par une politesse glacée : « *Monsieur, si vous étiez assis, vous en seriez mieux pour parler.* »

Cette impertinence, d'autant plus mordante qu'elle se dissimule sous le couvert d'une attention exagérée, met le comble à l'exaspération du vieillard qui éclate en imprécations et en menaces.

Après le départ de son père, Dom Juan qui s'est retenu jusque-là explose à son tour :

« Eh ! mourez le plus tôt que vous pourrez, c'est le mieux que vous puissiez faire. Il faut que chacun ait son tour, et j'enrage de voir des pères qui vivent autant que leurs fils. »

Sganarelle ne peut s'empêcher de réagir à ces mots et laisse échapper sa réprobation : « *Monsieur, vous avez tort...* » Mais Dom Juan déjà indisposé par les « remontrances » de son père, bondit et se montre si menaçant que le valet rentre dans sa coquille prudemment tout en maudissant à part soi sa lâcheté.

La figure du père occupe dans la conception de Molière une place essentielle dans la mesure où la révolte de Dom Juan, la force intransigeante de ses aspirations égoïstes devaient se heurter en tout premier lieu à ce sur-moi qui constitue le premier barrage à éliminer sur son chemin, un chemin qu'il a voulu totalement singulier, personnel. Son accomplissement passe par la destruction de cette volonté qui lui est hostile. En avouant sa déception, Dom Louis a décrit avec nostalgie une image idéale, rêvée, de son fils qui est niée par la réalité de ce que ce fils est devenu. Réciproquement le fils s'est senti par cette projection de lui-même qui préexistait à sa naissance.

Il s'agit là d'un conflit somme toute assez banal. Mais Dom Juan ne suit pas la voie commune. L'immensité même du désir qu'il exprime possède une valeur symbolique et en quelque sorte archétypique et ne saurait être traduit en termes de réalisme. Le père devient dès lors le substitut de ce Dieu dont il ne peut même pas supporter l'idée. Il incarne l'autorité, la loi. Il y a une relation subtile entre le défi de l'invitation au Commandeur et la colère contre ce père qui ose venir le réprimander jusque chez lui et retarder son souper.

On relèvera surtout la crudité d'un souhait qui appartient à ces non-dits que la décence réprouve, ce qui explique la réaction scandalisée de Sganarelle, le conformiste. On ne parle pas ainsi de ses parents.

Le propre de Dom Juan est de vivre spontanément et de dire cette logique naturelle, instinctive, primitive qui l'amène à transgresser les lieux communs fondateurs d'une société civilisée.

La relation qu'entretien Dom Juan avec son père est ambiguë parce que, d'une part, il est porté à supprimer un obstacle qui le gêne, d'autre part, il a besoin de son aide matérielle, de sa protection. C'est pourquoi il est « naturel » qu'il souhaite une mort qui le satisferait sur tous les plans. Il y perdrait une dépendance insupportable et y gagnerait un héritage qui lui donnerait les moyens de sa liberté.

Ce dernier point assure discrètement le lien avec la scène précédente. Le personnage du créancier représentait l'argent nécessaire pour se procurer les plaisirs de la vie. L'argent n'est-il pas le nerf de la guerre que Dom Juan mène contre les conventions, contre les convenances ?

Il a triomphé aisément du premier obstacle sur cette voie de l'absolue liberté. Il s'est débarrassé avec beaucoup d'élégance de M. Dimanche, le créancier. Mais il n'a fait, là encore, que retarder l'échéance. Il lui faudra bien payer un jour. Il a été moins heureux avec le deuxième obstacle surgi de façon fort inopportune et l'a menacé de le priver d'un soutien précieux, dont il a le plus grand besoin pour continuer la vie de son goût et de son choix.

Or, Dom Juan s'est aliéné définitivement son père parce qu'il a eu le tort de montrer le fond de sa pensée. Il a compris les inconvénients de la sincérité. Cet épisode aura donc une influence déterminante sur la suite des événements puisque c'est parce qu'il en a tiré toute la leçon que Dom Juan au dernier acte, pour parer à cette situation, se fera hypocrite et faux dévot.

SCÈNE 6

La transfiguration de Don Elvire

On annonce à Dom Juan une nouvelle visite, celle d'une « dame voilée ». Dom Juan est intrigué. C'est Done Elvire qui sera donc la troisième présence que Dom Juan n'attendait pas ce soir-là. Mais le but et le caractère de son intervention sont tout à fait différents de ceux qui marquaient les visiteurs précédents. Plutôt qu'une visite, il faudrait la définir comme une apparition, terme employé par Claudia, l'élève avec laquelle Louis Jouvet avait travaillé cette scène dans des séances restées célèbres : « *Elle entre plutôt comme une apparition; pour Dom Juan, c'est un avis du Ciel, un avertissement à Dom Juan.* »

Alors que M. Dimanche représentait les difficultés matérielles auxquelles Dom Juan allait se heurter, l'argument économique, le rappel des conditions auxquelles il était soumis comme chaque homme, l'idée de dette étant, par ailleurs, riche de connotations symboliques, alors que Dom Louis incarnait la menace de la justice humaine, les contraintes de la Loi, l'avertissement qu'Elvire apporte à Dom Juan n'est lié à rien de terrestre. En outre, ses paroles ne sont empreintes d'aucun reproche, d'aucune réprobation, mais d'un très grand amour, bien qu'il ne s'agisse pas du même amour dont elle brûlait au premier acte.

Ce dernier retard qui est apporté au souper de Dom Juan est un signe venu de cette même région surnaturelle qui a choisi le Commandeur comme intercesseur. Elvire est la porte-parole de l'amour divin, le Commandeur est l'envoyé de la justice divine. Les deux fils de l'intrigue se rejoignent ici à cette intersection entre le plan humain et le plan divin. « *Ne soyez point surpris, Dom Juan, de me voir à cette heure et dans cet équipage* ».

L'heure est tardive, indue, mais Elvire explique la raison de cette infraction aux règles de la bienséance. Le temps presse, il y a urgence : « *C'est un motif pressant qui m'oblige à cette visite, et ce que j'ai à vous dire ne veut point du tout de retardement* ».

Elvire est mue par une urgence qui est celle d'une nécessité intérieure. Les intérêts et les usages courants s'effacent devant le secours spirituel dont a besoin une âme ensevelie dans le péché et prête à sombrer définitivement dans le Mal.

Ecoutons Jouvet :

> **«*Il faut que l'entrée d'Elvire ait ce caractère surprenant, surnaturel.* Cette femme qui entre tout à coup... on ne l'attend pas. Il faut que ce soit quelque chose de ravissant. C'est beau dans le texte, c'est *fluide*, c'est *tendre*. Il faut que ce soit ravissant par la voix, par le ton. C'est quelque chose de *très détaché*, de *très pur* [...] Je crois que *Dom Juan*, c'est cela : des avertissements surnaturels envoyés à Dom Juan. Tous ces signes sont différents : il y a des accidents, comme la tempête, ou des interventions miraculeuses comme la Statue du Commandeur. Il y a surtout le personnage d'Elvire. Il n'est pas là pour autre chose.**
>
> **Au premier acte, c'est une femme offensée qui ne parle que de son honneur, qui vient réclamer un homme à qui elle s'est donnée et qui s'est conduit comme un goujat. Brusquement au quatrième acte, *on la revoit transfigurée, céleste déjà.* Ce qui a résulté pour elle de son histoire avec Dom Juan, *c'est la conversion à un état religieux définitif.* Et elle veut essayer de sauver Dom Juan. »** (Jouvet, 14, p. 85)

« L'équipage » désigne le voile que porte Elvire, car elle s'apprête à entrer au couvent. Elle a décidé de se retirer définitivement du monde.

La voix d'Elvire vient d'un ailleurs qui restera foncièrement étranger à Dom Juan, c'est ce qui donne à cette scène sa tonalité tragique.

Elvire est inspirée par la grâce. L'instantanéité de la grâce explique la rapidité de sa transformation depuis le matin. Elle rassure Dom Juan, elle n'est plus la femme jalouse, possessive, offensée, qui réclamait justice. Elle est venue dans un esprit désintéressé. Elvire a été touchée par la flamme du pur amour dont parlent les mystiques, elle est, comme le dit très justement Louis Jouvet, *transfigurée*.

Cette transfiguration apparaît dans le discours que Molière prête à son héroïne. Jouvet a raison de noter que ce texte est unique, non seulement dans la pièce, mais dans toute l'œuvre de Molière, par sa fluidité, sa pureté, sa vibration amoureuse.

L'amour qu'elle éprouve n'est plus l'amour humain, n'est plus *seulement* l'amour humain. Depuis la scène du premier acte quelque chose s'est passé dans l'âme d'Elvire, elle s'est libérée. Elvire ne parle pas dans cette scène le langage de la passion sensuelle, elle est transportée par une flamme mystique. Elvire oppose elle-même cet amour nouveau qu'elle ressent pour Dom Juan, des sentiments qui l'animaient au premier acte. Le Ciel, dit-elle, « *n'a laissé dans mon cœur qu'une flamme épurée de tout le commerce des sens, une tendresse toute sainte, un amour détaché de tout, qui n'agit point pour soi, et ne se met en peine que de votre intérêt.* »

Ces paroles émouvantes n'ont aucun effet sur le cœur du libertin, qui ricane et jette à Sganarelle : « *Tu pleures, je pense.* »

Sans se laisser décourager par cette indifférence moqueuse, Elvire poursuit en se présentant comme l'envoyée du Ciel. Elle est venue apporter à Dom Juan un message d'espoir et la promesse du pardon s'il se repent. La deuxième partie de son discours est empreinte de l'idée de la miséricorde et de la clairvoyance divines.

Un détachement céleste

Elvire est passée de « *l'attachement* », du désir de possession, d'appropriation de l'être aimé, à un « *détachement* » qui est la marque de l'amour céleste, un amour qui s'identifie à la personne aimée au lieu de la tirer vers soi. L'inversion de ce mouvement traduit le changement qui s'est produit dans son âme.

Jouvet a très finement caractérisé ce qui rapproche ce texte d'une littérature dévote dont Molière s'était copieusement moqué dans *Tartuffe* en la parodiant, mais que dans la bouche de Done Elvire il utilise dans un tout autre sens. Molière a prêté à Done Elvire les purs accents de la vraie dévotion, une sublimité bouleversante qu'il oppose à l'hypocrisie des faux dévots, dont il donnera un nouvel échantillon avec l'ultime métamorphose de Dom Juan au cinquième acte.

> **« Il y a dans Elvire »**, dit encore Jouvet, **« quelque chose d'étonnant. Tout ce qu'elle dit sort avec une facilité, une clarté, une limpidité, une aisance extraordinaires [...]. C'est, dans Molière, un texte unique. Ce n'est pas du Molière "ordinaire". Si vous voulez lire un texte équivalent à celui-là, prenez l'*Introduction à la Vie dévote* de saint François. Il y a des passages où vous trouverez exactement la fluidité de langage d'Elvire, cette sainteté faite de ferveur de saint François de Sales. C'est un ouvrage qui a été écrit en 1616, c'est-à-dire cinquante ans avant *Dom Juan*. C'est une œuvre dont on a fait une cinquantaine d'éditions au XVIIe siècle, qui était extrêmement connue, et (c'est une impression personnelle) je crois qu'on retrouve dans *Dom Juan* quelque chose de l'*Introduction à la Vie dévote*. C'est surprenant dans l'œuvre de Molière, on ne trouve pas d'échantillon de ce texte-là ailleurs, ce côté céleste qu'il y a dans Elvire. »**

Et Jouvet précise que les larmes qu'elle verse ne sont pas des larmes d'imploration :

> ***« Elvire est quelqu'un qui parle purement et les larmes qu'elle verse, elle les verse dans une béatitude céleste*. Il n'y a pas d'imploration pour un homme qu'elle veut reprendre. »** (Jouvet, 14, p. 84)

Les larmes d'Elvire ne sont pas des larmes d'imploration, de supplication, ce sont des larmes d'extase mystique. On pourrait rapprocher ce texte non seulement du livre de saint François de Sales, mais aussi des effusions qui expriment l'ambiguïté d'un certain sentiment religieux quand ce sentiment se confond avec le sentiment amoureux. Les paroles extatiques d'Elvire portent avant tout la marque de la sensibilité féminine, d'une capacité à dépasser l'objet aimé, d'une faculté d'exaltation que l'on trouve, par exemple, dans les *Lettres de la religieuse portugaise*, attribuées à Guilleragues, que Molière avait côtoyé à la cour du Prince de Conti. Mais on pourrait évoquer aussi bien les cris de sainte Thérèse d'Avila qui s'exclamait en s'unissant en pensée à son sauveur : « *Pleurs ! Pleurs de joie !* » Les larmes d'Elvire sont des larmes d'extase amoureuse.

Une tendresse extrême

On aurait tort de croire, en effet, qu'Elvire renie son amour pour Dom Juan, l'amour qu'elle a éprouvé pour lui dans le passé, dans ce passé si proche et devenu soudain si lointain. Elle a dépassé cet amour, elle l'a porté à un degré supérieur d'incandescence, elle l'a «épuré», mais elle puise dans le souvenir de ces moments de bonheur l'élan qui la porte vers son ancien amant pour le sauver. Elle cherche à le rejoindre dans l'évocation de ce passé qu'ils ont en commun, car c'est le seul moyen qui lui reste pour le toucher, pour le tirer de cette indifférence glaciale, de cette nuit de l'âme, de cette mort intérieure qui les sépare. Son détachement est l'émanation de sa tendresse, il est plein d'une «*tendresse extrême*».

L'extase d'Elvire est faite *à la fois* du détachement le plus élevé et de la tendresse la plus brûlante. C'est ce que Jouvet a très bien compris quand il essaie de communiquer à ses élèves le sentiment dans lequel il faut dire ce texte :

> **«*Il faut qu'Elvire soit dans un état de tendresse*. En même temps que la tendresse, il y a en elle *le détachement absolu de toutes choses*. Il y a un caractère de sainteté. Il y a une grande pureté de ton et de cœur.»**

Elvire achève sa prière et culmine sur l'expression d'une fidélité ultime et ardente qui forme le plus pathétique contraste avec l'inconsistance de Dom Juan. Molière scelle ainsi le tableau de cette discordance fondamentale qui est, peut-être, le degré suprême de cette impossibilité tragique d'un amour partagé dont il avait acquis, à ses dépens, par sa propre expérience, l'amère conviction :

«Je vous ai aimé avec une tendresse extrême, rien au monde ne m'a été si cher que vous; j'ai oublié mon devoir pour vous, j'ai fait toutes choses pour vous; et toute la récompense que je vous en demande, c'est de corriger votre vie, et de prévenir votre perte. Sauvez-vous, je vous prie, ou pour l'amour de vous, ou pour l'amour de moi.»

Comment ne pas entendre dans ces phrases un appel désespéré à ce *Dom Juan* qu'elle a aimé, à cette image qui s'est révélée par la suite une grossière et humiliante illusion, mais à laquelle elle se veut ardemment et désespérément fidèle. Le véritable amour, la folie d'amour, l'amour se dépassant soi-même pour atteindre à une sorte de folie, ne consiste-t-il pas à nier l'objet aimé quand on en a mesuré l'insuffisance pour lui préférer le pur idéal que l'on porte en soi.

Louis Jouvet a bien senti cette dimension d'hallucination, ce qu'il appelle justement « un égarement » :

> **« La scène est étonnante, stupéfiante par ce caractère de somnambulisme, d'égarement dans lequel est cette femme, et même si on n'est pas religieux, on doit en être frappé. C'est un texte d'une pureté extraordinaire, qui a une suavité étonnante. Au bout d'un certain temps, ça sent l'encens.**
>
> **Il faut avoir dans ce morceau, ce sentiment que donnent les gens qui parlent sous un impérieux besoin de parler et d'arriver au bout de leur message. Quand Elivre a fini de parler, il faut qu'on sente qu'elle a fini de parler, qu'elle n'a plus rien à dire. Elle est venue là comme un messager divin. C'est une apparition, une annonciation qui arrive, brusquement, avec l'éclat que donne l'apparition. C'est une apparition céleste comme un songe : la nue éclate, on voit tout à coup l'apparition et puis elle parle, c'est fini... »** (Jouvet, 14, p. 131)

Louis Jouvet a remarquablement saisi le sentiment qui habite le personnage. Elvire apparaît comme une messagère du Ciel, l'annonciatrice du châtiment qu'elle veut épargner à Dom Juan en le conjurant de changer de vie. Elvire a reçu une vision qui l'a effrayée, qu'elle doit transmettre : la vision de la mort de Dom Juan.

Mais on observe, dans la composition de ce morceau, trois mouvements délimités par les interruptions de Dom Juan et de Sganarelle.

D'abord, elle veut rassurer Dom Juan, pour qu'il l'écoute, pour qu'il la croie : elle n'est pas venue le persécuter d'un amour importun. Elle est possédée par l'urgence de cette parole intérieure qu'elle doit dire jusqu'au bout. Elle profère son message un peu comme une Sybille, comme une Pythie, comme une voyante, dans cette absence qui lui fait ignorer les remarques de Dom Juan et de Sganarelle. Elle ne réagit pas, elle sait déjà tout. Elle veut empêcher l'irrémédiable, mais elle sait qu'elle ne peut l'empêcher. Elle sait qu'elle ne peut rien sur Dom Juan.

Son exhortation est plus une incantation poétique, gratuite, qu'une intervention qui se veut efficace, qui croit pouvoir changer le cours des choses. Ce cours est inéluctable. Et elle le sait. Elle a compris cette cruauté fatidique de la nature des choses, de la solitude profonde et totale de l'amour. Elvire est comme anesthésiée, insensible aux pressions extérieures. Elle débite son monologue comme si Dom Juan et Sganarelle n'existaient pas. Leurs paroles, leurs pensées ne l'atteignent plus. Elle est ailleurs.

Mais il y a dans le développement de ce thème qui la prend tout entière, comme une obsession : la mort de Dom Juan, une évolution significative. Elle commence par opposer l'amour céleste, serein, détaché qui désormais l'habite à l'amour humain, passionnel, douloureux qui l'emplissait, dit-elle, de courroux, qu'elle désigne comme « *les transports tumultueux d'un attachement criminel.* »

Et pourtant son discours trahit une direction inverse, il reflue vers le souvenir enchanté de cet « *attachement* », de cette passion qui l'a perdue, qui l'a égarée. Cet égarement n'a pas disparu, il est, au contraire, à son comble au moment où elle parle; il lui a inspiré sa vision, il lui dicte ses paroles. Certes, Elvire a changé, mais par l'intensité même de cette possession par Dom Juan, par l'amour de Dom Juan.

Quand elle a connu Dom Juan, elle était au couvent, elle se vouait au Ciel, elle était déjà imprégnée de cette mysticité qui éclate aujourd'hui. Dom Juan l'a arrachée au couvent. Elle retourne au couvent, mais ce n'est pas pour oublier son amour, c'est pour le perpétuer, pour l'éterniser, pour en sublimer le souvenir. Elvire a passé un pacte pour sauver Dom Juan. Elle donne sa vie à Dieu pour qu'il accorde au pécheur la grâce qui le sauvera. Mais Dieu restera sourd à ses prières. Car il sait qu'Elvire est restée rivée au passé.

C'est la différence essentielle entre Elvire et Dom Juan. Il incarne l'inconstance, elle est un bloc de fidélité. La trahison de Dom Juan l'a changée en statue de sel, en statue d'amertume, celle des souvenirs inconsolables.

SCÈNES 7 ET 8

Les restes d'un feu éteint

Loin de se repentir, le mécréant confie à son valet la nature des sentiments que lui a inspirés son ancienne maîtresse. Elle ne l'a pas laissé insensible, en dépit de son apparente impassibilité, mais l'émotion qu'elle a provoquée en lui n'avait rien de spirituel, d'« épuré » :

« Sais-tu bien que j'ai encore senti quelque peu d'émotion pour elle, que j'ai trouvé de l'agrément dans cette nouveauté bizarre et que son habit négligé, son air languissant, et ses larmes ont réveillé en moi quelques petits restes d'un feu éteint ? »

A l'issue du discours de la belle éplorée, Dom Juan à plusieurs reprises, l'a invitée à rester, à passer la nuit dans sa maison, non sans arrière-pensée.

Retenons le mot de « *nouveauté* », qui définit exactement la nature de Dom Juan, le principe même de son existence, de son rapport à l'existence.

Dom Juan n'est sensible qu'au changement, qu'aux variations de l'apparence. C'est pourquoi l'essence de Dom Juan est la théâtralité.

L'apparition de Done Elvire l'a troublé par sa soudaineté, par son caractère surprenant. Elle l'a troublé dans les deux sens du terme, elle l'a dérangé et ému. Ce qui aurait été, pour un autre, un motif de déplaisir, ce mépris des convenances, cette intrusion brutale, cette rupture des habitudes, ont été perçus par lui positivement, comme un « *agrément* ».

Sans doute, la capacité de Dom Juan de vivre sensuellement les événements lui a fait découvrir dans cette femme voilée une autre Elvire, une Elvire inconnue. Peut-être aussi son goût pervers de la transgression l'a-t-il attiré vers cette odeur d'« encens » dont parle Jouvet, la montée du désir étant proportionnelle au degré d'interdiction entourant une personne qui appartient désormais à Dieu. « *Les restes d'un feu éteint* » se rapportent sans doute à ce renouvellement de l'excitation ressentie autrefois quand il a arraché Elvire à ses vœux.

Elvire conquise, Elvire offerte ne l'intéressait plus, elle retrouve du charme à ses yeux quand elle se détache et lui échappe, quand elle apparaît pour mieux se dérober, d'autant plus désirable qu'elle est plus inviolable. Le voile, les larmes pourraient s'analyser comme les attributs indispensables de l'objet de désir, d'un érotisme fondé sur la domination et une pitié qui se renverse en volupté cruelle.

Tel maître, tel valet

Enfin Dom Juan peut passer à table. Le thème du souper retardé constitue le lien de ce quatrième acte. De manière très symbolique, les trois visites incongrues représentent divers aspects du conflit qui l'oppose au monde extérieur dans son appétit insatiable de sensations toujours renouvelées, dans son intérêt exclusif pour les choses de la chair. Les remarques sarcastiques dont il accompagne le repas ne sont pas anodines. Il fait allusion à ces libertins hypocrites dont l'histoire de ce temps donne maint exemple, qui s'adonnaient sans compter à tous les plaisirs interdits en se réservant la possibilité, au dernier moment de «*s'amender*», de se repentir pour obtenir le pardon de leurs péchés, et gagner ainsi sur tous les tableaux.

Les deux compères s'en donnent à cœur joie. Dom Juan, remarquant que Sganarelle s'empiffre en cachette le plaisante puis lui permet de manger à sa table, mais malicieusement, il fait signe à ses laquais de retirer les plats aussitôt que ceux-ci sont apportés.

Ici, la dualité qui marque les relations entre le maître et son valet atteint à son comble. Dom Juan feint de traiter Sganarelle d'égal à égal pour mieux se moquer de lui. Il l'élève jusqu'à lui pour le rabaisser davantage. Ainsi, il ne faut pas exagérer la complaisance que Dom Juan témoigne à son valet quand il a besoin de son oreille pour se délivrer de ses pensées intimes. Cette apparente connivence ne saurait faire illusion. La cruauté qui, chez Dom Juan, est indissociable de son égoïsme dominateur, n'épargne pas un valet avec qui il entretient pourtant des relations privilégiées. Cette scène contredit les interprétations qui tendent à faire de Sganarelle le double de Dom Juan. Sganarelle est le témoin, le confident, le public de Dom Juan, il est aussi parfois son complice, mais Dom Juan ne le considère jamais comme un autre lui-même.

L'excitation cocasse de cette scène de ripaille contraste avec la gravité et l'intensité de la scène précédente.

La familiarité de Dom Juan envers son valet, en dépit des vexations dont elle s'accompagne traduit pourtant un rapprochement entre les deux hommes.

La plaisanterie de Dom Juan fait partie, sans doute du dressage qu'il a entrepris pour domestiquer Sganarelle et le plier entièrement, corps et âme, à sa merci. Il y a quelque chose de démoniaque dans ce rapport qui transgresse, d'une part, les conventions de la hiérarchie des classes, mais qui, d'autre part, prend le caractère d'une véritable possession. Ce repas partagé marque une étape importante dans les relations entre le maître et le valet. Elle prépare la confiance que Dom Juan manifestera à Sganarelle en le mettant dans le secret de son hypocrisie.

Tout au long des événements précédents, Dom Juan a sans cesse pris Sganarelle à témoin, le tirant dans son camp, usant soit de la persuasion, soit de la menace quand Sganarelle faisait mine de résister. La réflexion sarcastique qu'il lui a jetée pendant le discours d'Elvire en dit long sur l'importance que revêt à ses yeux Sganarelle : « *Tu pleures, je pense.* » Dom Juan ne prête d'attention aux exhortations émouvantes d'Elvire que dans la mesure où celle-ci est en mesure d'influencer Sganarelle, de le « pervertir », de le détourner de la vraie vie où le maître veut entraîner son valet.

En l'invitant à sa table, Dom Juan montre à son valet qu'il le « reconnaît », il le récompense de ses complaisances, de ses lâchetés.

Mais il le confirme dans sa condition servile en lui rappelant sa dépendance.

On peut considérer les longs dialogues qui précèdent, les aventures menées en commun, les dangers encourus, comme autant d'épreuves destinées à former, à éduquer cette âme malléable, disponible, à l'arracher à l'emprise des préjugés.

Les moqueries du souper complètent cet apprentissage : l'humiliation est l'ingrédient indispensable du « bizutage ». Le souper marque l'échéance assignée à ces rites d'initiation au terme desquels Dom Juan accepte Sganarelle dans la confrérie des libertins. La convivialité entre le maître et le valet n'a pourtant rien de détendu, elle se déroule dans une sorte de rage, de frénésie de jouissances, comme si le plaisir était à la fois décuplé et miné obscurément par la conscience que le temps est compté, qu'il faut aller vite, que demain il sera trop tard. Ce souper qui fête l'alliance entre le maître et le valet se déroule dans l'atmosphère d'un banquet en temps de peste.

Le convive de pierre

Au plus fort de cet enthousiasme un peu forcé, des coups retentissent à la porte. Cet hôte est la Statue du Commandeur.

On ne saurait mettre cette visite sur le même plan que les visites précédentes. Les autres visiteurs retardaient le souper, celui-ci est venu tout exprès, puisqu'il répond à l'invitation de Dom Juan.

Pourtant, contrairement aux bienséances, le souper est déjà commencé. Et Dom Juan, en apprenant qu'une nouvelle intrusion est annoncée, ordonne « *qu'on ne laisse entrer personne* ». Cela montre bien qu'il a oublié sa plaisanterie et qu'il ne s'attendait pas à ce que la Statue le prenne au mot.

Mais, alors que Sganarelle est pétrifié de peur, Dom Juan fait bonne figure et confirme sa détermination : « *Allons voir, et montrons que rien ne me saurait ébranler.* »

Cette phrase est d'une extrême importance pour comprendre le comportement de Dom Juan. Celui-ci n'est pas un sceptique, c'est un homme de convictions. Le doute ouvre toutes les portes, ne refuse, par définition, aucune alternative. Dom Juan récuse, par principe, la croyance au surnaturel comme contraire à sa foi rationaliste.

Dom Juan est un dogmatique à l'envers. Sganarelle avait, au fond, raison quand il plaisantait : « *Votre religion, à ce que je vois est donc l'arithmétique ?* » Comme d'autres, plus tard, professeront la religion du matérialisme, Dom Juan professe la religion de l'arithmétique. Il défend cette conviction avec l'héroïsme des martyrs qui périssent sur les bûchers. C'est à peu près ce qui va lui arriver.

Dom Juan annonce les doctrinaires de la Révolution. Ils ont imposé le culte de l'Etre Suprême et de la religion naturelle. Dom Juan ne croit ni en l'un, ni en l'autre, mais il pratique le nihilisme avec un esprit religieux.

Dom Juan est un adepte convaincu du cartésianisme. Il ne se fie pas plus au témoignage de ses sens que Descartes qui mettait en doute les données de notre perception puisqu'on pouvait les confondre avec les visions de nos rêves.

L'attitude de Dom Juan face à la Statue s'explique par cette volonté de ne pas se laisser « ébranler ». Il n'ouvre pas le débat, il le ferme.

C'est pourquoi, bizarrement, il a séduit les metteurs en scène croyants, comme Louis Jouvet qui reconnaissait dans ce chercheur d'absolu un esprit fraternel.

Dom Juan a priori exclut tout ce qui relève du principe de contradiction. Il offre la caricature de l'esprit de géométrie et n'accepte aucune hypothèse qui n'entre pas dans le champ de ses raisonnements. Cet incroyant est un homme de principes, un militant de la liberté qui livre combat.

Il reçoit son hôte comme un invité ordinaire. Il force son valet à l'imiter. L'éducation continue. Il y a encore fort à faire ! Il exhorte son valet à nier l'évidence, avec la même ferveur qu'Elvire l'exhortait, lui-même, à « s'amender » !

La Statue interrompt ces joyeusetés ! Dom Juan entend faire la fête, il refuse de laisser entraver sa liberté, fût-ce par un envoyé du Ciel. Mais son hôte montre que cette fête n'est pas à son goût. Cet invité est un trouble-fête : « *Dom Juan, c'est assez. Je vous invite à venir demain souper avec moi. En aurez-vous le courage ?* »

Les usages mondains sont respectés. Dom Juan accepte : il viendra « *accompagné du seul Sganarelle* ».

Ledit Sganarelle se serait bien passé de cet honneur, mais Dom Juan tient absolument à l'avoir pour témoin et pour complice. Il y a comme une confidentialité dans son propos : « du seul Sganarelle », le seul à être jugé digne d'entrer dans le secret.

Il y a dans l'air comme une odeur de traquenard. Le dernier mot reste au messager du Ciel, qui refuse un flambeau dont il n'a nul besoin et rappelle son origine surnaturelle.

Cette scène dissipe le doute qui existait encore sur les signes mystérieux adressés par la Statue à la fin de l'acte précédent. Le Ciel a tranché et a donné raison au superstitieux Sganarelle.

Toutes les hypothèses sont ouvertes quant à la signification qu'il faut accorder à ces signes. Elles sont multiples et contradictoires. Comme il se doit au théâtre. Est-ce du Grand Guignol, une caricature de la vraie religion si souvent pervertie en superstition et exploitée dans ce sens par les faux dévots ? Ou est-ce la confirmation du verdict de la Providence ?

Il ne faut pas oublier le côté spectaculaire de ces scènes avec la Statue qui bouge, marche et parle. Le fantastique était un prétexte pour les machineries grandioses destinées à ébahir le public.

Le succès des spectacles qui se donnaient avant Molière sur le thème de *Dom Juan*, aux Italiens, à l'Hôtel de Bourgogne, reposait essentiellement sur les « machines ». Molière comptait sur l'intérêt suscité par cette « pièce à machines » pour remplir les caisses de son théâtre autant que pour faire passer les audaces de ses idées et de sa conception du personnage.

CINQUIÈME ACTE

Scènes 1 et 2

Le fils repenti

Dom Louis, ayant appris la conversion de son fils, est venu s'en assurer par lui-même. Cette nouvelle lui paraît tellement inespérée qu'il a peine à y croire. Il a eu tant de désillusions par le passé, qu'il ne se contentera pas de vagues promesses. Il demande des actes prouvant la sincérité d'un engagement qui a de quoi le surprendre, tout en répondant à tous ses vœux.

Quand Dom Louis s'étonne que le Ciel ait exaucé ses vœux, on ne peut s'empêcher de se reporter au passage plein d'amertume de sa précédente intervention, où il déplorait que le Ciel eût si mal répondu à ses « vœux » en lui envoyant un fils mécréant et débauché.

Dom Louis semble donc avoir un sérieux contentieux avec le Ciel. Il redoute une nouvelle déception.

Mais les mots clefs de sa question sont le mot « *assurance* » et le mot « *nouveauté* ». Il demande à son fils « *une assurance* » par crainte d'être trompé. Une attitude contraire aurait été peu vraisemblable, après les reproches qu'il vient tout juste d'adresser à ce fils scélérat.

La « *nouveauté* » qui le surprend dans le comportement de Dom Juan relève du même ordre d'idées.

Il est amusant de constater que le père de Dom Juan mette l'accent sur le mot qui exprime effectivement, dans un tout autre sens, et un autre contexte, le principe auquel Dom Juan aime à se référer pour justifier sa vie libertine.

Comment son fils qui se montrait tantôt si endurci dans le libertinage a-t-il pu si rapidement changer totalement d'idées ?

Dom Juan va s'employer à le rassurer dans un discours qui témoigne d'une parfaite maîtrise de la rhétorique dévote. Il met au service de sa nouvelle stratégie toutes les ressources de son art de séducteur, habitué à persuader par des mensonges et des sophismes. Il utilise également toute sa puissance de raisonnement, toute la clarté logique dont il a fait maintes fois la preuve dans ses discussions avec Sganarelle, pour démontrer des idées opposées à celles auxquelles il feint à présent de se ranger.

Le discours de Dom Juan s'articule en trois temps. Il retrace brièvement au passé récent le processus de sa conversion. Il se contente d'affirmer avec force le changement qui s'est produit en lui, de constater sa soudaineté, en le présentant comme une réalité indubitable. Il répond ainsi à son père pour expliquer, autant qu'il se peut, les raisons de cette « *surprenante nouveauté* ».

Puis il emploie le présent pour décrire le résultat de cette transformation intérieure. Il développe assez longuement et complaisamment ses résolutions : il paraphrase le discours que son père lui a tenu lors de leur précédente rencontre, il exprime toute l'horreur qu'il ressent désormais pour « *le long aveuglement* » où il a été, pour « *les désordres criminels* » de la vie qu'il a menée. Il fait valoir habilement un argument de poids : il a trop abusé de la bonté du Ciel et a été amené à se convertir en prenant conscience de l'imminence du châtiment.

Enfin il s'efforce de donner à son père les « *assurances* » que celui-ci demande pour le croire. Il parle alors au futur en manifestant son intention de « réparer » le scandale de ses actions passées afin d'obtenir le pardon du Ciel pour ses péchés. Il montre sans ambiguïté qu'il entend « *faire éclater aux yeux du monde un soudain changement de vie* ». En employant à dessein une expression aussi forte, signifiant qu'il rendra publique sa conversion, il espère convaincre son père de sa sincérité. Il reprend textuellement les mots utilisés par son père qui lui avait reproché « *cet amas d'actions indignes, dont on a peine, aux yeux du monde, d'adoucir le mauvais visage.* »

Il termine par une ultime flatterie en priant Dom Louis de bien vouloir choisir pour lui un directeur de conscience :

« ... Je vous prie, Monsieur, de vouloir bien contribuer à ce dessein, et de m'aider vous-même à faire choix d'une personne qui me serve de guide, et sous la conduite de qui je puisse marcher sûrement dans le chemin où je m'en vais entrer. »

Ainsi, non seulement Dom Juan fait acte de repentance devant Dieu, mais il rentre en grâce auprès de son père, en faisant oublier par l'expression de sa soumission l'ironie insultante avec laquelle il avait accueilli les remontrances de Dom Louis.

Celui-ci ne pouvait manquer d'être touché autant que flatté par le rôle qui lui était ainsi imparti, car Dom Juan montrait par là qu'il lui reconnaissait le principal mérite de sa conversion.

C'est pourquoi Dom Louis se laisse absolument convaincre par ces arguments. D'une part, il est dans la nature humaine de se satisfaire aisément de ce qui vient combler, fût-ce miraculeusement, nos souhaits les plus chers; nous avons tous plus ou moins tendance à prendre nos désirs pour des réalités.

Cette faculté d'illusion était sans doute d'autant plus forte chez Dom Louis qu'à l'affection du père s'ajoutait la disposition d'esprit du croyant. Après tout, le changement sincère de Done Elvire n'avait pas été moins subit que le changement simulé de Dom Juan. Sans jamais prononcer ce mot, celui-ci se référait implicitement à la grâce divine qui, comme on le sait, fait des miracles et est capable de métamorphoser instantanément en saint homme le pire des scélérats.

Le ton et la forme de ce discours ont sans doute contribué au moins autant que la force de conviction des arguments invoqués au succès de l'hypocrite qui a su couler ses idées dans des tournures déférentes, empreintes d'humilité et de douceur. Les pieuses intentions qu'il manifeste n'auraient pas été aussi crédibles si elles n'avaient baigné dans une suavité que l'on pourrait rapporter tout aussi bien que la prière exaltée de Done Elvire au modèle dont Molière a pu s'inspirer selon Jouvet: *L'Introduction à la Vie dévote* de saint François de Sales.

L'auteur de *Tartuffe* prouvait, en tout cas, par cette ultime parade de Dom Juan, combien il était difficile de distinguer la fausse et la vraie dévotion. Rien ne permettait de discerner l'original de la copie, ni dans le langage, ni dans l'expression, ni dans le jeu des intonations, ni dans la composition du visage, ni dans le maintien, enfin, dans tout ce qui relevait, en fait, de l'art de l'acteur.

Un stratagème utile

Son fidèle Sganarelle, son alter ego, s'y est lui-même laissé prendre. Il prétendait pourtant connaître son *« Dom Juan sur le bout du doigt »*. Il ne s'en répand pas moins en félicitations sur une conversion dont la soudaineté ne semble pas l'étonner.

Dom Juan laisse voir son dépit devant tant de naïveté qui montre le peu de profit que son élève a su faire de ses leçons. L'hypocrite a toutes les raisons de se sentir incompris: « *La peste le benêt* ! »

Il aurait pu se sentir flatté d'avoir si bien réussi à contrefaire le dévot que même son confident, son double, a pris *« pour de bon argent »* ce qu'il vient de dire. Mais il est déçu, au fond, de constater que Sganarelle, malgré toute leur complicité, ait pu croire en un changement qui aurait supposé, s'il avait été sincère, une véritable trahison de ses convictions profondes. Peut-être faut-il entendre ce cri comme un sursaut contre une solitude qui est la vraie rançon de ses méfaits.

Dom Juan expose alors patiemment pour son confident les raisons de son attitude envers son père :

« ... c'est un dessein que j'ai formé par pure politique, un stratagème utile, une grimace nécessaire où je veux me contraindre, pour ménager un père dont j'ai besoin, et me mettre à couvert, du côté des hommes, de cent fâcheuses aventures qui pourraient m'arriver. »

Et, dans un accès d'épanchement, Dom Juan livre un aveu d'importance qui trahit les vues qu'il a sur Sganarelle et le poids qu'il accorde à ses relations avec son valet :

« Je veux bien, Sganarelle, t'en faire confidence, et je suis bien aise d'avoir un témoin du fond de mon âme et des véritables motifs qui m'obligent à faire les choses. »

Sganarelle, décidément balourd, ne comprend pas que Dom Juan puisse, tout en ne croyant rien du tout, s'ériger en homme de bien.

Dom Juan va alors développer un éloge de l'hypocrisie qui est un cours de morale inversée, un cours d'amoralité à l'usage des apprentis ambitieux ou des hédonistes incurables.

Il appartiendrait plutôt, quant à lui, à la dernière catégorie, car il voit dans l'hypocrisie plutôt une arme pour se protéger contre la tyrannie de l'ordre moral imposé par la société que comme un moyen d'arrivisme. Dom Juan n'est pas un ambitieux. Il ne voit dans le pouvoir que vaine gloire. Le mépris qu'il a manifesté devant le tombeau du Commandeur le montre suffisamment. Il est homme de plaisir.

Eloge de l'hypocrisie

Il justifie en quelque sorte le recours à l'hypocrisie comme une légitime défense face au péril qui le menace et dont la rupture avec son père constituait le plus grave avertissement. Il a su en tenir compte.

La comédie qu'il vient de jouer à Dom Louis n'est donc qu'une riposte, à ses yeux légitime, pour protéger ses droits à la liberté en amour.

Il faut bien comprendre la position de Dom Juan comme une position de combat. Il juge illégitime la couverture morale sous laquelle la société oblige les individus à sacrifier leurs plaisirs à des conventions telles que le mariage, la famille, le nom, le rang, l'honneur, à des abstractions telles que la patrie, l'Etat, la religion, etc.

En cela, Dom Juan pense comme un démystificateur, une sorte d'anarchiste individualiste.

Dans cette lutte permanente, il se trouve, à la fin du quatrième acte, sur la défensive. Il a perdu la protection grâce à laquelle il pouvait agir impunément. C'est pourquoi il se transforme en hypocrite, sans renier, bien entendu, ses principes de vie, mais pour défendre au contraire ce qu'il estime son droit au bonheur, même s'il exerce ce droit aux dépens d'autrui.

Ne reconnaissant de valeur à aucune règle morale, puisque la morale est à ses yeux un jeu de dupes destiné à museler les individus au nom d'entités illusoires, il n'a aucun scrupule à faire l'hypocrite.

La fin pour lui justifie les moyens et l'hypocrisie est le moyen qui représente le plus d'avantages, car il est extrêmement difficile de démasquer un hypocrite. Le succès de ce stratagème est fondé sur l'habileté de celui qui l'emploie. C'est ce qui apparente l'hypocrisie à l'art du comédien;

Voici comment Dom Juan présente l'hypocrisie :

« C'est un art de qui l'imposture est toujours respectée, et quoiqu'on la découvre, on n'ose rien dire contre elle. Tous les autres vices des hommes sont exposés à la censure, et chacun a la liberté de les attaquer hautement; mais l'hypocrisie est un vice privilégié, qui, de sa main, ferme la bouche à tout le monde, et jouit en repos d'une impunité souveraine. »

On retiendra la notion fondamentale d'« *impunité* ».

Cette défense paradoxale de l'hypocrisie est assez générale pour garder toute sa validité, indépendamment des temps et des lieux.

Mais Dom Juan se réfère à un phénomène qui caractérise les mœurs de son époque : « *l'hypocrisie* », dit-il, « *est un vice à la mode et tous les vices à la mode passent pour vertus* ».

Il construit son argumentation en deux mouvements. D'abord il se protège derrière une généralité, emploie l'impersonnel et le pluriel pour montrer qu'en adoptant cette méthode, il se contente de suivre l'usage. Puis il personnalise son propos et annonce son intention d'appliquer ces recettes pour son propre compte :

« C'est sous un abri favorable que je veux me sauver, et mettre en sûreté mes affaires. Je ne quitterai point mes douces habitudes; mais j'aurai soin de me cacher et me divertirai à petit bruit. »

Ce passage du « ils » au « je » est capital pour comprendre la démarche du raisonnement de Dom Juan et la force de ses arguments. Mais le « je » est aussitôt rattaché à un « nous » implicite, quand Dom Juan se réfère à la solidarité qui unit les hypocrites.

Il convient de préciser que Dom Juan et Molière emploient le mot d'« hypocrisie » dans l'acception restreinte qu'il avait prise en fonction des mœurs du temps. L'hypocrisie, dans ce sens, signifiait un emploi particulier de l'hypocrisie, elle était devenue synonyme de la fausse dévotion.

Quand on parlait alors d'un hypocrite, on ne désignait pas un hypocrite en général, mais un dévot hypocrite.

C'est bien à ce jeu que Dom Juan prétend s'initier.

La dévotion au service du libertinage

Quand on connaît le phénomène précis et daté auquel Dom Juan fait allusion, on comprend mieux son éloge de l'hypocrisie. Car la dévotion hypocrite étant difficile, voire impossible, à démêler de la dévotion sincère, les hypocrites profitaient non seulement de l'appui de leurs pareils, mais aussi des « gens de bien » qui prenaient la défense de la religion. On retrouve ici le débat ouvert par *Tartuffe* dont ce dernier acte de *Dom Juan* constitue le prolongement.

Tous les ingrédients de l'affaire Tartuffe sont réunis, en effet, dans cette tirade dont les allusions satiriques sont évidentes. Molière règle ici ses comptes par personnage interposé.

On en déduira que la transformation de Dom Juan en Tartuffe n'est pas innocente. Mais elle est parfaitement motivée sur le plan théâtral aussi bien que psychologique.

La charge vise la cabale des dévots. Dom Juan décrit d'abord le phénomène dans un esprit neutre et objectif. Il démonte un procédé qui tire toute sa force de rester secret, d'où l'extrême vigilance des membres de la confrérie dès qu'on les montre du doigt, en particulier sur une scène, d'où les ennuis de Molière avec *Tartuffe* et avec *Dom Juan*. On imagine la fureur de ces Messieurs du Saint-Sacrement quand un mécréant tel que Dom Juan livrait crûment leur mode d'emploi en se faisant fort de s'en servir :

« On lie, à force de grimaces, une société étroite avec tous les gens du parti. Qui en choque un se les jette tous sur les bras ; et ceux que l'on sait même agir de bonne foi là-dessus, et que chacun connaît pour être véritablement touchés, ceux-là, dis-je, sont toujours les dupes des autres ; ils donnent hautement dans le panneau des grimaciers et appuient aveuglément les singes de leurs actions. »

Molière n'avait pas de mal pour connaître le fonctionnement de ce type de machinations, il lui suffisait de penser à l'affaire Tartuffe dont il vient de définir exactement la mise en place. Son coup d'audace est d'avoir utilisé comme élément de l'intrigue le processus qui avait conduit à l'interdiction de *Tartuffe* et qui allait entraîner l'étouffement de *Dom Juan* du fait de l'alliance entre les gens de bien abusés et les faux dévots avérés. La carrière de la pièce devenait un rouage essentiel du mécanisme dramaturgique de cette même pièce.

Puis Dom Juan explique les avantages qu'il compte tirer personnellement de son affiliation à la secte :

« Que si je viens à être découvert, je verrai, sans me remuer, prendre mes intérêts à toute la cabale, et je serai défendu par elle envers et contre tous. »

Le dévoilement qui s'opère ici tient à la convergence absolue d'intérêts entre les calculs d'un libertin et la nécessité pour la cabale d'éviter tout scandale et de couvrir indistinctement tous ses membres de par la loi de la solidarité du clan.

La conclusion que tire Dom Juan de ces considérations est bien dans le style impudent et provocateur qu'il affectionne :

« Enfin c'est là le vrai moyen de faire impunément tout ce que je voudrai. »

L'assimilation qui en découle entre les libertins et les dévots laissait à entendre que les hauts lieux de l'ordre clérical le plus strict étaient tout naturellement appelés à devenir des repaires où on se livrait à la dissipation, à la luxure et à toutes sortes d'abus sous le couvert de la religion et la protection de l'Église.

On pouvait en déduire que plus on manifestait publiquement d'horreur pour le libertinage, plus on était suspect de le pratiquer en privé, dans le secret. On avait d'autant plus de facilité de s'adonner soi-même à tous les vices, qu'on les dénonçait plus hautement chez les autres. C'était pour Molière une bonne occasion de mettre en cause ceux qui l'avaient censuré :

« Je ferai le vengeur des intérêts du Ciel, et, sous ce prétexte commode, je pousserai mes ennemis, je les accuserai d'impiété, et saurai déchaîner contre eux des zélés indiscrets, qui, sans connaissance de cause, crieront en public contre eux, qui les accableront d'injures, et les damneront hautement de leur autorité privée. »

Voilà dûment portraiturés Rochemont et les auteurs des nombreux libelles qui prenaient Molière pour cible.

La décision de Dom Juan de rallier le parti dévot était parfaitement motivée par le déroulement de l'intrigue, de façon à surmonter les difficultés qu'il rencontrait sur la voie de son bon plaisir.

Mais l'hypocrisie conciliait également la liberté d'idées et la liberté de mœurs. Elle permettait de professer impunément l'une et l'autre, mais elle contenait également, dans sa démarche les deux attitudes par la transgression et la perversion qu'elle accomplissait spontanément.

Il y avait dans ce raffinement de tromperie une source secrète et délicieuse de volupté.

Sans être une fin en soi, la fausse dévotion, en unissant le sacrilège à la licence, apparaissait donc comme un aboutissement logique dans la carrière de Dom Juan.

Mais la recherche de la sécurité apparaît pourtant comme un facteur dominant. Au siècle suivant, l'une des héroïnes des *Liaisons dangereuses*, la Merteuil perpétrera les plus noires infamies en se donnant les dehors d'une femme de bien, d'une prude. Elle s'inscrit dans la postérité de Dom Juan, elle est un Dom Juan femelle.

Dom Juan concluait sa démonstration par une péroraison qui tout en parodiant subtilement l'art des grands orateurs sacrés exprimait la sagesse lucide et désabusée des meilleurs moralistes de ce temps, un La Rochefoucauld, un La Bruyère :

« C'est ainsi qu'il faut profiter des faiblesses des hommes, et qu'un sage esprit s'accommode aux vices de son siècle. »

A ce tournant de la pièce le personnage subit une mutation qui le fait passer de l'usage virulent de la provocation à un conformisme apparent qui n'est qu'un degré supérieur de son amoralisme. Mais il traduit un élargissement qui mérite l'attention, car de cas particulier, exceptionnel, il devient cas d'espèce. Dans ce sens, Molière retourne aux sources du mythe, mais il l'actualise.

Un fait d'époque et de société

Le personnage de Dom Juan ne pouvait manquer de passer par une évolution qui entraînait une distorsion de ses traits initiaux. Atypique, de par son individualisme forcené, il apparaissait à ce stade, comme un portrait synthétique représentant un fait d'époque et de société. Il s'ensuit une tension interne qui accroît l'ambiguïté du caractère et lui donne une épaisseur supplémentaire.

On a, d'ailleurs, reconnu dans maints passages de ce discours démystificateur des allusions précises à une haute personnalité contemporaine de Molière et que Molière connaissait bien : le prince de Conti.

On sait que ce grand seigneur, après avoir mené une vie libertine, s'était converti avec ostentation. On trouve dans les notes de la remarquable édition que Georges Couton a procurée du texte dans la Pléiade un dossier détaillé sur cette source de Molière.

Pavillon, évêque d'Aleth, avait eu le mérite de cette conversion et avait désigné à Conti un directeur de conscience, l'abbé Ciron, qui, selon l'usage, obligea l'illustre repenti à des réparations publiques dont l'éclat fait penser à celles auxquelles Dom Juan promet de s'astreindre devant son père. Conti avait eu une liaison avec l'épouse d'un conseiller au Parlement. Il se confessa publiquement, s'humilia en présence du mari trompé et obligea la pécheresse à entrer au couvent.

On peut trouver certaines correspondances entre cette histoire et le comportement de Dom Juan envers Done Elvire, surtout quand le libertin impute à son repentir sa décision de rompre une liaison qui lui pèse.

Quand Dom Juan cite les dévots libertins qui « *ont rhabillé adroitement les désordres de leur jeunesse* », les contemporains comprenaient sans peine de qui il était réellement question.

Georges Couton a confronté la tirade de Dom Juan sur l'hypocrisie et une lettre de Conti retrouvée dans les papiers de l'abbé Ciron. La comparaison lui semble probante surtout quand il retient « que Conti considère comme une "blessure" utile, parce qu'elle est "un grand sujet d'humiliation" pour son "orgueil" d'être accusé "*d'hypocrisie*" par un prélat, qui doit être Pavillon », l'évêque qui l'avait converti, Georges Couton conclut :

> **« Pouvait-on penser que Molière pouvait ne pas songer à son ancien protecteur, converti avec éclat, non sans avoir été soupçonné d'hypocrisie et devenu son ennemi actif et celui du théâtre ? »** (Couton, 1, tome 2, p. 1317)

Ce rapprochement a l'intérêt de montrer à quel point la pièce et le personnage de Molière sont ancrés dans la réalité de cette époque.

Cette dimension historique apparaît importante pour la compréhension de l'œuvre. Mais on aurait tort de ramener au seul Conti le douteux mérite d'avoir inspiré ce mélange hybride de libertinage effréné et de dévotion ostentatoire. Le phénomène avait pris alors une ampleur telle qu'on en était venu à confondre fréquemment les libertins et les faux dévots qu'on appelait plus fréquemment les « hypocrites » dans l'acception que Dom Juan donne à ce terme. Il suffit de se reporter aux *Caractères* de La Bruyère pour apprécier toute la portée de cet amalgame :

> **« Deux sortes de gens fleurissent dans les cours, et y dominent dans divers temps, les libertins et les hypocrites : ceux-là gaiement, ouvertement, sans art et sans dissimulation; ceux-ci finement, par des artifices, par la cabale. »**

Et encore :

> **« Il y a deux espèces de libertins : les libertins, ceux du moins qui croient l'être, et les hypocrites ou faux dévots, c'est-à-dire ceux qui ne veulent pas être crus libertins : les derniers dans ce genre-là sont les meilleurs. Le faux dévot ou ne croit pas en Dieu, ou se moque de Dieu; parlons de lui obligeamment : il ne croit pas en Dieu. »**

Le galimatias de Sganarelle

Les propos de Dom Juan scandalisent Sganarelle qui rassemble son courage pour surmonter la peur que lui inspire son maître et décide de dire une fois pour toutes le fond de sa pensée. Mais la diatribe attendue fait place à un galimatias des plus burlesques. Sa condamnation de l'hypocrisie se perd dans une accumulation de phrases, de proverbes sans queue ni tête, qui constituent un fatras absolument dépourvu de sens.

Sganarelle conclut par une prédiction qui reprend le thème de l'avertissement providentiel : »... *et par conséquent vous serez damné à tous les diables !* ». Mais proféré de la sorte, dans une absence totale de lien logique avec ce qui précède, ce thème apparaît complètement dérisoire.

Dom Juan a beau jeu de railler : « *O le beau raisonnement !* »

Nous nous trouvons de nouveau devant l'un des procédés familiers de Molière dans cette pièce qui consiste à mélanger les styles, à passer sans transition d'un registre grave à un registre cocasse et à jouer constamment de l'incongruité et de la cacophonie. L'opposition entre l'ineptie du *« raisonnement »* de Sganarelle et l'impeccable cohérence des propos de Dom Juan a pour effet de discréditer la vertu et de parer le vice des prestiges de l'art oratoire le plus accompli.

On ne peut que s'interroger sur les intentions de Molière dans ce passage. Celui-ci ne prend sa signification que par rapport à l'ensemble des relations entre le maître et le valet. On retrouve avec une disproportion accrue l'inégal rapport de forces déjà constaté dans la dispute du troisième acte dont cette scène n'est que la reprise amplifiée.

On atteint ici un degré extrême de dévalorisation de la position apologétique qui, dans le débat d'idées, est confiée au valet. Molière s'inscrit ici tout à fait dans la lignée de Rabelais et de la littérature parodique issue du Moyen Age.

La bouffonnerie involontaire du discours de Sganarelle rappelle les moqueries de l'auteur de *Pantagruel* à l'égard des Sorbonnards.

Georges Couton, dans sa notice sur *Dom Juan* a donné une appréciation juste et nuancée de ce texte :

> **« Pensée confuse, désordonnée : en vérité, la forme est celle de la "fatrasie" du Moyen Age. La "fatrasie" n'est sans doute pas le mode d'expression le plus approprié à un discours édifiant. L'émotion explique peut-être que Sganarelle radote ; mais une forme pareille risque de discréditer des pensées graves : ces propos bien intentionnés laissent une gêne. »**

Le décalage entre la forme et le fond produisent une distorsion qui ridiculise totalement les idées exprimées. Il est curieux que cet effet pervers concerne justement ce qui est présenté comme le thème dominant de la fable, la réprobation de l'impie et sa damnation finale.

L'inégalité croissante entre le maître et le valet dans le débat qui les oppose produit un véritable renversement de la hiérarchie des valeurs au profit du mécréant et au détriment du champion de la morale.

Scène 3

Nouvelle hypocrisie de Dom Juan

Dom Juan rencontre Dom Carlos qui, comme convenu, lui demande des comptes. Cet honnête homme formule le souhait que Dom Juan choisisse la solution permettant «*que les choses aillent dans la douceur*».

L'honneur de Done Elvire exige que Dom Juan la reconnaisse publiquement comme sa femme.

Dom Juan répond avec une douceur hypocrite qu'il y consentirait bien s'il ne tenait qu'à lui. Mais le Ciel le lui interdit en lui enjoignant de rompre tous les attachements du monde. Il doit désormais songer au salut de son âme et se repentir des «*dérèglements criminels*» où l'a porté «*le feu d'une aveugle jeunesse*».

Dom Carlos fait valoir qu'il n'y a aucune contradiction entre ces pieuses résolutions et la vie conjugale.

Dom Juan avance alors un argument de poids: Done Elvire elle-même s'est retirée dans un couvent, car elle approuve et partage la décision de Dom Juan.

Mais Dom Carlos objecte que l'honneur de sa famille ne peut pas s'accommoder de cette situation: aux yeux du monde, la retraite de Done Elvire peut être attribuée au mépris de Dom Juan. Ils doivent pour satisfaire à l'honneur reprendre la vie commune.

Dom Juan ne demanderait pas mieux, mais il doit obéir à une voix qui lui a transmis l'ordre du Ciel: le chemin de son salut est incompatible avec la vie conjugale.

Ce redoublement d'hypocrisie fait comprendre à Dom Carlos que Dom Juan veut le tromper et se moque de lui. Mais à chaque nouvel argument de son interlocuteur, Dom Juan répond obstinément en le renvoyant au Ciel.

Finalement, Dom Carlos, de guerre lasse, menace Dom Juan d'un duel.

Dom Juan n'entend pas se dérober à ce défi. Il accepte de se battre quand et où Dom Carlos le voudra, bien que la violence soit interdite par le Ciel.

Dom Carlos le quitte sur des paroles laissant présager un

affrontement prochain tout en ménageant encore un répit à Dom Juan.

Dans ce dialogue Dom Juan met donc en pratique la statégie de l'hypocrisie dont il vient d'exposer la théorie à Sganarelle. Mais s'il procède avec habileté, il n'est point parvenu à persuader son adversaire de sa bonne foi et le conflit reste ouvert.

On remarquera que, d'une part, Dom Juan reprend une manœuvre qui avait déjà échoué avec Elvire au premier acte, d'autre part, que le libertin parodie le discours de Done Elvire dont il répète presque textuellement les arguments, mais sans succès, car sans la conviction et la flamme intérieure qui rendaient crédibles les résolutions de son épouse.

L'effet principal est produit par la répétition insistante du mot Ciel qui tient lieu de raisonnement à Dom Juan. Il s'ensuit un contraste croissant au cours du morceau entre l'onction évangélique du ton et l'inconsistance logique des arguments invoqués.

Le discours de l'hypocrite se démystifie donc lui-même et Dom Carlos n'a pas de peine à démasquer le procédé qui disqualifie son adversaire.

On peut deviner comment la sympathie initiale et les bonnes intentions qui animent Dom Carlos font place peu à peu à la déception et au mépris.

Pourtant Dom Juan n'agit pas ainsi par lâcheté puisqu'il est prêt à rendre raison à Dom Carlos par les armes. Il est vrai que le « trompeur de Séville » est un redoutable bretteur. Il peut donc miser sur des talents qui l'ont déjà bien servi dans le passé.

Dom Juan adopte surtout ce comportement pour rester dans la logique de son rôle d'hypocrite.

Mais le résultat infaillible qu'il annonçait à Sganarelle ne s'est pas vérifié, ce qui laisse encore un espoir aux honnêtes gens. On remarque dans ce dialogue l'effet de distanciation critique produit par l'opposition entre la netteté, la franchise et la noblesse de Dom Carlos et le ton faussement doucereux et sournois de Dom Juan.

La construction est remarquable par son aspect de stylisation formelle déjà relevé dans la scène avec Mathurine et

Charlotte et dans la scène avec M. Dimanche, qui manifestent l'une des constantes de l'œuvre. La progression de cette espèce de duel verbal préfigure le duel réel dont la menace plane sur tout le dialogue. Les répliques s'échangent dans un cliquetis de plus en plus serré, sur le modèle du crépitement cornélien.

La musicalité du procédé réalise une véritable suprématie de la forme sur le contenu : la forme devient plus signifiante que la nature des idées exprimées. La répétition obsédante du mot « Ciel ! » correspond à un *ostinato*, le resserrement des répliques et l'accélération du rythme produisent le même effet de crescendo que la *strette* dans une fugue.

Cette scène n'intervient pas par hasard avant le dénouement. Elle en est la préfiguration. Elle est orientée vers une autre forme de dénouement car l'entêtement de Dom Juan conduit vers une impasse et ne laisse d'autre possibilité à Dom Carlos que les moyens violents qui lui répugnent. Ainsi l'affaire avec Done Elvire, l'un des fils principaux de l'intrigue, aurait trouvé sa solution, amenant la fin de la pièce. Sans la réserve de Dom Carlos et sa volonté d'arranger les choses, un duel s'achevant sur la mort de Dom Juan aurait constitué un dénouement humain, mondain. Mais le mythe a ses droits et ce dénouement reste en suspens. Dom Carlos ne relève pas immédiatement le défi de Dom Juan qui lui propose d'aller se battre dans une rue écartée. Il se contente de répondre : « *Nous verrons, nous verrons.* »

Le champ reste libre pour l'intervention du surnaturel et pour un dénouement qui vienne clore l'autre partie engagée par Dom Juan, le compte ouvert par l'assassinat du Commandeur, et surtout par le défi à la Statue, le conflit avec le Ciel. En persistant dans son hypocrisie au lieu de se repentir, Dom Juan se rend odieux aux yeux des hommes, aux yeux de la morale humaine, laïque, représentée par Dom Carlos, et il compromet définitivement ses chances aux yeux de Dieu.

SCÈNES 4, 5 ET 6

Nouvelles remontrances de Sganarelle

Sganarelle qui a assisté à la scène en silence ose de nouveau faire des remontrance à Dom Juan. Il constate que, loin de s'amender, son maître aggrave son cas en ajoutant l'hypocrisie à tous ses vices.

Cette dernière transformation de Dom Juan apparaît à Sganarelle comme le comble de l'impiété et de la provocation. Le valet aimait mieux son maître auparavant quand il affichait son amoralité au lieu de la cacher sous les dehors de la dévotion.

C'est l'occasion pour Molière de fustiger de nouveau sans ambiguïté l'hypocrisie des faux dévots comme le comble de l'abomination.

L'hypocrisie est présentée non seulement comme un défaut parmi d'autres, mais comme celui qui les recouvre tous. C'est vraiment le péché par excellence et qui ne peut par définition être pardonné, puisque les valeurs sacrées y sont non seulement transgressées mais deviennent les instruments de l'infamie.

A travers la naïveté populaire de Sganarelle, l'auteur adresse aux spectateurs un message destiné à désigner clairement le sens qu'il faut attribuer aux événements qui se préparent. Quand le valet insiste lourdement sur les avertissements du Ciel, il fait penser au bonimenteur des tréteaux de foire. L'insistance, la répétition ont toujours dans ce registre une fonction caricaturale. Moqué par Dom Juan, il est normal, dans la perspective conformiste de Sganarelle, que le Ciel se venge.

Mais c'est justement ce conformisme qui introduit un doute sur le sens à donner à la fable.

La volonté démonstrative de clarification, au lieu d'éclairer la signification de la pièce, contribue encore à l'épaissir en ajoutant, par l'intervention de Sganarelle, personnage peu crédible, une ambiguïté supplémentaire.

On retiendra l'incrédulité réaffirmée de Dom Juan qui demande que le Ciel s'exprime plus clairement, ce qui offre aussi la voie à deux interprétations : soit Dom Juan, esprit tourmenté par le besoin de croire, attend vraiment du Ciel un signe enfin clair, indubitable, et ce signe ne viendra finalement que pour l'écraser, soit Dom Juan, libertin endurci, méprise les avertissements du Ciel, non parce qu'il les juge insuffisants, mais parce qu'il a décidé une fois pour toutes de ne pas y croire.

Cette scène de transition a pourtant une fonction non négligeable, comme introduction au dénouement.

Le Spectre du Temps

A peine Dom Juan avait-il prononcé ces paroles que le Ciel, décidément à l'écoute de ce pécheur d'exception, lui envoie un nouveau messager. C'est une femme voilée qui déclare : « *Dom Juan n'a plus qu'un moment à pouvoir profiter de la miséricorde du Ciel; et s'il ne se repent ici, sa perte est résolue* ».

Dom Juan croit reconnaître cette voix. Au lieu de se soumettre, Dom Juan exprime sa curiosité : « ... *je veux voir ce que c'est* ».

Cette réponse est importante car elle traduit le désir de connaissance de l'agnostique qui refuse de croire, qui exige des signes clairs.

Or le symbole de la femme voilée désigne la notion de mystère liée à la religion. Deux ordres d'idées s'affrontent dans ce dialogue qui est l'aboutissement du débat poursuivi tout au long de la pièce, mettant aux prises la logique de la foi, facilement corrompue en superstition, et la logique de la raison durcie en positivisme simpliste.

Devant l'obstination de Dom Juan la femme voilée s'efface et fait place à la représentation du Temps avec sa faux à la main.

Dom Juan essaie de toucher ce Spectre avec son épée, mais le Spectre s'envole. Sganarelle supplie son maître de se rendre à des signes si évidents de la présence du surnaturel. Le Ciel existe bel et bien puisqu'il accomplit de tels miracles. Mais Dom Juan refuse de se repentir : « *Non, non, il ne sera pas dit, quoi qu'il arrive, que je sois capable de me repentir. Allons, suis-moi.* »

On peut se demander à ces mots si l'orgueil n'est pas, en définitive, le moteur principal du comportement de Dom Juan et la cause de sa perte. Ce serait conforme à l'enseignement de l'Eglise qui fait de l'orgueil, le péché suprême, le péché qui a entraîné la chute de Lucifer.

On notera l'effet de retard qui est l'un des procédés constants mis en œuvre. Le souper de Dom Juan était systématiquement retardé au quatrième acte. Dans ce dernier acte, celui du dénouement, la solution annoncée est à la fois préparée et retardée par les intermèdes.

Chaque scène fonctionnelle est suivie par une scène d'explication, inutile quant au déroulement de l'intrigue.

Ici, à la scène d'explications entre le maître et le valet succède un épisode fantastique qui n'est pas fonctionnel tout en appartenant déjà au dénouement, tout en constituant une péripétie du dénouement.

Cette apparition du Spectre a une triple signification : tout en annonçant et en retardant en même temps le dénouement, elle éclaire, s'il en était besoin, le sens qu'il convient d'attribuer au châtiment final, mais, venant après les objurgations de Sganarelle, ce rappel a un effet de grossissement presque caricatural qui, en s'ajoutant à l'effet spectaculaire et fantastique de la transformation du Spectre, précise le côté parodique et burlesque de cet épisode édifiant.

Ensuite, ce Spectre a une dimension symbolique, sous sa première forme, celle de la femme voilée, il représente de façon synthétique, à travers la figure suggérée de Done Elvire, toutes les victimes de Dom Juan, puis, sous sa deuxième forme, l'allégorie du Temps, ce qui signifie que Dom Juan n'a plus le temps de se repentir, à partir du moment où il a refusé la Grâce divine qui lui a été proposée par Done Elvire.

Le Spectre du Temps avec la faux à la main signifie que l'échéance est arrivée à son terme. Dom Juan a épuisé son capital de vie, et il en a fait mauvais usage. Cette scène est à mettre en relation avec la scène de l'apparition de Done Elvire au quatrième acte, mais aussi avec le retard du souper. Enfin, elle constitue un ultime avertissement. On saura donc que le Ciel n'aura rien négligé et que le libertin sera seul responsable de sa mort en montrant tant d'obstination dans son aveuglement.

Ce Spectre menaçant signifie aussi la vengeance du Temps, l'idée que l'on n'échappe pas au Temps. Par l'excès de plaisir, pour conjurer l'Ennui, Dom Juan a voulu tuer, nier le Temps. Mais les hommes sont soumis à la loi du Temps et Dom Juan n'y fait pas exception.

L'athée foudroyé

L'une des versions les plus en vogue de Dom Juan du temps de Molière était un spectacle de la Commedia dell'arte qui se donnait aux Italiens sous le titre de *L'Athée foudroyé*. Molière n'a pas repris ce titre, mais il convient parfaitement au dénouement qu'il a hérité de la tradition, tout en y apportant des variations déconcertantes.

A la fin du dialogue avec Spectre, Dom Juan quitte précipitamment la scène. Cette précipitation rappelle celle avec laquelle il était sorti du Tombeau du Commandeur. Cette précipitation est à remarquer. Elle signifie l'urgence, la volonté de ne plus perdre de Temps, non en se repentant, mais en tirant du temps qui lui reste toutes les possibilités de plaisir dont la somme s'épuise, se rétrécit.

On peut penser au symbole de la peau de chagrin illustré par le roman de Balzac. Cela signifie que Dom Juan a parfaitement conscience que le temps lui est désormais compté. Mais il persiste à refuser le jeu de dupes qu'on lui propose. A un absolu illusoire, celui de l'éternité, celui du Ciel, Dom Juan préfère les joies de la terre et de la chair.

Il est un chercheur d'infini dans le temps, dans l'intensité de l'instant. Il répond donc au défi du Spectre à sa façon, à la façon de Montaigne, non à la façon de Pascal. Il y a une sagesse chez Dom Juan, une lucidité. Sa résistance est l'expression d'une révolte contre la condition qui est faite à l'homme par le Ciel.

La Statue barre à Dom Juan le chemin, ce chemin de la vie, ce chemin du désir et du plaisir. Les conventions de la fable sont ici parfaitement respectées. La Statue a pris Dom Juan au mot, elle lui rappelle qu'il a accepté de se rendre à l'invitation à souper.

Il faut ajouter que partout on attend Dom Juan : Dom Carlos l'attend pour un duel sans cesse remis, mais la Statue est exacte au rendez-vous fatidique. La ponctualité de la Statue tranche sur les atermoiements des affaires humaines. La Statue rend à Dom Juan sa politesse. L'intervention du surnaturel s'effectue ici dans le cadre des civilités mondaines. Lors du souper précédent, chez Dom Juan, Dom Juan avait feint de traiter la Statue comme un convive ordinaire. Il avait ignoré son caractère surnaturel. Le Spectre lui rend la pareille et tend la main à Dom Juan. Ce geste de convenance banale va se transformer en piège. Dans un sens, Dom Juan s'est piégé lui-même. Le Ciel l'a pris au mot une fois de plus, la dernière. Dom Juan est foudroyé par la main de pierre qui, en guise d'accueil de bonne compagnie, l'entraîne en Enfer.

Il y a dans la fable, telle qu'elle est traitée par Molière, une grande cohérence dans cette succession de signes montrant que non seulement Dom Juan se condamne lui-même par son entêtement, mais que son châtiment est contenu dans son propre mode de vie. Le symbolisme du souper est transparent dans ce sens. Si le souper attendu s'ouvre sur l'Enfer, c'est parce que le souper est en lui-même, par lui-même, infernal. On peut y voir la traduction scénique du dicton populaire selon lequel chacun creuse sa propre tombe. La fin de Dom Juan n'est pas surajoutée à une histoire qui aurait pu se terminer autrement, l'histoire contient potentiellement son dénouement au moment même où elle a commencé. C'est le choix de vie de Dom Juan qui détermine sa mort, une mort qui n'est pas imposée de l'extérieur, mais qui est consciemment et volontairement acceptée.

A ce premier plan peut s'ajouter une autre signification qui concilie la contradiction logique entraînée par le fait que Dom Juan refuse de se soumettre à l'ultimatum de la Statue, tout en se rendant à son invitation. Si Dom Juan ne croit pas au surnaturel, pourquoi joue-t-il le jeu jusqu'au bout ? Cet argument a été invoqué par les interprètes qui voient en Dom Juan non un athée, mais un impie, non quelqu'un qui refuse de croire en Dieu, mais quelqu'un qui vit mal, qui tout en reconnaissant le pouvoir de Dieu, défie ce pouvoir. Le défi postule, en effet, l'existence de la puissance que l'on défie.

Or, Dom Juan a suffisamment proclamé son athéisme pour qu'on ne mette pas en doute sa conviction. Son athéisme est à la racine même de son comportement, il est posé comme un principe fondamental d'où découle tout le reste, quelle que soit la signification positive ou négative qu'on lui donne.

Mais cet athéisme est lié chez Dom Juan à sa passion de la liberté. On pourrait donc voir dans son geste, qui fond de manière contradictoire l'acception et le refus, l'expression de sa révolte, consciente et lucide, contre un ordre injuste. Cet ordre ne serait pas celui de Dieu, il ne serait pas non plus celui des hommes, il serait celui du monde, d'un monde ne supposant pas forcément un Dieu qui l'ait créé, mais un monde obéissant en tout cas à des lois qui entravent la liberté humaine.

Cette explication peut se ramener aux comportements humains les plus ordinaires. Par exemple, le tabac, dont il est question au début de la pièce, est la source d'un plaisir qui, à long terme, est mortel. Le fumeur sait qu'en se livrant à son vice il se condamne peut-être à une mort atroce, mais il persiste consciemment dans ses habitudes pour affirmer sa liberté.

La gratuité du plaisir affirmée par Dom Juan exprime un défi à l'ordre du monde, à l'état des choses, dont il est conscient mieux que personne, dont il tient compte mieux que personne, dont il imite souvent, dans ses relations avec les autres, la cruauté aveugle, froide, objective, mais qu'il refuse au nom de sa liberté.

Après la disparition du « *méchant homme* », Sganarelle sort de dessous la table où il s'était caché et pleure en réclamant « *ses gages* ».

Ainsi, Sganarelle qui a eu le premier mot de la pièce a également le dernier.

Lors de la première distribution de *Dom Juan*, au Palais-Royal, Molière tenait le rôle de Sganarelle.

Avec Sganarelle, la bouffonnerie reprend ses droits, mais le ton reste grinçant. Molière n'est pas Brecht et il serait vain sans doute d'imaginer un quelconque message dans cet épilogue surprenant, qui a surtout une fonction théâtrale et non idéologique, celle de surprendre et de casser l'effet spectaculaire de l'épisode fantastique, en le dévalorisant selon un procédé constant tout au long de la pièce.

Ce dernier contraste constitue l'aboutissement extrême d'une longue chaîne de dissonances et obéit à la loi du mélange des genres, des styles, des registres, des tons, qui régit cette œuvre apparemment cacophonique et pourtant admirablement structurée.

5

Questions de synthèse

Une construction hybride

Une pièce mal faite

Longtemps *Dom Juan* fut une pièce mal aimée et mal comprise. Le principal reproche qui lui était adressé visait la structure, jugée informe. L'appréciation d'un critique du début du XXe siècle, Emile Faguet, résumait l'opinion courante sur cette œuvre estimée marginale dans la carrière de Molière. *Dom Juan*, selon Faguet, était « une pièce mal faite, incohérente, disparate ».

Dans la perspective de la tradition classique, cette condamnation se justifiait parfaitement. Or, la réaction même qu'elle suscitait montrait à quel point la sensibilité française, en dépit de la révolution romantique, était restée imprégnée du principe d'unité.

De ce point de vue, le *Dom Juan* est une œuvre aussi aberrante que n'importe quelle comédie de Shakespeare. Il est vain d'y chercher une structure homogène, centrée sur une intrigue unique et clairement motivée. Emile Fabre, qui fait l'éloge de la pièce mais ne l'a pas plus comprise que M. Faguet, expliquait justement la si longue indifférence dont elle a été victime par son éparpillement déconcertant. Au lieu de former un tout, son action offre une ligne brisée, au lieu de s'enchaîner selon une progression dramatique inéluctable, les scènes sont fragmentées. A première vue, *Dom Juan* pourrait, en effet, passer pour une pièce à sketches, tellement chaque scène semble conçue de façon autonome, sans lien avec celle qui la précède et celle qui la suit. Et pourtant, il n'en est rien. *Dom Juan* est une œuvre d'une cohérence formelle absolue. Simplement elle n'obéit pas au principe d'unité qui a définitivement modelé nos esprits habitués à penser en ligne droite, jamais en courbe ou en cercle. *Dom Juan* est une œuvre où chaque scène est pensée en fonction de l'ensemble avec laquelle elle entretient des rapports non concentriques mais polysémiques, pluriels.

Dom Juan est une pièce hybride, non dans un sens péjoratif, non hybride par hasard ou par défaut, mais voulue et conçue comme telle, construite selon le principe d'hybridité qui engendre une forme d'une nécessité aussi impérieuse que celle qui régit les tragédies de Racine, mais une nécessité différente, qui appartient à un ordre d'idées différent. Molière y entrechoque les temps, les lieux, les événements, et surtout à peu près tous les genres de discours, il entremêle le sérieux et le bouffon, le haut et le bas, la terre et le Ciel.

En cela, *Dom Juan* échappe, il est vrai, à l'âge classique. On l'a dite, souvent, baroque. En fait, elle est surtout le vestige d'une culture en voie de disparition au XVIIe siècle à cause du monopole exercé par la culture mondaine et savante, de cour et de salon; elle est la résurgence unique, isolée de cette culture populaire du Moyen Age, dont Rabelais a été, au XVIe siècle, le génial dépositaire et le merveilleux intercesseur. On a parlé de « fatrasie » à propos de la tirade prononcée par Sganarelle au cinquième acte, mais dans un sens c'est toute l'œuvre qui est un fatrasie, qui est fondée sur la parodie des styles et des idées, sur une cacophonie volontaire et savamment dominée.

Mais si *Dom Juan* apparaît comme archaïque, par ce trait, elle est aussi moderne, ce qui explique le succès qu'elle obtient de nos jours.

Il a fallu attendre le XXe siècle pour que cette œuvre s'impose, tout simplement parce qu'elle convient à notre sensibilité. Son audience est le meilleur signe pour apprécier dans quelle mesure la sensibilité de l'homme d'aujourd'hui, son intelligence du théâtre, a changé. *Dom Juan* est une pièce construite non selon une orientation déterminée par un commencement, un milieu et une fin, mais par un principe qui a été popularisée par le cinéma, et qui marque l'esthétique de notre époque : ce principe est le montage.

Le montage

Si au lieu de lire la pièce en fonction de l'enchaînement linéaire, nous l'envisageons dans sa globalité, nous remarquons des lignes de forces qui correspondent à des figures de rhétorique : parallélismes, antithèses, hyperboles, anaphores, digressions, oxymorons, chiasmes.

La composition n'est pas destinée à servir un langage, elle est elle-même un langage. Elle est régie tout entière par le principe de contradiction. Ce n'est pas la moindre ironie que de montrer un héros cartésien tel que Dom Juan sans cesse amené à violer la règle d'or du « *deux et deux sont quatre* » à laquelle il prétend conformer sa conduite. Alex Szogyi, dans son livre *Molière abstrait*, a très justement remarqué cette bizarrerie :

> **« La structure, elle »**, écrit-il, **« soulève d'innombrables points d'interrogation aussi. Au second acte, Pierrot le paysan narre à Charlotte comment il lui est arrivé de sauver la vie à Don Juan. A la fin du même acte, Don Juan aurait séduit, sans difficultés, la jeune paysanne aimée de Pierrot. Pierrot n'est pas exactement récompensé de sa bonne action. La rapidité avec laquelle le malheur le frappe semble plutôt relever du châtiment. Au troisième acte, Don Juan vient en aide à Don Carlos, un des frères d'Elvire. Il se précipite au secours de quelqu'un qui se propose de le sermonner, voire de le tuer. Ainsi, dans le courant de deux actes, Don Juan punit celui qui l'avait sauvé et sauve celui qui veut le punir. L'ironie de l'intrigue rejoint l'ironie même de l'existence.**
>
> **Don Juan ne paiera pas ses dettes envers M. Dimanche, à qui il doit de l'argent. Il fera tout pour outrager son père, à qui il doit obéissance. Molière semble suggé-**

> **rer que personne n'est récompensé selon ses mérites. Où est la justice? Don Juan est châtié dans la pièce, précisément lorsqu'il obéit à l'invitation de la statue, l'une des rares occasions où il obéit à quelqu'un. La vie est incompréhensible — selon Molière — nous ne sommes jamais prêts pour ces coups de théâtre. Tout arrive au pire moment de l'existence. Ce n'est que lorsque Done Elvire le quitte pour prendre le voile, que Don Juan ressent de la tendresse à son égard. Les hommes sont une curieuse mixture de sentiments incompréhensibles et mal agencés. »** (Szogyi, 20, p. 139)

Dom Juan se veut toujours en prise sur les événements, il cherche en toute circonstance à rester maître de la situation, à avoir le dernier mot. Et pourtant, ce conquérant, qui se compare à Alexandre, est toujours tenu en échec. Ce séducteur sans cesse à l'affût d'une nouvelle proie est constamment en train de fuir.

Ainsi sa prétention à l'inconstance n'est souvent que le masque de son impuissance. Le naufrage est un épisode quasi symbolique de cette disproportion grotesque entre l'immensité des désirs proclamés et les piteux résultats auxquels ils aboutissent. Dom Juan ayant perdu la femme qu'il convoitait est obligé de se rabattre sur deux pauvres paysannes qu'il n'a pas de mal à éblouir. Mais, au moment où il se croit sur le point de triompher, il est contraint à une fuite précipitée et doit se déguiser en valet pour échapper à ses poursuivants.

La construction de l'intrigue consiste donc à prendre à rebours la loi du genre, elle présente un héros, qui, au lieu d'avancer, recule. C'est la principale fonction du mythe qui s'en trouve pervertie : le conflit entre la liberté individuelle et la morale religieuse et sociale fait place à une opposition dérisoire entre le langage et la réalité, entre une ambition chimérique et l'inéluctable cours des choses.

Dom Juan sera amené, d'ailleurs, à le constater, lorsqu'au dernier acte, il explique sa conversion à l'hypocrisie par la nécessité de « *s'accommoder aux vices de son siècle* ». L'important n'est pas le mot vices, mais l'obligation de s'y accommoder. Ce pragmatisme soudain signifie de toute façon une sérieuse entorse à la volonté de liberté. D'ailleurs, cette ultime parade ne produira pas les fruits escomptés. Après un bref et facile succès auprès de son père, Dom Juan se heurtera à Dom Carlos avant de périr en donnant la main à la Statue.

Parallélismes et inversions

Les parallélismes, déjà déterminants dans la construction de *Tartuffe* deviennent ici l'axe central de la composition.

Ainsi, la scène avec Done Elvire au quatrième acte ne prend son sens que par rapport à sa première apparition au premier acte. De même la scène avec Dom Louis au dernier acte est absolument symétrique de la première rencontre entre Dom Juan et son père. Dans son repentir hypocrite, Dom Juan répond point par point aux reproches qui lui avaient été adressés par son père à quelques scènes de distance.

Enfin, les deux scènes avec Dom Carlos se répondent pareillement. L'hypocrisie de Dom Juan lui a aliéné l'estime et la sympathie que lui avait valu son courage auprès du frère de Done Elvire.

Il est inutile d'insister sur la symétrie des deux soupers.

La Statue lance un défi à Dom Juan, mais il ne faut pas oublier que l'impie a le premier provoqué le Ciel.

Ces quatre séries parallèles sont reliées selon une combinatoire qui règle les alternances, les similitudes et les oppositions.

Les trois protagonistes humains font tous pression sur Dom Juan pour l'amener à changer de vie, tandis que la Statue se contente de répondre à la moquerie du libertin. Le calme laconique du Commandeur tranche sur l'émotion manifestée par les autres personnages.

Mais Dom Juan doit faire face aux initiatives de son père, de Done Elvire et de Dom Carlos, tandis qu'il prend l'initiative face à la Statue. Il est passif dans les trois premiers cas, et il se tirera d'affaire; il est actif dans la dernière situation qui lui sera fatale.

L'attitude de Dom Juan envers Dom Carlos au cinquième acte constitue le parfait démenti de la conception de l'honneur qu'il défendait en mettant en fuite les brigands. Dom

Juan prouve qu'il n'a gardé de ses origines qu'une bravoure purement physique, mais que moralement il est indigne de sa naissance.

On peut voir une ironie supplémentaire dans le fait que Dom Carlos veut l'obliger à renouer avec Done Elvire au moment où celle-ci a résolu la question en se retirant au couvent de son plein gré.

Dom Louis, Dom Carlos et Done Elvire se réfèrent tous trois à un idéal que Dom Juan tourne en dérision. Mais les deux hommes restent prisonniers des conventions et d'un compromis qui, comme le montre fort bien le libertin, aboutit au triomphe de l'hypocrisie. Seule Done Elvire dépasse le cadre étroit des convenances, ce qu'elle souligne elle-même par son allusion à l'heure tardive et au caractère incongru de sa visite : « *Ne soyez pas surpris, Dom Juan...* » Elle ose venir chez le scélérat qui l'a séduite, trompée, humiliée, elle ose transgresser les bienséances mondaines et humaines. Done Elvire et Dom Juan se rejoignent dans le mépris des préjugés, mais la bassesse de Dom Juan s'oppose à la noblesse de Done Elvire, quand il ralliera le camp des hypocrites pour mieux enfreindre une morale qui fait obstacle à ses désirs.

La succession apparemment incongrue d'un tableau villageois après la tension du premier acte dissimulait, en fait, un contrepoint subtil entre la trahison d'Elvire par Dom Juan et la trahison de Pierrot par Charlotte. Le parallélisme se doublait d'un chiasme qui tout en intervertissant les rôles montrait que les relations amoureuses obéissaient à des lois indépendantes des circonstances, des mœurs et des milieux sociaux.

La forme et le contenu

La construction dramatique de *Dom Juan* semble donc fondée sur le principe de symétrie, mais loin de répondre au culte des proportions cher à l'esthétique classique, cette symétrie n'est exhibée que pour être perpétuellement subvertie et invertie.

Les parallélismes sont un cadre commode pour toutes les variations et toutes les transgressions possibles. La linéarité de l'intrigue interdit les chassés-croisés permanents qui sont permis par la disposition en miroir de scènes qui tirent leur sens moins de leur succession que d'une forme ouverte en rupture avec les contraintes habituelles de la temporalité, de la chronologie. Certes, Molière n'est pas Faulkner, mais la vérité psychologique lui apparaissait déjà incompatible avec le déroulement traditionnel d'une histoire rectiligne.

La structure de *Dom Juan* traduit une liberté qui s'accomplit avec une intensité particulière dans les rapports entre la forme et le contenu.

Au lieu de se plier aux prescriptions d'un mythe déjà sacralisé par la tradition au moment où il écrit sa pièce, Molière s'empare de cette donnée initiale pour substituer au message conformiste de rigueur une interrogation aussi discordante que dérangeante. La forme, au lieu de servir le contenu, le déconstruit. Il s'ensuit une démystification qui affirme la primauté du jeu théâtral sur le conformisme officiel. Dans ce sens, *Dom Juan* va beaucoup plus loin que *Tartuffe*, sans doute grâce aux ambiguïtés ménagées par la fantasmagorie, par la dimension fantastique du sujet.

La surprise

Il ne faut pas oublier que, très prosaïquement, Molière avait tout d'abord entrepris d'écrire et de faire jouer *Dom Juan* pour renflouer les caisses de son théâtre. Il entendait donc proposer au public un spectacle divertissant. Il comptait beaucoup pour cela sur les « machines », les trucages toujours très appréciés par les badauds.

Mais Molière s'est également tourné vers d'autres procédés pour séduire et surprendre les spectateurs du Palais-Royal, sans quoi sa pièce aurait subi le sort de tant de spectacles de ce temps-là, voués à des succès éphémères. Molière s'est attaché pour cela, par le moyen du texte, à renouveler à chaque scène l'intérêt d'une histoire dont le sujet, dans ses grandes lignes, était déjà connu de tous.

Il a essentiellement joué des contrastes, des situations inattendues, des épisodes dont la gratuité par rapport au fil conducteur de l'intrigue avait justement pour fonction de faire diversion, de solliciter une curiosité qu'il fallait toujours tenir en éveil.

Le sujet s'y prêtait et par un mimétisme que l'on peut également constater dans *Tartuffe* le goût affiché de Dom Juan pour une nouveauté surprenante trouvait tout naturellement à s'exprimer sur la scène. L'attente de nouvelles aventures coïncidait avec une esthétique théâtrale qui donnait la primauté à la surprise sur la convention.

Dès la tombée du rideau, on entrait comme par effraction dans une conversation entre deux valets, où en guise d'événements importants on régalait la salle d'un hymne au tabac! On passait de ce ton plutôt burlesque à la scène pathétique marquée par le chagrin et l'humiliation de Done Elvire. Au deuxième acte, on tombait sans transition de la haute aristocratie chez des paysans patoisants.

Les retards constants apportés au développement de l'intrigue permettaient à la fois de poser des questions de fond et de dérouter le public tout en le tenant en haleine en lui faisant espérer la reprise du feuilleton romanesque. Au troisième acte, chaque rencontre est inattendue et perçue avec la violence d'un hasard que l'on interprète vaguement comme un signe mystérieux du destin. Au quatrième acte, chaque visite est ressentie comme une intrusion déconcertante aussi bien par Dom Juan attendant désespérément son souper que par le spectateur agressé par des personnages nouveaux, qui ne sont pas annoncés par ce qui précède et sans aucun lien avec le fil de l'intrigue. L'irruption de Done Elvire semble faire exception, mais la transformation qu'elle a subie et l'incongruité de sa visite exigent qu'elle-même rende compte du caractère «*surprenant*» de sa démarche.

Enfin, au cinquième acte, la «*conversion*» de Dom Juan est assénée sans préambule et a de quoi étonner aussi bien le public que le pauvre Sganarelle. La longue dissertation de Dom Juan sur les mérites de l'hypocrisie n'en sera suivie qu'avec plus d'intérêt.

Cette succession de surprises n'est pas l'effet d'une liberté qui se complaît dans les effets faciles et superficiels, car elle est constamment motivée mais sur un tout autre plan que celui d'un enchaînement formel et convenu. Chaque épisode est apparemment fragmenté et pourtant profondément déterminé par une nécessité interne qui le rattache aux autres par tout un réseau de corrélations subtiles.

La nécessité

Le spectateur attentif et le lecteur avisé, ceux chez qui le plaisir de l'histoire n'obture pas la réflexion, s'aperçoivent aisément que l'ensemble de la pièce est cousu de bonne main et présente une cohésion sans faille. Ainsi les intervalles entre les scènes parallèles sont-ils très exactement mesurés, ainsi les visites du quatrième acte suivent-elles une gradation qui culmine avec l'apparition du Commandeur, si bien que l'on n'imagine pas un ordre différent. De même au dernier acte il serait aberrant de supposer que la conversation avec Dom Louis puisse être intervertie avec la rencontre avec Dom Carlos.

La longue démonstration des bienfaits de l'hypocrisie qui sert de chaînon entre ces deux épreuves assure une clarification des motifs de Dom Juan, mais elle jette une lumière indispensable sur la scène qui précède comme sur celle qui suit. Le succès obtenu auprès de Dom Louis sera obscurci par l'échec auprès de Dom Carlos.

Il n'est pas jusqu'au ballet du deuxième acte qui n'apparaisse comme un intermède obligé, un moment de théâtre dans le théâtre qui met en perspective la rupture avec Done Elvire aussi bien que la scène avec le pauvre, montrant que le tentateur a franchi un degré de plus dans son entreprise de transgression. L'avertissement providentiel implicite donné à Dom Juan par le naufrage est relayé par le second avertissement donné par la statue.

Il en va de même avec les résonances discrètes mais d'autant plus convaincantes qui mettent en relation des scènes se succédant apparemment sans lien. La faconde déployée par Dom Juan avec M. Dimanche contraste avec le silence méprisant qu'il observe pendant le sermon de son père. Il est aisé de mesurer alors les limites des privilèges qu'il doit à sa qualité de grand seigneur.

Loin d'être gratuite, l'éclatante liberté dont a fait preuve Molière dans la conception de son œuvre s'accompagne d'une cohérence absolue dans la détermination de chaque épisode. La nécessité de la construction n'est pas complémentaire de la liberté d'invention, elle en est le fruit. Chaque moment surgit du néant, comme tout ce qui arrive dans la vie, chaque accident a le naturel et l'irrationnalité qui sont le propre du hasard, mais leur assemblage dessine une configuration qui leur donne en retour la force de l'évidence.

Cette alliance entre une spontanéité miraculeuse et la rigueur d'un maître d'œuvre attentif provient de la distance que Molière a su prendre par rapport à une tradition qui privilégie les relations explicites au détriment de valeurs plus discrètes et plus profondes.

La place qu'occupe dans l'œuvre la scène du pauvre est la manifestation la plus probante de cette inversion dans la hiérarchie des plans en présence, celui de l'anecdote, c'est-à-dire de la structure apparente, et celui de la réflexion philosophique, c'est-à-dire de la structure cachée.

Cette scène n'apporte rien à l'intrigue et on a pu la couper sans aucune incidence sur l'intérêt de la pièce à ce niveau. Mais elle est la clé de voûte de cette dramaturgie abstraite qui se déroule parallèlement à la dramaturgie factuelle. Si on l'enlève tout cet édifice s'effondre.

La problématique qui est au cœur du mythe de Dom Juan repensé par Molière est posée, en effet, de manière cruciale dans cette scène.

Le débat opposant les arguments de la foi à ceux de la raison constitue, en effet, le véritable espace théâtral où retentit la question métaphysique qui a pris corps dans le personnage de Dom Juan, la question des valeurs fondamentales, la question du sens de la vie.

Mais l'œuvre de théâtre, l'œuvre appréhendée dans sa substance dramatique n'est pas un prétexte à des discours, elle n'est pas une mise en scène habile de situations symboliques, elle est nourrie par cette inquiétude, qui n'est pas celle de Molière, qui est celle de son siècle et qui reste toujours actuelle. Le génie de Molière est d'avoir fait une pièce de théâtre pur, tout en l'innervant de ces multiples fils qui tissent une interrogation croissante, une interrogation que le dénouement ne résout pas, qu'il ouvre au contraire sur de nouvelles questions.

La nécessité qui gouverne la trame dramatique n'est pas de nature discursive, mais relève de procédés de construction empruntés à la musique, l'art le plus idéalement dépouillé de toute prétention doctrinaire. L'intensification de l'inquiétude spirituelle qui croît de scène en scène, qui harcèle le spectateur, est produite par un procédé d'accumulation correspondant à la forme musicale du thème et variations.

Et l'*ostinato*, cette répétition obstinée d'un même motif, martèle tout au long des cinq actes le mot qui exprime, peut-être, le vrai sujet de l'œuvre, le Ciel, qui retentit dans les intonations et les connotations les plus diverses, qui est prononcé de manière soit pathétique, soit emphatique, soit dérisoire.

Cet aspect ne doit pas faire oublier l'immense richesse d'observations, d'expériences mise en œuvre dans cette comédie, qui est comédie au sens le plus large, le plus ancien, la comédie comme miroir du monde, divine comédie comme l'entendait Dante, ou comédie humaine, comme plus tard la concevra Balzac.

Une comédie humaine

La dimension historique

On ne peut aborder *Dom Juan* sans tenir compte de la réalité historique dans laquelle cette pièce est ancrée. A bien des égards elle contient une chronique des mœurs de ces temps.

Il est significatif que bon nombre d'épisodes aient été inspirés par des anecdotes recueillies dans les *Historiettes* de Tallemant des Réaux, le plus talentueux conteur de potins du XVIIe siècle. C'est une œuvre qui précède de quelques années à peine *Dom Juan.* Molière a pu y trouver la source de la profession de foi rationaliste de son héros. Un certain Maurice de Nassau avait fait sur son lit de mort cette belle réponse à des théologiens venus le conjurer de se convertir : « *Je vous dirai seulement que je crois que deux et deux sont quatre et quatre et quatre sont huit.* »

Tallemant avait aussi raconté comment l'archevêque de Reims, d'Estampe, de Valençay, renvoyait ses créanciers en les accablant de politesses, de même que Dom Juan congédiant Monsieur Dimanche. Le nom même de Monsieur Dimanche n'est peut-être pas de l'invention de Molière, il est attesté par des actes notariés de l'époque.

Il n'est, à vrai dire, pas d'endroit de la pièce qui n'ait sa référence dans l'histoire de cette époque. La scène du pauvre a pu avoir pour origine un fait réel dont l'auteur était un seigneur libertin, le chevalier de Roquelaure, qui avait été emprisonné pour avoir raillé la religion. Quand l'origine des situations mises en scène par Molière ne provient pas directement de la réalité contemporaine, on peut la trouver dans la littérature. Déjà Cyrano de Bergerac avait représenté sur la scène des paysans parlant patois.

Quant au héros, des études minutieuses ont montré que sa conversion à l'hypocrisie a sans doute été calquée sur celle du Prince de Conti qui s'était fait admettre dans la Compagnie du Saint-Sacrement après avoir mené une vie de débauche. Le soupçon d'hypocrisie était si fort qu'une lettre de Conti à son directeur de conscience, l'abbé Ciron fait état de la rumeur répandue contre lui par l'évêque d'Aleth, celui-là même qui avait été à l'origine de sa conversion. Conti écrivait : « Car en vérité j'ai bien connu que mon orgueil était grand puisqu'il ne me permet pas d'être insensible à l'accusation d'*hypocrisie*. Je crois que je puis être beaucoup coupable de ce péché à l'égard de Dieu, quoiqu'il ne me soit pas connu et qu'il me soit caché sous le voile de l'amour-propre. »

La plupart des sujets qui alimentent les discussions ou même qui jouent un rôle actif dans les événements se rapportent à l'actualité de ces années-là, que ce soit le vin émétique, objet d'une longue querelle dans le corps médical, ou l'usage du tabac, objet d'anathèmes divers, au nom de la médecine ou de la religion, ou même le danger auquel s'exposaient ceux qui prenaient la liberté de blasphémer, ou enfin les duels qui, tout en étant interdits, restaient attachés à une vieille conception de l'honneur, mise en cause par Dom Carlos.

Tout cela donne à l'œuvre ce que les romantiques appelleront « la couleur locale ». Mais alors que, dans les drames du

XIXe siècle, ces détails qui localisent une histoire sont empruntés, fabriqués, ici, Molière les puise spontanément dans la vie qui l'entoure. Il est évident que la distance historique donne aujourd'hui à ces éléments une saveur différente de celle que devait leur trouver les contemporains.

Cet ensemble de phénomènes qui définissent le fond culturel commun d'une époque et d'une société ne fait pas seulement partie du décor, il entre dans la matière même de l'œuvre. Il s'ensuit un amalgame avec les données du mythe venu d'Espagne qui n'est pas sans entraîner une bigarrure parfois étrange, lorsque des personnages espagnols évoluent en Sicile au milieu de paysans d'Ile-de-France.

Ces entorses au réalisme étaient alors ressenties comme parfaitement naturelles. L'important était la vérité théâtrale où toutes ces informations contradictoires étaient brassées, intégrées, ce qui n'empêchait pas une connivence entre les spectateurs et les acteurs qui donnait aux sujets sensibles toute leur force explosive. Cela explique la charge satirique contenue dans maints passages qui nous paraissent à présent bien innocents. Alex Szogyi relève justement ces associations qui ont perdu avec le temps leur impact quand il écrit :

> **« D'autre part, il est des moments dans la pièce qui constituent autant d'allusion à des événements contemporains. C'est ainsi que le premier discours de Sganarelle, à propos des vertus du tabac, se référait ouvertement à la controverse qui divisait les gens du XVIIe siècle sur l'habitude de priser. Comme la Compagnie du Saint-Sacrement s'opposait à ce que l'on prise du tabac dans les lieux publics, quoi de plus naturel que Molière s'opposât aux opposants. »**

Et l'auteur de *Molière abstrait* conclut plus loin :

> **« *Dom Juan* est l'une des mesures les plus hardies que Molière s'avisa de prendre contre le mensonge envahissant. Il ne s'en prenait pas qu'à un faux dévot ou, plus tard, à un amoureux misanthrope et misogyne. Il s'en prenait à tout ce que la société de son temps comportait de pourri. »** (Szogyi, 20, p. 142)

Il est évident que la métamorphose de Dom Juan en hypocrite au dernier acte prend tout son poids dans cette dénonciation des tares d'une société. Quelle que soit l'interprétation que l'on veut donner de la pièce, on est obligé de tenir compte de ce facteur qui explique par des raisons extra-théâtrales cette innovation capitale de Molière par rapport au mythe légué par la tradition. Tirso, aussi bien que ses successeurs italiens et français, faisait de Dom Juan un débauché sans scrupules mais non un faux dévot. Le fait que ce vice apparaisse comme la culmination de l'ignominie et attire sur le scélérat la vengeance du Ciel doit être relativisé par ces considérations. On assiste à une contamination entre la logique interne du personnage et la tentation de Molière de l'utiliser pour démasquer ses adversaires.

Cependant tous ces aspects ne constituent pas le centre d'intérêt principal de l'œuvre. Ils ne concernent qu'une certaine couche de la société. Dans *Dom Juan*, Molière semble avoir poursuivi un dessein plus vaste qui consistait à rassembler sur la scène des échantillons de tous les milieux de manière à peindre une fresque de toutes les composantes du pays réel et non une élite pervertie, fût-elle la plus agissante et la plus dangereuse des forces qui se mesuraient alors au sommet de l'Etat.

La dimension sociale

Molière dans *Dom Juan*, plus que dans aucune autre pièce, a représenté les différentes classes sociales avec leur mentalité, leurs mœurs, leur langage. Les aventures de son héros sont un fil conducteur qui permet à l'auteur d'ouvrir à l'ensemble de la société la scène de théâtre d'ordinaire réservée à une minorité choisie. Le dramaturge se transforme alors en ethnologue autant qu'en sociologue. Il confronte des types humains déterminés par leurs conditions de travail et de vie.

Dom Juan, avant d'être homme de plaisir, est homme de loisir. Il est un grand noble en voie de se déclasser. Il a gardé de ses origines le comportement humain du grand seigneur à qui tout est permis. Ses relations avec son valet traduisent le pouvoir absolu qu'il détient de ses privilèges de caste. La peur qu'il inspire à Sganarelle n'est pas pour celui-ci qu'un alibi facile pour excuser sa lâcheté et sa complaisance; elle repose sur un chantage permanent exercé par un maître sans scrupules pour dévoyer un esprit faible.

La licence à laquelle se livre Dom Juan s'explique en grande partie par son appartenance à la haute noblesse. Le prestige de son nom, la faveur du Roi, en raison des services rendus autrefois par son père le mettent pendant longtemps à l'abri des lois. Il peut perpétrer ses forfaits en toute «*impunité*». Le mot revient souvent dans son apologie de l'hypocrisie. Il est réduit à cet expédient quand l'excès de ses scandales incite son père à lui retirer son soutien.

Dom Juan se sait orgueilleusement au-dessus des lois, il se sent également au-dessus des autres hommes. Son individualisme et son amoralisme sont indissociables de ce sentiment de supériorité qui s'exprime par sa passion de la domination. C'est pourquoi la bravoure dont il fait preuve à maintes reprises, et jusqu'à la fin, face au Commandeur, n'est pas en contradiction avec sa scélératesse; elle en est le complément logique.

Dom Juan est un noble dévoyé, mais il est un noble dévoyé parce qu'il est un noble décadent. Il incarne la décadence d'une classe qui a perdu dans la société la prééminence qu'elle avait dans le passé.

La Fronde est, pour une classe en déclin, la dernière tentative de maintenir sa suprématie. Sous Louis XIV, l'instauration de la monarchie absolue va définitivement étouffer les ambitions d'une noblesse qui, écartée des affaires, devra désormais occuper ses loisirs : la galanterie était auparavant le repos du guerrier; elle deviendra sa principale occupation.

A la fin du XVIIIe siècle, peu avant la Révolution, Choderlos de Laclos a décrit dans ses *Liaisons dangereuses* l'aboutissement de ce processus de dégradation de la classe jadis dominante. *Dom Juan* est le signe des premières failles qui apparaissent dans la position politique et sociale de l'aristocratie.

Dom Juan ne croit plus aux valeurs qui fondaient son origine, son identité, aux valeurs que défend encore Dom Louis, assimilant la noblesse à la vertu. Dom Juan fait au contraire de sa noblesse l'instrument de ses vices. Mais, en réalité, la source de son comportement est dans la dévalorisation générale de l'aristocratie.

La vie et la mort de Dom Juan illustrent le processus d'autodestruction d'une classe condamnée par l'histoire.

La dernière mutation de Dom Juan prend tout son sens dans ce contexte-là. La première partie du discours sur l'hypocrisie devenue «*un vice à la mode*» montre bien que la fausse dévotion n'est pas le fait de quelques personnalités isolées. C'est une stratégie qui permet non seulement une couverture commode pour des plaisirs interdits, c'est surtout une manœuvre politique de la noblesse frondeuse pour comploter contre la monarchie. En se ralliant à la cabale, Dom Juan imite le Prince de Conti, ancien Frondeur, ennemi juré de Louis XIV, qui en entrant dans la Compagnie du Saint-Sacrement entend se mettre à l'abri sous l'aile de la puissante confrérie.

La référence à Conti comme modèle de Dom Juan prend dès lors une signification qui n'est plus anecdotique, elle fait de Dom Juan non plus un héros atypique, mais le représentant synthétique de toute une classe qui s'est attirée l'hostilité du Roi et cherche à se maintenir contre le vent de l'histoire.

Mais ce repli de la noblesse engendre des comportements opposés à celui de Dom Juan. Désorientée par une mutation qui la condamne à long terme, la noblesse écoute aussi parfois les voix qui prêchent le retrait du monde. A la fausse dévotion de Dom Juan répond la vraie dévotion de Done Elvire. Molière met dans la bouche de l'un la copie habile des clichés du discours dévot; il donne à l'autre les accents de la foi la plus sincère. Le modèle reste le même dans les deux cas, *L'Introduction à la Vie dévote* de Saint François de Sales.

Les cinquante rééditions de cet ouvrage édifiant montrent qu'il était en phase avec la sensibilité du temps, un besoin d'épanchement mystique représenté ici par la conversion de Done Elvire. Ce n'est pas le parallélisme le moins signifiant de la pièce que celui des deux mutations à peu près simultanées de Dom Juan et de Done Elvire, l'un prenant le masque du faux dévot peu après que son épouse lui ait annoncé sa décision de prendre le voile.

Molière ne limite pas l'action de sa pièce au seul cadre de la haute aristocratie. Il met son héros en contact avec tous les milieux. La confrontation de modes de vie et de pensée différents coexistant dans une même société produit une distanciation critique qui montre tout d'un coup cette société, non dans son apparence, mais dans sa réalité scandaleuse. Le propos de Molière, certes grand favori du Roi, n'est pas politique. Par leur jargon ses paysans devaient susciter plutôt le rire que la compassion de son public. Mais il emploie à des fins théâtrales un procédé qui sera repris plus tard par les philosophes du XVIIIe siècle pour dénoncer les inégalités sociales et les abus d'un régime fondé sur l'arbitraire et l'injustice.

Le deuxième acte est un peu l'équivalent de *L'Ingénu* de Voltaire dans une perspective inverse : « *Comment peut-on être un Huron* ? », se demandent les Bas-Bretons de Voltaire, « Comment peut-on être un "gros Monsieur" ? » semblent se demander les paysans de Molière, en admirant avec ahurissement ce personnage enrubanné et attifé comme quelque sorcier exotique ou une poupée de théâtre.

L'irruption des deux compères dans cette tribu rustique n'est pas seulement pour Molière l'occasion d'exécuter un brillant morceau de théâtre dans le théâtre. Il est intéressant de noter qu'il insiste très peu sur l'étonnement des gens venus de la ville devant ces campagnards qui devaient leur paraître un peu sauvages.

En revanche il suit le regard fasciné, éberlué de Pierrot, le regard admiratif et plein de convoitise de Charlotte devant ces fastes extravagants et inutiles. Le récit du sauvetage que Pierrot détaille complaisamment à Charlotte est lourd d'implications révélatrices de la distance qui sépare dans une même communauté nationale des êtres théoriquement égaux.

La nudité de Dom Juan après le naufrage, le spectacle de la longue et minutieuse séance d'habillage traduisent le passage de l'état de nature à l'état social. Le mamamouchi du *Bourgeois gentilhomme* n'est pas loin, mais le *Discours sur l'inégalité* de Rousseau, les démonstrations imparables du *Contrat social* ne seront que les déductions d'un constat très simple qui retentit dans le jargon naïf du paysan de Molière.

Le choc des cultures annonce les explosions qui se termineront par les têtes des aristocrates à la lanterne.

La scène avec Monsieur Dimanche ne répond pas davantage à une volonté de dénonciation ; c'est là encore l'aristocrate qui a le beau rôle, le marchand qui, dans sa balourdise, est ridicule. La différence d'attitude de Monsieur Dimanche envers le seigneur et envers le valet n'est pourtant pas innocente. Et surtout la situation qui rend un grand seigneur débiteur d'un petit bourgeois en dit long sur l'évolution d'une société.

Enfin on relèvera l'abondance des personnages épisodiques comme La Ramée, La Violette ou Ragotin, comme les gens de la suite des deux frères de Done Elvire, qui, pour être des figurants, ne laissent pas moins deviner, derrière la scène où paradent les premiers rôles, la foule de ceux qui composent ce que l'on appelle le peuple. Ce mot désignant un grouillement informe et vague ne signifie alors qu'une masse corvéable à merci, bonne à payer les impôts et à se faire tuer dans les glorieuses campagnes du très puissant Roi de France.

Le peuple, il apparaît pourtant au premier plan sur la scène, dans la personne de Sganarelle. Le valet incarne un certain état du peuple, le meilleur sans doute auquel le peuple pouvait alors prétendre, recevoir les miettes du festin des Grands, comme on le voit au dernier acte.

Sganarelle, en singeant son maître, représente la condition humiliante du serviteur réduit à réclamer ses «*gages*» à son maître, après la mort de celui-ci. Le cri absurde et éploré de Sganarelle n'a pas de signification politique, il détend l'atmosphère, il fait rire, il rappelle au dernier moment aux spectateurs qu'on a surtout voulu les divertir, il rend ses droits au burlesque dans une comédie dont le ton est souvent celui du drame.

Cette admirable trouvaille théâtrale n'en possède pas moins des connotations difficiles à écarter si l'on admet qu'un texte existe autant par ses potentialités que par ses déterminations immédiates. Le cri de Sganarelle annonce le moment où la situation se renversera, où, chez Diderot, le maître ne conduira plus le valet, mais où le valet fera la leçon à son maître.

La dimension sociale du spectacle imaginé par Molière n'exclut pas les autres dimensions de cette œuvre qui se définit surtout par sa pluralité, par sa capacité synthétique. Si les personnages se contentaient de représenter les catégories auxquelles ils appartiennent ils ne posséderaient pas cette force de fascination qui leur a permis de traverser les cultures et les siècles. C'est par la profondeur de leur singularité qu'ils atteignent à l'universel.

La dimension psychologique

Dom Juan est une pièce moins axée sur les caractères que les autres grandes comédies de Molière. Les trois personnages principaux, Dom Juan, Sganarelle et Done Elvire se détachent sur le fond de l'histoire politique et sociale comme des figures emblématiques plutôt que comme des individus doués d'une histoire particulière.

On doit remarquer que le premier acte, l'acte d'exposition, est avant tout consacré à présenter les trois personnages principaux, Sganarelle et Elvire escortant Dom Juan comme les trois figures d'un triptyque.

En donnant comme titre à son œuvre le nom du héros et non une métaphore convenue, Molière signifiait que son histoire était centrée sur Dom Juan. Et il est vrai que tous les autres personnages n'existent qu'en fonction du héros; ils sont positionnés par rapport à lui.

La démesure propre à Dom Juan, le désir d'absolu qui s'exprime à travers son appétit jamais satisfait de conquête, ont rendu problématique toute tentative de le réduire à un profil psychologique.

André Suarès a bien défini cet aspect du personnage mythique :

> **« Il est insatiable, ce Don Juan : car jamais sa passion ne rencontre un objet qui puisse le satisfaire. Et l'ironique nature l'a doué de telle manière qu'il désire toujours sans pouvoir jamais être satisfait. [...] Don Juan n'est pas infidèle : ce sont les objets du monde et de la vie éphémère qui trahissent Don Juan; toutes ces femmes, elles sont folles de lui; mais pas une n'est capable de le rendre fou d'elle. Pas une n'est sur le plan d'une passion égale à celle de cet homme, de ce qu'il exige, et qu'il cherche éternellement sans le trouver. Donna Anna, cessez de crier; et vous, de grâce, Donna Elvira, cessez de gémir et de pleurer : Ha, il n'est pas question de lit; il ne s'agit pas de faire des petits, mais de faire un monde. »**
>
> (Suares, 37, p. 37)

Cette définition s'applique à une idée abstraite de Don Juan, le Don Juan universel, l'allégorie de l'inassouvissement perpétuel qui correspond à l'une des tendances de la nature humaine.

C'est le mérite de Molière de ne pas s'être laissé enchaîner par le mythe et d'avoir respecté l'illusion réaliste. Son Dom Juan est doué d'une existence concrète, déterminée, il possède une personnalité qui explique ses actes.

Dom Juan est une force qui va. Il n'a pas de conflit avec lui-même, il ne se laisse jamais entamer par le doute. Il est un bloc de certitude. La tension dramatique n'est jamais intériorisée, elle naît du conflit entre Don Juan et le monde, l'ordre des choses. A la fin il sera vaincu, mais, quand il donne la main au Commandeur, il reste fidèle à lui-même. Jusqu'au bout, il refusera de se laisser ébranler. Cette fermeté est le leitmotiv qui parcourt toute la pièce. C'est pourquoi Dom Juan est le contraire d'un sceptique.

Lorsque, à la fin du quatrième acte, au moment de souper, Sganarelle lui annonce la visite de la Statue, Dom Juan murmure pour lui-même, comme pour se confirmer dans sa décision. « *Allons voir, et montrons que rien ne me saurait ébranler* ».

Au cinquième acte, à Sganarelle qui le conjure d'écouter les avertissements du Ciel, il répond, à propos de l'apparition de la Statue :

« Il y a bien quelque chose là-dedans que je ne comprends pas ; mais quoi que ce puisse être, cela n'est pas capable ni de convaincre, ni d'ébranler mon âme... »

Enfin, peu avant de périr, il répète à deux reprises sa volonté de ne pas se laisser intimider :

« Non, non, il ne sera pas dit, quoi qu'il arrive, que je sois capable de me repentir. »

On ne constate pas d'évolution chez Dom Juan : tel il est, tel il a été, tel il sera. S'il décide de faire l'hypocrite, cela ne met pas en cause ses convictions libertines, bien au contraire, puisque c'est pour mieux se livrer à ses plaisirs qu'il va feindre la dévotion.

On peut expliquer diversement sur le plan psychologique un entêtement aussi extraordinaire qui, à la fin, apparaît à la fois surhumain et absurde. On peut y voir l'expression d'un orgueil monstrueux, la passion de la liberté, la révolte contre une autorité que l'on récuse tout en reconnaissant son existence. Mais il faut bien reconnaître que lorsqu'on entre dans le domaine de la fantasmagorie, la psychologie accuse ses limites et que la part du symbole devient prédominante. Dès que l'on a franchi un certain seuil, le personnage s'efface devant le mythe.

Il est pourtant un aspect de Dom Juan qui l'arrache à cette espèce de pétrification et, en le rendant problématique, le réintègre à l'humanité ordinaire, c'est l'intérêt extrême qu'il porte à Sganarelle. Les relations entre le maître et le valet amènent, en effet, à se poser des questions sur une faiblesse humaine, trop humaine sans doute, pour ce héros bourré d'absolu. Cette faiblesse, elle apparaît insidieusement quand Dom Juan fait à Sganarelle cet aveu, quand il s'apprête à lui dévoiler les motifs de son hypocrisie :

« Je veux bien, Sgnarelle, t'en faire confidence, et je suis bien aise d'avoir un témoin du fond de mon âme et des véritables motifs qui m'obligent à faire les choses. »

Dom Juan a besoin de Sganarelle parce qu'il a besoin d'un témoin et d'un spectateur. Constamment le séducteur se donne en spectacle devant son valet. Il cherche à le convaincre, à le tirer dans son camp. Il y a chez Dom Juan une sorte de passion pédagogique qui le pousse à instruire Sganarelle, à l'éclairer, au sens où l'on parlera plus tard des lumières.

Mais Dom Juan n'enseigne pas à son valet la morale, il veut lui inculquer le nihilisme et le mépris de toutes les valeurs. Il jubile quand il réussit, il peste quand, la plupart du temps, il échoue.

On a vu parfois en Sganarelle une sorte de double de Dom Juan. Plusieurs passages semblent témoigner de cette intention de Dom Juan de faire de son valet plus qu'un confident, un autre lui-même, quand il lui commande d'expliquer à Done Elvire les raisons de son infidélité, quand à la fin du deuxième acte il échange ses vêtements avec Sganarelle, enfin quand il répond à la Statue qu'il viendra «*accompagné du seul Sganarelle*». Tant d'honneur pour un serviteur sot et poltron, incapable de raisonner a de quoi surprendre. Si Sganarelle est le double de Dom Juan il en est plutôt le double négatif, l'antithèse.

En tout cas, il est certain que Dom Juan enfreint sa solitude orgueilleuse en faveur du seul Sganarelle. Sans doute, faut-il y voir la confirmation de cette loi que nous n'existons que par les autres, fût-ce un seul autre, que nos pensées et nos actes ne prennent vraiment corps que lorsqu'ils sont reflétés dans la conscience d'autrui. A cette loi, même le superbe Dom Juan ne fait pas exception.

Il est difficile de parler d'un couple que formeraient Dom Juan et Done Elvire, car ce couple éphémère n'existe qu'au passé. Done Elvire dans sa première apparition se livre à une analyse introspective émouvante des troubles et des illusions de l'amour. Mais dans les deux scènes qui lui sont consacrées elle ne montre que les résultats de son évolution intérieure, non le processus. Là encore il n'y a pas à proprement parler de psychologie. On constate simplement un parallélisme entre les mutations opposées des deux personnages. Tous les deux effectuent un dépassement qui les hausse en quelque sorte hors de l'humain, Dom Juan se dépasse dans la bassesse et dans la négation, Done Elvire se dépasse dans la noblesse, dans le détachement et dans la foi.

Dom Louis apparaît comme une parodie du père noble cornélien. En définitive, les seuls personnages qui apparentent *Dom Juan* aux comédies de caractère de Molière sont les deux frères de Done Elvire, en particulier Dom Carlos qui analyse avec beaucoup de lucidité et de dignité ses états d'âme. Il appartient à la race des honnêtes hommes et des raisonneurs et s'oppose à Don Alonse, qui incarne les impulsifs, les violents, que leur caractère passionné entraîne vers les extrêmes.

L'un des thèmes principaux qui parcourt la pièce est celui du choix entre l'aliénation et la liberté.

Il y a le moyen terme, la voie moyenne, celle des compromis, c'est celle que, non sans tiraillement, a choisi Dom

Carlos, cet homme raisonnable. Il y a la liberté qui oblige au dépassement, la liberté dans le mal, c'est le chemin que suit obstinément Dom Juan; il y a la liberté dans le Bien, dans le mépris des convenances mondaines, c'est le parti adopté par Done Elvire.

Sganarelle représente la superstition et le conformisme d'un esprit faible qui, tout au long de la pièce, apporte la contradiction à l'esprit fort. Il est partagé entre la peur que lui inspire son maître, une fascination trouble, la servilité et une certaine vantardise qui le pousse à profiter des moments de complaisance de son maître.

Mais tous ces personnages sont marqués par un schématisme qui est propre à l'esprit de cette comédie. La psychologie des personnages reste sommaire parce que les centres d'intérêt voulus par Molière sont ailleurs. L'auteur a réussi à habiller d'une fiction crédible des propos qui dépassent trop largement le cadre de la comédie de caractère ou même de la comédie de mœurs pour s'accommoder des critères d'un théâtre de chambre.

Le conflit qui est raconté ici n'est pas psychologique, il est cosmologique, métaphysique. Le couple central n'est pas celui de Dom Juan et Done Elvire, ni même celui de Dom Juan et Sganarelle, il est celui composé par Dom Juan et le Commandeur, deux adversaires qui sont les prête-nom d'un débat éternel entre les hommes et Dieu, entre la raison et la foi.

Une comédie métaphysique

Le défi à la métaphysique

Le principal enjeu de l'histoire racontée dans *Dom Juan* n'est pas psychologique, ni politique, ni historique, il est idéologique, il est, surtout, métaphysique.
Alex Szoguy a écrit :

> **« Dom Juan constitue l'une des rares pièces de théâtre universelles où le langage mène à des conclusions d'ordre**

> **métaphysique. La pièce reflète un monde où Dieu est mort et où la destinée capricieuse nous joue toutes sortes de tours; un monde où l'on s'avance à l'aveuglette, conduits seulement par des qualités que nous savons cultiver en nous-mêmes, les vérités dans lesquelles nous croyons, les vertus intérieures qui nous prêtent notre force. »** (Szogyi, 20, p. 142)

La question centrale posée à travers le personnage de Dom Juan, à travers son attitude de défi envers l'ordre moral et envers les croyances qui le fondent, est la question de l'existence de Dieu.

Cette question est mise en scène à travers des situations symboliques. *Dom Juan* est sans doute la pièce de Molière qui échappe le plus au réalisme. C'est pourquoi les personnages offrent une stylisation proche de l'épure, c'est pourquoi, les décors tout en étant ceux d'une pièce à machines, ont tous, dans leur diversité, une force allégorique. Chacun d'eux suggère une idée, chacun d'eux est porteur de ce mouvement d'extension du particulier au général, qui, par la grandeur mythique du personnage de Dom Juan, marque toute la pièce. Plutôt que de grandeur on devrait, d'ailleurs, parler d'agrandissement.

Le palais du premier acte représente la stabilité fictive et la pompe illusoire des palais en trompe-l'œil face à l'inconstance humaine, le paysage au bord de mer du deuxième acte évoque le naufrage, la fragilité des désirs humains, la petitesse de l'homme face à l'immensité de la nature, la forêt du troisième acte est la forêt de l'aventure, la forêt de la vie, mais aussi la forêt de la connaissance : c'est en discourant que les deux compagnons s'égarent et le pauvre à qui ils demandent leur chemin semble envoyé par Dieu pour les guider; on sait comment Dom Juan le remerciera.

Le tombeau du Commandeur annonce déjà le terme de la destinée humaine, il est le défi, mais aussi le rappel du passé, le signe du compte à rebours, il se dresse comme la menace du châtiment pour celui qui a répondu au pari de Pascal en préférant le temps de la vie à l'éternité céleste. L'intérieur de Dom Juan indique un rétrécissement des moyens d'action du libertin sur la défensive. Il a dû abandonner la scène du monde pour se replier sur un territoire plus restreint. La salle de festin désigne la brièveté des plaisirs de la vie, l'urgence d'une jouissance en joute avec le temps. La campagne où Dom Juan sera terrassé par le Commandeur replace le conflit avec le Ciel dans son cadre naturel. Le Ciel apparaît comme la métaphore de l'ordre cosmique, le déterminisme qui régit la nature et toute chose et auquel l'homme, en dépit de sa passion pour la liberté, doit se conformer et se soumettre. *Dom Juan* est donc un théâtre d'idées admirablement animées, incarnées.

Il met en scène des conflits d'idées.

La position de Dom Juan est très simple : puisque Dieu n'existe pas, tout est permis. Or, il a décidé une fois pour toutes que Dieu n'existait pas. Il est frappant que dans son défi au Commandeur, il exprime sa volonté de ne pas se laisser ébranler, de ne pas croire.

Il ne s'en remet pas à sa raison, mais à sa volonté. Dom Juan n'est pas un incroyant qui ne peut pas croire et qui le voudrait, mais quelqu'un qui ne veut pas croire. Il ne veut pas croire que Dieu existe pour défendre sa liberté.

De même que par son négativisme le héros ouvre le débat sur l'existence de Dieu, débat qui progresse activement à travers la série des avertissements providentiels, de même la réflexion sur la métaphysique est-elle stimulée par son refus de la métaphysique. L'attitude de Dom Juan exprime un défi à la métaphysique qui sera repris au XVIIIe siècle par les philosophes des lumières. Dom Juan serait donc un héros positiviste si son désir d'absolu, son appétit de conquête ne le mettaient à l'opposé du pragmatisme borné de Monsieur Homais.

Le point de vue du moraliste

Dom Juan est un personnage hyperbolique. Il incarne la démesure, l'excès. Ce trait l'apparente aux personnages de Molière que leur passion déraisonnable conduit au désastre. On peut donc se demander si avec *Dom Juan*, Molière n'a pas écrit la pièce qui, de par son sujet, résumait de la manière la plus radicale son jugement de moraliste sur les hommes et sur la vie.

La passion de la liberté portée à l'extrême conduit Dom Juan à la négation de la liberté. L'affirmation absolue, sans condition, de sa liberté l'amène à nier celle des autres.

Le goût frénétique du plaisir conduit à la mort en réduisant le temps de vie. Emporté par l'ampleur de ses désirs, Dom Juan ne brasse que du vide. Enfin son entièreté, sa volonté de transparence à soi-même, de fidélité absolue à ses principes, son refus du compromis l'amènent, lors de la métamorphose du dernier acte, au mensonge, à l'hypocrisie qui exprime la plus grande concession au conformisme qu'il déteste.

La problématique de la pièce ouvre le choix entre le bonheur et le salut. Dom Juan opte pour le bonheur, mais il pose la question du bonheur en termes de salut, si bien que dans sa volonté d'incroyance il se comporte, finalement non comme un homme de plaisir mais comme un homme de foi, d'une foi inversée.

Enfin Dom Juan se révolte contre l'ordre du monde, contre la cruauté de la nature, contre la fatalité absurde qui régit la condition humaine. On pourrait dire qu'il est dans ce sens un héros prométhéen : comme Prométhée il prend le parti des hommes contre Dieu. Le mot sur lequel il conclut sa conversation avec le pauvre va dans ce sens : « *Je te le donne pour l'amour de l'humanité* ». Mais il y a du Caligula en Dom Juan, au sens où l'entendait Camus.

Cet insoumis imite dans ses rapports avec les hommes la cruauté objective de la nature. Il est lui-même une force de la nature, avec ce que cela suppose d'aveuglement, d'innocence, d'impassibilité, d'insensibilité.

Dom Juan est donc par sa démesure même porté à se contredire doublement dans son combat contre l'ordre des hommes, auquel il est réduit finalement à se conformer et dans son combat contre l'ordre du monde qu'il est amené à copier.

Une autre question centrale dans *Dom Juan* est celle du temps. Dom Juan représente la fidélité à l'instant. Sa démystification de la notion de fidélité s'appuie sur la volonté de lutter contre l'usure des habitudes, de garder toujours pareille à elle-même l'intensité du désir. De cette aspiration découle sa passion de la nouveauté en amour, son goût de l'aventure. Dom Juan ne se sent exister que dans la fulgurance de la surprise, l'émerveillement de l'éveil à la beauté des femmes, à la beauté du monde. Dom Juan est toujours disponible, toujours dispos. Il est l'esprit de légèreté, l'antithèse vivante de l'esprit de pesanteur, de sérieux. Mais cette fragmentation du temps entraîne une rupture du principe d'identité. En voulant échapper à l'emprise du même, de la continuité dans l'uniforme, Dom Juan se veut toujours autre. Il est donc le personnage qui, par excellence, représente le mieux le drame de l'acteur qui, à force de porter des masques, ne sait plus quel est son visage.

Cet aspect du thème de Dom Juan est lié à une interprétation possible du conflit avec la Statue, celle-ci représentant, non le dictat de la Providence, mais symbolisant à travers le retour du mort le poids du passé. Dom Juan serait châtié pour son irresponsabilité, son refus d'assumer les conséquences de ses actes : on est toujours rattrapé par le souvenir, par les traces que l'on a voulu effacer. La Statue rappellerait à Dom Juan que chacun est responsable de sa liberté.

Le point de vue du moraliste s'exprime à travers une ironie implicite, sous-jacente qui n'épargne pas le héros, dont il est même la principale cible.

Cette ironie engendre une perpétuelle ambiguïté qui conduit à s'interroger sur le sens des aventures de Dom Juan, qui ouvre le champ des interprétations contradictoires.

On a parfois vu en Dom Juan un avatar de Lucifer, l'esprit qui toujours nie. Il est vrai que ce séducteur apparaît surtout comme un tentateur.

Il n'aime rien tant que de mettre à l'épreuve tous ceux qu'il rencontre, tous ceux qu'il côtoie, le pauvre comme Sganarelle, Done Elvire comme Charlotte et Mathurine. Ce provocateur est pris à son propre piège. Après avoir tenté le pauvre et l'avoir incité au blasphème, il se laisser aller lui-même à blasphémer devant la Statue du Commandeur qui relève le défi.

Mais on peut lire le texte autrement. Ces mises à l'épreuve peuvent être des étapes sur le chemin de la connaissance, et les procédés d'une démystification socratique d'esprits abusés par la superstition.

La singularité de cette pièce est dans l'usage qui est fait de cette ambiguïté, elle n'ouvre pas, comme dans *Tartuffe*, sur un éventail de lectures possibles, elle se referme sur une esthétique théâtrale fondée sur le jeu des contrastes et le choc des contraires.

Une épopée burlesque

Une sotie

Il n'est rien qu'on puisse prendre au premier degré dans *Dom Juan*, cette œuvre essentiellement parodique. Jouvet, avec une belle intuition y voyait « *un miracle du Moyen Age* ». Je crois qu'il serait plus juste de parler d'une sotie.

Les contradictions y sont systématisées de façon à produire une dérision à jet continu. Une sotie, c'est la fête des sots, et la fête des fous, c'est bien à quoi ressemble le plus cette parabole qui confronte l'homme et Dieu, la terre et le ciel, pour moquer les uns et les autres, les uns par les autres.

La déconstruction réciproque des plans opposés est, en effet, le procédé dont use Molière tout au long de cette comédie discréditée pendant si longtemps par son manque d'unité.

On assiste à un mélange volontairement confus, bigarré des styles, des registres, des discours. L'absence des transitions participe de la même intention d'ébahir le spectateur et de ruiner à ses yeux les convictions les mieux établies.

Cette approche permet de mieux comprendre la signification du couple formé par le maître et le valet. Leur opposition n'est pas dialectique, elle est bouffonne. Ils se dévalorisent l'un par l'autre.

Dans *Dom Juan* le théâtre retourne à ses sources populaires. Mais la littérature savante ne perd pas ses droits. Les matériaux les plus substantiels de l'œuvre sont empruntés aux débats d'idées les plus brûlants de cette époque, cependant, au lieu d'être l'objet d'une démonstration, ces types de discours cartésiens ou dévots entrent dans le tissu verbal et la trame scénique d'un spectacle qui se veut avant tout libérateur.

Le haut et le bas se heurtent, s'échangent selon la tradition de désacralisation inaugurée par les messes paillardes des Goliards, ces moines truculents du Moyen Age dont les *Carmina burana* ont conservé les inventions et les audaces.

La comédie humaine et la réflexion métaphysique se mêlent dans une mise en scène qui est avant tout une mise à nu des conventions et des clichés.

La poésie de la désillusion

On ne remarque souvent que le ridicule de Sganarelle, qui relève d'un comique au premier degré, mais le sérieux de Dom Juan est tout aussi ridicule par le seul fait de dialoguer à égalité avec un tel partenaire.

Certes, le procédé consistant à confier l'apologie de la religion à un aussi piètre raisonneur que Sganarelle n'est pas innocent. Cette inversion des rôles qui confie le rôle de prédicateur à un porte-parole si peu crédible entre dans une stratégie générale qui consiste à renverser systématiquement l'habituelle hiérarchie des valeurs.

Sganarelle le bouffon se prend au sérieux. Et l'auteur fait semblant de le prendre au sérieux puisqu'il lui confie la défense des idées saintes, des croyances les plus sacrées. Mais quand l'apologie de la religion aboutit au Moine Bourru, on s'esclaffe.

A travers Sganarelle l'idéalisme est tourné en dérision, mais les prétentions de Dom Juan ne sont pas plus épargnées par l'ironie de l'auteur. D'abord il est déconcertant que ce superbe et redoutable héros soit réduit à prendre son valet pour seul interlocuteur de ses dialogues philosophiques, pour seul spectateur de ses exploits, pour seul confident de ses projets de conquête.

Le discours hyperbolique dans lequel il se compare à Alexandre au premier acte n'est pas moins bouffon que la fatrasie de Sganarelle au cinquième acte. Cette grandiose déclaration d'intention est suivie des plus piteux effets. Le naufrage, puis l'interruption des amours champêtres, la fuite précipitée et l'humiliant échange de vêtements avec Sganarelle à la fin du deuxième acte, la déconvenue de la rencontre de Dom Carlos à qui il sauve la vie pour se retrouver devant un ennemi menaçant, et jusqu'à l'ébahissement final devant cette Statue qui soudain répond le plus sérieusement du monde à sa plaisanterie. Voilà de quoi régaler un amateur d'aventures et de surprises !

Il n'est pas jusqu'à l'hypocrisie tant vantée qui ne tourne court. Dans la scène avec Dom Carlos le procédé ne produit pas l'effet escompté.

Dom Louis tient un discours pathétique et solennel, mais sa pose cornélienne de père noble est à la limite de la caricature. Les sermons ne sont pas le domaine réservé des vieillards moralisateurs, puisque Sganarelle lui fait écho, en réagissant comme il se doit aux propos cyniques de Dom Juan : « *O Ciel, qu'entends-je ?* »

La noblesse que Dom Louis assimile à la vertu est démystifiée par Dom Carlos qui déplore à juste titre l'usage des duels, fondé sur l'honneur, notion essentielle de la morale aristocratique.

Le Ciel n'est pas à meilleure enseigne. Il est l'objet d'un tel rabâchage que l'on admet que les oreilles des gens de bien en aient été froissées. Il passe de bouche en bouche avec un naturel déconcertant. De même qu'il est souvent difficile de distinguer la fausse dévotion de la vraie, de même le Ciel résonne avec la même componction dans la bouche des croyants les plus sincères, comme Dom Louis ou Done Elvire, que dans celle d'un hypocrite comme Dom Juan, ou dans celle d'un benêt comme Sganarelle.

La foi dans la médecine est mise sur le même pied que la foi dans la religion.

Le plan humain et le plan divin interfèrent de façon à se discréditer l'un par l'autre. La religion de l'arithmétique professée par Dom Juan n'apparaît pas plus pertinente que les superstitions de Sganarelle et le positivisme obtus se révèle en définitive aussi aliénant que la foi du charbonnier.

Une ironie cosmique plane sur ce tableau dévastateur. Et pourtant ce désenchantement n'est pas générateur de pessimisme ou d'amertume. Une vitalité formidable parcourt ce texte foisonnant, qui embrasse de bas en haut tous les étages de la création pour les renvoyer au chaos primordial. Le rire n'exclut pas la poésie, car il n'est pas de poésie plus rafraîchissante, pour conjurer les dogmatismes, que la poésie de la désillusion.

6

Questions d'interprétation

L'apologie du libertinage

Une odeur de soufre

Depuis sa création, *Dom Juan* a fait l'objet des interprétations les plus contradictoires.

Lors de la première représentation du 15 février 1665 qui fut jouée avec grand succès au Palais-Royal, La Grange jouait le rôle de Dom Juan, Molière celui de Sganarelle, Armande Béjart celui de Charlotte et la Du Parc celui d'Elvire.

Les dévots ne se laissèrent pas abuser par le dénouement édifiant de la fable et accusèrent Molière d'avoir voulu faire l'apologie du libertinage. Le Prince de Conti, dans son *Traité de la Comédie*, publié en 1666, accuse *Dom Juan* d'être « une école d'athéisme », tout en reconnaissant que « *ce Dom Juan est un athée qui a beaucoup d'esprit.* ».

Les partisans de la cabale concentrèrent leurs critiques sur Molière-Sganarelle qui, sous couvert de défendre la religion, la tournait en ridicule. Le Prince de Conti, modèle probable de Dom Juan, était à la fois juge et partie et avait tout intérêt à discréditer une œuvre qui, sous la peinture du libertinage, s'en prenait surtout à l'hypocrisie.

Il importe donc, de distinguer dans cette interprétation qui, dès la première représentation, entoura *Dom Juan* d'une odeur de soufre, la part due à la malveillance des ennemis de Molière et la part des arguments s'appuyant sur une lecture objective de la pièce.

Une remarque de Madame de Sévigné, qui, tout en étant croyante, n'était pas « dévote », résume, semble-t-il, l'opinion la plus courante : *« ... vous souvient-il »*, écrivait-elle, le 6 août 1680, *« quand on défendait* Tartuffe *et qu'on jouait publiquement* Le Festin de Pierre, *et de ce que dit Monsieur le Prince? C'est que l'une ne voulait que renverser la religion, mais l'autre offensait les dévots. »*

Madame de Sévigné reprenait, en le déformant et en l'appliquant à *Dom Juan* et à *Tartuffe*, un mot du Prince de Condé sur *Tartuffe* et *Scaramouche ermite*, que Molière avait cité pour sa défense dans l'un de ses placets au Roi.

Tout en expliquant l'ostracisme qui frappa *Dom Juan*, ce jugement prouve que Molière n'avait pas réussi à donner le change en se protégeant derrière le châtiment exemplaire infligé à son héros. Cette donnée fondamentale du mythe fut perçue comme une fiction pour déjouer la censure. Les discours de Dom Juan en faveur de l'athéisme paraissaient plus crédibles qu'un dénouement moral de convention dont le caractère pathétique était fortement atténué par l'ultime intervention de Sganarelle réclamant ses « gages ». Le courage de Dom Juan, revendiquant sa liberté face à la figure répressive du Commandeur pouvait, d'ailleurs, évoquer le combat héroïque des libertins qui les conduisait souvent au bûcher.

Il est vrai que la scène du pauvre ne se termine pas à l'avantage de Dom Juan, puisque le pauvre résiste victorieusement à la tentation du blasphème. C'est pourtant cette scène qui, d'emblée, a été un sujet de scandale : on obligea Molière à la couper dès la deuxième représentation et elle a été également amputée de la première édition de 1682.

En mettant ce dialogue au centre de son œuvre, Molière entendait en souligner l'importance. Cette scène offre ainsi, par une sorte de mise en abîme, un raccourci du débat entre la foi populaire et la raison positive qui constitue la trame idéologique de la pièce. Il faut croire que la conclusion de ce passage emblématique, pas plus que la punition finale du mécréant, n'a suffisamment compensé l'irrévérence manifestée par Dom Juan envers la religion.

Tenu en échec par le pauvre, Dom Juan, en un sursaut, réussit à avoir le dernier mot et, en donnant le louis d'or «*pour l'amour de l'humanité*», substitue à la formule rituelle «*pour l'amour de Dieu*» une déclaration provocatrice et sacrilège par laquelle il confesse implicitement son athéisme.

Une méthode socratique

On a vu parfois en Dom Juan un avatar de Lucifer, le Tentateur qui prêche l'insoumission envers Dieu. Il convient de rappeler que ce reproche a été, de tout temps, un lieu commun de la rhétorique bigote. Quiconque ne partage pas les préjugés imposés par la superstition et le conformisme est immédiatement suspecté d'être un suppôt de Satan.

C'est une pratique commune à tous les totalitarismes que de jeter l'anathème sur leurs dissidents pour les diaboliser devant l'opinion publique.

On a, plus gravement, inféré de la volonté constante de Dom Juan de mettre à l'épreuve ses interlocuteurs, que, en essayant de les corrompre et de les damner, il postulait de façon implicite mais incontestable, l'existence de Dieu.

Mais cette interprétation est elle-même la projection d'une conviction toute faite et l'expression d'un parti pris. On confond, ce faisant, la représentation d'une chose, quelle qu'elle soit, et sa réalité. Rien ne prouve dans la pièce que Dom Juan cherche par pure malice à pousser le pauvre à abjurer sa foi et Sganarelle à se libérer de ses préjugés. Il se peut que Dom Juan agisse au contraire, comme Socrate, que l'on traitait aussi de démon, dans le but noblement altruiste d'arracher ses interlocuteurs à des illusions et à des chimères qui enchaînent leur liberté.

Cette attitude de Dom Juan est, il est vrai, problématique, mais seulement dans la mesure où elle entre en contradiction avec son individualisme égoïste. Si Dom Juan ne se souciait que de lui seul, il ne se préoccuperait pas de démystifier des esprits abusés, à ses yeux, par une idéologie mensongère.

La question morale

La véritable difficulté surgit au moment où Dom Juan est contraint à l'hypocrisie. Cette métamorphose pose une question morale. Or, la question métaphysique et la question morale ne sont pas obligatoirement liées.

Il existait, depuis la rupture de la Renaissance, une morale humaniste qui s'opposait à un dogmatisme clérical considéré comme un obstacle aussi bien au désir de liberté qu'à la recherche de la vérité. Mais Dom Juan n'est pas un adepte de ces principes. Son amoralisme le conduit à un nihilisme qui, par définition, élimine tous les scrupules, aussi bien moraux que religieux.

Au-delà des circonstances, cette mutation entraîne cependant une dualité qui amène à s'interroger sur les conditions, les limites et même le principe de l'identité personnelle. Le masque d'hypocrisie que revendique hautement Dom Juan auprès de Sganarelle, comme une manifestation de liberté, n'en constitue pas moins une concession essentielle à cet ordre moral qu'il prétend combattre. En participant à la mystification générale, Dom Juan participe à une oppression dont il est la première victime par la diminution, sinon la perte d'identité que cela suppose.

Quand un libertin feint de se dédire et se rallie au conformisme ambiant, il contribue à renforcer un illusionnisme programmé; cet abandon fait toujours le jeu de la domination politique et sociale fondée sur l'apparence et le mimétisme.

Si Molière, à travers Dom Juan, avait voulu plaider pour le droit à la liberté de pensée et à la liberté de mœurs, il n'aurait abouti qu'à démontrer que l'une et l'autre n'avaient d'autre recours, pour s'exercer, que celui de se dissimuler sous leurs contraires. C'est pourquoi, en fin de compte, l'hypocrisie et le libertinage se confondent et sont exposés à une même réprobation.

Enfin, il faut rappeler qu'en dépit de son aversion pour les dévots, Louis XIV se méfiait plus encore des libertins qu'il n'hésitait pas à châtier férocement. On enfermait les libertins avec les fous dans les Hôpitaux Généraux. Le 30 mars de l'année même de *Dom Juan*, un jeune seigneur libertin, du nom de Vardes, fut arrêté et enfermé dans le cachot d'une citadelle.

Molière ne serait pas resté le comédien favori du Roi, si Louis XIV avait supposé un seul instant que l'auteur partageait les convictions de son personnage.

Mais la signification d'un grand texte déborde toujours les intentions de son auteur.

Combien de dissidents, sous des régimes totalitaires d'hier et d'aujourd'hui, ont fait l'expérience du double jeu auquel doit se plier Dom Juan ? Combien y ont perdu leur âme ?

Un héros païen

Bien que le conflit d'idées entre les partisans du principe d'autorité et les défenseurs de la libre critique constitue l'arrière-plan indéniable des aventures de Dom Juan, la conception du personnage aussi bien que la poétique même de l'œuvre viennent d'ailleurs et ne sont pas réductibles à des critères proprement historiques.

Bien que par sa révolte contre la morale chrétienne, la position de Dom Juan s'apparente au libertinage, elle relève, en fait, de déterminations plus lointaines. En s'emparant de la légende espagnole, Molière l'a détournée de sa finalité immédiate, il l'a en même temps ramenée en arrière, vers un passé archaïque dont la mentalité resurgit dans un héros qui se définit avant tout par sa liberté souveraine, par son mépris des conventions et des usages et par son esprit ludique.

Ces traits le rapprochent, non du Lucifer de la mythologie chrétienne, mais du Jupiter désinvolte et galant de la mythologie païenne que Molière représentera plus tard avec humour dans *Amphitryon*.

Paul Bénichou dans ses *Morales du Grand Siècle*, a fort bien perçu cette dimension du combat qui oppose Dom Juan aux mœurs de son temps. Le « *grand seigneur méchant homme* » incarne la conscience minoritaire d'une caste aristocratique condamnée par l'histoire :

> **« Cette amoralité souveraine »,** écrit Bénichou, **« exempte de tout sentiment de culpabilité, emprunte sans doute ses caractères à une conception du héros bien antérieure au christianisme. Les éléments merveilleux de l'histoire de Don Juan, l'invitation à dîner du mort, la**

> **statue animée, le châtiment surnaturel du héros, trahissent une formation légendaire archaïque, dont la signification dépasse certainement la moralité apparente du drame. En conséquence on peut considérer, si l'on veut, la légende de Don Juan comme le point de rencontre de la vieille conception du héros souverain, qui double et éclipse les maris et sème au gré de ses désirs le germe vital, avec la morale chrétienne, qui non seulement condamne toute prétention à la surhumanité, mais se lie à des institutions où la jalousie des hommes et l'honneur des femmes se trouvent ligués contre les entreprises du séducteur. Cette interprétation de Dom Juan comme une figuration chrétienne d'un héros païen, devenu maudit, a l'avantage de rendre compte à la fois de ce qui, en lui, demeure visiblement étranger au christianisme, et de ce qui, dans le drame, assure au christianisme une écrasante victoire.»** Et Bénichou conclut : **«Tout le problème de Dom Juan revient donc à rendre compte de l'aggravation moderne du conflit entre l'aspiration noble à la surhumanité et la loi chrétienne.»**
>
> (Bénichou, 17, pp. 170-171)

On trouve un point de vue analogue dans l'étude d'Otto Rank sur *Dom Juan et le double*. Rank écrit, en effet :

> **«... Don Juan ne périt pas du fait des excès de sa vie voluptueuse ni parce qu'il a outrepassé les bornes de la morale. C'est d'avoir surestimé sa propre valeur, d'individu libre sans égards pour les convenances, que périt Don Juan, bref, victime héroïque, qui s'est crue supérieure, non seulement à toutes les lois humaines, mais aussi à toutes les institutions divines.»**
>
> (Rank, 38, p. 136)

De ce combat inégal le héros était appelé à sortir vaincu. Cet échec, bien qu'il soit inscrit dans la légende, constitue le principal argument de ceux qui ont surtout retenu de la pièce de Molière une fin édifiante destinée à illustrer les vérités de la foi.

L'apologie de la foi

Des arguments de circonstance

Il faut croire que Molière avait suffisamment pris ses distances avec son personnage pour qu'on ne lui imputât point une malicieuse connivence avec les idées scandaleuses qu'il lui prêtait. Dom Juan était peint sous des couleurs trop noires pour que l'on pût s'y méprendre. Loin de faire d'un pareil bougre son porte-parole, Molière l'avait portraituré ainsi pour mieux le désigner au bourreau. Si fiction il y avait, déguisant des arrière-pensées plus troubles, elle était assez cohérente pour qu'on s'y laissât prendre et que l'on mît sur le compte de la malveillance la campagne de dénigrement lancée par les dévots.

En dépit des accidents de parcours, l'histoire de Dom Juan racontée par Molière se présentait dans ses grandes lignes comme une apologie de la foi : elle exposait dans une succession croissante les crimes de l'impie pour culminer sur son châtiment exemplaire.

La principale innovation de Molière par rapport au mythe consistait à faire découler l'amoralité de Dom Juan de son athéisme.

L'auteur anonyme de la « Lettre sur les Observations », la riposte que Molière suscita aux attaques du Sieur Rochemont, pseudonyme de Barbier d'Aucour, s'attachait en tout premier lieu à montrer que, loin de promouvoir l'athéisme, Molière, le condamnait.

Il fallait bien peindre ce vice dans toute son horreur et dans toutes ses horribles conséquences, pour le flétrir et justifier la punition du coupable.

Il est intéressant de noter que dans cette « Lettre sur les Observations » on met spécialement l'accent sur le personnage de Done Elvire, pure invention de Molière, pour montrer de quel côté penchent les sympathies de l'auteur. Plus tard, Louis Jouvet fera de Done Elvire la clé de voûte de son interprétation de l'œuvre. L'auteur de la « Lettre » se contente de rappeler tout ce qui, dans cette noble figure, prêche en faveur du Bien et de la Vertu :

> **« L'auteur des *Observations* de la comédie que je défends, a cru sans doute qu'il suffirait, pour nuire à Molière, de dire beaucoup de choses contre lui, et qu'il devait indifféremment attaquer tous les acteurs de sa pièce. C'est dans cette pensée qu'il l'accuse d'habiller la comédienne en religieuse. Mais qui considérera bien tout ce que dit à Dom Juan cette amante délaissée ne pourra s'empêcher de louer Molière. Elle se repent de sa faute ; elle fait tout ce qu'elle peut pour obliger Dom Juan à se convertir ; elle ne paraît point sur le théâtre en pécheresse, mais en Madeleine pénitente. C'est pourquoi l'on ne peut la blâmer, sans montrer trop d'animosité et faire voir que, de dessein prémédité, l'on reprend dans *Le Festin de Pierre*, ce que l'on doit y apporter. »**
> (Molière, 1, tome 2, p. 1226).

Molière a, en effet, conçu Done Elvire comme l'antithèse vivante de Dom Juan. Face au libertin endurci, elle se dresse non comme la statue de la vengeance, mais comme la statue de la charité et de la foi. Surtout à l'acte IV, où, déjà, elle n'est plus de ce monde et parle à Dom Juan sur un ton bouleversé et bouleversant de dévotion fervente et de lumineuse compassion, Done Elvire est le seul personnage qui fasse entendre avec une pureté extrême le langage de l'âme.

Cette interprétation, que Molière et ses partisans avaient de bonnes raisons de soutenir, est reprise aujourd'hui par des commentateurs qui s'en tiennent à la lettre du texte. Ainsi, Jacques Schérer, après avoir récusé bon nombre de pistes, adopte cette solution qu'il justifie dans ces termes :

> **« La thèse la plus simple et la plus littérale aurait plus de chances d'être juste que toutes ces interprétations qui se heurtent, sitôt formulées, à des difficultés insurmontables. Renonçant à faire dire à Molière ce qu'il n'a pas dit, ne vaut-il pas mieux accepter la leçon manifeste de la pièce, qui est claire si on l'envisage sans parti-pris ?**
>
> **Cette leçon est aisée à formuler : l'athéisme, racine des vices et des crimes de Dom Juan, appelle une punition exemplaire et spectaculaire par le Ciel. Ainsi entendue, la pièce n'est ni pour Dieu ni contre Dieu, ni pour la noblesse ni contre la noblesse, ni pour Dom Juan ni pour Sganarelle. Elle est contre l'athéisme, ce qui est bien différent, et parfaitement admissible pour le public de Molière. »** (Schérer, 27, p. 29).

Si le sens de la pièce avait été aussi uniment simple et clair, si le *Dom Juan* de Molière était aussi idéalement conformiste, on se demande pourquoi il a été retiré définitivement de l'affiche après quelques représentations, on se demande pourquoi, alors que *Tartuffe* a été finalement autorisé, *Dom Juan* est tombé aux oubliettes.

Dans une œuvre à double ou triple fond, où entrent en jeu tant de facteurs et qui se définit avant tout par la tension extrême des idées et des discours, il me paraît contestable de ne garder comme ligne d'interprétation que le sens apparent, littéral et unilatéral proclamé par une tradition modelée par la censure. L'intérêt de la pièce réside justement dans la multiplicité des interprétations qu'elle propose et qui ne s'excluent pas forcément.

On reconnaîtra qu'entre les deux options en présence, il existe un antagonisme fondamental. Mais ce point de vue ne se soutient que si l'on admet une fois pour toutes que Molière a inscrit dans son œuvre une message définitif, définitivement clos. Pourquoi ne pas supposer au contraire que ce duel entre la raison libertine et la foi conjugale et religieuse n'est ici qu'un matériau du jeu théâtral?

Au lieu de défendre une thèse, Molière a peut-être préféré développer entre des thèses contradictoires une confrontation qui reste toujours ouverte.

Une confrontation toujours ouverte

On peut envisager, en effet, que l'apologie de la foi passe par d'autres voies que celles des certitudes dogmatiques.

Le duel ne met pas aux prises le doute méthodique et l'évidence d'une vérité surnaturelle qui, en exigeant le repentir du pêcheur, attend surtout un aveu de soumission devant une puissance qui le dépasse.

Molière a confronté deux systèmes de force inégale, comme ils l'étaient de son temps, mais également intolérants, également figés dans une logique de domination. Ces deux discours d'exclusion, en se niant réciproquement, se dévoilent.

Si l'on estime que l'auteur n'est ni d'un côté ni de l'autre des protagonistes de cette lutte obstinée, le discours de la foi, au lieu d'apparaître comme l'affirmation sans appel d'une doctrine, se révèle une composante d'un ensemble dont le sens n'est pas donné a priori, mais se construit à travers un questionnement qui se creuse.

Pourtant cette direction, pas plus qu'une autre, n'est à écarter, en tant que possibilité interprétative qui dépasse l'enjeu théâtral du texte ou l'enjeu circonstanciel de cette représentation problématique, aventureuse, audacieuse de ce 15 février 1665, une possibilité qui porte sur le sens à donner à la condition humaine.

Dom Juan s'enferme dans un parti pris marqué par les limites de la vie individuelle. Dom Juan n'est pas inconstant, il est fidèle, fidèle à son inconstance, si l'on veut, fidèle par l'exigence de vérité, par refus du mensonge qu'il décèle dans la durée, dans la répétition, dans l'habitude. Dom Juan est cruel par lucidité. Il défie bravement ce qu'il considère comme les illusions de la foi.

Mais il se heurte de toutes parts à des obstacles qui le renvoient à un aveuglement, à un enfermement beaucoup plus pervers que ceux qu'il dénonce.

L'évidence qu'il refuse n'est pas celle du pouvoir supérieur, d'un ordre général auxquels il doit se soumettre, elle est celle de sa propre vérité existentielle, celle de sa solitude, qu'il tente de conjurer en se projetant dans une ébauche imparfaite de double, Sganarelle.

Dom Juan fait le pari de chercher l'absolu dans l'instant et il ne trouve que le néant. Ainsi, même si l'on admet que la mise à mort de Dom Juan n'est que la mise en scène carnavalesque de la superstition, la représentation scénique d'un théâtre mental, Dom Juan par ses échecs, par la déperdition progressive de ses chances, révèle a contrario l'existence objective d'une sphère spirituelle, d'un ordre cosmique qui trouve son plus juste reflet dans l'intériorité d'Elvire.

L'erreur de Dom Juan est de ne se fier qu'aux apparences. Maître des discours, maître des masques, il triomphe dans les instances humaines, mais s'effondre devant le seul règne qui compte, celui de la vérité intérieure. Ce grand démystificateur est le plus grand mystifié, car il ne s'accroche qu'à des certitudes palpables et ne récolte que du vent.

Telle pourrait être la leçon de ce texte qui en entrechoquant les langages les plus divers, en jouant avec les signes, découvre leur vanité essentielle.

La difficulté de distinguer, par leur seule expression, la fausse dévotion de la vraie ouvre alors sur une perspective qui dépasse largement le propos satirique.

Il s'ensuit que tout est possible au comédien; sa capacité de jouer tous les rôles démontre par là même son vide existentiel. Dom Juan joue à aimer, à croire, à vivre, mais, tout puissant au royaume des images et des mots, il s'anéantit dès qu'il se retourne vers soi, dès qu'il s'arrête pour s'interroger sur son identité. Comme tous les joueurs, comme tous les imposteurs, Dom Juan n'existe pas, il est une représentation sans référent, un corps sans substance.

Le paradoxe de *Dom Juan* de Molière, cette comédie *absolue*, de même que le *Dom Juan* de Mozart est l'opéra *absolu*, est, en parvenant à la limite du jeu théâtral, de basculer dans l'abîme. En faisant éclater la tricherie des apparences, le paradoxe du théâtre aborde à la seule rive stable, la seule terre ferme, celle du mystère qui nous entoure et nous déborde de toutes parts et qui est notre vraie patrie, notre sol nourricier.

Dom Juan nous dit que les images, les mots dont on peut jouer à l'infini ne commencent à vivre que lorsqu'ils communiquent avec cette réalité mouvante, certes, et toujours ouverte, mais solide, permanente et en constante expansion, qui, d'un côté, donne sur notre microcosme intérieur, et de l'autre, plonge sur l'univers infini.

Cette réalité double n'est pas celle du ciel de carton qui châtie Dom Juan, elle est celle d'un Ciel invisible, ce Ciel intérieur qui nous détermine, nous situe et qui n'existe pourtant que par nous.

Quelques mises en scène

La mise en scène de Louis Jouvet

Louis Jouvet a été, à notre époque, le véritable découvreur de *Dom Juan*. Avant de monter la pièce dans sa version originale et dans son intégralité en 1947, il l'avait mise au programme de ses cours d'art dramatique au Conservatoire de Paris. Ses séances de travail sur le rôle d'Elvire sont restées célèbres et ont marqué profondément l'interprétation de ce personnage.

Jouvet avait une conception très précise et très particulière de *Dom Juan*. Il estimait que les interprètes qui l'avaient précédé avaient complètement défiguré le sens de la pièce en mettant essentiellement l'accent sur le thème de la séduction. Jouvet le premier mit la question religieuse au premier plan. Voici comment il expliquait le personnage de Dom Juan à ses élèves :

> **« Dom Juan est un homme qui ne croit pas, qui ne peut pas croire, et qui cherche par tous les moyens de croire. C'est au fond le problème de chacun d'entre nous.** (A Philippe.) **Tu as, au fond de ton cœur, exactement les mêmes doutes que Dom Juan, mais tu n'as pas le courage de les affirmer et tu te dis : Moi, je vais aller à la messe demain matin. Et comme dit Pascal : Mettez-vous à genoux, marmottez des prières, la foi viendra. En somme : abêtissez-vous et vous finirez par croire. Dom Juan a plus de courage que toi ou moi. Tu as une croyance quelconque, tu t'es fait un compromis avec le désir que tu as de croire à un au-delà, à la justice divine. Il y a des moments où tu crois, d'autres où tu ne crois pas. Quand tu ne crois pas, tu te précipites au pied des autels, le prêtre te donne sa bénédiction, et tout est fini. Dom Juan est un homme qui ne peut pas croire; les prêtres lui disent qu'il y a un Dieu et il ne veut pas y croire.**
> **[...] Dom Juan est devenu, à cause de Mozart et de l'opéra, un problème sexuel. Tous les types ont fait de Dom Juan un amoureux. La question n'est pas là. Elle est dans le problème de la vie même. C'est cela qu'il faut voir... »** (Jouvet, 14, p. 93)

Ailleurs il précise :

> **« Si vous écoutez bien la pièce, vous verrez que *Dom Juan* est une série d'avertissements providentiels donnés à Dom Juan. Si vous envisagez *Dom Juan* comme un *Miracle*, vous verrez ce qu'en est un; il y a constamment des interventions célestes. »** (Jouvet, 14, p. 85)

Selon Jouvet « *Dom Juan* est une pièce religieuse parce qu'elle est la peinture de l'irreligion. » :

> **« Je crois,** ajoute-t-il plus loin, **que pour représenter la pièce il faut faire appel à la religion des gens. Celui qui croit, retrouve, s'il le veut bien, avec un peu de naïveté, la foi qui est contenue dans la Légende dorée. Celui qui n'est pas croyant ne peut pas ne pas sympathiser avec un homme comme Dom Juan et ne pas se poser des questions. La pièce pose, à mon avis, le problème de la religion d'un bout à l'autre. »** (Jouvet, 14, p. 87)

Jouvet écrira encore en 1951 à propos de *Dom Juan* :

> **« A l'égal de Pascal ou de Bossuet, Molière pose aux spectateurs l'interrogation véritable d'un moraliste véritable. C'est l'angoisse de l'homme vis-à-vis de son destin; c'est de salut et de damnation qu'il est question dans le *Dom Juan* de Molière. »**

Jouvet monta *Dom Juan* dans cet esprit. Lui-même incarnait un grand seigneur espagnol hautain, énigmatique et glacé qui correspondait à l'image de Baudelaire que le grand acteur cite dans ses *Témoignages sur le théâtre* : « *Puis il m'apparut sur la barque fatale "penché sur le sillage et ne daignant rien voir", même pas moi.* »

Christian Bérard avait créé de somptueux décors baroques dont la grandeur funèbre évoquait l'Espagne du XVIIe siècle. Le rôle de Sganarelle avait été confié à un acteur de cabaret, Fernand René qui exprimait, face aux sarcasmes de Dom Juan, la naïveté de la foi populaire. Enfin la conception du personnage d'Elvire resta inoubliable et inégalée par la divination intérieure qui parvenait à transmettre l'indicible.

Ce spectacle eut deux cents représentations triomphales qui marquèrent une époque de la vie théâtrale. Il est certain que Jouvet a non seulement recréé *Dom Juan*, il l'a, peut-on dire, créé, car pour la première fois sans doute la pièce était révélée dans sa profondeur métaphysique. A travers le destin de Dom Juan, Jouvet retraçait un drame spirituel dans lequel chaque spectateur pouvait projeter ses propres questions.

La vision que Jouvet donnait de *Dom Juan* était à l'opposé d'une lecture textuelle, littérale, épidermique. Cette interprétation a été souvent contestée. Jacques Schérer écrit à ce propos :

> **« On ne saurait nier la qualité de séducteur de Dom Juan, abondamment prouvée par la pièce, au profit d'une inquiétude religieuse qui est pure hypothèse, contredite au reste par l'assurance constante de l'athée. Rien dans le texte, absolument rien, ne permet de penser que Dom Juan voudrait croire en Dieu. »**
>
> (Schérer, 27, pp. 78-79)

Jouvet a donné vie à Dom Juan en identifiant sa propre quête sprirituelle à celle de son héros, en lui prêtant ses propres angoisses. Il a lui-même expliqué sa démarche dans les lignes qui suivent :

> **Dom Juan écrit à l'acteur :**
> **« L'action a une grande importance pour toi, ce que je fais, ce que je ne fais pas, ce qui m'arrive et ce qui m'arrivera. Pour moi, je ne sais ni d'où je viens ni où je vais, je ne sais ce qui m'arrive ni ce qui m'est arrivé avant la pièce, ni ce qui m'arrivera durant la pièce. Je suis ! »**
>
> **Lui faire dire encore que le personnage doit son existence à la fidélité que l'acteur lui porte, à l'existence même que l'acteur lui prête. Il a bien une existence personnelle, mais cette reviviscence de son existence, il la doit au spectateur et à l'acteur. »** (Jouvet, 16, p. 113)

L'approche de *Dom Juan* par Jouvet éclaire un paradoxe étonnant du théâtre. Une lecture partiale, engagée, à la limité du contresens, devient une vérité théâtrale quand cette partialité, cet engagement sont poussés jusqu'au bout, avec une sincérité totale et sont servis par un sens profond de la scène et une maîtrise parfaite du métier d'acteur. C'est là toute la différence entre les hommes de théâtre et les critiques ou les historiens. Dans cette confrontation les premiers auront toujours raison, surtout quand il s'agit de Molière.

Jouvet a très justement analysé ce processus dans les notes recueillies sous le titre, *Le Comédien désincarné*, où il écrit : « *Etre possédé par une œuvre et la posséder, tel est le problème de l'acteur, et sa liberté s'exerce entre ces deux possibles, qui sont contradictoires.* »

Toute interprétation suppose un choix et donc l'oubli d'un certain nombre d'éléments pour dégager une ligne jugée fondamentale. C'est ainsi que procède Jouvet quand il décide de gommer dans *Dom Juan* le thème de la séduction pour se concentrer sur le thème de l'athéisme et du combat avec Dieu.

Dans cet approfondissement et cette appropriation il a restitué à l'œuvre sa véritable dimension, celle par laquelle Molière rejoint Shakespeare. Il a par là même ouvert la voie à la carrière moderne de la pièce en la mettant au premier rang des chefs-d'œuvre du théâtre universel.

La mise en scène de Jean Vilar

La mise en scène de Jean Vilar au T.N.P., en 1953, marque une date importante dans l'histoire de *Dom Juan*. Cette interprétation déplaçait complètement la perspective et la problématique dans lesquelles Jouvet avait situé la pièce. L'Espagne baroque de Christian Bérard faisait place à la France de Louis XIII.

Jean Vilar incarnait un héros cartésien et résolument athée qui ne questionnait pas le Ciel, ne le défiait pas, mais l'ignorait superbement pour se tourner vers l'espace libre des territoires à conquérir.

Mais le principal intérêt de ce spectacle était constitué par le couple que formaient le maître et le valet. Pour la première fois, Sganarelle, admirablement joué par Daniel Sorano, apparaissait comme le double de Dom Juan.

L'article que Roland Barthes consacra à cette mise en scène dans la revue *Théâtre populaire* (n° 5, 1954), montrait l'extrême cohérence d'une conception qui reliait le thème de la séduction et celui de l'athéisme comme les composantes indissolubles d'une même logique de liberté.

Analysant le jeu de Vilar, Barthes écrivait :

> **«... Un acteur peut-il être plus silencieux que d'autres dans le même rôle ? Il faut bien que cela soit et qu'il y ait au théâtre un art de la litote, puisqu'il y a une technique — et combien pratiquée — de l'emphase. Donc Vilar est un Don Juan silencieux, et c'est ce silence de Vilar qui fonde l'athéisme de Don Juan, le dirige comme un scandale au cœur du public. »**

Barthes ajoutait que

> **«... le silence de Vilar, c'est le silence d'un homme non qui doute, mais qui sait. Son Don Juan est moins privé de croyance que de certitude, et cette certitude est silencieuse parce qu'elle se sent justifiée, forte d'avoir posé les raisons du monde si loin de Dieu, que le prodige lui-même participe d'un inconnu provisoire et non d'un mystère éternel. »**

On a compris, d'après ce beau texte que le Don Juan de Vilar revendiquait d'un même mouvement le droit à la libre pensée et le droit au plaisir contre les illusions et les stéréotypes qui niaient l'un et l'autre. Et dans un élan de connivence avec les aspirations libertaires qui sous-tendaient cette interprétation, Barthes précisait :

> **« On avait beau jeu d'accuser la pièce d'incohérence, c'est que tout simplement on l'y mettait. Vilar a su rétablir la poussée continue du personnage en lui donnant une sorte de profondeur sadienne : sa parole brève, son visage sans sourire, ses silences — admirables pour un art où l'emphase est le pain béni des acteurs — tout nous impose un Don Juan privé de Dieu, non par scepticisme poseur, mais par détermination profonde ; ce Don Juan est un homme seul, dont chaque geste et chaque mot sont comme l'exercice d'une liberté absolue. Ainsi Don Juan amoureux et Don Juan athée se fondent dans l'unité d'une même démarche, celle d'un homme à qui il suffit de faire le mal pour connaître qu'il est irrémédiablement seul et libre. »**
>
> (Barthes, 39, pp. 264-267)

Dom Juan en Russie

Le spectacle monté par Meyerhold à Moscou en 1932, au Théâtre de la Révolution, inaugure la carrière de *Dom Juan* en Russie. Fidèle à son engagement marxiste, le grand metteur en scène centra délibérément la pièce sur le rapport entre Dom Juan et Sganarelle, devenus les prototypes de la classe dominante et de la classe dominée selon le schéma désormais classique de la dialectique hégélienne du maître et de l'esclave.

Meyerhold inversait les relations entre les deux personnages, présentés comme les emblèmes du passé et de l'avenir. Le grand seigneur méchant homme incarnait la noblesse décadente, blasée, corrompue, condamnée par l'histoire et dont le cynisme trahissait l'impuissance. Sganarelle représentait la vitalité, la jovialité, la saveur et le bon sens du peuple appelé à occuper bientôt le devant de la scène.

Pourtant cette interprétation n'a pas fait école. Ses présupposés idéologiques la discréditaient sans doute auprès des metteurs en scène de l'après-guerre, plus soucieux de contester que d'exalter le régime communiste.

C'est pourquoi l'un des hommes de théâtre les plus doués de cette période, Anatole Efros, quand il montera à son tour un remarquable *Dom Juan* s'inspirera plutôt de la leçon de Jean Vilar dont il avait admiré le spectacle lors d'une tournée du T.N.P. à Moscou. Il a raconté dans un livre de témoignages comment sa propre conception de l'œuvre a mûri à partir de la lecture proposée par le metteur en scène français :

> **« Je crois qu'on n'a pas monté chez nous le *Dom Juan* de Molière depuis les temps de Meyerhold. Il n'y a pas tellement longtemps, Jean Vilar est venu montrer cette pièce. La manière dont il l'a traitée était, en tout cas pour moi, absolument nouvelle. Ce n'était pas du tout un jeune homme et il n'était pas du tout séduisant. L'important n'était pas dans le fait qu'il séduisait les femmes et les trompait. Bien entendu, ce thème existe bel et bien et on ne peut le laisser de côté, puisqu'il y a dans l'intrigue au moins trois femmes qui se trouvent abandonnées. Mais la question n'est pas là.**
>
> **C'était une vision du monde très décidée et assez effrayante. La conviction cynique et froide que la vie n'est**

faite que d'ignominies. Il y a chez Molière un immense monologue sur ce thème et Jean Vilar s'avançait vers la rampe et sur un ton absolument impassible, en parlant, comme on dit, "entre les dents", il conspuait tout ce qui existe.

En outre il disait cela en prenant son temps et avec un tel flegme qu'on se sentait mal à l'aise.

Il avait abordé le plus important et désormais il ne se pressait plus pour aller nulle part, et aucun sujet ne l'intéressait plus.

Il déversait simplement son âme sans se presser et sans oublier aucun détail. D'ailleurs il ne prouvait rien à personne. Il se contentait de dire ce qu'il estimait connu de tous et qui ne pouvait appeler d'objection. Il constatait tout simplement, froidement et avec un rien de dégoût, des lieux communs.

« Je m'étais d'abord représenté que Molière avait décidé de dénoncer dans sa comédie un séducteur déplaisant, mais il s'agit de tout autre chose. D'ailleurs, dans la pièce, Dom Juan n'a pas à faire qu'aux femmes. Il est fâché avec son père, il trompe ses créanciers, il se dispute avec son valet, etc. Jean Vilar montre quelqu'un qui SE FOUT ABSOLUMENT DE TOUT. Il n'a pas besoin de toutes ces femmes, d'ailleurs il ne sait pas ce que c'est d'être attiré par une femme. Le problème n'est pas dans le fait qu'après avoir été amoureux d'une femme il se soit épris de façon tout à fait inattendue d'une autre femme et qu'à cause de cela il ait rompu avec la première. Dom Juan est profondément indifférent à l'égard des femmes, il n'attend rien d'elles. Il est seulement persuadé qu'il n'y a rien de sacré chez personne et que le seul moyen de communication entre les gens est de faire le mal. Mais il ne fait pas le mal par méchanceté, il le fait par indifférence et par cynisme, en passant. De même que certaines personnes ont obligatoirement envie de jeter une pierre à un chien qui passe à côté d'elles. Elles ne le font pas non plus par méchanceté, mais de façon mécanique, par oisiveté.

C'est un personnage de ce type qu'a joué, selon moi, Vilar, il a représenté quelqu'un qui fait du mal aux autres par cynisme, parce qu'il est intimement convaincu, d'une conviction qu'on pourrait appeler physiologique, que le monde ne mérite pas mieux. Et alors j'ai pensé que Molière avait sans doute écrit sa pièce justement contre un homme de ce type et non contre un homme simplement frivole. Et pour étrange que cela soit, j'eus alors le sentiment d'avoir fait une découverte. Et je suis sûr que je n'étais pas le seul.

Plus tard, de nombreuses années après, quand j'ai mis en scène le *Molière* de Boulgakov, je me suis représenté à quel point Molière, après avoir connu une vie aussi dure, où rien ne lui avait été épargné, devait haïr maladivement ceux à qui tout était permis et qui n'avaient qu'à se baisser. Selon Boulgakov, Molière était amoureux d'Armande, et c'est alors que tout a commencé!... Boulgakov montre en Molière un homme difficile, difficile dans ce sens que chaque tournant dans les relations humaines lui coûtait beaucoup. Il ne savait pas vivre facilement. Il vivait douloureusement. Il vivait douloureusement la moindre situation tant soit peu dramatique.

Dom Juan, au contraire, n'accorde d'importance à rien, il vit à sa guise.

A chaque pas de se vie Molière a payé très cher pour tout : pour son œuvre, pour son amour, pour ses attachements humains, pour sa haine. A Dom Juan, au contraire, tout est permis. Et Molière voulait croire qu'il existe pourtant un jugement pour punir des types comme Dom Juan.

On dit à présent que l'on ne monte pas *Dom Juan* parce que cette comédie n'est pas très drôle du point de vue des goûts d'aujourd'hui. On prétend que c'est une comédie démodée qui ne fait plus rire, et c'est pour cela qu'elle est ennuyeuse. Mais je pense, pour ma part, que ce n'est pas une œuvre comique, je pense que *Dom Juan* n'a pas pour but de faire rire et que de toute façon la question n'est pas là.

C'est une parabole sur un homme qui vit mal et qui parce qu'il vit mal, finit mal, parce qu'il y a sur terre, en fin de compte une justice, qu'on le veuille ou non!

Il se peut que pour Pouchkine Dom Juan soit meilleur que le Commandeur, qu'il a tué en duel. D'ailleurs, je n'en sais rien. Mais chez Molière il est sûr que Dom Juan n'est pas meilleur.

On ne sait rien sur le Commandeur, sinon que Dom Juan l'a tué. On sait de Dom Juan que c'est une canaille exceptionnelle, ce qui ne l'empêche pas d'être séduisant. Mais cela ne change rien à l'affaire.

Chez Molière le Commandeur est comme la personnification de tout le mal commis par Dom Juan, de toutes les humiliations qu'il a causées.

Le Commandeur représente aussi une force mystique ayant plus de possibilités que n'importe quel vivant offensé par Dom Juan. En mourant, c'est comme si le Commandeur avait reçu la possibilité de se venger et pas seulement pour son compte. Ce n'est pas pour rien que les ombres de nombreuses personnes auxquelles Dom Juan a fait du tort lui apparaissent à la fin de la pièce.

Et voilà que j'ai envie de monter cette parabole. Elle commence par un grand monologue de Sganarelle sur le tabac, et ensuite sur Dom Juan. Je ne sais pas pourquoi on cherche du comique là-dedans. Puisque Sganarelle est un valet, cela veut dire que l'on doit rire obligatoirement.

En réalité Sganarelle devient hystérique quand il parle de son maître. Il a du mal à se calmer tellement il tremble. Sganarelle est pris d'une crise de nerfs. Ici il n'y a pas une ombre d'humour. Il se peut que le public rie, mais Sganarelle aurait été très étonné si on lui avait dit que ses souffrances peuvent susciter le rire.

Dom Juan apparaît pour la première fois sur la scène après que Sganarelle a été sur le point de tomber à nos yeux dans une crise d'épilepsie (je ne parle d'épilepsie que pour être plus clair). Et voilà que surgit Dom Juan. A présent il peut même nous sembler sympathique. C'est un homme fort, il n'est, peut-être, pas très beau, mais il est costaud. C'est quelqu'un qui aime manger et boire, et aussi fumer (c'est à cette époque, je crois, que l'on a commencé à priser le tabac, je ne me souviens pas).

Dom Juan possède un charme viril, on ne peut pas lui enlever cela. D'ailleurs, ce pouvoir de séduction consiste plutôt dans une sorte d'assurance tranquille. Dans la conviction que le monde n'a pas de secrets pour lui.

Il serait bien de le montrer non pas déshabillé comme d'habitude, mais "en négligé". C'est le matin, il est chez lui, il vient de s'enfuir du domicile conjugal. Il s'est couché tard et maintenant il est sorti de sa chambre pour manger. Il bâille, il se gratte et peut-être même il éternue. Il est enrhumé.

Devant lui, Sganarelle est à ras de terre. Intéressant contraste entre les cris et les protestations qui précèdent et cette docilité, cette timidité devant Dom Juan en chair et en os. Mais nous n'avons pas à juger cette attitude. Elle est normale, compréhensible, car Sganarelle dépend de Dom Juan, il est à sa merci.

Et Dom Juan à l'air très accommodant, l'air d'un bon compagnon. Il se comporte de façon très démocratique. Il est à la bonne franquette. Il parle simplement et doucement

et est assis mollement, il est même comme un peu endormi. Et quand sa femme le retrouvera, quand elle le regardera avec des yeux de reproche, car il vient de l'abandonner, Dom Juan semblera même se troubler à ces paroles de chagrin et de dépit et il fera mine de jeter un vêtement sur lui pour ne pas paraître mal élevé devant une femme.

Mais en réalité, il se moque au plus haut degré de tout ça et tout le drame lui sortira de la tête dès que son épouse aura franchi le seuil.

Oh! comme je comprends Molière et sa haine pour des types de ce genre! Et sa propre incapacité de se moquer de tout et d'oublier tout ce qui dérange! Mais Dom Juan, rien ne le touche, car il ne garde rien, TOUT LUI EST ÉGAL. Et il est HABITUE. Peut-être, autrefois, il éprouvait quelques remords, quelque froissement de conscience, mais à présent il ne ressent plus rien.

Pendant que sa femme était là et pleurait, il restait assis, renfrogné et quand elle fut sortie il continua un moment à rester assis. Et Sganarelle décida même que son maître était ébranlé. Mais pas du tout, il ne faisait qu'attendre.

Et pourtant il y a des moments où Dom Juan croit entendre quelque chose, où il perçoit comme des signes de quelque chose.

Lui-même serait incapable d'expliquer ce que c'est.

Il est pendant une seconde à l'écoute de quelque chose et même il se retourne, puis il rejette aussitôt loin de lui cette pensée intruse qui ne dure qu'une seconde.

Cependant chaque fois cela durera un peu plus.

Et à la fin ce phénomène grandira au point de prendre les dimensions du Commandeur qui, en lui-même, est quelqu'un de plutôt paisible et triste et pas vindicatif du tout par nature. Mais même les gens comme lui veulent qu'on leur rende justice.

Sganarelle devra de toutes ses forces secouer Dom Juan mourant, dans les souffrances de l'agonie, et il lui criera en face, dans les oreilles, ces oreilles qui ne peuvent plus entendre.

Il lui réclamera son argent, "ses gages", parce que par sa mort le scélérat l'a encore trompé, le laissant sans un kopeck». (Efros, 40, pp. 148-152)

Ce commentaire d'un homme de théâtre russe contemporain sur *Dom Juan* est éclairant dans la mesure où il montre qu'un grand texte est moins révélateur des idées et des intentions de son auteur que de celles de ses interprètes. Un grand texte de théâtre est le fixateur des tourments pathétiques d'une âme individuelle, comme c'est le cas chez Jouvet, mais aussi des plaies d'une société, d'un régime politique, comme c'est le cas avec Efros. Ce dernier, vivant, au moment où il écrivait ces lignes, sous le joug d'un pouvoir totalitaire, est avant tout sensible dans *Dom Juan*, au thème de l'humiliation, de l'arbitraire.

C'est pourquoi, à travers les règlements de compte qu'il prête à Molière, Efros règle ses propres comptes en reconnaissant dans l'imposture, le cynisme et la cruauté de Dom Juan l'imposture, le cynisme et la cruauté des parasites et des bourreaux de son propre peuple.

Certes, la question qu'il pose n'est pas politique, elle est beaucoup plus vaste, elle est universelle, elle est humaine, elle concerne les attitudes différentes que l'on peut avoir devant la vie, devant les hommes. Mais le contexte, tant culturel que social, dans lequel il décide de monter cette pièce et les motivations qu'il analyse ici montrent bien que le texte, là encore, n'est pas approché dans sa littéralité, mais qu'il est le miroir de conflits, de débats actuels, brûlants, qui vont lui donner son urgence, sa vérité.

La mise en scène de Marcel Bluwal

En 1965, Marcel Bluwal a mis en scène *Dom Juan* pour la télévision, avec Michel Piccoli dans le rôle titre et Claude Brasseur dans celui de Sganarelle.

Les élèves de tous les lycées ont vu en vidéo ce téléfilm remarquable qui fixe une nouvelle image de Dom Juan, une autre potentialité que celles qui ont été abordées jusqu'ici.

Dans sa conception du héros, admirablement interprété par Michel Piccoli, Marcel Bluwal n'insiste ni sur le séducteur, ni sur l'athée, ni sur le noble décadent et blasé, ni sur le scélérat qui se moque de tout et de tous et qui fait le mal pour passer le temps, il montre un homme face à l'échéance de sa propre mort, une mort programmée, une mort qu'il a choisie.

Dom Juan, botté et habillé de cuir, chevauchant sans fin dans de vastes espaces, errant au milieu de décors grandioses, et Sganarelle monté sur un mulet évoquent les silhouettes de Dom Quichotte et de Sancho Pança. Mais si le héros de Molière et celui de Cervantès poursuivent tous deux un rêve de grandeur qui contraste avec la pragmatisme naïf, le prosaïsme et l'esprit terre à terre de leurs valets respectifs, la froide lucidité qui inspire le dessein de Dom Juan est à l'opposé de la folie chimérique de Dom Quichotte. La mise en scène suggère deux interprétations du mythe de Dom Juan.

En décidant de l'heure de sa propre mort, le libertin affirme sa liberté face à une puissance qui l'écrase. Il préfère mourir plutôt que de se soumettre à un consensus que sa raison refuse. Le sort de Dom Juan ressemble trop à celui des libres penseurs qui, à l'époque de Molière, bravaient l'autorité de l'Eglise et de l'Etat pour que ce face à face avec la mort ne résonne pas comme un défi héroïque qui ne se justifie que par une référence implicite à une morale humaniste confrontée à un dogmatisme arbitraire et injuste. Les deux personnages évoluent au milieu d'immenses architectures dont le gigantisme désigne ces monstres froids qui, dans la pièce, prennent la figure du Commandeur et sont représentés par le Ciel.

Mais le destin de Dom Juan apparaît aussi comme une métaphore de la vie humaine assimilée à un passage, à un moment suspendu entre deux éternités. Un stoïcisme amer se dégage de ce film qui, en montrant la petitesse et la fragilité de l'homme face à l'immensité de l'univers, relie Molière à Pascal.

Cependant la réponse apportée par les deux auteurs à la même question est tout à fait différente. Dom Juan ne s'incline pas devant le mystère de la mort, il l'affronte et le rejette. Confirmant son exclusion d'un monde qui le nie, il s'enferme dans une solitude existentielle qui puise son sens dans la résolution héroïque de surmonter l'absurdité d'une condition maudite.

La mise en scène de Patrice Chéreau

En janvier 1969, Patrice Chéreau créa au Théâtre du VIIIe, à Lyon, un *Dom Juan* qui fit grand bruit.

Ce spectacle, très controversé, constitue un tournant dans l'interprétation de la pièce.

Le jeune metteur en scène, âgé alors de 25 ans, avait répondu à la demande de Maurice Maréchal, directeur du Théâtre, qui jouait le rôle de Sganarelle.

Non seulement ce spectacle proposait une nouvelle lecture de *Dom Juan*, mais il se caractérisait par une audace qui rompait l'équilibre préconisé par Jouvet entre le poids du texte et les sollicitations de l'interprète.

La courbe des rapports entre Don Juan et Sganarelle, parvenus à une véritable parité avec le couple Vilar-Sorano, se renversait au profit du valet qui devenait le centre d'intérêt principal de la pièce.

D'autre part, Chéreau n'hésitait pas pour les besoins de son interprétation à couper la scène avec Monsieur Dimanche. Michel Corvin, dans le chapitre qu'il a consacré à cette mise en scène, dans son livre sur *Molière et les metteurs en scène d'aujourd'hui*, commente cette décision dans ces termes :

> **« Plus nettement que Planchon »**, écrit Michel Corvin, **« Chéreau met en scène sa lecture du texte avant le texte même : un des signes les plus flagrants en est la suppression de la scène avec Monsieur Dimanche qui n'arrivait pas à s'intégrer à l'orientation générale de la pièce : "*La scène*,** dit Chéreau, ***avait quelque chose d'indéchiffrable, dans l'optique où nous nous placions, elle nous gênait à un moment où comptait surtout pour nous le durcissement des rapports valet-maître entre Dom Juan et Sganarelle.*" "*Dans cette mesure*"**, ajoute Michel Corvin, **"*l'idéologie représente plus qu'un champ sémantique contextuel; elle est à la fois le point d'origine et la résultante de tous les autres systèmes signifiants* ". »** (Corvin, 36, p.105)

On est en droit de s'insurger contre une liberté qui s'exerce au détriment du texte que l'interprète est supposé « servir ». Cependant, quand l'interprète est animé par une conviction profonde, quand il adhère à l'une des lignes de force d'un chef-d'œuvre, il peut apparaître licite qu'il élimine les composantes qui le gênent dans la voie qu'il a choisie. On préférera toujours l'audace prédatrice d'un metteur en scène inspiré comme l'était le jeune Chéreau à tant de lectures banales, platement respectueuses de la lettre par incapacité de respirer à la hauteur d'une grande œuvre.

Patrice Chéreau écarte délibérément la perspective métaphysique pour mettre en scène un conflit idéologique qui, tout en étant rigoureusement ancré dans l'histoire, n'était pas dépourvu, en cette année 1969, au lendemain des événements de 68, de résonances actuelles. Son spectacle est axé sur la démystification politique d'un système de domination et sur la peinture violente et ironique des ambiguïtés dans lesquelles se débat Dom Juan dépossédé de son auréole mythique.

Voici comment Gilles Sandier définit cette conception du personnage :

> **« Ce noble en rupture de ban, ce paria, Chéreau en a pratiquement fait un chef de bande, un intellectuel devenu bandit de western, campant dans des ruines au hasard de ses errances. »** (Sandier, 30, p. 22)

Chéreau a mis l'accent en Dom Juan moins sur le conquérant dérisoire que sur l'homme de fuite. Pour signifier cette dérobade perpétuelle qui exprime l'impuissance de l'intellectuel à changer de monde, Chéreau a mis au centre du jeu scénique une charrette, qui, comme l'écrit Michel Corvin « *est bien le substitut métonymique de Dom Juan : lui appartenant, elle le représente.* »

Cette charrette est à la fois la métaphore de la fuite et la métaphore de la cruauté de Dom Juan, notamment dans la scène avec le pauvre, et, plutôt que le signe de l'identité de Dom Juan, elle est le signe de sa situation. Le héros, dégradé en anti-héros, est prisonnier d'une mécanique qui le broie en un cercle vicieux. La volonté de séduction et de domination apparaît ainsi liée à la recherche impossible de l'affirmation de soi.

En manifestant sa révolte contre l'ordre répressif, par l'exercice dans un espace de plus en plus exigu, d'une liberté dégénérée en licence, Dom Juan participe, en fait, au renforcement de cet ordre. Le triomphe final des machines du Pouvoir est en même temps l'apogée d'une démystification dont l'auteur n'est pas épargné, puisqu'il est réintégré dans son propre montage, dans sa propre interprétation ambiguë de l'histoire. Voici comment Chéreau lui-même a explicité sa vision des choses :

> **« C'est que la pièce raconte admirablement comment chaque personnage vit l'Histoire sur le mode travesti de**

> son idéologie particulière. Dom Juan, lui, est le seul à nous faire voir que les conflits qui sont décrits dans cette pièce sont de vrais conflits entre des groupes de pression, entre des personnes qui luttent pour le pouvoir, pour satisfaire leur désir ou pour survivre, et que l'idéologie avec laquelle ils vivent (le discours chrétien en particulier) dissimule mal ces combats sauvages. Ainsi Elvire parle-t-elle son désir à travers le langage érotique de la mystique chrétienne et Don Louis nous raconte-t-il sa faiblesse politique en termes de péché originel. Mais voici qu'à la fin de son œuvre, Molière tient son propre discours, portant l'ambiguïté à son comble : voici que brusquement le théâtre après avoir montré Don Juan aux prises avec de véritables ennemis, participe de ces grands spectacles euphoriques (comédies-ballets, pièces à machines) qu'il aime aussi à faire pour cette Cour qui le paie pour la divertir et qui souvent aussi l'abandonne comme on fait des domestiques. Le merveilleux et le conte de fées s'installent sur la scène et nous racontent une histoire optimiste et terrible. La fin de *Dom Juan* et l'apparition du Commandeur ne sont rien d'autre qu'un discours idéologique qui ne proposerait que de l'euphorie après l'anéantissement moral de l'ennemi. Il s'agit évidemment d'un discours de la mauvaise conscience : Molière encore une fois se constitue objectivement en défenseur de l'idéologie au pouvoir, lui apporte un soutien ambigu mais exact et prend place à ce titre parmi les armes du nouveau régime, après le centralisme, la police et les Hôpitaux Généraux.
>
> Pour nous l'aventure de Don Juan est à la fois positive et négative. Positive par la morale et l'érotisme et parce que, résolument traître à sa classe et progressiste, il travaille à l'érosion du vieux monde féodal. Négative, parce que, vivant l'Histoire à la façon d'une aventure égoïste, il a besoin plus que de toute autre chose de ce vieux monde pour vivre. » (Sandier, 30, p.27)

Et ailleurs Chéreau achève en ces termes sa démystification du héros :

> « Au lieu d'être un immoral triomphant, il est une sorte d'intellectuel qui n'a pas beaucoup de moyens pour changer le monde et qui, à la fin, renonce, et préfère se changer, lui. C'est une sorte de lâchage intellectuel. »
> (Sandier, 30, p. 20)

Cette approche de l'œuvre dans laquelle le héros n'est plus qu'un rouage d'une machinerie politique envisagée dans sa globalité, explique la dévalorisation de Dom Juan qui, dans le jeu théâtral, cède la place à Sganarelle. Gilles Sandier a décrit ainsi ce déplacement magistral :

> **« C'est ce séducteur aux mains vides, ce seigneur sans panache que jouait fort intelligemment Gérard Guillaumat; assez pauvrement prisonnier de ses contradictions, ce seigneur libertin n'a pas l'allure très glorieuse. Silhouette sèche d'intellectuel, le visage un peu émacié d'un homme fatigué par sa course, Guillaumat avait cette élégance ironique d'un illusionniste qui aime encore fasciner, mais qui est conscient de son échec. Devant ce Don Juan subtilement effacé, la pierre angulaire de la pièce redevenait Sganarelle, ce Sganarelle dont Molière s'était réservé le rôle. »**

Le personnage de Sganarelle n'échappait pas à l'ambiguïté générale. Aliéné, déboussolé, englué dans le conformisme, dépossédé de son identité, réduit à mimer le discours de son maître, c'est à la mort de celui-ci qu'il découvrira ce qui lui appartient en propre, ce que l'on pourrait appeler sa haine de classe. Comme l'écrit Sandier :

> **« Il n'apercevra ce qui est vraiment à lui, sa haine, que le jour où il poussera du pied, en réclamant son salaire, le corps de ce maître "progressiste" qui ne paye même pas ses domestiques, de cet escroc qui est mort, en tout cas, sans l'avoir payé. Il entrevoit alors seulement, ce que pourrait être sa liberté, et un monde sans esclaves... »** (Sandier, 30, p. 23)

Mais l'idée maîtresse du spectacle est d'avoir retourné contre Molière la mystification par laquelle celui-ci pensait donner le change, c'est d'avoir utilisé comme un instrument de démystification idéologique la machinerie destinée à éblouir et à divertir la Cour et à masquer les audaces de la pièce. La machine à jouer qui commande tout le décor et oriente la mise en scène se révèle comme « une machine à tuer les libertins » manipulée par des automates. Ainsi la fiction du surnaturel vole en éclats pour mettre à nu les véritables mécanismes d'oppression qui se dissimulaient sous l'allégorie du Ciel.

La mise en scène d'Antoine Vitez

Dans le spectacle de Chéreau la mise à nu de la théâtralité était explicitement en phase avec un engagement idéologique sans faille qui, sans jamais tomber dans la démonstration théorique, commandait la machinerie scénique et innervait le jeu des acteurs, imprimant à l'ensemble sa cohérence et sa vigueur.

La mise en scène de *Dom Juan* conçue par Vitez dans son cycle des pièces de Molière présenté en 1978 au Festival d'Avignon, joue également de la théâtralité latente dans le personnage de Dom Juan, mais dans un tout autre sens.

La démystification s'exerce ici non à l'encontre d'une idéologie répressive imposée par l'Histoire mais dans le cadre d'un jeu social qui sera plus tard la cible du *Misanthrope*.

Comme Alceste, Dom Juan éprouve au fond de lui-même une violente exigence de pureté, mais, cette vérité, il sait qu'il ne peut la trouver qu'en lui-même et qu'elle est constamment occultée dans les relations humaines. C'est pourquoi Dom Juan est l'envers d'Alceste, son parcours commence là où s'achève celui du Misanthrope, par la lucidité. Au lieu de prétendre réformer la société, il contribue à épaissir l'opacité de la communication en jouant la comédie.

L'hypocrite et le comédien se fondent magistralement dans cette conception du personnage. Dom Juan se métamorphose au gré des situations et en fonction de ses interlocuteurs. Il n'est jamais le même, il porte un loup qui masque son regard, il est impénétrable. Sa fidélité à lui-même n'a d'égale que sa versatilité envers les autres.

Il est difficile de rendre compte isolément d'une mise en scène qui s'inscrivait à l'intérieur d'un ensemble organique de quatre pièces, composé, outre *Dom Juan*, de *Tartuffe*, de *L'Ecole des femmes* et du *Misanthrope*. Vitez y faisait circuler des récurrences, mettait en lumière des oppositions pour révéler le fonctionnement de la comédie moliéresque. Le grand mérite de cette approche était de montrer la continuité et l'unité d'une production théâtrale le plus souvent jaillie sous la pression des circonstances, écrite dans le feu de l'improvisation et dont la diversité a souvent dissimulé la circularité des thèmes, la permanence des obsessions.

Vitez a lui-même reconnu qu'il avait de façon systématique négligé le côté psychologique pour privilégier « le point de vue idéaliste et métaphysicien ». Dans ses mises en scène il s'est attaché à représenter la transcendance dont l'allégorie éclate de la manière la plus démonstrative dans les coups de tonnerre qui ponctuent l'action de *Dom Juan*. Mais cet intérêt pour un idéalisme qui est lui-même un matériau du jeu théâtral, ne va pas sans une distanciation critique. Michel Corvin a souligné cette démarche quand il écrit :

> **« Vitez réduit les rapports des personnages à l'essentiel, il les purifie en les dépouillant de tout habillage individualiste et en les ramenant à des épures farcesques. Ce qui leur laisse des forces vives pour régler leurs comptes avec une transcendance conçue elle-même comme une machine de théâtre. Vitez place son propos à la fois en homme de théâtre et en athée; athée parce qu'homme de théâtre : le théâtre démasque la religion puisqu'il la montre pour ce qu'elle est : un trucage scénique. »**
>
> (Corvin, 36, p. 193)

La mise en scène de Roger Planchon

Gilles Sandier a très bien distingué les deux grandes catégories de mises en scène entre lesquelles on peut répartir les différentes interprétations de *Dom Juan* :

> **« Il y a »** écrit-il, **« une mise en scène de type "humaniste" qui explore, à travers Don Juan, le mystère de la "condition humaine", avec son tragique, son absurde, sa cruauté, sa volonté de puissance, son affrontement avec le divin, sa quête de la liberté, bref, le tréfonds métaphysique de "l'homme éternel" (comme s'il y avait une "nature humaine" éternelle, universelle); et il y a d'autre part un type de mise en scène critique, historique, qui se refuse à considérer une œuvre en dehors du contexte historique, socio-politique dans lequel elle a été produite, et qui interroge cette œuvre en l'inscrivant dans l'Histoire, pour analyser, pour comprendre ce que cette œuvre a à nous dire sur un moment d'une civilisation, sur l'homme historique, qui est sans doute la seule réalité, l'homme "éternel" n'étant peut-être qu'une chi-**

> **mère humaniste. La méthodologie marxiste a familiarisé l'époque contemporaine avec ce type de réflexion. C'est à la première catégorie que se rattachent, pour *Dom Juan*, les mises en scène de Jouvet, de Bourseiller, et même celle de Vilar. C'est à l'autre catégorie, plus moderne, et se référant à Brecht, que se rattachent des mises en scène comme celle du "Berliner Ensemble", celle de Sobel, et aussi celle de Chéreau. »**
>
> (Sandier, 30, p. 19)

On est en droit de trouver quelque peu schématique cette classification et de se demander, par exemple, si des mises en scène atypiques, comme celles de Vitez, y trouveraient leur place, mais il est certain que le *Dom Juan* réalisé par Roger Planchon au T.N.P. en 1980, bien après, donc, que Sandier eut écrit ces lignes, s'inscrit parfaitement dans la deuxième catégorie.

On a parlé à propos de cette mise en scène de « *sociologie religieuse.* » Effectivement, comme dans son *Tartuffe*, Planchon met la religion au centre de l'œuvre, la religion comme fait de société. Le metteur en scène utilise abondamment les figurants pour ancrer le texte dans son épaisseur historique et pour transcender l'anecdote et généraliser le propos : suppliants en chasubles, cavaliers, jeunes mariées, moniales…

Mais c'est surtout par le décor, par les accessoires que s'édifie toute une symbolique qui, loin d'être une illustration du texte, déconstruit souvent celui-ci en fonction de la thématique adoptée, jusqu'à constituer un contre-texte. L'interprète n'hésite pas à disloquer la linéarité du texte pour le redistribuer en fonction de ses besoins. Le texte n'est plus au centre de la représentation, il en devient une composante.

Le sujet du spectacle est l'imaginaire religieux, morbide, baroque et mortuaire qui se déploie au XVIIe siècle et envahit tous les domaines de la vie sous l'impulsion de la Contre-Réforme. C'est pourquoi les arts plastiques ont été rarement aussi sollicités pour constituer une donnée essentielle du langage théâtral. Une succession de tableaux fait défiler des images de damnation et de mort représentant le châtiment de l'impie ayant l'impudence de braver les interdits prononcés par l'Eglise.

Roger Planchon a réalisé sa mise en scène de *Dom Juan* dans une perspective intertextuelle en la présentant en parallèle avec sa mise en scène d'*Athalie*, les deux pièces constituant une sorte de diptyque.

Michel Bataillon a expliqué ainsi ce jumelage :

> **« Réunir *Athalie* et *Dom Juan* sous l'œil d'une divinité dans l'architecture de cette coupole vaticane, en faire les épisodes d'un unique spectacle en deux soirées, c'est révéler leur parenté faite d'antagonismes et de similitudes [...] C'est confronter un hymne pieux au plus impie divertissement que le siècle ait produit. Dans ce sens *Athalie* et *Dom Juan* sont des œuvres "'à rebours'", marquées toutes deux par la présence obsédante du Ciel et de l'Eglise. Adoration et blasphème, guerre sainte et guérilla libertine ne sont que l'envers et l'endroit d'un même univers d'où les esprits les plus éclairés cherchent à fuir, mais comment ? »** (Corvin, 36, pp. 144-145)

Ici la théâtralité renvoie à elle-même, elle se met elle-même en scène, comme le dit fort bien Michel Corvin, elle se met en abyme. Plus que la mise en scène d'un texte, ce spectacle représente la théâtralité d'une époque dominée par la religion de la mort. L'expansion proliférante des signes, des objets, des figurants déroule une fresque exprimant l'horreur et la fascination de la mort comme ces danses macabres qui ornaient au Moyen Age les murs des cimetières. Alors que, dans le spectacle de Chéreau, Dom Juan était un perpétuel errant, il est ici immobile, lisant et méditant, au centre d'une procession de personnages qui se succèdent pour lui annoncer l'inévitable châtiment.

Du début à la fin de la pièce les mêmes images funèbres se répètent avec une lancinante monotonie : le cercueil sur lequel Dom Juan est assis, le cortège funèbre, le Christ en croix. Comme le remarque Michel Corvin, la croix, omniprésente, est plus un instrument de torture qu'un signe de salut.

Tout le spectacle se présente comme une vaste allégorie déployant dans un espace saturé de signes une cérémonie rituelle, parodie de l'office sacré.

La tension dramatique est absente de cette représentation solennelle d'une mise à mort programmée.

Dom Juan ne fait pas figure de coupable mais de victime d'une machine étatique et religieuse inexorable : il est dès le début promis au supplice.

Cette conception de l'œuvre marque une sorte de limite au-delà de laquelle le texte risque de disparaître sous la mise en scène. Mais ici la violence qu'il a subie l'a tiré de sa gangue et en a tiré des richesses insoupçonnées.

Cette expérience confirme qu'une pièce de théâtre, aussi fixée soit-elle par la tradition, existe davantage par le champ illimité de ses potentialités que par des significations établies une fois pour toutes, qui menacent de la pétrifier dans un stérile ressassement.

Dom Juan est toujours à découvrir.

Bibliographie de *Tartuffe*

ŒUVRES DE MOLIÈRE

1. Molière, *Œuvres complètes*, textes établis, présentés et annotés par Georges Couton, 2 vol., La Pléiade, Gallimard.

2. Molière, *Le Tartuffe*, édition présentée, annotée et commentée par Gérard Ferreyrolles, Classiques Larrousse.

3. Molière, *Le Tartuffe*, par Christine Géray, J.P. Roussillon et J. Lassale, Théâtre et mise en scène, Hatier.

OUVRAGES CRITIQUES

Ouvrages d'initiation

4. Pol Gaillard, *Tartuffe*, coll. Profil, Hatier.

5. Claude Puzin, *Tartuffe*, coll. Balises, Nathan.

6. Gérard Ferreyrolles, *Tartuffe*, éd. P.U.F.

7. Emile Fabre, *Notre Molière*, Albin Michel.

8. Alfred Simon, *Molière par lui-même*, Ecrivains de toujours, Le Seuil.

9. Mikhaïl Boulgakov, *Le Roman de Monsieur Molière*, Folio, Gallimard.

Ouvrages de formation

10. Jacques Schérer, *Structures de Tartuffe*, éd. Sedes.

11. Jacques Guicharnaud, *Molière, une aventure théâtrale (Tartuffe, Dom Juan, Le Misanthrope)*, Gallimard.

12. René Bray, *Molière, homme de théâtre*, Mercure de France.

12.2. Georges Mongrédien, *La vie privée de Molière*, Hachette.

13. Alfred Simon, *« Tartuffe », mis en scène par Roger Planchon*, L'Avant-Scène, Paris, 1972-1976.

Ouvrages d'approfondissement

14. Louis Jouvet, *Molière et la comédie classique*, Gallimard.

15. Louis Jouvet, *Témoignages sur le théâtre*, Flammarion.

16. Louis Jouvet, *Le Comédien désincarné*, Flammarion.

17. Paul Bénichou, *Morales du Grand Siècle*, Gallimard.

18. Roger Planchon, *Tartuffe*, Classiques du théâtre, Hachette.

19. Emile Copfermann, *Théâtres de Roger Planchon*, 10/18.

20. Alex Szogyi, *Molière abstrait*, Librairie Nizet.

21. Charles Dullin, *Ce sont les dieux qu'il nous faut*, Gallimard.

22. Pierre-Aimé Touchard, *L'Amateur de théâtre*, Seuil.

Ouvrage cité (non traduit en français)

22.2. Anatole Efros, *Suite du récit théâtral*, Editions Iskousstvo. Les traductions citées sont de Gérard Conio.

Bibliographie de *Dom Juan*

ŒUVRES DE MOLIÈRE

Molière, *Œuvres complètes*, textes établis, présentés et annotés par Georges Couton, 2 vol., La Pléiade, Gallimard.

Molière, *Dom Juan*, édition présentée, annotée et commentée par Paul Arbelet, Classiques Larrousse.

23. Molière, *Dom Juan*, édition présentée et commentée par Christine Geray, J.L. Boutté et M. Bluwal.

OUVRAGES CRITIQUES

Ouvrages d'initiation

24. Christine Geray, *Dom Juan*, Profil d'une œuvre, Hatier.

25. Olivier Got, *Dom Juan*, Balises, Nathan.

26. Pascal Debailly, *10 textes expliqués de Dom Juan*, Profil, Hatier.

Emile Fabre, *Notre Molière*, Albin Michel.

Mikhaïl Boulgakov, *Le Roman de Monsieur Molière*, Folio, Gallimard.

Alfred Simon, *Molière par lui-même*, Ecrivains de toujours, Le Seuil.

Ouvrages de formation

27. Jacques Schérer, *Sur le Dom Juan de Molière*, SEDES.

28. Jean Rousset, *Le Mythe de Molière*, Armand Colin.

René Bray, *Molière, homme de théâtre*, Mercure de France.

29. Jacques Guicharnaud, *Molière, une aventure théâtrale (Tartuffe, Dom Juan, Le Misanthrope)*, Gallimard.

30. Gilles Sandier, *« Dom Juan », mis en scène par Patrice Chéreau*, L'Avant-scène, 1976.

Georges Mongrédien, *La vie privée de Molière*, Hachette.

Ouvrages d'approfondissement

31. Gendarme de Bévotte, *La Légende de Dom Juan*, Hachette.

32. *Dom Juan*, revue *Obliques*, n°s 4-5.

33. Kierkegaard, *Le Journal du séducteur*, Idées, Gallimard.

34. Grégoire Maranon, *Don Juan et le donjuanisme*, Idées, Gallimard.

35. Brigitte Jacques, *Elvire Jouvet 40*, Beba.

Louis Jouvet, *Molière et la comédie classique*, Gallimard.

Louis Jouvet, *Témoignages sur le théâtre*, Flammarion.

Louis Jouvet, *Le Comédien désincarné*, Flammarion.

Alex Szogyi, *Molière abstrait*, Librairie Nizet.

Paul Bénichou, *Morales du Grand Siècle*, Gallimard.

36. Michel Corvin, *Molière et ses metteurs en scène*, P.U.F. de Lyon.

Emile Copfermann, *Théâtres de Roger Planchon*, 10/18.

Charles Dullin, *Ce sont les dieux qu'il nous faut*, Gallimard.

Pierre-Aimé Touchard, *L'Amateur de théâtre*, Seuil.

Ouvrages et articles cités

37. André Suares, *Portraits sans modèles*, Grasset.

38. Otto Rank, *Don Juan et le double*, Petite Bibliothèque Payot.

39. Roland Barthes, « Le silence de Don Juan », dans *Les Lettres nouvelles*, Paris, février 1954, n° 12, pp. 264-267.

40. Anatole Efros, *Répétition mon amour*, Moscou, éditions Iskousstvo, 1975, pp. 148-152 (en russe dans le texte : traduit par G.C.).

IMPRESSION : BUSSIÈRE S.A., SAINT-AMAND (CHER). — N° 3191
D. L. NOVEMBRE 1992/0099/349

ISBN 2-501-01690-4

Imprimé en France